성경 사건 대기록 ❷

날짜별로 본
오늘의 성경 사건

3월

4월

성경 사건 대기록 ❷

날짜별로 본
오늘의 성경 사건
3월·4월 편

초판발행일 | 2018년 1월 1일

지 은 이 | 노재명
펴 낸 이 | 배수현
디 자 인 | 박수정
홍 보 | 배성령
제 작 | 송재호

펴 낸 곳 | 가나북스 www.gnbooks.co.kr
출 판 등 록 | 제393-2009-12호
전 화 | 031) 408-8811(代)
팩 스 | 031) 501-8811

ISBN 979-11-86562-69-7(03230)

※ 가격은 뒤 표지에 있습니다.

※ 잘못된 책은 구입하신 곳에서 교환해 드립니다.

성 경 사 건 대 기 록 ❷

날짜별로 본

오늘의 성경사건

3월·4월편

노재명

'오늘의 성경 사건'
연재를 시작하며...

하나님께서는 아담의 범죄 이후 죄인들을 구원하시기 위한 계획을 세우셨고 여자의 후손을 통해 하나님의 구속역사를 이루셨습니다. 하나님께서는 각 시대 믿음의 사람들을 통해 하나님의 계획을 이루어 오셨고 마침내 여자의 후손으로 오신 예수 그리스도께서는 십자가에서 죽으시고 사흘 만에 부활하심으로 죄인들이 구원받을 수 있는 길을 열어 놓으셨습니다. 이처럼 죄인을 구원하기 위한 하나님의 구속역사와 그중심에서 구원의 길을 여신 예수 그리스도에 대한 복음은 '성경'이라는 특별계시를 통해 현재의 우리들에게 전달되었습니다. 그런데 하나님의 구속역사를 담고 있는 성경은 현대를 사는 우리들과 시대적, 공간적, 역사적 그리고 사회-문화적 환경이 다른 상태로 기록되었기에 성경을 통해 하나님의 계시를 깨닫기 위해서는 '성경 배경의 이해'를 통한 성경 읽기가 필요합니다.

매일 한 사건씩 살펴보게 될 '오늘의 성경 사건'을 통한 매일 성경 연구는 우리 시대의 개념이 아닌 하나님의 구속역사가 일어난 시대와 공간 그리고 사회 문화적 배경을 이해할 수 있는 정보를 제공하며 다음과 같은 방법으로 성경 사건을 이해하도록 할 것입니다.

첫째, 오늘 날짜의 성경 사건을 병렬로 제시하여 하루에 성경 속 여러 사건을 빠르게 이해할 수 있도록 하겠습니다.

고대 각 나라의 월력체계가 달랐고, 성경에 나타나는 월력체계가 현대의 서기력 체계와도 달랐지만(차후 설명) 매일 한 사건씩 날짜 별로 하나님의 구속역사를 살펴보겠습니다. 이제 '오늘의 성경 사건'을 통해 하루하루의 삶이 하나님의 구원 계획을 처음부터 자세히 살펴보고 전체적으로 하나님께서 역사하셨던 사건들을 이해할 수 있도록 하겠습니다. 또한 지금 우리 자신이 하나님의 구속사의 과정에서 어느 지점쯤에 서 있는지, 자신의 위치와 사명을 매일매일 발견할 수 있기를 소망합니다.

둘째, 역사의 현장에서 당시의 배경을 이해하고 성경 본문을 연구할 수 있도록 시간적(역사적), 공간적(지리적), 사회 문화적 배경 요소들을 제공하겠습니다.

성경이 하나님의 구속역사가 진행되는 과정에서 믿음의 선배들에게 하나님의 내언약이 주어지고 믿음의 선배들의 공시적 삶을 통시적(삶, 역사를 관통하여) 관점에서 하나님의 언약과 관련된 내용을 기술하고 있기에 각 시대, 각 사건의 공시적 현장 이해가 아주 중요합니다. 공시적 현장 이해를 통해 성경을 연구하고 이해하면, 첫 번째 성경에 기록된 사건은 허구나 소설이 아니라 분명히 지구상에서 역사적으로 발생했던 사건이었음을 인정하게 되고, 두 번째 그 시대와 장소, 당시의 배경적 요소들을 생각하고 성경 본문을 이해함으로 성경을 기록하게 하신 원저자인 하나님의 참뜻을 알 수 있습니다.

셋째, 성경에 나타난 사건들들 중 역사를 관통해서 이해해야 하는 사건들을 살펴보고 하나님의 구속역사가 어떻게 진행되었는지 이해할 수 있도록 하겠습니다.

각 시대의 성경 저자들은 사건에 등장하는 사람들의 모든 삶을 다 기록한 것이 아닙니다. 후대의 저자는 하나님의 내언약과 관련된 믿음의 선배들의 삶을 선별하거나 하나님의 내언약이 주어졌으나(만났으나) 떠났던 사람들의 삶을 하나님의 구속사적 관점에서 기록하고 있습니다. 예를 들어 창세기는 족장들의 삶 가운데 하나님의 언약과 관련된 삶들을 선별하여 기록하고 있고 출애굽기는 이스라엘 백성들의 삶 가운데 하나님의 언약과 관련된 삶들을 선별하여 기록하고 있고 약속의 땅에 들어가서 하나님의 횃불 언약을 이루는 삶을 살았으나 사사 시대에는 하나님의 언약을 떠나서 살 때 일어나는 삶들을 선별하여 기록하고 있고 사무엘서, 열왕기서, 역대기서는 모든 왕들의 이야기를 담고 있는 것 같지만 하나님의 언약과 관련된 왕들의 삶과 기록을 선별하여 기록하고 있습니다.

선별되어 기록된 사건들은 역사를 통해 보면 하나님께서 어떻게 구속역사를 진행시켜 오셨는지 깨달을 수 있게 합니다. 각 시대 믿음의 선배들의 공시적 삶들을 역사를 통해 이해하는 통시적 관점을 적용하여 연구하면 성경을 기록하게 하신 원저자인 하나님의 참뜻을 알 수 있습니다.

이제 하나님의 구속역사를 기록한 '오늘의 성경 사건'을 매일 한 사건씩 살펴보는 형식으로 진행하려고 합니다. 성경 속 사건이 없는 날에는 앞 사건과 관련된 내용들을 계속해서 연재하거나 기독교 절기에 맞춘 주제 그리고 한 인물들의 삶을 연재하는 형식으로 살펴보겠습니다.

믿음의 동역자 여러분!

오늘 하루도 광야에서 매일 주셨던 만나를 통해 하나님의 살아 계심과 함께 하시며 역사하셨던 것을 깨달았던 광야 세대처럼 '성경 속 오늘 사건'을 통해 매일 성경 속 사건을 살펴보고 우리의 삶에 동행하시는 하나님을 고백하며 하나님의 구속사를 우리의 삶 가운데 드러내고 전하시는 복음의 전도자가 되시길 기도합니다.

하루도 빠짐없이 매일 '오늘의 성경 사건'을 2년째 연구해 왔고
시간이 허락하는 한 계속해서 성경 본문을 연구해 하나님의 뜻을 찾는

노 재 명 목사 드림

※ ①~㉓ : 예수님의 발자취를 따라서

※ ㉔~㉕ : 예수님의 발자취를 따라서

3월의 성경 사건

1일

출애굽 후 45일 만에 시내광야에 도착함

오늘 날짜가 언급된 성경 사건은 출애굽 한 이스라엘 자손이 시내 광야에 도착한 것과 에스겔 선지자에게 계시가 임한 사건이 있습니다.

사건 1 제2월 10일부터 방주에 들어가 하나님의 명령을 감당하는 22일째로(노아시대 월력체계는 한 달을 30일로 계산함) 하나님께서 말씀하신 대로 40일 동안 비가 내린 15일째

사건 2 라암셋을 떠난 지 46일째(제1월을 30일, 제2월을 29일로 계산함), 홍해를 건너 시나이 반도로 들어와 광야를 걷기 시작한 39일째 날로 르비딤을 떠난 이스라엘 백성이 오늘(제3월 1일) 시내산 밑 시내광야에 도착함(출 19:1-2)

사건 3 시내광야에 11개월 20일 머물던 이스라엘 백성이 하나님의 명령에 따라 약속의 땅을 향해 떠난 지 11일째

사건 4 성전을 청결케 하고 2주 동안 절기를 지킨 히스기야 왕은 3월부터 7월까지 여호와 하나님께 거룩하게 구별하여 바칠 거룩한 물건의 십일조를 가져오게 함

사건 5 에스겔 선지자에게 계시가 임함(겔 31:1-18)

사건 6 하만이 제12월 13일에 유대인들을 죽이라는 조서를 써서 보낸 후 48일째(더 3:12)

사건 7 주전 458년 2차 포로 귀환 시 제1월 1일 바벨론을 떠난 후 60일째로 아하와 강을 떠난 지 49일째(스 7:6-9, 8:15-36)

제
3
月

월력체계에 대하여

① 유대인으로 철학, 신학, 의학, 천문학자였던 마이모니데스(1135~ 1204)는 노아 홍수가 있었던 주전 2558년 제2월이 유대력 계산법으로 29일까지 있는 것으로 계산했습니다. 그렇다면 오늘은 40주야 비가 내리기 시작한 지 14일째가 되는 날입니다. 그런데 노아 시대에는 한 달이 30일인 월력체계를 썼던 것으로 계산되고 오늘은 15일째가 됩니다.

② 광야시대의 월력계산은 한 달을 30일과 29일로 반복해서 계산하는(한 달은 29.54일에 해당하는 삭망월르 반복됨) 월력체계를 따라 계산합니다. 마이모니데스는 이 월력체계를 쓰는데 이렇게 보면 오늘은 라암셋을 떠난 지 46일째이고 홍해를 건너 시나이 반도로 들어와 광야를 걷기 시작한 지 39일째 되는 날입니다.

오늘은 일제의 속국이 된 우리 민족이 나라의 독립과 자유를 위해 만세운동을 벌인 날을 기념하는 삼일절입니다. 우리의 역사를 살펴보아도 외세의 침략을 많이 당한 나라인데 하나님의 백성으로 선택되었던 이스라엘도 많은 침략을 당했습니다. 침략을 당하면서도 나라를 다시 찾기 위해 노력한 사람들이 있었기에 현재의 우리가 있다고 생각할 때 나라는 참으로 중요하다는 것을 알 수 있습니다. 오늘 날짜에 일어난 성경의 사건으로는 출애굽 한 이스라엘 백성이 시내 광야에 도착한 사건과 성전을 청결케 한 히스기야 왕이 3월부터 7월까지 여호와 하나님께 거룩하게 구별하여 바칠 거룩한 물건의 십일조를 가져오게 한 사건과 남 유다가 하나님께 패역하여 바벨론 포로가 될 때 2차 포로로 끌려간 에스겔에게 하나님의 말씀이 임했던 사건이 있습니다. 오늘은 출애굽 한 이스라엘 백성이 시내광야에 도착한 사건을 살펴보겠습니다.

❶ 라암셋을 떠난 이스라엘 백성이 45일 만에 시내광야에 도착함

오늘은 이스라엘 자손이 시내광야에 도착한 날입니다. 제1월 15일 출애굽 하여 45일이 된 때 하나님께서 모세를 만나셨던 시내산 아래 시내광야에 도착했습니다. 이스라엘 자손은 이곳에서 11개월 20일을 머물며 하나님의 백성으로 태어나게 됩니다.

> **이스라엘 자손이 애굽 땅을 떠난 지 삼 개월이 되던 날 그들이 시내 광야에 이르니라**(출 19:1) **그들이 르비딤을 떠나 시내 광야에 이르러 그 광야에 장막을 치되 이스라엘이 거기 산 앞에 장막을 치니라**(출 19:2)

개정개역 성경은 시내광야에 도착한 때를 '삼 개월이 되던 날'이라고 번역했습니다. 그런데 원어로 보면 '바호데쉬 하셸리쉬'(בַּחֹדֶשׁ הַשְּׁלִישִׁי)로 직역하면 '그 세 번째 초승달 때'입니다. '호데쉬'가 '초승달, 달'의 뜻이기에 한 달이 시작하는 '첫날' 이스라엘 자손이 시내광야에 도착했다고 생각할 수 있습니다. 모세는 시내광야에 도착한 시기를 어순 도치하여 '부사어'(이스라엘 자손들이 애굽 땅에서 나온 후 셋째 달 첫날에)를 강조하고 있습니다. 또한 시제를

시내광야 캐더린 수도원 앞에서 찍은 시내광야 모습

'완료'로 사용하여 시내광야 이전 사건과는 별도로 다시 새로운 사건이 시작되는 것으로 생각하게 하도록 "시내광야에 이르렀다(완료)"라고 서술하고 있습니다(출 19:1). 완료로 시작한 시내광야에서의 사건은 19:2a, 2b, 2c, 2d에서 르비딤을 떠나 시내광야에 이르는 과정을 4개의 '와우계속법-미완료'를 사용하여 소개하며 진행됩니다. 이것은 시내광야가 출애굽 한 이스라엘 자손들의 1차 목적지였고 마침내 그곳에 도착한 것을 강조하고 있다고 생각됩니다.

❷ 하나님께서 모세를 부르셨던 '그 하나님'의 산 시내산

시내광야(시내산)는 하나님께서 모세를 부르셨고 이스라엘 자손들을 출애굽시키도록 사명을 주신 곳입니다(출 3:1-10). 이곳은 '그 하나님의 산'('하르 하엘로힘', הַר הָאֱלֹהִים)으로 표현되는데 하나님께서 모세를 만나 사명을 주신 산이며(출 3:1), 사명을 받은 모세가 애굽으로 가다 형 아론을 만난 곳이고(출 4:27), 모세의 장인 이드로가 출애굽 한 모세와 백성들을 찾아와 만난 산이고(출 18:5), 모세가 여호수아와 함께 십계명 돌비를 받기 위해 올라간 산입니다(출 24:13).

> **모세가 그의 장인 미디안 제사장 이드로의 양 떼를 치더니 그 떼를 광야 서쪽으로 인도하여 하나님의 산 호렙에 이르매**(출 3:1)
> **여호와께서 아론에게 이르시되 광야에 가서 모세를 맞으라 하시매 그가 가서 하나님의 산에서 모세를 만나 그에게 입 맞추니**(출 4:27)
> **모세의 장인 이드로가 모세의 아들들과 그의 아내와 더불어 광야에 들어와 모세에게 이르니 곧 모세가 하나님의 산에 진 친 곳이더라**(출 18:5)
> **모세가 그의 부하 여호수아와 함께 일어나 모세가 하나님의 산으로 올라가며**(출 24:13)

성경에 하나님을 뜻하는 '엘로힘'에 정관사 '하'를 붙여 '하엘로힘' 곧 '그 하나님'이라고 표현하는 것은 많이 나타나지 않는 이스라엘 자손의 유일신

시내산 중턱에서 본 시내광야 시내산에서 낙타 길이 아닌 계단 길로 내려오며 보이는 시내광야 모습

여호와 하나님을 강조하는 방법입니다. 모세는 이스라엘 자손에게 '세상을 창조하셨던 엘로힘(신, 하나님), 이스라엘 자손들의 조상들에게 약속하셨던 엘로힘'인 '그 하나님(엘로힘, 신)'께서 그들을 시내산으로 인도하셨음을 강조하고 있습니다. 출애굽 한 이스라엘 자손들은 이제 '그 하나님'에 대해 알고 배워야 했고 그 분의 언약된 백성임을 깨달아야 했습니다.

당시 '엘로힘'은 지금 성도들이 생각하는 유일신 여호와 하나님으로 인식된 것이 아닙니다. 고대는 신 중심 사회였기에 이방신들도 성경에서는 '엘로힘'으로 표현되기도 합니다. 예를 들어 메소포타미아, 애굽, 가나안 주변 모든 곳에서 '엘로힘'은 곧 그들의 신으로 표현되었습니다. 여호와 하나님 신앙이 제일 약해졌던 북이스라엘 아합 왕 시대 엘리야 선지자는 갈멜산에 이스라엘 백성들을 모아놓고 **"너희가 어느 때까지 둘 사이에서 머뭇머뭇하려느냐? 여호와가 만일 하나님**(엘로힘)**이면 그를 따르고 바알이 만일 하나님**(엘로힘)**이면 그를 따를지니라."**(왕상 18:21)고 외쳤습니다. 이것은 여호와 하나님 신앙을 떠나 생활 속에서 농사의 신 바알을 '엘로힘'(하나님)으로 섬겼던 이스라엘 백성들을 책망하며 깨우쳤던 사건입니다.

엘리야가 모든 백성에게 가까이 나아가 이르되 너희가 어느 때까지 둘 사이에서 머뭇머뭇 하려느냐 여호와가 만일 하나님이면 그를 따르고 바알이 만일 하나님이면 그를 따를지니

라 하니 백성이 말 한마디도 대답하지 아니하는지라(왕상 18:21)

하나님께서는 '그 하나님의 산'으로 이스라엘 자손을 인도하셨습니다. 왜냐하면 이곳은 출애굽 한 이스라엘 자손이 '그 산에서'('알 하하르 하제', עַל הָהָר הַזֶּה), '그 하나님을'('에트-하엘로힘', אֶת־הָאֱלֹהִים) 예배해야 했기 때문입니다(출 3:12).

하나님이 이르시되 내가 반드시 너와 함께 있으리라 네가 그 백성을 애굽에서 인도하여 낸 후에 너희가 이 산에서 하나님을 섬기리니 이것이 내가 너를 보낸 증거니라(출 3:12)

시내광야에 도착한 이스라엘 자손은 이제 조상들에게 약속하셨던 하나님의 '내 언약', '영원한 언약'을 이룰 '하나님의 백성'으로 태어나야 했습니다. 시내광야는 하나님의 언약을 이룰 백성으로 태어나는 아주 중요한 장소였습니다.

성도 여러분!

출애굽 한 이스라엘 백성은 마침내 하나님께서 모세에게 나타나셨고 그에게 이스라엘 백성을 애굽에서 나오도록 사명을 주셨던 시내산에 도착했습니다. 이스라엘 백성들은 이곳에서 자신들이 하나님의 내언약의 계승자였던 아브라함과 이삭과 야곱의 후손들로 하나님의 언약백성으로 새롭게 태어나야 했습니다. 이스라엘 자손들은 이곳에서 11개월 20일 머물며 하나님의 백성으로 사는 규례와 법도를 배우게 됩니다. 예수를 그리스도라 고백한 후 각자 나는 일정한 시간 동안 하나님의 백성으로 어떻게 살아야 하는지에 대해 생각해 본 적이 있습니까? 오늘도 하나님의 언약공동체(교회)의 한 사람으로 그에 맞는 삶을 살고 있는지 돌아보는 하루가 되시길 기도합니다.

2일

여호와를 만나기 위해 이스라엘 백성들이 성결할 것을 명령하심(출 19:1-15)

오늘 날짜가 언급된 성경 사건은 없습니다. 오늘 날짜가 포함된 사건은 다음과 같습니다.

사건 1 제2월 10일부터 방주에 들어가 하나님의 명령을 감당하는 23일째로(노아시대 월력체계는 한 달을 30일로 계산함) 하나님께서 말씀하신 대로 40일 동안 비가 내린 16일째

사건 2 라암셋을 떠난 지 47일째(제1월을 30일, 제2월을 29일로 계산함)로 시내산 밑 시내광야에 도착하여(제3월 1일) 거한지 2일째(출 19:1-2)

사건 3 시내광야에 11개월 20일 머물던 이스라엘 백성이 하나님의 명령에 따라 약속의 땅을 향해 떠난 지 12일째

사건 4 하만이 제12월 13일에 유대인들을 죽이라는 조서를 써서 보낸 후 49일째(더 3:12)

사건 5 주전 458년 2차 포로 귀환 시 제1월 1일 바벨론을 떠난 후 61일째로 아하와 강을 떠난 지 50일째(스 7:6-9, 8:15-36)

오늘은 시내산 밑 시내 광야에 도착한 지 이틀째 되는 날입니다. 오늘은 하나님께서 모세를 시내산으로 부르셨고 모세가 시내산에 올라 하나님의 말씀을 듣고 내려와 장로들과 백성들에게 전한 말씀에 대해 살펴보겠습니다(출 19:3-6).

야곱의 집에 말하고 이스라엘 자손들에게 말하라(출 19:3) **내가 애굽 사람에게 어떻게 행하였음과 내가 어떻게 독수리 날개로 너희를 업어 내게로 인도하였음을 너희가 보았느니라**(출 19:4) **세계가 다 내게 속하였나니 너희가 내 말을 잘 듣고 내 언약을 지키면 너희는 모든 민족 중에서 내 소유가 되겠고**(출 19:5) **너희가 내게 대하여 제사장 나라가 되며 거룩한 백성이 되리라 너는 이 말을 이스라엘 자손에게 전할지니라**(출 19:6)

❶ 모세를 시내산 위로 부르신 하나님

하나님께서는 모세를 부르셨고 모세는 여호와의 산 시내산에 올라갔습니다(출 19:3a). 출애굽기 19:3a는 어순 도치되어 '주어'(모세)를 강조하고 있으며 전치사 '엘'과 '엘로힘'(하나님)이 '마켑'(-)으로 연결된 '엘-하엘로힘'(전치사-관사+하나님, 그 하나님 앞에)를 써서 하나님 앞에 올라갔음을 강조하고 있습니다. 모세가 하나님 앞에 올라갔을 때 여호와 하나님께서는 그를 불러 말씀하셨는데(출 19:3b) 출애굽기 19:3b는 **'그리고 여호와께서 그 산으로부터 그를 부르셨다 말씀하시기를'**로 번역되는데 '와우계속법-미완료'가 사용되어 모세가 하나님 앞에 올라간 사건과 시간, 공간적으로 연속된 사건임을 보여주고 전치사 '민'과 '하하르'(그 산)이 '마켑'(-)으로 연결되어 '하하르'(그 산)을 강조하고 있습니다. '그 산'에 오른 모세에게 여호와 하나님께서는 **"너는 이같이 야곱의 집에 말하고 이스라엘 자손들에게 말하라."**(출 19:3cd)고 말씀하셨습니다. 하나님의 말씀은 '미완료'가 사용되었는데 미완료는 사건보다 '누가'에 관심을 가지게 하고 부사('코')가 사용되어 '하나님이 말씀하시는 그대로'란 의미로 강조됩니다.

하나님께서는 출애굽 해서 시내 광야까지 이스라엘 백성들을 인도하셨는데 그 과정에서 이스라엘 자손들이 보았던 것(체험했던 것)을 구체적으로 **'내가 애굽 사람에게 어떻게 행하였음과 내가 어떻게 독수리 날개로 너희를 업어 내게로 인도하였음을 너희가 보았느니라'**(출 19:4)고 말씀하셨습니다. 어순 도치되어 '주어'(너희)가 강조되고 완료를 써서 "무엇을"이라는 사건에 관심을 가지게 하는데 3가지 목적절이 관계대명사 '아쉐르'로 연결됩니다. 3개의 목적절은 **"내가 애굽 사람에게 행했음을", "내가 너희들을 독수리들 날개로 들어 올렸음을**(이동시켰음을)**", "너희를 내게로 오게 하였음을"**인데 강조되고 있습니다. 하나님께서는 친히 시내 광야까지 이스라엘 자손을 인도하셨음을 말씀하신 후 이스라엘 자손들이 하나님의 말씀에 듣고, 하나님의 언약을 지켰을 때 하나님의 소유로 삼고 모든 것을 상속하시겠다고 확정적으로(19:5c에서 완료 동사 사용) 말씀하셨습니다. 앞으로 되어질 미래의 일인데 완료를 써서 하나님의 계획이 확실하고 이스라엘 자손이 순종할 때 분명히 이루어질 것임을 보여줍니다.

> **세계가 다 내게 속하였나니 너희가 내 말을 잘 듣고 내 언약을 지키면 너희는 모든 민족 중에서 내 소유가 되겠고**(출 19:5)

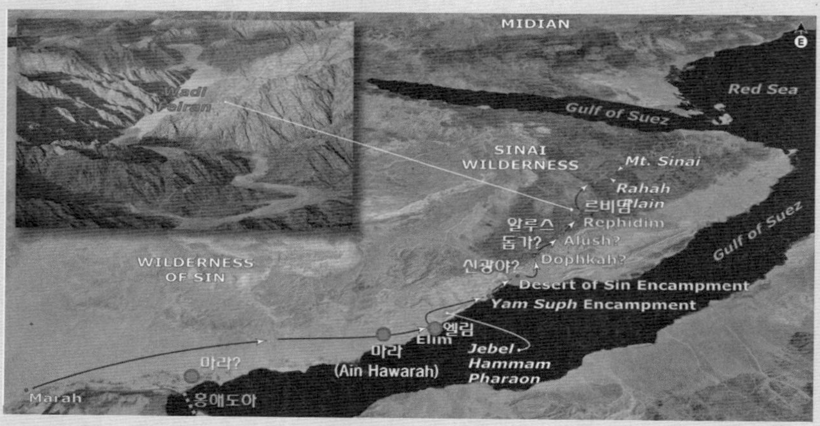

출애굽과 홍해도하, 광야의 여정에서 독수리 날개로 인도하신 여호와 하나님

계속해서 하나님께서는 **"너희는 내게 대해 제사장들 나라와 거룩한 백성이 될 것이다."** 고 말씀하셨는데 미완료가 사용되어 주어인 '너희'(이스라엘 자손들)에 관심을 두고 명사문장으로 **"이것들이 네가 이스라엘 자손들에게 이야기 할 말들이다."**라고 말씀하심으로 선언하셨습니다(출 19:6).

하나님의 모든 말씀을 들은 모세는 산에서 내려왔습니다. 모세는 백성의 장로들을 불렀고 여호와께서 자기에게 명령하신 모든 말씀을 그들에게 전했습니다(출 19:7). 모세에게 전해 들은 장로들은 백성들에게 전했고 모든 백성들은 여호와 하나님께서 말씀하신 모든 것을 실천하겠다고 대답했습니다(출 19:8). 장로들과 백성들의 대답은 미완료가 사용되어 주어인 '우리가'에 관심을 가지게 하고 어순 도치되어 목적어인 '여호와께서 명하신 모든 것을'이 강조되었습니다.

❷ 다시 시내산에 올라가 하나님을 만나는 모세

"여호와께서 명하신 모든 것을 우리가 다 행하리이다."(출 19:8a)는 이스라엘 백성들의 다짐을 하나님께 전하기 위해 모세는 다시 산에 올랐습니다. 여호와 하나님께서는 빽빽한 구름 가운데 모세에게 임하셨는데 그 이유를 **"내가 빽빽한 구름 가운데서 네게 임함은 내가 너와 말하는 것을 백성들이 듣게 하며 또한 너를 영영히 믿게 하려 함이니라."**고 말씀하셨습니다(출 19:9). 모세를 통해 백성들의 다짐을 들으신 하나님께서는 **"너는 백성에게로 가라!**(명령) **오늘과 내일 그들을 성결하게 하라. 그리고 그들이 자기들의 옷들을 빨도록 하라. 그리고 셋째 날에 그들이 준비하고 있게 하라. 왜냐하면 셋째 날에 여호와께서 시내산으로 백성들의 눈앞에서 내려오실 것이기 때문이다. 그리고 너는 백성들을 위하여 주위에 경계를 정하라. 이르기를 '산으로 오르는 것 그리고 그 경계에 접근 하지는 것이 너희들에게**(금지되어 있다)**.' 그것들이 지켜지도록 하라. 산으로 접근하는 자는 <u>반드시 죽을 것이다</u>**('모트 요마트'). (어떤) **손도 그것에 접근할 수 없다. 왜냐하면 그가 <u>반드시 돌에 맞아지기 때문이다</u>**('사콜 이사켈'). **혹은 그가 <u>반드시 화살에 맞아지기</u>**('야로 이야레') **때문이다. 그가 짐승이든, 사람이든 그는 살지 못**

할 것이다. 나팔 소리가 길게 날 때에 그들은 산으로 올라갈 수 있다."(출 19:10-13)고 말씀하시며 여호와 하나님을 만날 수 있도록 백성들이 준비하게 하셨습니다. 하나님께서는 세 개의 동사 '무트'(מוּת, 죽다, 죽이다, 살해하다)와 '샤칼'(סָקַל, 돌을 던지다, 돌로 쳐죽이다)과 '야라'(יָרָה, 던지다, 쏘다) 동사를 두 번 겹쳐(절대부정사 동족목적어+동사 형태로 '모트 요마트',(מוֹת יוּמָת), '사콜 이사켈'(סָקוֹל יִסָּקֵל), '야로 이야레'(יָרֹה יִיָּרֶה) 말씀하시며 하나님의 말씀에 순종하지 않을 때 반드시 죽임을 당한다는 것을 강조하셨습니다.

모세는 산으로부터 내려와 백성들에게 하나님의 말씀의 전하여 성결하도록 했습니다. 백성들은 그들의 옷을 빨았습니다(출 19:14). 모세는 백성들에게 "제 3일째 되는 날에 준비하라! 너희들은 너희들의 아내에게 가까이하지 말라!"고 전했습니다(출 19:15).

유대교에서는 모세가 하나님께 율법을 받은 날이 시내산에 머문 지 6일째 되는 날이라는 전승이 있습니다. 이날은 또한 하나님께서 정해주실 3대 절기 중 칠칠절에 해당하며 신약시대에는 오순절에 해당하는 절기인데 출애굽 한 첫해 제3월 6일에 해당합니다. 출애굽을 하게 된 유월절은 유대민족의 탄생일로 여겼고 이날은 '율법 수여'라는 역사적 의미를 부여하여 종교의 탄생일로 중요하게 여겼습니다. 이렇게 이스라엘 백성들이 하나님께 율법을 받아 그들의 종교 탄생일이 되게 하기 위해 하나님께서는 이스라엘 백성이 시내광야에 도착한 그 이튿날(오늘, 제3월 2일) 모세를 산으로 불러 이스라엘 자손들을 준비하게 하셨습니다(출 19:3-5).

성도 여러분!

이스라엘 자손들이 하나님의 백성으로 태어나는 장소인 시내 광야에 도착한 다음 날 하나님께서는 모세를 하나님의 산 시내산으로 부르셨습니다. 그리고 이스라엘 자손들이 하나님의 내 언약을 기억하게 하셨고 순종하도록 명하셨습니다. 이를 전해 들은 이스라엘 자손들은 하나님의 명을 순종하겠다고 다짐했습니다. 오늘 하루 예수를 그리스도라 고백하고 하나님의 말씀대로 살겠다고 다짐했던 때를 생각해 보고 그대로 순종하고 있는지 믿음의 삶을 돌아보는 한 날이 되시길 소망합니다.

사순절과 예수님의 공생애 3년 그 근거는?

(눅 3:22-23)

오늘 날짜가 언급된 성경 사건은 없습니다. 오늘 날짜가 포함된 사건은 다음과 같습니다.

사건 1 제2월 10일부터 방주에 들어가 하나님의 명령을 감당하는 24일째로(노아시대 월력 체계는 한 달을 30일로 계산함) 하나님께서 말씀하신 대로 40일 동안 비가 내린 17일째

사건 2 라암셋을 떠난 지 48일째(제1월을 30일, 제2월을 29일로 계산함)로 시내산 밑 시내광야에 도착하여(제3월 1일) 거한지 3일째(출 19:1-2)

사건 3 시내광야에 11개월 20일 머물던 이스라엘 백성이 하나님의 명령에 따라 약속의 땅을 향해 떠난 지 13일째

사건 4 하만이 제12월 13일에 유대인들을 죽이라는 조서를 써서 보낸 후 50일째(더 3:12)

사건 5 주전 458년 2차 포로 귀환 시 제1월 1일 바벨론을 떠난 후 62일째로 아하와 강을 떠난 지 51일째(스 7:6-9, 8:15-36)

오늘은 교회의 절기로 따지면 오늘은 사순절 기간 중 16일째 되는 날입니다(2018년 기준). 교회의 절기로 사순절을 엄격하게 지키며 공통적으로 날마다 예수님과 관련된 성경 본문을 묵상하도록 하는 교회도 있고, 그렇게 큰 의미를 부여하지 않는 교회도 있습니다. 오늘은 사순절의 의미와 유래 등을 간단히 살펴보고 특정한 날짜에 일어난 성경의 '오늘' 사건이 있는 날을 제외하고 4월 1일 부활주일까지 예수님의 발자취를 따라가 보겠습니다.

제3月

❶ 사순절은?

사순절은 예수님께서 겪으신 수난에 동참한다는 의미로 정해졌습니다. 부활 주일을 기준으로 주일을 뺀 40일 동안 주님의 고난과 부활을 기념하고 묵상하며 경건히 보내고자 하는 교회 절기입니다. 40일 이란 수는 성경에 여러 번 나타나는데 정리하면 다음과 같습니다.

① 노아 홍수 심판 때 40주야 비가 내림(창 7:4, 12, 17)
② 노아 홍수 심판 때 제10월 1일 후 40일째 되는 날 방주의 창문을 열고 까마귀를 내 보냄(창 8:6)
③ 애굽에서 죽은 야곱의 시신을 향으로 처리하는데 걸린 기간(창50:3)
④ 모세가 40일 40야를 산에서 두 번 금식 기도하고 백성들의 죄를 위해 40일 회개 기도 함(출 24:18, 34:28, 신 9:9, 11, 18, 25, 10:10)
⑤ 가나안 땅을 정탐한 기간 40일(민 13:25, 14:34)
⑥ 엘리야가 40일을 걸어 하나님의 산 호렙으로 들어감(왕상 19:8)
⑦ 예수님께서 40일을 금식하심(마 4:2, 막 1:13, 눅 4:1)
⑧ 부활하신 예수님께서 40일을 머무시고 승천하심(행 1:3)

40일은 성경에서 여러 번 고난과 갱신의 상징적 기간으로 등장합니다. 따라서 고난 주간을 포함하여 죄인의 구속을 위해 십자가에서 고난당하신 구속사적 의미를 기억하며 성도들 자신의 신앙을 돌아보며 절제하는 기간이 사순절입니다. 사순절을 항상 수요일부터 시작되는데 이날은 재의 수요일, 성회 수요일, 속죄일 등으로 부릅니다. 이제 남은 사순절 기간 동안 예수님의 발자취를 따라가 보겠습니다.

❷ 예수님의 공생애 3년 그 근거는?(눅 3:22-23)

기독교인이라면 보통 예수님께서 30세에 공생애를 시작하셔서 공생애3

년을 지내신 후 33세에 십자가를 지셨다고 이야기합니다. 그런데 성경 어느 곳을 찾아봐도 예수님께서 공생에 3년을 지내셨다는 구절은 없으며, 정확하게 예수님의 공생애를 계산할 수 있는 근거도 없습니다. 예수님의 공생애 기간에 대해 학자들은 1년, 1년 6개월, 2년, 3년, 4년 등 다양하게 이야기합니다. 또한 공생애의 시작이 어떤 사건, 어느 때부터인지도 정해져 있지 않습니다. 그렇다면 무슨 근거로 예수님께서 3년 공생애를 사셨다고 말하는 것인지 살펴봅시다. 먼저 예수님의 공생애 시작은 언제입니까? 어느 사건으로 보아야 합니까? 세례받으신 때부터 입니까? 아니면 성전을 청결케 하는 때부터 입니까? 아니면 또 다른 사건이 있습니까?

예수님의 공생애 시작을 세례받는 사건으로 보느냐(마 3:13-17, 막 1:9-11, 눅 3:21-22), 성전을 청결케 하신 사건으로 보느냐, 세례 요한이 잡히신 후 갈릴리 전도를 시작하는 것으로 보느냐에 따라 학자들마다 약간씩 견해가 다릅니다. 그런데 세례받는 것을 기준으로 하면 공생애의 기간은 3년이 넘는 기간이 되고, 성전을 청결케 하는 사건을 기준으로 하면 정확히 만 3년을 공생애를 보내신 것으로 계산됩니다. 공관복음에 나타난 것처럼 갈릴리 전도를 기준으로 하면 3년이 안 되는 기간 동안 공생애를 사신 것으로 계산됩니다. 어떤 이유에서인지는 몰라도 대부분의 믿는 사람들은 예수님께서 30년의 사생애와 3년 동안 공생애를 사신 것으로 이야기하는데 만 3년을 공생애를 사셨다고 생각한다면 성전청결을 기준으로 생각해야 할 것입니다.

"내 아버지의 집으로 장사하는 집을 만들지 말라"

한글 성경에서 누가는 예수님께서 세례받으신 후 바로 가르치심을 시작하는 것으로 묘사하고 있으나 원문에는 '가르치심을'이란 말이 없고 다만 '시작하다'의 뜻을 가진 동사(아르코마이)를 사용했습니다. 그런데 누가는 이 구절을 세례받는 사건의 두 기록 사이에(눅 3:22-23, 4:1) 배치함으로 예수님께서 공생애를 삼십 세쯤에 시작하셨음을 알게 합니다. 그리고 공관복음 저자인 마태, 마가, 누가는 세례받으신 후 예수님의 행적을 기록함에 있어 천국복음을 전파하시고 가르치심을 시작한 때를 세례 요한이 잡힌 후 갈릴리의 가버나움에 사시는 때로 기록하고 있습니다(마 4:12-13, 4:17, 4:23, 막 1:14-15, 눅 4:14-30).

예수님의 공생애 기간 3년을 계산함에 있어 성경 속 근거를 찾는다면 복음서에 나타난 유월절을 따라가 보면 됩니다. 복음서에는 예수님께서 공생애 기간 중 유월절에 성전에 올라가셔서 성전을 청결케 하신 두 번의 사건을 기록하고 있습니다. 이것이 공생애를 시작하시는 처음이요 3년을 마치는 마지막 주에 일어난 사건임을 알 수 있습니다. 왜냐하면 복음서를 분석해 보면 이 두 사건 사이에 두 번의 유월절이 더 있음을 알 수 있기 때문입니다. 만약 첫 번째의 성전청결 사건을 공생애 출발로 생각한다면 마지막 유월절에 성전을 청결케 하시고 십자가를 지심으로 돌아가시게 되는 예수님의 공생애는 만 3년이 됨을 알 수 있습니다.

① 요한복음 2장에는 예수님의 공생애 첫 번째 유월절에 예루살렘에 올라가셔서 성전을 청결케 하시는 사건이 기록되어 있습니다(요 2:3-25). 이 유월절이 예수님의 공생애 첫 번째 유월절입니다. 갈릴리를 떠나 예루살렘에서 유월절 지킨 예수님께서는 제자들과 함께 유대에 머무시며 제자들을 통한 세례사역을 하셨습니다(요 3:22, 4:1-2).

유대인의 유월절이 가까운지라 예수께서 예루살렘으로 올라가셨더니(요 2:13) **성전 안에서 소와 양과 비둘기 파는 사람들과 돈 바꾸는 사람들이 앉아 있는 것을 보시고**(요 2:14) **노끈으로 채찍을 만드사 양이나 소를 다 성전에서 내쫓으시고 돈 바꾸는 사람들의 돈을 쏟으**

시며 상을 엎으시고(요 2:15) **비둘기 파는 사람들에게 이르시되 이것을 여기서 가져가라 내 아버지의 집으로 장사하는 집을 만들지 말라 하시니**(요 2:16)

② 요한복음 5장에 '유대인의 명절'에 예수님께서 예루살렘으로 올라가셔서 38년 된 병자를 고치시는 사건이 나옵니다. 이 '유대인의 명절'을 유월절로 생각하는 학자들도 있고 초막절로 생각하는 학자들도 있습니다. 그런데 요한복음 5장의 명절이 유월절이든 초막절이든 이 기간 동안 예수님의 공생애 두 번째 유월절이 지나가게 됨을 알 수 있습니다.

③ 예수님의 공생애 세 번째 유월절은 갈릴리에 머무시다 예루살렘으로 올라가지 않으시고 요단강을 건너 벳새다에 머무시며 오병이어를 행하실 때 나타납니다(요6:3-4).

예수께서 산에 오르사 제자들과 함께 거기 앉으시니(요 6:3) **마침 유대인의 명절인 유월절이 가까운지라**(요 6:4)

이제 예수님의 공생애 3년에 대한 문제에 대해 정리할 수 있게 되었습니다. 그것은 예수님의 사역기간 중 유월절이 4번 있었음을 증명할 수 있기에

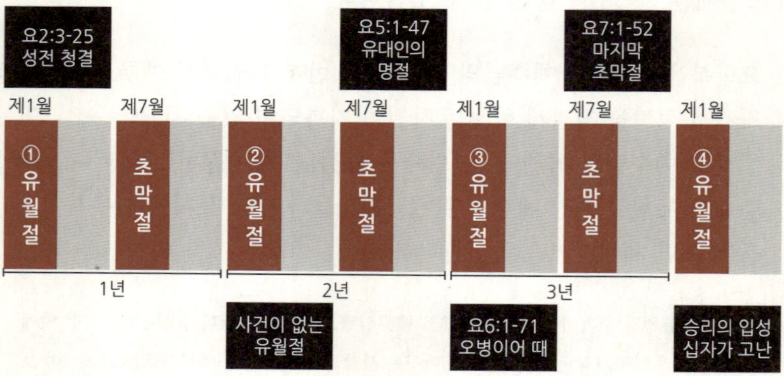

예수님 공생애 기간 중 네 번의 유월절

가능했습니다. 첫 번째는 요한복음 2장에서 성전을 정화하실 때의 유월절, 두 번째는 요한복음 4:54과 5:1절 사이의 나타나지 않은 유월절 또는 요5장의 절기인 유월절, 세 번째는 요한복음 6장에서 오병이어의 기적을 행하실 때가 유월절이 가까운 시기였음(요6:4), 네 번째는 요한복음 11:55절부터 나오는 예수님의 마지막 유월절입니다.

성도 여러분!

성경은 단순히 이스라엘의 역사를 기록한 책이 아닙니다. 성경은 죄로 인해 죽을 수밖에 없는 인생을 살리시는 하나님의 구속사역을 기록한 것입니다. 그런데 그 배경에는 이스라엘의 역사나 문화, 풍습, 지리적 환경 등이 저변에 깔려 있습니다. 그렇기에 성경을 대할 때 우리 시대의 관점이나 문화 또는 고정관념을 가지고 읽어서는 안 됩니다. '영생은 곧 유일하신 참 하나님과 그의 보내신 자 예수님 그리스도를 아는 것'(요 17:3)이라고 말씀하셨기에 예수님을 통해 영생을 얻기 위해 성경을 읽으며 연구하고 있지만 이 말씀이 최후의 만찬 시 가룟 유다가 예수님을 팔기 위해 나간 후, 십자가를 지시기 12시간 정도 앞두고 하신 말씀이라는 것을 생각한다면 가룟 유다에게는 이 말씀이 주어지지 않았다는 것을 알 수 있습니다. 오늘도 성경의 배경을 이해하고 연구하며 하나님의 말씀을 깨닫고 순종할 수 있는 날이 되시길 기도합니다.

4일

십일조를 가져다 예루살렘 성전에 쌓는 백성들(대하 31:1-7)

오늘 날짜가 언급된 성경 사건은 없습니다. 오늘 날짜가 포함된 사건은 다음과 같습니다.

사건 1 제2월 10일부터 방주에 들어가 하나님의 명령을 감당하는 25일째로(노아시대 월력 체계는 한 달을 30일로 계산함) 하나님께서 말씀하신 대로 40일 동안 비가 내린 18일째

사건 2 라암셋을 떠난 지 49일째(제1월을 30일, 제2월을 29일로 계산함)로 시내산 밑 시내광야에 도착하여(제3월 1일) 거한지 4일째(출 19:1-2)

사건 3 시내광야에 11개월 20일 머물던 이스라엘 백성이 하나님의 명령에 따라 약속의 땅을 향해 떠난 지 14일째

사건 4 하만이 제12월 13일에 유대인들을 죽이라는 조서를 써서 보낸 후 51일째(더 3:12)

사건 5 주전 458년 2차 포로 귀환 시 제1월 1일 바벨론을 떠난 후 63일째로 아하와 강을 떠난 지 52일째(스 7:6-9, 8:15-36)

오늘은 성전을 청결케 하고 2주 동안 절기를 지킨 히스기야 왕이 백성들에게 명령하여 3월부터 7월까지 여호와 하나님께 거룩하게 구별하여 바칠 거룩한 물건의 십일조를 가져오게 한 사건을 살펴보겠습니다(대하 31:5-21).

❶ 2주 동안 절기를 지키고(유월절/무교절) 기쁨으로 돌아가는 백성들

역대하 31:1은 부사어 **'이 모든 일이 끝났을 때에'**로 시작하는 완료형 문장으로 새로운 사건의 서술을 시작합니다. 주어는 '마차'(מָצָא, 찾다, 얻다, 이루다, 이르다)의 니팔(수동)분사형이 쓰여 **'찾아진/이루어진 이스라엘 모든 사람들'**로 유월절/무교절을 지키며 하나님 앞에 새롭게 된 이스라엘 모든 사람들로 생각되는데 이들은 유다 전역으로 나갔습니다. 예루살렘에 머물며 2주 동안 여호와의 유월절, 무교절 절기를 지킨 이스라엘 자손들은 각자 자기의 고향으로 기쁜 마음으로 돌아갔습니다. 그리고 '마체바'(מַצֵּבָה, 주상, 마을의 수호신으로 섬겨진 성문 앞의 큰 돌)를 박살 내고, 아세라 목상을 베어버렸고, 모든 유다와 베냐민과 에브라임, 므낫세 가운데 있었던 높은 곳들의 제단을 완전히 파괴했고, 각자 자기들의 도시로 돌아갔습니다.

백성들이 고향으로 돌아간 후 히스기야는 여호와의 전에서 섬기도록 제사장과 레위인들의 조를 편성하여 임명했습니다(대하 31:2). 그리고 매일 아침, 저녁의 번제와 안식일과 새달(월삭)과 정해진 절기들을 위해 자신의 재산에서 드렸습니다(대하 31:3). 또한 히스기야 왕은 솔선하여 자신의 재산에서 하나님의 성전에 드릴 제물과 예물, 성전에서 일하는 제사장과 레위인들을 위한 물품들을 자신의 재산에서 드린 후 예루살렘에 거주하는 백성들 에게 제사장과 레위 사람들을 위한 몫을 주도록 조치해 그들이 여호와의 율법에 전념할 수 있도록 했습니다(대하 31:4).

> **또 왕의 재산 중에서 얼마를 정하여 여호와의 율법에 기록된 대로 번제 곧 아침과 저녁의 번제와 안식일과 초하루와 절기의 번제에 쓰게 하고**(대하 31:3)
> **또 예루살렘에 사는 백성을 명령하여 제사장들과 레위 사람들 몫의 음식을 주어 그들에게 여호와의 율법을 힘쓰게 하라 하니라**(대하 31:4)

❷ 히스기야 왕의 명령을 듣고 기쁨으로 십일조를 드리는 백성들

역대하 31:5은 어순 도치되어 '부사어' (그 말이(왕의 명령) 밖으로 퍼지자마자, '키페로츠 하다바르', כִּפְרֹץ הַדָּבָר)를 강조하며 시작합니다. '파라츠'는 '깨뜨리다, 돌파하다, 파괴하다, 침입하다, 증가하다'는 뜻을 가진 단어인데 유다의 쌍둥이 아들 '터치고 나옴, 터져 나옴'의 뜻을 가진 '페레츠'(베레스)에게 쓰였던 단어의 동사형입니다. 이것은 '그 말'(왕의 명령)이 순식간에 백성들에게 퍼져나간 것을 의미하는데 전하는 사람들이 히스기야 왕의 말에 동의하고 순종하기로 작정했기 때문일 것입니다(대하 31:5a).

히스기야 왕은 성전과 제사장, 레위인들을 위해 쓸 각 제물과 물품에 대한 십일조를 드리라고 말했습니다. 히스기야 왕의 말을 들은 백성들은 기쁘고 바쁜 마음으로 추수를 했을 것입니다. 왜냐하면 유월절, 초실절, 무교절을 지키고 고향으로 돌아가면 보리를 거두는 시기인데 여호와 하나님의 절기를 지키며 1주가 늦어졌기 때문입니다. 보리를 거두고 나면 3주 후 다시 밀을 거두어야 하는 바쁜 시기였지만 백성들은 히스기야 왕의 말이 동의되고 하나님의 성전과 제사장, 레위인을 위해 드릴 제물과 물품을 빨리 준비하려고 했기 때문에 기쁘고 빠른 마음으로 추수했을 것입니다.

히스기야 왕의 명령이 있은 후 예루살렘 근처의 유다 여러 성읍에 사는 사람들이 먼저 소와 양의 십일조와 여호와 하나님께 거룩하게 구별하여 바칠 거룩한 물건의 십일조를 가져와 쌓았을 것입니다(대하 31:5). 이스라엘 자손과 유다 여러 성읍에 거하는 사람들이 모든 것의 십일조를 구별하여 가져왔습니다. 역대하 31:6a는 어순 도치되어 '주어'(이스라엘 자손과 유다 여러 성읍에 거하는 자들)과 '목적어'(소와 양의 십일조 그리고 그들의 하나님 여호와께 드릴 성물의 십일조를)이 강조되었습니다. 그들이 가져와 성전에 쌓은 십일조 더미는 많았는데, 역대하 31:6b는 '아렘'(!re[;, 더미, 쌓아 올린 더미)의 복수형 '아레모트'를 두 번 겹쳐 써서 가져온 십일조의 더미가 많았음을 강조하고 있습니다.

이스라엘 백성들은 제3월에 그 더미를 쌓기 시작하여 제7월에 마쳤습니다(대하 31:7). 이 기간은 유월절/무교절이 끝난 후 보리를 거두고 밀을 거두는 것을 마치는 칠칠절을 지나 과일을 거두어 수장하는 수장절(제7월 15-22일)까지의 기간으로 생각됩니다. 이렇게 보면 백성들은 곡식인 보리와 밀 그리고 과일인 포도, 무화과, 석류, 올리브, 꿀(대추야자)까지 하나님께서 주신 모든 식물의(신 8:8) 십일조를 가져다 쌓은 것으로 보입니다.

약속의 땅에서 주신 7가지 식물

밀과 보리의 소산지요
포도와 무화과와 석류와
감람나무(올리브)**와 꿀**(대추야자)
의 소산지라(신 8:8)

[이해 도움] 월별 농사와 추수

제1월(현대력/태양력 3-4월)은 봄철이며 늦은 비가 내리는 우기로서 보리와 삼(아마)를 거두기 시작하는 때입니다. 이 시기의 절기로는 유월절, 초실절, 무교절을 지키게 됩니다.

제2월이 되면 본격적으로 보리를 추수하기 시작하는데 무교절이 지나며 동풍이(함신:사막에서 부는 건조한 바람) 불고 건기가 시작됩니다. 동풍은 잘 익은 보리를 추수하기 좋게 말리기도 하고 나무의 꽃들이 건기 동안에 과실을 맺게 합니다.

제3월(현대력 5-6월)이 되면 보리보다 생장이 3주 정도 늦은 밀을 추수하기 시작합니다. 밀의 추수가 마쳐질 때쯤 칠칠절이 되고 경건한 백성들은 다시 예루살렘 성전으로 올라가 일주일 동안 절기를 지킵니다.

제5-6월(현대력 7-8, 8-9월)은 포도, 무화과, 석류, 올리브(감람), 꿀 등 여름 과일이 익어 거두는 시기입니다.

제7월(현대력 9-10월)에는 나팔절(제7월 1일), 대속죄일(제7월 10일), 초막절(제7월 15일-22일)이 있는 달로 과일들을 거두어 수장하고 초막절/장막절/수장절을 지키기 위해 예루살렘 성전으로 향합니다.

히스기야의 종교 개혁으로 여호와 하나님 신앙으로 돌아온 백성들의 제일 큰 변화는 모든 재물이 하나님께로부터 왔다는 고백이었습니다. 다른 신을 따르던 백성들은 모세가 전한 하나님의 말씀대로 반드시 멸망 받을 수밖에 없었지만 히스기야의 종교개혁으로 회개하고 돌아와 여호와의 모든 명령을 지켜 행하기 시작했습니다. 제일 큰 변화는 재물을 얻는 능력을 주신 이가 하나님이심(신 8:18)을 고백하며 모든 것이 하나님 것이라 생각하고 십분의 일인 십일조를 예루살렘 하나님의 성전에 가져다 바치는 것이었습니다.

네 하나님 여호와를 기억하라 그가 네게 재물 얻을 능력을 주셨음이라 이같이 하심은 네 조상들에게 맹세하신 언약을 오늘과 같이 이루려 하심이니라(신 8:18)

성도 여러분!

여호와 하나님의 신앙에 대한 바른 자세를 깨닫는 것이 얼마나 기쁘고 즐거운 일인지 모릅니다. 한 사람의 깨달음, 곧 히스기야 왕의 여호와 신앙에 대한 개혁은 온 나라, 온 백성들의 마음을 하나로 묶는 데 충분했습니다. 그 처음은 하나님과 관련된 모든 것을 정결케 하고 제사(예배)와 제도를 정비하는 영적인 회복이었습니다. 두 번째는 왕(리더)의 바른 깨달음과 판단과 솔선수범 그리고 올바른 방향 제시였습니다. 2주 동안 절기를 지키며 백성들로 하여금 여호와 하나님 신앙을 회복하고 삶의 중심 있었던 이방신, 물질 등에 관한 잘못된 모든 것을 회개하고 철저히 파괴한 후 본질적으로 여호와

중심의 삶을 살게 한 히스기야의 종교개혁과 여호와 하나님에 대한 십일조의 회복을 기억합시다. 오늘도 언약공동체(교회)를 하나로 묶는 것은 하나님에 대한 올바른 깨달음과 깨달은 것을 모든 공동체가 함께 실천하는 것임을 알고 작은 것부터 실행에 옮기는 하루가 되시길 기도합니다.

5일

시내산에 강림하신 하나님(출 19:16-25)

오늘 날짜가 언급된 성경 사건은 없습니다. 오늘 날짜가 포함된 사건은 다음과 같습니다.

사건 1 제2월 10일부터 방주에 들어가 하나님의 명령을 감당하는 26일째로(노아시대 월력 체계는 한 달을 30일로 계산함) 하나님께서 말씀하신 대로 40일 동안 비가 내린 19일째

사건 2 라암셋을 떠난 지 50일째(제1월을 30일, 제2월을 29일로 계산함)로 시내산 밑 시내광야에 도착하여(제3월 1일) 거한지 5일째(출 19:1-2)

사건 3 시내광야에 11개월 20일 머물던 이스라엘 백성이 하나님의 명령에 따라 약속의 땅을 향해 떠난 지 15일째

사건 4 하만이 제12월 13일에 유대인들을 죽이라는 조서를 써서 보낸 후 52일째(더 3:12)

사건 5 주전 458년 2차 포로 귀환 시 제1월 1일 바벨론을 떠난 후 64일째로 아하와 강을 떠난 지 53일째(스 7:6-9, 8:15-36)

3일 동안 이스라엘 백성들의 성결을 요구하신 하나님께서는 삼일째 되는 날 시내산에 강림하셨습니다. 그러나 이스라엘 백성들은 천둥과 번개, 빽빽한 구름 가운데 임하신 하나님을 두려워했고 하나님께서는 모세를 산으로 부르셨습니다. 오늘은 하나님께서 시내산에 강림하신 사진에 대해 살펴보겠습니다.

제
3
月

❶ 시내산에 강림하신 하나님

셋째 날 아침에 하나님께서 정하신 지경에 모인 이스라엘 자손은 산 위에 천둥소리들과 번개들과 빽빽한 구름이 있고, 숫양의 뿔 나팔 소리가 심히 커지자 진중에서 두려워했습니다. 아마도 애굽에서 경험하던 이름과 형상을 가졌지만 움직이지 못 하고 냄새도 맡지 못하는 당시 신들과 달랐기 때문일 것입니다(출 19:16).

모세는 하나님을 만나기 위해 진에서 백성들을 데리고 나왔고 백성들을 산기슭에 서게 했습니다(출 19:17). 그때 시내산은 불로 휩싸였고 그 가운데 여호와 하나님께서 그 위에 내려오시기 위해 그 앞에 있는 모든 곳들이 연기로 가득했습니다. 연기는 용광로('키브샨')의 연기같이 위로 올라갔으며, 모든 산은 크게 떨었습니다(진동했습니다)(출 19:18). 출 19:18a는 어순 도치되어 '주어'(시내산)이 강조되며 시내산의 상황을 설명하는데 18c에서는 '온 산이 크게 진동했다.'고 기록됩니다. 이때 '하라드'(חָרַד, 떨다, 진동하다, 두려워하다, 놀라다)를 쓰고 있는데 '시내산'이 떠는 것과 여호와 하나님의 임재를 보고 백성들이 떨고 있는 것과 대조됩니다.

나팔 소리가 점점 커지는 때에 모세는 하나님께 말씀드렸고 하나님께서 음성으로 모세에게 대답하셨습니다. '모세가 말했다'와 '그리고 그 하나님께서 음성으로 대답하셨다'에서 두 문장 모두 '미완료'를 써서 백성들이 듣는 가운데 대화가 계속 진행된 것을 보여줍니다(출 19:19). 그리고 두 문장 모두 '미완료'를 쓰고 있는데(미완료는 사건보다 '누가'에 관심을 둔다) 본문은 "모세"와 "그 하나님"에 집중하게 합니다. 저자인 모세가 '미완료'를 쓴 것은 모세가 말이 계속되고 하나님께서 계속해서 말씀하시며 대화한 것을 표현하기 위한 것으로 생각됩니다. 출애굽기 19:19-25에서는 주어를 '하엘로힘'(그 하나님), '여호와', '모세'로 명확히 쓰고 있습니다. 이것은 여호와 하나님께서 모세와 대화하고 모세를 통해 일하심을 백성들이 알도록 분명히 하기 위한 것이라 생각합니다. 하나님께서 이스라엘 자손들 앞에서 그들이 듣는 가운데 모세와 대화를 하신 것은 이스라엘 자손들이 모세를 영원히 신뢰하게 하기 위한 것입니다(출 19:9).

여호와께서 모세에게 이르시되 "내가 빽빽한 구름 가운데서 네게 임함은 내가 너와 말하는 것을 백성들이 듣게 하며 또한 너를 영영히 믿게 하려 함이니라" 모세가 백성의 말을 여호와께 아뢰었으므로(출 19:9)

❷ 하나님께서 모세를 산꼭대기로 부르심

여호와께서는 시내산 '그 산꼭대기로'('엘-로쉬 하하르', אֶל־רֹאשׁ הָהָר) 내려오셨고(출 19:20), 여호와께서 '그 산꼭대기로'('엘-로쉬 하하르', אֶל־רֹאשׁ הָהָר) 모세를 부르셨으며, 모세는 올라갔습니다. 그리고 여호와께서는 모세에게 말씀하셨습니다(19:21a). 하나님께서는 시내산꼭대기에 올라간 모세에게 **"내려가라! 백성들에게 경고하라! 그들이** (여호와를) **보기 위해 여호와께로 떠밀며 달려 올라오지 않도록** (경계를 넘지 않도록)**, 그리고 그들 중에 많은 사람들이 떨어지지**(넘어지지) **않도록** (경고하라!)**"**고(출 19:21) 말씀하셨습니다. 계속해서 제사장들에게도 **"여호와께 가까이하는 제사장들은 자신들 스스로 성결해야 한다 그렇지 않으면 여호와께서 그들을 칠 것이다"**(출 19:22)라고 전할 것을 말씀하셨습니다. 그런데 제사장들에 대한 말씀을 하실 때에는 어순도치되어 '주어'(여호와께 가까지 하는 제사장들은)이 강조되었습니다. 이것은 백성들보다 늘 여호와 하나님과 관련된 공간에 머물며 일하는 제사장들이 더 성결해야 함을 의미한다고 생각합니다.

모세는 여호와께 **"백성들은 시내산에 올라올 수 없습니다. 왜냐하면 당신이 우리들에게 명하셨기 때문입니다 말씀하시기를 '그 산에 경계선을 치라! 그리고 그것을 거룩하게 하라'"**(출 19:23)고 말씀드렸습니다. 모세의 말을 들으신 하나님께서는 다시 모세에게 말씀하셨습니다.

모세가 올라간 시내산 정상 사진의 바위산 중 가장 높은 지점에 모세 기념교회가 있다.

> **"내려가라! 그리고 너는 아론과 함께 올라오라! 그리고 제사장들과 백성들은** (나) **여호와에게로 올라와 경계를 돌파하지 않도록 하라 내가 그들을 깨뜨리지**(죽이지) **않도록 하라"**(출 19:24)

하나님께서는 아론과 함께 올라올 것을 말씀하시며, 계속해서 백성들의 무지한 행동으로 경계를 넘어 산으로 올라와 죽지 않도록 하기 위해 모세에게 여러 번 말씀하셨습니다. 모세는 백성에게 내려갔고 그들에게 모든 것을 말했습니다(출 9:25).

하나님께서는 시내산에 강림하셔서 이스라엘 자손들을 만나실 때 이스라엘 자손들이 잘못하여 죽게 되는 것을 방지하기 위해 여호와 하나님을 만나는 날 해서는 안 되는 일에 대해 다시 말씀하셨습니다. 이미 3일 전에 **"너는** (모세) **백성에게 주위를 둘러 경계를 정하라!", "너희들은 산에 오르거나 그 지경에 이르지**(올라오지) **말라!", "산으로 접근하는 모든 사람은 반드시 죽임을 당할 것이라"**(출 19:12)라고 말씀하셨는데 다시 모세를 산으로 부르셔서 **"내려가라! 백성들에게 경고하라! 그들이** (여호와를) **보기 위해 여호와께로 떠밀며 달려 올라오지 않도록**(경계를 넘지 않도록)**, 그리고 그들 중에 많은 사람들이 떨어지지**(넘어지지) **않도록** (경고하라!)**"**고(출 19:21) 말씀하셨습니다. 이렇게 반복해서 하지 말아야 할 일을 말씀하시는 것은 어느 누구도 여호와 하나님을 보려고 하다가 정한 경계를 넘어가 죽지 않게 하기 위한 하나님의 사랑하심입니다.

성도 여러분!

이스라엘 자손들은 하나님의 명대로 순종하기만 하면 되었습니다. 그런데 살기 위해서는 정신을 차려야 했습니다. 명령하신 것을 잘 듣고 깨달아야 하며 기억해야 하고 행동으로 순종해야 했습니다. 하나님께서 당신의 명령을 지키지 않는 사람은 "반드시 죽을 것이라"라고 이미 강하게 3번 말씀하셨는데 모세를 다시 산으로 불러 경계를 넘어오지 말 것을 다시 한번 강조하셨습니다. 이렇게 하나님께서 정하신 경계를 이스라엘 백성들이 넘어오지 않도록 반복해서 말씀하시는 것은 하나님께서 이스라엘 자손을 사랑하시기에 순종함으로 죽지 않기를 바라고 있음을 알 수 있습니다. 혹시 내가 잘못되지 않게 하기 위해 강하게 이야기하며 지적해 주는 누군가가 있습니까? 그 지적에 대해 감사합시다. 오늘도 나는 누군가가 하나님 앞에 범죄하지 않도록 강하게 말할 수 있는 자격을 가지도록 노력하고 있으며 내 말을 듣고 돌이킬 수 있는 신뢰를 갖고 있는지 고민하며 기도하는 하루가 되시길 소망합니다.

6일

하나님께서 이스라엘 백성을 만나 말씀하심

오늘 날짜가 언급된 성경 사건은 없습니다. 오늘 날짜가 포함된 사건은 다음과 같습니다.

사건 1 제2월 10일부터 방주에 들어가 하나님의 명령을 감당하는 27일째로(노아시대 월력 체계는 한 달을 30일로 계산함) 하나님께서 말씀하신 대로 40일 동안 비가 내린 20일째

사건 2 라암셋을 떠난 지 51일째(제1월을 30일, 제2월을 29일로 계산함)로 시내산 밑 시내광야에 도착하여(제3월 1일) 거한지 6일째로(출 19:1-2) 하나님께서 모세를 통해 이스라엘 자손에게 십계명과 율법을 직접 주심으로 종교의 탄생일이 된 날(출 20:1-24:2)

사건 3 시내광야에 11개월 20일 머물던 이스라엘 백성이 하나님의 명령에 따라 약속의 땅을 향해 떠난 지 16일째

사건 4 하만이 제12월 13일에 유대인들을 죽이라는 조서를 써서 보낸 후 53일째(더 3:12)

사건 5 주전 458년 2차 포로 귀환 시 제1월 1일 바벨론을 떠난 후 65일째로 아하와 강을 떠난 지 54일째(스 7:6-9, 8:15-36)

오늘은 시내산 밑 시내 광야에 도착한 지 6일째 되는 날입니다. 유대교에는 모세가 하나님께 율법을 받은 날이 시내 광야에 거한지 6일째 되는 날이라고 합니다. 율법을 받아 종교의 탄생일이 되게 하기 위해 이스라엘 백성들을 3일 동안 성결케 하신 하나님께서는 산에서 백성들에게 나타나셨습

니다. 오늘은 하나님과 이스라엘 자손의 첫 대면에 대해 살펴보겠습니다.

❶ 하나님께서 음성으로 이스라엘 백성들에게 말씀하심

하나님의 첫 말씀은 '선언'(명사문장)으로 시작합니다. 하나님께서는 **"나는 종이었던 집으로부터, 애굽 땅으로부터 너를 이끌어 낸 너희의 하나님 여호와다."**라고이스라엘 자손에게 직접 선언하셨습니다(출 20:2). 원어로 본다면 **"나는 너의 하나님 여호와이다"**로 선언되고 관계대명사 '아쉐르'로 하나님을 수식하는 **"종이었던 집으로부터, 애굽 땅으로부터 너를 이끌어 낸"**이 따라오는 구조입니다. 이스라엘 자손들은 애굽으로부터 자신들을 이끄셨던 신, 그들의 조상들에게 약속하셨던 선언을 직접 음성으로 들었습니다.

אָנֹכִי יְהוָה אֱלֹהֶיךָ

나는 너(희)의 하나님 여호와다

이후 하나님께서는 **"너는 나 외에 다른 신들을 있게 하지 말라"**(출 20:3)는 1계명으로 시작하여 십계명을 말씀하셨습니다(출 20:3-17). 그리고 백성들은 하나님의 음성을 들으며 천둥소리들과 번개 빛들과 나팔 소리와 그리고 연기가 나고 있는 산을 보았습니다. 백성들은 그것들을 보고 떨며 멀리 서 있었습니다(출 20:18). 출애굽기 20:18a는 명사문장으로 **"모든 백성이 그 소리들**(천둥)**과 그리고 그 번개들과 그리고 그 나팔 소리를 그리고 그 산의 연기를 보고 있다"**로 기록되었는데 하나님께서 나타나셨고 말씀하시는 상황을 설명하며 백성들이 '보고' 있음 곧 체험하고 있음을 언급합니다. 그리고 계속해서 '와우계속법-미완료'로 **'그리고 그들이 보았다.'**고 명시합니다. 백성들은 분명하게 하나님의 임재하심과 그 분의 음성을 보고, 들음으로 체험했습니다. 그런데 그 결과는 '경외'함이 아니라 무섭고 두렵고 어찌할 줄 몰라 떠는 것이었습니다. '흔들리다, 떨다, 비틀거리다, 방황하다'로 해석될 수 있는 '누아'(נוּעַ)를 '와우계속법-미완료'로 쓰고 있는데 체험한 것으로 인해 두려워 떠는 상황을 연속된 상황으로 보여주고 있습니다(출 20:18c).

구름이 덮인 시내산

백성들은 애굽에 살며 전에 경험했던 신에 대한 체험이 아니었기에 직접 듣는 신(여호와 하나님)의 음성과 주변 상황을 보고, 듣고 놀랐습니다. 하나님의 음성을 듣고 두려워 떠는 백성들은 모세에게 하나님께서 직접 말씀하지 마시고 당신(모세)을 통해 말씀하시라고 부탁했습니다(출 20:19). 백성들의 말을 분석해 보면 당신이(모세) "말씀하소서"와 하나님께서 "말씀하지" 않게 하소서라고 말할 때 '다바르'(말하다)의 '피엘'〈강조〉형을 써서 이스라엘 백성들에게 말씀을 전해야 할 사람이 모세임을 강조합니다. 또한 연속되는 세 문장이 모두 미완료가 쓰여 '누가'에 집중하는데 '우리가' 들을 것이고(19c), '하나님'께서 말씀하지 않으시고(19d) '우리가' 죽지 않게 될 것에 관심을 둡니다.

> **모세에게 이르되 당신이 우리에게 말씀하소서 우리가 들으리이다 하나님이 우리에게 말씀하시지 말게 하소서 우리가 죽을까 하나이다**(출 20:19)

❷ 모세를 통해 말씀하시는 하나님

하나님께서는 음성으로 직접 이스라엘 백성에게 말씀하셨지만 이스라엘 백성들은 두려워 떨며 모세를 통해 하나님의 말씀을 받기를 원했습니다. 이

히브리어 성경 사본

에 모세는 백성들에게 **"두려워하지 말라! 하나님이 임하심은 너희를 시험하고 너희로 경외하여 범죄하지 않게 하려 하심이니라."**(출 20:20)고 말했습니다. 그리고 이스라엘 백성들이 멀리 서 있는 상태로 두고 혼자 하나님이 계신 흑암으로 가까이 나아갔습니다(출 20:21). 하나님께서는 백성으로부터 분리되어 가까이 온 모세에게 **"너희들은**(이스라엘 자손들) **내가**(하나님) **하늘들로부터 너희들에게 말한 것을 보았다"**(출 20:22c)고 말씀하셨습니다. 이 문장은 어순 도치되어 '주어'(너희들)가 강조되고 동사가 '완료'가 사용되어 사건을 일으킨 행위보다 '무엇을'에 해당하는 '하늘들로부터 너희들에게 말하는 것을'에 집중하게 합니다. 하나님께서는 두려워하는 백성을 뒤로하고 모세를 산으로 부르셔서 말씀을 계속하셨습니다. 십계명은 하나님께서 직접 말씀하셨지만, 이후 백성들의 소원을 들으신 하나님께서는 율법을 모세를 통해 주셨습니다(출 20:22-23:33).

모세가 산에서 내려가기 전 하나님께서는 **"너와 아론과 나답과 아비후와 이스라엘 장로 칠십 인이 여호와 앞으로 올라오라! 그리고 너희들은 멀리서 예배하라! 그리고 모세 혼자만 여호와에게 가까이 나아오라 그리고 그들은 가까이 오지 못하게 하라 그리고 백성들은 그와 함께 올라오지 못하게 하라"**(출 24:1-2)고 말씀하셨습니다. 하나님께서는 산에 오를 수 있는 사람들을 백성들과 분리하셨고, 올라가는 사람들도 멀리 떨어져 예배

할 것을 제시하셨습니다. 그리고 산에 올라가서도 하나님께 가까이 갈 수 있는 모세와 다른 사람들을 분리하셨습니다. 출애굽기 24:1c와 2a는 '와우 계속법-완료'가 쓰여 '주어의 행위'가 그다음 행위로 어떻게 연결되는가를 제시하는데 1c는 '멀리 떨어져 예배드리라', 2a는 '(너) 모세 혼자만 가까이 하라'고 말씀하셨습니다.

성도 여러분!

하나님께서 함께하시겠다고 하시며 나타나셨을 때 이스라엘 백성들은 두려워하며 공포에 떨었습니다. 나에게 하나님은 공포의 대상입니까? 아니면 경외의 대상입니까? 이스라엘 백성들이 자신들과 함께하시는 하나님을 두려워하지 않고 사랑할 수 있으려면 하나님께서 어떤 분이신지, 이제까지 접해왔던 이방신들과는 무엇이 다른지를 깨달아야 했습니다. 오늘도 함께하시며 지켜주시는 하나님을 두려워하지 않고 경외하며 그분께서 맡겨주신 직분을 잘 감당하는 하루가 되시길 기도합니다.

7일

언약을 체결하고 산에 올라 하나님을 뵙고 먹고 마심(출 24:9-11)

오늘 날짜가 언급된 성경 사건은 없습니다. 오늘 날짜가 포함된 사건은 다음과 같습니다.

사건 1 제2월 10일부터 방주에 들어가 하나님의 명령을 감당하는 28일째로(노아시대 월력 체계는 한 달을 30일로 계산함) 하나님께서 말씀하신 대로 40일 동안 비가 내린 21일째

사건 2 라암셋을 떠난 지 52일째(제1월을 30일, 제2월을 29일로 계산함)로 시내산 밑 시내광야에 도착하여(제3월 1일) 거한지 7일째(출 19:1-2)

사건 3 이른 아침 열두 기둥을 세우고, 제단을 쌓은 후 피를 뿌려 언약을 체결하고(출 24:4-8), 시내산에 올라가 하나님을 보고 먹고 마심(출 24:9-11)

사건 4 시내광야에 11개월 20일 머물던 이스라엘 백성이 하나님의 명령에 따라 약속의 땅을 향해 떠난 지 17일째

사건 5 하만이 제12월 13일에 유대인들을 죽이라는 조서를 써서 보낸 후 54일째(더 3:12)

사건 6 주전 458년 2차 포로 귀환 시 제1월 1일 바벨론을 떠난 후 66일째로 아하와 강을 떠난 지 55일째(스 7:6-9, 8:15-36)

모든 백성이 성결케 한 후 3일째 되는 날 여호와 하나님께서는 시내산에 강림하셨고(제3월 5일 시내산에 강림하신 하나님 참조) 두려워하는 백성을 뒤로하고 모세를 산으로 부르셔서 말씀하셨습니다. 모세는 산에서 내려와 백성들에게 하나님의 말씀을 전했습니다. 그리고 이스라엘 백성들과 언약을 체결하고

산으로 올라가 하나님을 뵙고 함께 먹고 마시셨습니다. 오늘은 하나님께서 모세를 통해 언약을 체결하신 것에 대해 살펴보겠습니다.

제 3 月

❶ 모세가 전해 준 하나님의 말씀을 듣고 준행하기로 약속한 백성들

두려움으로 떠는 백성들을 대신해 모세는 혼자 산으로 올라가 하나님의 말씀을 들었습니다. 이후 모세는 산에서 내려와 백성들에게 하나님의 말씀을 전했습니다. 이때 이스라엘 자손들은 모두가 한 소리로 **"여호와께서 명하신 모든 말씀을 우리가 준행하겠습니다."**(출 24:3)라고 대답했습니다. 모세는 백성들에게 하나님의 말씀을 전한 후 모든 말씀을 기록했습니다(출 24:4). 아마도 산에 올라갔다 내려온 모세가 이스라엘 자손들에게 하나님께서 알려주신 십계명과 율법을(출 20:1-24:2) 다 알렸을 때는 이미 날이 저물었을 때로 생각됩니다. 이후 모세는 그 모든 말씀을 기록했는데 밤늦도록 기록했을 것입니다.

이튿날(오늘)이 되어 모세는 일찍 일어났습니다. 그리고 산 아래에 단을 쌓았습니다. 그리고 이스라엘 열두 지파대로 열두 기둥을 세웠습니다(출 24:4).

모세가 여호와의 모든 말씀을 기록하고 이른 아침에 일어나 산 아래에 제단을 쌓고 이스라엘 열두 지파대로 열두 기둥을 세우고(출 24:4)

남부 네겝 지역에서 발견된 열두 개의 돌 기둥

모세는 이스라엘 자손의 청년들을 보내 번제를 드렸고 소로 여호와를 위하여 화목제로 희생제물을 드렸습니다(출 24:5). 그리고 모세는 피의 반을 취해 여러 양푼에 담고 그 피의 반을 제단에 뿌렸습니다(출 24:6). 출애굽기 26:6c는 어순 도치되어 목적어인 '그 피의 반을'이 강조되었습니다. 이후 모세는 언약서를 취했고 백성들이 듣도록 낭독했습니다. 백성들은 다시 **"여**

호와의 모든 말씀을 우리가 준행하리이다."라고 응답했습니다(출 24:7). 백성들의 말을 직역하면 **"우리가 여호와께서 말씀하신 모든 것을 행할 것입니다. 그리고 우리가 듣겠습니다**(순종하겠습니다)."의 두 문장으로 해석할 수 있는데 목적어인 '여호와께서 말씀하신 모든 것을'이 강조되었습니다. 한글 번역 성경은 '우리가 준행하리이다'로 번역했는데 원어로 보면 '나아세 베네쉐마'(נַעֲשֶׂה וְנִשְׁמָע)로 '행하다'는 의미의 '아사'(עָשָׂה)와 '듣다, 순종하다'는 의미의 '샤마'([m'v;) 두 동사가 쓰였음을 알 수 있습니다.

> **이스라엘 자손의 청년들을 보내어 여호와께 소로 번제와 화목제를 드리게 하고**(출 24:5) **모세가 피를 가지고 반은 여러 양푼에 담고 반은 제단에 뿌리고**(출 24:6) **언약서를 가져다가 백성에게 낭독하여 듣게 하니 그들이 이르되 여호와의 모든 말씀을 우리가 준행하리이다**(출 24:7)

모세는 피를 백성에게 뿌리며 **"보라! 이는 여호와께서 이 모든 말씀에 대하여 너희와 세우신 언약의 피니라."**(출 24:8)라고 말했습니다. 모세는 주위를 환기 시키는 감탄사 '힌네'(הִנֵּה, 보라, 자)를 사용하여 주목하게 한 후 자신이 단에 뿌린 피가 '이 모든 말씀에 대하여 여호와께서 너희와 세우신' '그 언약의 피'('담-하베리트', דַם־הַבְּרִית)라고 선언했습니다.

❷ 모세, 아론, 나답, 아비후, 70장로가 산으로 올라감

하나님께서 말씀하신 대로 모세는 아론과 나답과 아비후와 이스라엘 장로 칠십 명과 함께 산으로 올라갔습니다. 그리고 이스라엘의 하나님을 보았습니다. 모세는 **'그들이 이스라엘의 하나님을 보았다. 그리고 그의 발아래는 청옥을 편 듯하고 하늘같이 청명하더라'**(출 24:10)라고 기록하고 있습니다. 하나님께서는 이스라엘 자손들의 존귀한 자들에게 손을 대지 않으셨고 그들은 하나님을 뵙고 먹고 마셨습니다(출 24:11). 출애굽기 24:11a는 어순 도치되어 '간접목적어'(이스라엘 자존들 중 존귀한 자들에게)가 강조되었습니다. 이후 세 문장이 '와우계속법-미

청명한 시내산

완료'로 쓰였는데 직역하면 **'그리고 그들은 그 하나님을 보았다. 그리고 그들은 먹었다. 그리고 그들은 마셨다'** 입니다. 산으로 올라간 이스라엘 백성들의 지도자들이 그들을 인도하신 '그 하나님을'('에트-하엘로힘', אֶת־ הָ:אלֹהִים)을 뵙고, 먹고, 마신 행동 하나하나를 구분하며 강조하고 있음을 알 수 있습니다.

> **하나님이 이스라엘 자손들의 존귀한 자들에게 손을 대지 아니하셨고 그들은 하나님을 뵙고 먹고 마셨더라**(출 24:11)

모세가 하나님의 명대로 산 위로 올라가자고 했을 때 두려워한 지도자들도 있었겠지만 모세와 함께한 아론, 나답, 아비후 그리고 70명의 장로들은 산에 올라 여호와 하나님을 뵙고 먹고 마시는 체험을 했습니다. 안타까운 것은 산에 올라 여호와 하나님의 임재를 체험했던 나답과 아비후가 1년 후에 제사장으로 뽑혀 교육을 받던 중 여호와 하나님께서 지정하지 않은 다른 불을 드리다가 죽게 된다는 것입니다(제1월 3일 모세가 아론과 그의 아들들에게 위임식을 행함).

성도 여러분!

이스라엘 백성들은 시내산에 임재하신 여호와 하나님을 두려워했습니다. 하나님께서 만나 주신다고 했지만 두려워할 때 하나님을 뵙고, 먹고, 마시는 체험을 할 수 없었습니다. 나의 신앙은 하나님께서 만나 주실 때 두려워하지 않고 만날 수 있는 신앙인지 돌아봅시다. 오늘도 하나님의 임재와 함께 하심을 체험하고 더 나아가 나답과 아비후처럼 하나님의 말씀에 불순종하는 것이 아니라 인격적 체험으로 인한 더 큰 믿음으로 하나님의 말씀에 순종하고 하나님의 구속사 완성을 위해 맡기신 직분을 잘 감당하는 하루가 되시길 기도합니다.

8일

모세의 첫 번째 40일 금식기도 첫째 날(출 24:12-18)

오늘 날짜가 언급된 성경 사건은 없습니다. 오늘 날짜가 포함된 사건은 다음과 같습니다.

사건 1 제2월 10일부터 방주에 들어가 하나님의 명령을 감당하는 29일째로(노아시대 월력 체계는 한 달을 30일로 계산함) 하나님께서 말씀하신 대로 40일 동안 비가 내린 22일째

사건 2 라암셋을 떠난 지 53일째(제1월을 30일, 제2월을 29일로 계산함)로 시내산 밑 시내광야에 도착하여(제3월 1일) 거한지 8일째(출 19:1-2)

사건 3 "너는 산에 올라 내게로 와서 거기 있으라"는 하나님의 명령을 받고 모세가 시내산에 올라 첫 번째 40일 금식기도를 시작한 첫째 날

사건 4 시내광야에 11개월 20일 머물던 이스라엘 백성이 하나님의 명령에 따라 약속의 땅을 향해 떠난 지 18일째

사건 5 하만이 제12월 13일에 유대인들을 죽이라는 조서를 써서 보낸 후 55일째(더 3:12)

사건 6 주전 458년 2차 포로 귀환 시 제1월 1일 바벨론을 떠난 후 67일째로 아하와 강을 떠난 지 56일째(스 7:6-9, 8:15-36)

모세는 하나님의 말씀을 이스라엘 백성들에게 전한 후 12기둥을 세우고 제단을 쌓은 후 소를 잡아 피를 뿌리는 언약 체결의식을 진행했습니다. 그리고 다음 날 모세는 하나님의 명령을 따라 시내산에 아론, 나답, 아비후와 이스라엘 장로 칠십 명과 함께 산으로 올라가 하나님을 뵙고 먹고 마셨습

니다. 이후 여호와께서는 모세에게 "너는 산에 올라 내게로 와서 거기 머물러라 내가 백성을 가르치려고 기록한 율법과 계명의 돌판을 네게 주겠다." 고 말씀하셨는데 모세의 1차 40일 금식기도 사건의 시작입니다. 오늘은 모세가 40일 동안 시내산에 머물며 금식하는 첫날 사건을 살펴보겠습니다.

❶ 하나님의 명령에 따라 1차 40일 금식기도를 시작하는 모세

모세의 1차 40일 금식기도 사건의 서술은 출애굽기 24:12에서 시작하는데 앞 사건의 문단 끝에 '세투마'(문단의 끝 표시)가 있어 분리되고 있음을 알 수 있습니다. 하나님께서는 모세에게 **"너는 내게로 산으로 올라오라!**(명령) **그리고 거기 있어라!**(명령) **그리고 내가 네게 그들을 가르치기 위해서 쓴 율법과 계명을 네게 줄 것이다."**(출 24:12)라고 말씀하셨습니다.

하나님의 말씀에 따라 모세는 일어났고 모세는 그 하나님의 산으로 올라갔고 여호수아는 그를 섬겼습니다(출 24:13). 모세는 산으로 올라갈 때 장로들에게 **"너희는 여기서 우리가 너희에게로 돌아올 때까지 우리를 기다리라. 보라! 아론과 훌이 너희와 함께하리라. 일이 있는 사람은 그들에게 나갈지니라."**(출 24:14) 말했습니다. 이후 출애굽기 24:14a는 어순 도치되어 간접목적어인 '그 장로들에게'가 강조되었는데 이들은 시내산에 올라가 하나님의 임재를 경험하고 먹고 마셨던 지도자들이었습니다. 또한 24:14a는 완료가 쓰여 '무엇을'에 해당하는 '모세가 당부하는 말'에 관심을 가지게 합니다. 모세의 당부는 세 문장으로 나뉘는데 명령형으로 **"너희는 여기서 우리가 너희에게로 돌아올 때까지 우리를 기다리라!**(명령)**"** 고 말한 후 명사문장으로 **"보라! 아론과 훌이 너희와 함께 하리라"**고 상황을 설명했고 어순 도치하여 주어인 '일이 있는 사람은'을 강조하여 **"일이 있는 사람은 그들에게로**(아론과 훌) **나아갈찌니라."**고 말했습니다. 모세는 하나님의 말씀대로 산으로 올라가며 자신을 이어 시내산 아래에 장막을 친 백성들의 지도자로 아론과 훌을 정해주었습니다.

이후 모세는 여호수아와 함께 산으로 올라갔습니다. 그때 구름이 산을 가렸습니다(출 24:15). '카사'(덮다, 가리다, 감추다)의 '피엘'〈강조〉형이 쓰여 하나님의 산이 완전히 가려져 모세가 보이지 않았던 것으로 생각됩니다.

모세가 산으로 올라가는 짧은 서술 가운데 **'모세가 산으로 올라갔다.'**(24:13c, 15)는 두 번의 표현이 쓰였습니다. 단지 다른 것은 13c에 '하엘로힘'이 있고 12에는 '하르'(산)에 관사 '하'가 덧붙여진 것이 다릅니다. 그리고 그 사이에 모세가 산 아래에서 벌어지는 일을 아론과 훌에게 당부하는 내용이 있습니다.

וַיַּעַל מֹשֶׁה אֶל־ הַר הָ:אלֹהִי	וַיַּעַל מֹשֶׁה אֶל־ הָהָר
24:13c '바야알 모쉐 엘-하르 하엘히'	**24:15 '바야알 모쉐 엘-하하르'**

이것은 시내산 아래 백성들과 모세가 함께 하고 있지 않은 것을 강조하는 듯합니다. 모세는 산 위에 있었고 산 아래에는 백성들을 지휘할 아론과 훌 그리고 70명의 장로들이 있었습니다. 문제가 생기면 모세의 당부대로 아론과 훌이 해결해야 했습니다.

❷ 여호와의 영광이 머무는 시내산

모세가 올라간 시내산에는 여호와의 영광이 머물렀습니다. 그리고 구름이 6일 동안 시내산을 덮고 있었습니다. 그리고 7일째 되는 날 하나님께서 모세를 구름 속에서 부르셨습니다(출 24:16). 모세는 이 상황을 **'여호와의 영광의 나타나심은 이스라엘의 아들들의 눈에 산꼭대기에서 삼켜 버리는 불과 같았다'**(출 24:17)고 기록하고 있습니다. 하나님께서 구름 속에서 부르셨을 때 모세는 구름 가운데로 들어갔습니다. 그리고 산 위에 올랐고 모세는 40일 동안 산에 머물렀습니다(출 24:18).

여호와의 영광이 시내 산 위에 머무르고 구름이 엿새 동안 산을 가리더니 일곱째 날에 여호와께서 구름 가운데서 모세를 부르시니라(출 24:16) **산 위의 여호와의 영광이 이스라엘 자손의 눈에 맹렬한 불같이 보였고**(출 24:17) **모세는 구름 속으로 들어가서 산 위에 올랐으며 모세가 사십 일 사십 야를 산에 있으니라**(출 24:18)

산 아래의 이스라엘 백성들은 모세가 올라간 시내산에 구름이 머무는 것을 보았을 것입니다. 그리고 이스라엘 백성들은 여호와의 영광을 맹렬한 불같이 보았습니다. 이스라엘 백성들이 본 구름은 하나님께서 임재하신 증표였는데 구름이 시내산에 머무는 것을 보며 하나님께서 모세와 함께 말씀하고 계시는 중이라는 것을 깨달으며 하나님의 말씀을 듣고 모세가 산에서 내려오기까지 40일 동안 기도하며 기다려야 했습니다. 하지만 백성들은 하나님께서 정하신 기간인 40일을 기다리지 못 하고 아론에게 자신들을 인도할 신을 만들라고 요구하게 됩니다.

성도 여러분!

이스라엘 백성들을 애굽에서 인도하신 하나님께서는 그들이 하나님의 백성으로 살기 위한 규례를 주시기 위해 모세를 산으로 부르셨습니다. 모세는 여러 번 시내산에 오르며 하나님의 말씀을 백성들에게 전달했는데 그들이 직접 하나님의 말씀 듣기를 두려워했기 때문입니다. 그리고 이번에는 40일 동안 모세와 이스라엘 백성들을 분리시키셨습니다. 그런데 이 기간 동안 이스라엘 백성들에게는 문제가 발생하게 됩니다. 오늘도 하나님의 언약공동체(교회)를 이끌어가는 지도자와 분리되는 삶을 살지 않고 함께하며 직분을 잘 감당하여 하나님의 교회를 잘 세우는 하루가 되시길 기도합니다.

9일

광야에서 외치는 자의 소리

오늘 날짜가 언급된 성경 사건은 없습니다. 오늘 날짜가 포함된 사건은 다음과 같습니다.

사건 1 제2월 10일부터 방주에 들어가 하나님의 명령을 감당하는 30일째로(노아시대 월력 체계는 한 달을 30일로 계산함) 하나님께서 말씀하신 대로 40일 동안 비가 내린 23일째

사건 2 라암셋을 떠난 지 54일째(제1월을 30일, 제2월을 29일로 계산함)로 시내산 밑 시내광야에 도착하여(제3월 1일) 거한지 9일째(출 19:1-2)

사건 3 "너는 산에 올라 내게로 와서 거기 있으라"는 하나님의 명령을 받고 모세가 시내산에 올라 첫 번째 40일 금식기도를 시작한 2일째

사건 4 시내광야에 11개월 20일 머물던 이스라엘 백성이 하나님의 명령에 따라 약속의 땅을 향해 떠난 지 19일째

사건 5 하만이 제12월 13일에 유대인들을 죽이라는 조서를 써서 보낸 후 56일째(더 3:12)

사건 6 주전 458년 2차 포로 귀환 시 제1월 1일 바벨론을 떠난 후 68일째로 아하와 강을 떠난 지 57일째(스 7:6-9, 8:15-36)

갈릴리 나사렛에서 유대 땅으로 오심으로 요단강에서 세례를 받으시고 유대 광야에서 40일 동안 금식하신 후 마귀에게 3가지 시험을 받으신 예수님께서는 곧바로 갈릴리로 돌아가시지 않고 세례 요한이 세례를 베풀던 베다니(광야로 인식되는 아라바에 속한 요단강 동편) 근처에 머무셨습니다. 오늘은 이사야

40:3에 '외치는 자의 소리'인 "너희는 광야에서 여호와의 길을 예비하라!(명령) 사막에서 하나님의 대로를 평탄케 하라!(명령)"는 말씀대로 예수는 그리스도라 외쳐진 사건에 대해 살펴보겠습니다.

제
3
月

❶ 광야에서 세례 요한의 외침(눅 3:3-6)

누가복음 3:3-6은 세례 요한이 요단 강 부근 각처에서 죄 사함을 받게 하는 회개의 세례를 전파하는 내용입니다. 본문에 등장하듯이 세례 요한은 이사야서에 기록된 대로 광야에서 외치면서 주의 길을 준비하게 하고 주의 오실 길을 곧게 하고 있습니다. 그런데 광야에 대한 바른 이해가 선행되지 못한다면 이 본문은 오해의 소지가 있습니다. 이유는 우리의 환경에서 광야에 대한 경험이나 이해가 부족하기 때문입니다. 본문에 등장하는 지리적 광야의 의미와 유대인에게 있어서의 광야 의미를 살펴보고 본문의 의미가 어떻게 달라지는지 생각해 봅시다.

세례요한은 '광야에서 여호와의 길을 예비하라'고 보냄을 받았고 광야에서 선포하고 있습니다. 누가복음 3:4에 언급된 '광야'는 헬라어로 '에레모스'(빈 들, 버림받은, 고독한, 황막한, 황폐한)가 사용되었는데 70인역에서 히브리어 '미드바르'(황야, 광야, 수목 없는 대 초원, 풀 없는 땅), '하레브'(황량하게 되다, 황폐하게 되다), '샤멘'(설득하게 되다, 유린당하다, 황폐하게 되다), '네겝'(메마른 땅)을 대신할 때 사용되는 단어입니다. 그런데 이 '에레모스'가 고대 로마 세계에서 외딴곳에서 신의 계시를 기다리는 것으로 사용되고, 귀신들의 거주지로서 광야를 의미하는 데 사용되어 사람들은 '에레모스'(광야)를 무서워했습니다. 이런 의미를 가진 '에레모스' 곧 '광야'가 여러분에게(한국 사람들에게) 주는 느낌은 어떻습니까? 세례 요한이 외쳤던 광야가 어떤 곳으로 생각됩니까? 제가 성경의 땅을 가서 경험하지 않았을 때 제가 가진 '광야'에 대한 느낌이나 의미는 황량하고, 아무도 살지 않는 곳이었습니다. 또한 학창시절 배웠던 이육사의 '광야'가

문득 생각나고 짐승들만 있을 것으로 느껴졌습니다. 이처럼 우리가 경험하지 않고 느끼는 '광야'의 의미나 헬라어로서 '에레모스'의 귀신들의 거주지로서의 무서운 의미는 세례 요한이 외쳤던 광야의 의미와는 전혀 다릅니다.

세례 요한은 예수 그리스도의 오시는 길을 예비하는 자로서 '광야에서 외치는 자의 소리'였습니다. 세례 요한은 안나스와 가야바가 대제사장으로 있을 때 '빈 들'에 머물렀는데 이 '빈 들'이 '에레모스'입니다. '에레모스'(광야, 빈 들)에 머물던 사가랴의 아들 요한에게 하나님의 말씀이 임했습니다(눅 3:2). 그런데 당시 광야(유대광야)에는 예루살렘 성전 공동체를 떠나 동쪽을 바라보며 빛의 아들을 기다리는 쿰란공동체(에세네파)가 있었고 많은 목자들이 목축을 하며 살았고 절기 때가 되면 예루살렘으로 올라가는 많은 사람들이 지나다녔습니다. 이렇게 여러 종류의 사람들이 거하며 신앙을 연마하고 양, 염소를 키우며 목축을 하고, 예루살렘 성전을 향하여 올라가며 '성전으로 올라가는 노래'(시편 120-134편)를 부르며 지나가던 유대인에게 있어서의 유대광야는 우리의 개념이나 헬라적 개념으로서의 광야의 의미와 많이 다릅니다.

❷ 세례 요한이 외쳤던 사막('아라바')과 광야('미드바르')

사가랴의 아들 세례요한에게 하나님의 말씀이 임한 곳이 광야요, 계시된 하나님의 말씀을 외치는 곳이 광야요, 여호와의 길을 준비해야 하는 곳이 광야입니다. 아무도 살지 않는 황량한 광야의 의미가 아니라 신앙을 제대로 지키기 위해 기도하며 말씀을 기록하던 쿰란공동체가 있던 곳, 목동들이 자신들의 삶을 이어나가는 생활공간, 예루살렘 성전으로 향하는 유대종교의 신앙인들이 찬양하며 지나가는 곳이 광야입니다. 이곳에서 하나님의 말씀을 전하며 세례를 베풀었던 세례 요한이 원했던 것, 더 나아가 하나님께서 원하셨던 것은 무엇입니까? 더 나아가 이 시대 우리의 생활에서 광야

건기 때 유대광야 한 중간에서 서쪽으로 본 모습 사진의 상단에 보이는 산지는 요단강 건너편에 위치한 요단동편 산지로 현재의 요르단 땅이다. 그 아래에 평평한 골(Gohl) 지형에 해당하는 모압평지가 보이고 가장 낮은 부분에 요단강이 흐르며 요단강을 기준으로 사진의 아래쪽 녹색으로 보이는 부분이 여리고 평지이다.

는 어디이며 그곳에서 외쳐지는 소리를 듣고 깨달아야 할 것은 무엇입니까?

'광야에서 외치는 자의 소리'에 대해서는 이사야 선지자가 700여 년 전에(사 40장) 예언한 것입니다. 이사야 선지자는 외치는 자의 소리여 이르되 **"너희는 광야에서 여호와의 길을 예비하라! 사막에서 우리 하나님의 대로를 평탄하게 하라!"**(사 40:3)고 기록하고 있습니다. 그런데 이사야 선지자가 사막에서 '하나님의 대로'를 평탄케 하라고 선언하는데 사막은 어느 사막입니까? 사막하면 떠오르는 것은 모래, 바람, 전갈, 사막여우 등 사람들의 발자취는 없고 모래와 짐승들이 있는 곳이 상상됩니다. 그런 사막에 '하나님의 대로를 평탄케 하라'는 것이 무엇입니까?

우리나라 건설 노동자들이 7-80년대 중동으로 가서 모래사막에 길을 내고 건물을 세우는 공사를 많이 했는데 그런 것을 말합니까? 제가 두바이에 가보니 사막에 길을 내고 그 길 양옆에 고층 건물을 세워 세계 많은 사람들이 몰려오게 만드는 것을 보았습니다. 성경에서 말하는 사막에 대로를 만드는 것이 이러한 것입니까? 만약 이런 것이라면 2000여 년 전 세례 요한이 외치던 당시에는 절대로 일어날 수 없는 일이었습니다. 약속의 땅 이스라엘에도 우리가 생각하는 모래사막은 없습니다. 이것은 광야에서 여호와의 길을 예비하고 사막에 대로를 평탄케 하는 것이 보이는 길을 만들고 평탄케 하라는 것이 아님을 알 수 있는 대목입니다. 그런데 2000년 전의 시각으로 당시 예루살렘과 여리고를 잇는 로마 시대의 도로를 보며 '하나님의 대로를 평탄케 하라'는 말씀을 생각하면 세례 요한이 외쳤던 때 물리적으로도 광야에 마차가 다닐 수 있는 대로가 있었음을 알 수 있습니다.

❸ '아라바'와 유대 광야는 예루살렘으로 향하는 길목

이사야 40:3에 사용된 '광야'는 '미드바르'이고 '사막'은 '아라바'입니다. 그런데 누가복음 3:2절에서의 '빈 들', 3:4절에서 '광야'로 번역된 이사야 40:3의 '사막'('아라바')은 모두 보통명사로서 황량하고 사람이 살지 않으며 짐승들만 우글거리는 그런 느낌의 장소로 쓰인 것이 아닙니다. 이사야 선지자의 예언 속에 등장한 사막('아라바')은 모압 평지와 여리고를 포함한 낮은 광야 지역을 의미합니다. 예수님 당시 갈릴리나 베레아 지역에 사는 유대인들이 하나님을 만나기 위해 성전으로 올라갈 때 이 '아라바'에 난 길을 꼭 지나가야 했습니다.

현재의 요르단 쪽에 있는 베다니에서 요단강을 건너 여리고에 이르고 여리고에서 하루 묵은 후 예루살렘으로 올라가게 되는데 이 길이 '아라바'를 관통하게 되어 있습니다. 요단강 동편 베다니 쪽에서 요단강을 건너 여리고에 이르면 지리적으로 아라바를 '지났다, 건넜다'고 말할 수 있습니다. 여리고에 머

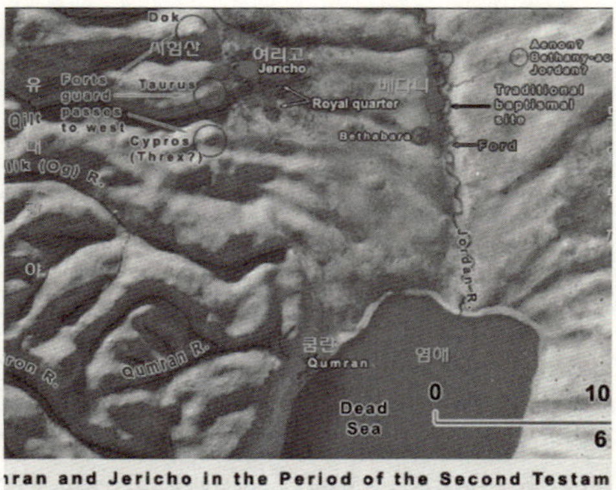

요단강을 포함하는 아라바와 유대광야 예수님 당시 갈릴리 사람들이 예루살렘 성전을 갈 때 요단강을 건너 여리고를 지나 유대 광야를 통과해 갔다.

아라바와 유대광야 그리고 예루살렘 예수님 당시 갈릴리의 유대인들은 요단강 동쪽으로 내려와 베다니 쪽에서 요단강을 건너 여리고를 지나 유대광야를 통과하여 예루살렘으로 올라갔다.

문 후 다음 날 아침 일찍 예루살렘을 향해 떠나 1000미터 정도를 오르며 광야를 지나가는데 이때 지나가는 광야가 유대광야입니다. 이처럼 우리에게는 빈들, 광야, 사막이 막연한 느낌을 주지만 당시 유대인들에게는 예루살렘 성전 공동체로 향하는 길목이요 그와는 반대로 새로운 신앙을 찾아 빛의 아들을 갈망하며 기도하고 성경을 필사하는 삶을 살았던 쿰란공동체의 신앙의 학습장이요 양, 염소를 치며 삶을 살았던 삶의 현장입니다. 모두가 자신들의 삶에서 가장 중요하다고 생각하는 신앙과 삶의 현장인 광야에서 세례 요한은 '회개하라 천국이 가까웠다'고 외치며 여호와의 길을 예비하고 사막에서 하나님의 대로를 평탄하게 하였던 것입니다.

세례 요한이 외쳤던 '아라바'와 유대광야는 당시 유대인들이 예루살렘 성전으로 올라가는 길목이었습니다. 모든 것을 뒤로하고 일 년에 3번 하나님께 얼굴을 보이기 위해, 또는 자신들의 죄를 고백하거나 자신들의 소원을 이루기 위해 기도하러 예루살렘 성전으로 올라갈 때 꼭 지나가야 하는 곳이었습니다. '아라바'와 유대광야는 그들 삶의 중심이요, 최고의 가치요, 모든 것을 포기하더라도 가야 할 길이었습니다. 유대인들은 자신들의 최고의 가

건기 때 유대광야에서 햇빛을 피해 그늘에 머물러 있는 양, 염소떼 목동과 개, 당나귀들이 함께 그늘에서 쉬고 있는 것이 보인다.

치로 여기는 하나님 중심의 삶을 실천하기 위해 예루살렘으로 올라가는 길목에서 세례 요한의 외침을 들었습니다.

현재 이러한 것을 정확하게 실천하는 사람들이 있습니다. 신천지, 하나님 어머니 교회 등… 그들은 확신을 가지고 삶의 길목에서 외치고 있습니다. 주부들의 삶의 현장인 집으로 찾아와 초인종을 누르고 대화하기를 요구합니다. 자신들은 체험했고 다 준비를 갖추었으니 자신들의 이야기를 들으라는 것이지요. 잘못된 것을 붙잡고 참인 것처럼 외치는 저들도 삶의 중심에서, 길목에서, 최고의 가치를 위해서, 모든 것을 포기하고 외치고 있는데 진정한 하나님의 자녀된 우리가 정신을 놓고 그저 그 자리에 머물러 있다는 것은 창피한 일일 것입니다.

당시 유대인들은 아라바와 유대광야를 지나 하나님을 만나러 예루살렘 성전으로 간다고 말씀드렸습니다. 그런데 그것을 직접 가보면 올록볼록한 높낮이가 천차 만별인 작은 산, 언덕, 골짜기 등이 있습니다. 험한 계곡과 언덕으로 인해 길을 구불구불 나있고 그 길을 따라 예루살렘 성전으로 올라

가고 있습니다. 당시 유대인들은 '모든 골짜기가 메워지고 모든 산과 작은 산이 낮아지고 굽은 것이 곧아지고 험한 길이 평탄하여 질것'이라는 깨달음을 있어야 하고 생활이 그렇게 변해야 했습니다(눅 3:5). 이런 변화가 있는 사람들에게 하나님께서는 구원을 보게 하십니다. 모든 삶의 중심에서 이제껏 잘못 믿고 순종하면서 살았다고 하는 신앙의 삶의 모습에서 정확한 예수 그리스도의 진리를 깨달아야 합니다. 그때 모든 육체는 하나님께서 베푸시는 구원을 볼 것입니다(눅 3:6).

모든 골짜기가 메워지고 모든 산과 작은 산이 낮아지고 굽은 것이 곧아지고 험한 길이 평탄하여질 것이요(눅 3:5) **모든 육체가 하나님의 구원하심을 보리라 함과 같으니라**(눅 3:6)

예수를 그리스도라 고백하는 우리에게 있어 광야(미드바르), 사막('아라바')은 어디입니까? 우리에게 있어 하나님의 자녀로서 하나님을 만나 교제하며 경배드리기 위해 가는 곳인, 예루살렘 성전을 가기 위해 지나야 할, 또한 여호와의 길을 준비해야 할 '아라바'와 유대광야는 어디입니까? 당시 유대인들이 그랬던 것처럼 나의 가장 소중한 것, 우선순위를 둔 곳이 아라바요 유대광야입니다. 여러분의 우선순위 중 제일 첫 것이 하나님의 말씀을 듣고 깨닫는 아라바요 유대광야가 되시기 바랍니다. 또한 예수를 그리스도라 고백하고 하나님의 말씀을 깨닫고 하나님께서 주시는 구원을 보았다면 여러분의 우선순위 중 제일 첫 것이 '광야에서 외치는 자의 소리'가 되어 아직 깨닫지 못하는 성도와 세상을 향해 외치는 자리인 아라바요 유대광야가 되시기 바랍니다.

앞에서 말씀드렸지만 '요단강 부근 각처'는 '사막'으로 번역되었던 '아라바'입니다. '아라바'는 예루살렘 성전을 향해 가는 길목이요 유대인들의 제일 되는 우선순위라고 말씀드렸습니다. 세례요한은 아직 깨닫지 못하는 유대인들의 우선순위의 경로인 요단 강 부근 각처에서 외치고 있습니다. '각

요단강 동쪽 요르단에 속한 베다니에서 본 여리고, 유대광야, 감람산 동편

처에'는 헬라어로 '파스'요 '모든, all, 각각의 모든 every'이란 뜻입니다. 그들의 우선순위 곳곳으로 '가서, 와서, 나타나서' 외치고 있습니다.

성도 여러분!

우리의 우선순위가 예수 그리스도요, 천국을 위한 삶이요, 하나님의 말씀을 전하는 것이 아니라면 '아라바'요 유대광야에서 외쳐지는 세례요한, '외치는 자의 소리', 주변의 말씀을 깨닫고 고백하는 교역자, 장로님, 권사님, 집사님, 각 성도들의 소리에 귀를 기울여야 합니다. 오늘도 아직 하나님의 말씀을 깨닫지 못한 사람들의 우선순위 곳곳에 가서 새 생명을 전하는 성도들이 되시길 소망합니다. 그리고 하나님께서 세상 속에 거하는 택하신 자를 깨닫게 하시고 구원을 보게 하기 위해 누군가를 통해 외치게 하실 텐데 그 누군가가 각자 내가 되시길 기도합니다.

10일

광야(베다니)에서 그리스도라 증거 되는 예수님(요 1:29-51)

오늘 날짜가 언급된 성경 사건은 없습니다. 오늘 날짜가 포함된 사건은 다음과 같습니다.

사건 1 제2월 10일부터 방주에 들어가 하나님의 명령을 감당하는 31일째로(노아시대 월력 체계는 한 달을 30일로 계산함) 하나님께서 말씀하신 대로 40일 동안 비가 내린 24일째

사건 2 라암셋을 떠난 지 55일째(제1월을 30일, 제2월을 29일로 계산함)로 시내산 밑 시내광야에 도착하여(제3월 1일) 거한지 10일째(출 19:1-2)

사건 3 "너는 산에 올라 내게로 와서 거기 있으라"는 하나님의 명령을 받고 모세가 시내산에 올라 첫 번째 40일 금식기도를 시작한 3일째

사건 4 시내광야에 11개월 20일 머물던 이스라엘 백성이 하나님의 명령에 따라 약속의 땅을 향해 떠난 지 20일째

사건 5 하만이 제12월 13일에 우대인들을 죽이라는 조서를 써서 보낸 후 57일째(더 3:12)

사건 6 주전 458년 2차 포로 귀환 시 제1월 1일 바벨론을 떠난 후 69일째로 아하와 강을 떠난 지 58일째(스 7:6-9, 8:15-36)

요단강 동편 베다니에 머무시던 예수님께서는 세례 요한 앞에 나타나셨고 세례 요한은 예수님을 증거 합니다. 이 증거를 듣고 세례 요한의 제자들 중 요한과 안드레가 예수님을 그리스도로 영접했고 그들은 또 전파합니다. 오늘은 예수께서 그리스도이심이 증거되고 체험되며 믿어지는 과정을 살

펴보겠습니다.

❶ "예수는 그리스도라"고 외치는 세례 요한

세례를 베푸는 중에 예수님께 성령이 임하는 것을 본 세례 요한은 오리라 한 그리스도가 곧 예수님이심을 증거 합니다. 때는 40일 금식기도 하신 후 요 장소는 세례 요한의 세례 운동의 근거지는 요단강 하류로 베레아에 속한 베다니 지역입니다. 세례 요한은 말씀이 육신이 되어 오신 분에 대하여 **"내가 전에 말하기를 '내 뒤에 오시는 이가 나보다 앞선 것은 나보다 먼저 계심이라' 한 것이 이 사람을 가리킴이라."**(요 1:15) 증거 합니다. 이 증거는 예수님께서 세례를 받으신 후 사건입니다. 그것은 계속해서 **"율법은 모세로 말미암아 주어진 것이요 은혜와 진리는 예수 그리스도로 말미암아 온 것이라."**(요 1:17)는 외침에서 알 수 있습니다. 세례 요한은 예수님께서 세례를 받으실 때 하늘로부터 성령이 비둘기 같이 임하는 것을 보고 체험했기에 지금 예수님을 그리스도라 증거하고 있는 것입니다. 계속해서 세례 요한은 **"본래 하나님을 본 사람이 없으되 아버지 품 속에 있는 독생하신 하나님이 나타내셨느니라."**(요 1:18)고 증거하며 예수께서 하나님의 독생자이시며 그의 근본이 하나님이셨음을 증거 했습니다.

요르단 베다니 유적지 세례 요한의 공동체가 있었던 곳으로 비잔친 시대의 교회터와 동굴터가 남아있다. 엘리야 선지자가 승천한 지역과 가까이에 있다.

예수님께서 세례를 받으신 후 40여 일이 지났고 예수를 그리스도라 증거하는 세례요한의 증거를 통해 유대인 사회에는 소동이 일어났습니다.

예루살렘의 제사장들과 레위인들은 자신들의 부하들을 보내 세례 요한에게 **"네가 누구냐?", "그리스도냐?", "엘리아냐?", "그 선지자냐?"**라고 물었습니다. 세례 요한은 **"나는 선지자 이사야의 말과 같이 '주의 길을 곧게 하라고 광야에서 외치는 자의 소리로라'."**(요 1:23)

예수님 당시의 신발 끈이 달린 샌들

고 대답하면서 **"나는 물로 세례를 베풀거니와 너희 가운데 너희가 알지 못하는 한 사람이 섰으니(26) 곧 내 뒤에 오시는 그이라. 나는 그의 신발 끈을 풀기도 감당하지 못하겠노라."**(요 1:26-27) 고 고백하며 예수님께서 그리스도이심을 증거 했습니다. 가브리엘 천사를 통해 세례 요한의 아버지 사가랴에게 세례 요한이 할 일에 대해 계시가 임했고, 계시된 말씀대로 성령이 임하는 것을 본 세례 요한은 예수님께서 하나님의 아들이심을 자신의 제자들과 사람들에게 증거 하기 시작한 것입니다. 예수님께서는 아마도 그의 증거를 받으시기 위해서 40일 금식기도 후 베레아의 베다니로 오셨을 것입니다. 사도 요한은 이 일이 세례 요한이 세례 베풀던 곳 요단강 건너편 베다니에서 일어난 일이라 기록합니다(요 1:28).

이 일은 요한이 세례 베풀던 곳 요단 강 건너편 베다니에서 일어난 일이니라(요 1:28)

❷ "보라! 세상 죄를 지고 가는 하나님의 어린 양이로다."라고 외치는 세례 요한

예루살렘 종교지도자들에게 예수님께서 그리스도이심을 소개한 이튿날 세례 요한은 자신에게 나아오시는 예수님을 보고 사람들에게 **"보라! 세상 죄를 지고 가는 하나님의 어린 양이로다.**(29) **내가 전에 말하기를 '내 뒤에 한 사람이 오시는데 그분께서 나보다 앞서신 것은 그분게서 나보다 먼저 계셨기 때문이다'라고 한 그분이시다.**(30) **나도 그분을 알지 못하였지만 내가 와서 물로 세례를 주는 것은 그분을 이스라엘에게 나타내려는 것이다."**(요 1:29-31)라고 선포했습니다. 그리고 그는 계속해서 **"나는 성령께서 하늘에서 비둘기같이 내려오셔서 그분 위에 머무시는 것을 보았다.**(32) **나도 그분을 알지 못하였지만 나를 보**

내어 물로 세례를 주라고 하신 그분께서 '성령이 내려와서 어떤 이 위에 머무는 것을 볼 것이니 그분이 성령으로 세례를 주는 분이다'라고 내게 말씀하셨다.(33) **내가 그분을 보고 '이분은 하나님의 아들이시다'라고 증언하였다."**(요 1:29-34)라고 외쳤습니다. 예수님을 향해 **"이분은 하나님의 아들이시다."**라고 증언한 세례 요한의 이 외침을 듣고 사람들은 어떤 반응을 보였을까요?

❸ 세례 요한의 증언을 들은 세례 요한의 제자 요한과 안드레의 반응

세례 요한은 사람들에게 예수님을 소개하며 **"이분은 하나님의 아들이시다."**고 증언했습니다. 그리고 또 다음 날 세례 요한은 자기 제자 중 요한과 안드레와 함께 서 있다가 예수님께서 거니심을 보고 다시 증거 했습니다. 세례 요한은 **"보라! 하나님의 어린 양이로다."**(요 1:36)라고 증거 합니다. 이 증거를 들은 두 사람 요한*과 안드레는(요 1:40) 세례 요한의 증거를 듣고 예수님을 따라갔습니다. 예수님께서는 돌이켜 요한과 안드레에게 **"무엇을 구하느냐?"** 물으셨고 둘은 **"랍비여**(선생이여) **어디 계시오니이까?"** 물었습니다. 예수님께서는 이 둘에게 **"와서 보라!"**고 말씀하셨습니다. 요한과 안드레는 예수님께서 계시는 곳에 가서 함께 머물며 지냈습니다. 아마도 함께 머물며 예수께서 그리스도이심을 체험하였고 확증하였을 것입니다. 왜냐하면 예수님을 그리스도라 인식한 안드레는 그의 형 베드로를 찾아가 "내가 그리스도를 만났다."(요 1:41)고 증거 한 후 함께 예수님께로 왔기 때문입니다.

> **요한의 말을 듣고 예수를 따르는 두 사람 중의 하나는 시몬 베드로의 형제 안드레라** (요 1:40)

---

* 두 사람 중 안드레의 이름은 분명하게 쓰는데 한 사람의 이름은 밝히지 않는다. 학자들은 다른 한 사람을 요한복음을 쓰고 있는 사도 요한이라고 생각한다.

제
3
月

성도 여러분!

'예수는 그리스도이다'라고 확신하십니까? 그리고 '예수 그리스도'를 인격적으로 만나셨습니까? 그렇다면 나는 어떻게 예수 그리스도를 만났는지 생각해 봅시다. 직접 만났습니까? 아니면 증거(가르침)를 통해 배웠고 깨달은 후 인격적인 체험을 했습니까? 예수님을 그리스도라 고백하는 성도들에게 예수님께서는 '나를 좇으라'고 말씀하십니다. 이에 대해 하나님의 뜻을 따라 오신 인자의 역사, 영원한 생명을 가지신 분이기에 내 모든 것을 버리고 따르겠다는 각오가 있어야 할 것입니다.

'예수 그리스도'를 인격적으로 체험했다면 내가 만난 '예수 그리스도'는 세상에 외쳐져야 할 구원의 좋은 소식임을 잊지 맙시다. 예수님을 그리스도라 고백한 후 자신의 것을 버려두고 '예수 그리스도'를 위해 하나님의 구속사를 위해 생활하고 있습니까? 오늘도 예수를 그리스도라 전하는 일에 열심을 내는 하루가 되시길 기도합니다.

갈릴리 가나에서 첫 이적을 행하시는 예수님(요 2:1-11)

오늘 날짜가 언급된 성경 사건은 없습니다. 오늘 날짜가 포함된 사건은 다음과 같습니다.

사건 1 제2월 10일부터 방주에 들어가 하나님의 명령을 감당하는 32일째로(노아시대 월력 체계는 한 달을 30일로 계산함) 하나님께서 말씀하신 대로 40일 동안 비가 내린 25일째

사건 2 라암셋을 떠난 지 56일째(제1월을 30일, 제2월을 29일로 계산함)로 시내산 밑 시내광야에 도착하여(제3월 1일) 거한지 11일째(출 19:1-2)

사건 3 "너는 산에 올라 내게로 와서 거기 있으라"는 하나님의 명령을 받고 모세가 시내산에 올라 첫 번째 40일 금식기도를 시작한 4일째

사건 4 시내광야에 11개월 20일 머물던 이스라엘 백성이 하나님의 명령에 따라 약속의 땅을 향해 떠난 지 21일째

사건 5 하만이 제12월 13일에 유대인들을 죽이라는 조서를 써서 보낸 후 58일째(더 3:12)

사건 6 주전 458년 2차 포로 귀환 시 제1월 1일 바벨론을 떠난 후 70일째로 아하와 강을 떠난 지 59일째(스 7:6-9, 8:15-36)

공관복음이라 불리는 마태복음, 마가복음, 누가복음을 기록한 마태, 마가, 누가는 예수님께서 천국 복음을 전파하시고 가르치심을 시작하는 시기를 세례요한이 잡힌 후 갈릴리의 가버나움에 사시는 때로 기록하고 있습니다. 세 사람 모두 예수님께서 세례를 받으시고 광야에서 40일을 금식하시

고 사단의 시험을 이기신 후 바로 갈릴리로 가신 것으로 기록하는 것으로 알 수 있습니다. 갈릴리로 가신 예수님께서는 그곳에서 천국 복음을 전파하셨다고 기록하고 있습니다(마 4:12-13, 17, 23, 막 1:14-15, 눅 4:14-30). 그런데 사도 요한은 예수님께서 세례 요한이 잡히시기 전 갈릴리와 유대에서의 사역을 기록하고 있습니다. 오늘은 예수님의 행적에 대해 공관복음인 마태복음, 마가복음, 누가복음과 차이를 보이는 요한복음에 나타난 예수님의 행적에 대해 살펴보겠습니다.

❶ 공관복음과 요한복음에 나타난 사단에게 시험받으신 후의 행적

(마 4:12, 막 1:14, 눅 4:14-15)

예수님께서는 세례받으시고 광야에서 40일 금식기도를 하셨습니다. 그리고 사단에게 세 가지 시험을 받으셨는데 세 번 모두 말씀으로 이기셨습니다. 그런데 이후의 행적에 대해 마태는 **'요한의 잡히심을 듣고 갈릴리로 물러가셨다가'**(마 4:12)로 마가는 **'요한이 잡힌 후 예수님께서 갈릴리에 오셔서'**(막 1:14)라고 기록하며 사단에게 승리하신 후 그리고 요한이 잡히기까지의 과정에 대해서는 언급을 하지 않습니다. 한편 누가는 세례 요한이 잡힌 사실을 기록하지 않고 **'예수님께서 성령의 권능으로 갈릴리에 돌아가시니 그 소문이 사방에 퍼졌고 친히 여러 회당에서 가르치셨습니다'**(눅 4:14-15)라고 기록하고 있습니다. 이처럼 마태, 마가, 누가가 기록한 공관복음은 예수님께서 40일 금식기도 하신 후부터 세례 요한이 잡히기까지의 사건에 대해 언급하지 않습니다. 하지만 두 사건 사이에 예수님께서는 분명히 사역을 하셨고 사도 요한은 예수님께서 사단에게 시험받으신 후부터 세례 요한이 잡혀 갈릴리로 물러나시기까지의 행적을 기록하고 있습니다.

사도 요한은 예수님께서 사단에게 시험받으신 후부터 세례 요한이 잡혀 갈릴리로 물러나시기까지의 기간 중 베다니에서 제자 삼은 요한, 안드레,

빌립, 나다나엘, 베드로(포함될 수도 있고 떠났을 수도 있음)와 함께 갈릴리로 여행하시며 가나에서 첫 이적을 행하시고, 가족과 함께 나사렛에서 가버나움으로 이사하시고, 공생애 첫 유월절 때에 성전에 올라가셔서 성전을 청결하게 하시고, 니고데모를 만나시고, 유대에 머물며 제자들을 통해 세례를 베푸시는 모습을 기록합니다. 계속해서 세례 요한을 따르던 많은 무리들이 예수님을 따르게 되고, 예수님을 따르는 제자들이 많아짐으로 유대에서의 세례 사역을 접으시고 갈릴리로 돌아가실 때 사마리아 수가 성의 여인을 만나 그리스도이심을 나타내시고 갈릴리 가나에 오셔서 가버나움에 있는 왕의 신한의 아들을 고치시는 일들을 기록합니다.

❷ 갈릴리 가나의 혼인 잔치에서 물로 포도주를 만드신 예수님

세례받으시고 40일 금식기도 하시고 사단에게 시험받으셨던 예수님께서는 베레아 베다니에 머무셨습니다. 그리고 거기서 세례 요한의 증거를 받으셨고 요한과 안드레, 안드레의 형 베드로 그리고 빌립과 나다나엘을 만나셨습니다. 이후 예수님께서는 갈릴리로 돌아오셨습니다. 이때 고향인 나사렛 근처 가나에서 혼인 잔치가 있었고 혼인 잔치에 청함을 받은 예수님과 초기 제자들은 가나의 혼인 잔치에 참석하셨습니다. 혼인 잔치가 어느 정도 진행되었을 때에 포도주가 모자란다는 마리아의 이야기를 듣고 예수님께서는 첫 이적을 행하십니다.

예수님을 그리스도라 고백하는 성도는 다시 오실 예수님, 곧 어린양의 혼인 잔치에 들어가기 위해 세마포(성도의 옳은 행실)를 준비해야 합니다. 성경 시대의 혼인 잔치는 매우 성대히 거행되었고 1주일 동안 계속되었습니다(창 29:27, 삿 14:12). 유대인의 전통에서도 혼인 잔치 기간인 7일간은 금식하는 일(마 9:15)과 경문(유대인 남자들이 아침 기도 때 이마와 왼팔에 매던 성구를 쓴 종이를 담은 작은 상자)을 다는 의무 등이 면제되었습니다. 예수님 당시 혼인 잔치문화를 살펴보고 본문에 나타난 배경적 요소를 살펴본 후 본문의 의미를 생각해 봅시다.

사도 요한은 예수님께서 첫 표적을 갈릴리 가나에서 행하시고 그의 영광을 나타내셨는데 제자들이 그를 믿었다고 기록합니다(요 2:11). 그런데 그 과정에서 제자들은 물이 포도주로 변했던 것을 알 수 없었고 누군가에게서 전해 듣고 예수님께서 행하신 이적을 믿게 되었을 것입니다. 그렇다면 예수님께서 포도주를 만드신 재료가 물이었던 것을 알 수 있었던 사람들은 누구입니까?

요한은 예수님께서 물로 포도주를 만드신 것을 아는 사람들은 하인들이라고 기록합니다(요 2:9). 하인들은 마리아가 **"너희에게 무슨 말씀을 하시든지 그대로 하라."**(요 2:5)고 시킨 대로 예수님의 말씀에 순종하여 그저 돌 항아리 여섯 개에 물을 채웠고 **"이제 떠서 연회장에게 갖다 주라."**(요 2:8)하시는 말씀에 순종합니다. 그리고 연회장도 물로 된 포도주를 맛보며 끝까지 좋은 포도주를 내어 오는 것에 감탄할 뿐 물이 포도주로 변한 것은 알 수 없었습니다. 오직 물이 변하여 포도주가 되었다는 것을 경험할 수 있었던 사람들은 하인들입니다.

놀라운 체험을 한 하인들은 되어진 일을 주변 사람에게 알렸고 제자들도 듣게 된 후 제자들이 믿게 되었을 것입니다. 요한은 이적을 행하신 예수님을 하인들이 예수님을 따랐는지는 기록하지 않지만 아마도 그들은 예수님의 능력을 체험하고도 따르지 못했을 것입니다. 왜냐하면 신분상으로 자유롭지 못한 사람들이었기 때문입니다.

요한은 **'예수께서 이 첫 표적을 갈릴리 가나에서 행하여 자신의 영광을 나타내시니 그분의 제자들이 그분을 믿었다'**(요 2:10)고 기록하는데 정작 제자들은 예수님께서 이적 행하시는 것을 체험하지 못했습니다. 제자들은 아마도 하인들을 통해 되어진 일들을 들었을 것이고 그 이적이 예수님을 통해 분명하게 일어났을 것임을 믿었을 것입니다. 제자들이 믿었다는 것이 문제가 되지 않는 것은 이미 베다니에서 예수님께서 그리스도이심을 체험했기 때문인데 삶 속에서 예수께서 그리스도이심은 반복적으로 체험되어야 할 것입니다.

예수님께서 첫 표적을 행하신 갈릴리 가나 혼인 잔치 사건을 생각해 보겠습니다. 혼인 잔치가 지속되는 가운데, 흥이 고조된 상태에서 포도주가 떨어졌다는 것은 손님들에 대한 예의도 아니었고 전체적인 잔치의 흥이 깨질 수도 있는 상태였습니다. 아마도 신랑 측의 친족으로 잔치를 도와주던 마리아는 질이 낮은 포도주조차 구할 수 없는 상태에서 예수님께 요청해 이적 베풀기를 원했는지 모릅니다. 그런데 부탁하는 모친 마리아에게 예수님께서는 **"여자여 나와 무슨 상관이 있나이까?"**라고 말씀하십니다. 이것은 다윗의 자손으로서의 요셉이나 마리아의 아들로서의 예수가 아니라 하나님의 아들로서 그리스도 되심을 나타내고 있다고 볼 수 있습니다. 그리고 계속하여 **"내 때* 가 아직 이르지 못하였나이다."**라고 말씀하셨지만 예수님께서는 물로 포도주를 만드는 이적을 행하셨습니다. 예수님의 이 처음 표적을 통해 그 영광을 나타내셨는데 그리스도를 만난바 되어 예수님을 따르던 제자들은 증거(가르침)를 받고 믿었음을 잊지 맙시다.

❸ 본문에 나타난 사건의 배경 이해와 의미

예수님께서 갈릴리 가나의 혼인 잔치에서 물로 포도주를 만드신 사건을 당시의 배경 이해를 통해 더욱 자세히 생각해 보겠습니다.

① 사흘 되던 날

요한복음 2:1-11 본문에서 예수님께서는 제자들과 함께 '사흘 되던 날'에 갈릴리 가나의 혼인 잔치에 참여하셨습니다. '사흘 되던 날'은 언제입니

* 예수의 공생애 시작 시점이 아직 아님을 말하는 것이 아닐까요. 예수의 공생애 시작 시점은 이후 유월절에 예루살렘 성전에 올라가시어 성전을 청결케 하시는 사건이라 생각한다.

까? 어떤 학자는 요 1:29, 35, 43절에 나타난 연속적인 날로 사용되는 '이튿날'('에파우리온', ἐπαύριον, 내일, 이튿날)의 연속이라고 생각합니다. 그런데 각 사건이 연속되는 다음 날 일어난 것으로 보기 힘듭니다. 사도 요한은 어떤 사건이 있었고 그 '이튿날'에 사건이 있었던 것으로 기술하고 있다고 생각됩니다. 만약 이 세 번의 '이튿날'이 연속되는 다음 날의 개념이라면 갈릴리 가나의 혼인 잔치는 '나흘 되던 날'로 표현되어야 합니다. 이 '이튿날'이 연속되는 날이 아니라는 것은 갈릴리로 떠나시는 곳이 예수님께서 세례 요한의 증거를 받으시던 '베다니'라면 갈릴리 '가나'까지 하루 만에 도착할 수는 없는 당시 4-5일은 걸리는 거리였습니다. 그리고 유대인들은 해질 때를 기준으로 하루가 바뀌기 때문에 혼인 잔치 자리에 참석하는 밤은 하루 더 지난 때여야 합니다.

당시 배경 이해를 통해 '사흘 되던 날'을 생각해 보면 '세 번째 날'이라는 의미로 일주일 중 '세 번째 날'로 생각할 수 있습니다. 유대인들은 일주일을 첫째 날, 둘째 날, 셋째 날… 로 표현했습니다. 이 중에서도 '셋째 날'을 복된 날로 여겨 밤에 결혼하는 풍습이 생겼습니다. 그 이유는 세상을 창조하실 때 셋째 날에 '하나님이 보시기에 좋았더라'가 두 번 들어가 있는 것에서 유래한다고 합니다(창 1:9-13). 지금도 정통 유대인들은 월요일 저녁에 결혼을 한다고 합니다.

② 예수님의 제자들

보통 예수님의 제자라 하면 12사도를 생각합니다. 본문에서도 예수님께서는 제자들과 함께 갈릴리 가나의 혼인 잔치에 참석하셨다고 언급되어 있기에 12사도들과 함께 하셨을 것으로 대부분 생각합니다. 그런데 본문에서 예수님과 함께 했던 12사도는 아닌 것으로 생각됩니다. 예수님께서 12사도를 택하신 것은 공생애를 초기에 하신 것은 아닙니다. 예수님께서는 성전을 청결케 하시는 사건으로 공생애를 시작하셨고 그 후 유대 지역에 머무시며 제자들을 통해 세례 사역을 하셨습니다. 그리고 유대 사역을 접으시고 갈릴리로 물러가신 후 복음을 전하시다 12명의 제자(사도)를 세우셨습니다. 그렇다면 본문에서 예수님과 함께 혼인 잔치에 참석한 제자는 12제가 아님을 알 수 있습니다. 갈릴리 가나 혼인 잔치에 참여할 수 있는 제자는 요한, 안드레, 빌립, 나다나엘, 베드로(참여했을 수도 있고 떠났을 수도 있음)입니다. 이렇게 보면 성경에 '예수님의 제자들'이 언급될 때 무조건 12사도라고 생각해서는 안 된다는 것을 알 수 있습니다.

③ 유대인의 결례를 따른 돌 항아리 여섯 개

유대인들은 정결한 것과 부정한 것에 대해 엄격한 기준이 있습니다. 레위기 11장의 그릇에 대한 결례(정결법과 부정법)를 살펴보면 흙으로 만든 것과 돌로 만든 것에 대한 결례 적용 방법이 달랐습니다. 흙으로 만든 질그릇은 부정한 것이 닿으면 안에 담긴 것도 부정해졌고 깨뜨려야만 했는데(레 11:33) 돌로 만든 그릇이 부정한 것에 닿으면 안에 담긴 것은 부정해지지 않았고 그릇도 물로 씻기만 하면 됩니다(레 6:28).

물을 길어 사용하던 유대인의 가정에는 결례를 따른 돌 항아리가 두서너 개가 있었는데 정결례를 행하기에 꼭 필요한 물을 담아 두거나 식용으로 사용했습니다. 바리새인들은 밖에 나갔다 들어와 물로 손을 씻지 않고는 먹지 않았습니다(막 7:3-4). 또한 그릇에 대한 결례로서 겉은 정결한 그릇이지만 안에 부정한 것이 담긴 것을 비유로 겉으로 보이는 행위보다 마음을 정결케 하라는 의미로 예수님께서 소경된 바리새인을 책망하시는 본문에서도 정결례에 대한 부분을 말씀하고 계십니다(마 23:25-26).

흙으로 만든 항아리

예수님께서는 물로 포도주를 만드실 때 유대인의 결례를 따라 두세 통('메트레테스', 액체 도량형기, 약9갤런, 약34ℓ) 드는 돌

항아리 여섯을 사용하셨습니다. 이 양을 계산*해보면 408~721ℓ 정도 됩니다. 이렇게 많은 양의 포도주를 만드신 것은 실제로 많은 사람들이 잔치에 참석했거나 많은 날 동안 잔치를 했음을 알 수 있습니다.

④ 연회장

물로 포도주를 만드신 예수님께서는 하인들을 시켜 물을 연회장에게 가져다주라고 말씀하십니다(요 2:8). 연회장을 잔치에서 일하는 하인의 대표라고 말하거나 잔치를 주최하는 측의 대표라고 말하는 사람도 있습니다. 하지만 연회장은 잔치에 참석한 하객의 대표로서 혼주 집에서 나오는 음식들이 정결법에 맞게 준비되었는지 부정하지는 않은지를 결정하는 사람으로서 정결한 음식과 부정한 음식을 분별하는 역할을 했습니다. 혼인 잔치에 참석한 손님에게 제공되는 모든 음식은 제일 먼저 연회장에게 가져갔고 연회장의 허락 하에 손님들에게 제공되었습니다. 예수님께서는 물로 된 포도주를 연회장에게 먼저 가져다 주라 한 것은 이와 같은 음식 정결법을 따르기 위함이었습니다. 만약 연회장이 잔치를 베푼 쪽의 사람이라면 포도주의 맛을 보고 신랑을 불러 **"사람마다 먼저 좋은 포도주를 내고 취한 후에 낮은 것을 내거늘 그대는 지금까지 좋은 포도주를 두었도다."**(요 2:10)라고 칭찬하지는 않았을 것입니다. 신랑을 불렀다함도 잔치가 신랑집에서 벌어지고 있음을 알 수 있습니다.

⑤ '지금까지 좋은 포도주를 두었다'

연회장은 물로 만들어진 포도주를 맛보고 '지금까지 좋은 포도주를 두었다'라고 칭찬합니다. '지금까지'라는 의미와 '좋은 포도주'는 무슨 의미입니까? 성경의 땅에는 포도가 생산될 때 좋은 포도가 생산되는 해가 있는데 보통 3년에 한 번 정도 생산된다고 합니다. 이때 생산된 좋은 포도를 포도즙틀(바위)에서 밟아 가능한 한 올이 가는(촘촘한) 망에 걸러 하루살이나 작은 벌

---

* 두세 통 드는 항아리 한 개는 68~102ℓ다. 6개의 항아리 전부는 408~712ℓ다.

레를 걸러내 서늘한 곳에 보관해서 만든 포도주가 좋은 포도주입니다. 낮은 포도주는 좋은 포도가 생산되는 해가 아니거나 올이 촘촘하지 않은 상태에서 걸러진 포도즙으로 만든 포도주를 말합니다. 그런데 이런 좋은 포도주를 잔치가 벌어지는 내내 제공할 수 없었습니다. 연회장이 말하듯이 처음에는 좋은 포도주가 제공되나 잔치가 무르익어 가고 사람들이 취하면 낮은 포도주를 내는 것이 보통이었습니다. 연회장은 '지금까지'라는 말을 하는데 해가 진 후 시작된 잔치가 많은 시간이 흘렀거나 며칠이 지났음을 알 수 있습니다.

성도 여러분!

마리아의 지시대로 예수님께서 하시는 말씀에 순종한 하인들의 순종이 없었다면 이적은 없었을 것입니다. 하인들은 신분상 시키는 대로 그저 순종하는 사람들입니다. 그리고 그저 예수님께서 말씀하신 대로 순종함으로 예수님의 영광이 드러나게 했습니다. 이처럼 그저 예수님의 말씀, 하나님의 계획에 순종하는 사람들을 통해 하나님께서 일하신다는 것을 잊지 맙시다. 그리고 순종하고 체험한 사람들은 자신의 체험을 증언할 수밖에 없고 그 증언을 들은 사람들 중 믿는 사람들이 있다는 것도 잊지 맙시다. 오늘도 가나 혼인 잔치 이적을 통해 예수님을 따르며 가르침을 받고 체험하며 고백하는 것이 중요함을 잊지 말고 나의 삶 속에서도 성경 말씀을 통해 깨달은 예수 그리스도가 체험되고 고백 되는 신앙인의 하루가 되시길 기도합니다.

공생애 첫 유월절, 예루살렘 성전을 청결케 하심(요 2:13-25)

오늘 날짜가 언급된 성경 사건은 없습니다. 오늘 날짜가 포함된 사건은 다음과 같습니다.

사건 1 제2월 10일부터 방주에 들어가 하나님의 명령을 감당하는 33일째로(노아시대 월력 체계는 한 달을 30일로 계산함) 하나님께서 말씀하신 대로 40일 동안 비가 내린 26일째

사건 2 라암셋을 떠난 지 57일째(제1월을 30일, 제2월을 29일로 계산함)로 시내산 밑 시내광야에 도착하여(제3월 1일) 거한지 12일째(출 19:1-2)

사건 3 "너는 산에 올라 내게로 와서 거기 있으라"는 하나님의 명령을 받고 모세가 시내산에 올라 첫 번째 40일 금식기도를 시작한 5일째

사건 4 시내광야에 11개월 20일 머물던 이스라엘 백성이 하나님의 명령에 따라 약속의 땅을 향해 떠난 지 22일쩌

사건 5 하만이 제12월 13일에 유대인들을 죽이라는 조서를 써서 보낸 후 59일째(더 3:12)

사건 6 주전 458년 2차 포로 귀환 시 제1월 1일 바벨론을 떠난 후 71일째로 아하와 강을 떠난 지 60일째(스 7:6-9, 8:15-36)

갈릴리 가나의 혼인 잔치에서 물로 포도주를 만드시는 첫 이적을 행하신 예수님께서는 어머니 마리아와 형제들과 제자들과 함께 가버나움*으로 내려가셨습니다. 그런데 가버나움에 여러 날 머물지 못 하고 유월절이 되어 예루살렘으로 올라가셨습니다(요 2:12). 오늘은 유대인의 명절 유월절이 되어

예루살렘 성전에 올라가신 예수님께서 성전을 청결케 하시며 공생애를 시작하신 사건에 대해 살펴보겠습니다.

❶ 예루살렘 성전을 청결케 하신 예수님

유월절이 되어 예루살렘에 올라가신 예수님께서는 노끈으로 채찍을 만들어 양과 소를 성전에서 내어 쫓으셨고 돈 바꾸는 사람들의 돈을 쏟으시며 상을 엎으셨습니다. 당시에는 유월절 한 달 전 아달월(제12월)에 각 마을에서 성전세로 반 세겔을 받았고 내지 못한 사람들은 예루살렘 성전에 올라와 내게 되었는데 '두로'에서 사용했던 동전으로만 받았습니다. 당시 '두로 세겔'은 은 함유율이 90%가 넘어 가치가 가장 좋은 동전으로 인식되었습니다. 앞면에 월계관 쓴 헤라클레스, 뒷면에 독수리 형상이 새겨진 동전이었기에 어떤 형상이든 만들지 말라는 말씀에 위배되는 동전이었습니다. 하지만 예루살렘 성전에서는 이 '두로 세겔'을 성전세를 받았기에 성전에는 이 '두로 세겔'로 돈을 바꾸어 주는 환전상이 있었습니다. 환전상은 '콜본'이라는 환전수수료를 노동자 하루 품삯의 절반 정도 취했는데 성전당국과 나누었습니다. 예수님께서는 이 동전 바꾸는 환전상의 상을 엎으셨습니다.

또한 예수님께서는 제물을 파는 사람들의 상을 엎으셨습니다. 원래 성전 제단에 바치는 제물은 자신이 키우던 제물 가운데 흠 없는 것을 가져와야 정상이었습니다. 그런데 성전 당국 제사장들은 백성들이 흠 없이 키워 가져오는 제물을 검사 할 때 임의로 부적합한 제물이라고 판정을 내렸습니다. 이때 부적합한 제물로 판정을 받은 사람들은 하나님께 제사 드리기 위해 이미

---

* 가버나움은 갈릴리 호수 북쪽 해안가에 있는 도시로 헤롯 안디바가 다스리는 갈릴리와 헤롯 빌립이 다스리는 데가볼리의 경계지역으로 세관이 있었고 회당이 있었으며 당시 이스라엘을 지배했던 로마의 병사들이 주둔해 있던 곳이다. 이곳은 당시 갈릴리의 중심지로 여겨졌는데 예수님께서는 이곳을 중심으로 활동하셨고 마태는 이곳을 '본 동리(마9:1)'라고 기록하고 있다.

적합 판정을 받은 제물을 성전에서 사야 했습니다. 이로 인해 당시 성전 이방인의 뜰에는 제물 파는 사람들이 장사를 하고 있었습니다. 이들의 제물은 이미 제사장들에게 적합 판정을 받은 것으로 검열하는 제사장과 장사하는 사람들과의 뒷거래가 있었음이 분명합니다. 적합 판정을 받은 제물을 비쌌지만 성전 제단에서 하나님께 드릴 제물이 없는 사람들은 할 수 없이 사서 제물로 드려야 했습니다. 예수님께서는 이에 대해 **"이것을 여기서 가져가라. 내 아버지의 집으로 장사하는 집을 만들지 말라."**(요 2:16)고 말씀하셨습니다. 예수님의 행동과 말씀을 들은 제자들은 **"주의 전을 사모하는 열심이 나를 삼키리라."**(요 2:17)한 성경 말씀을 기억했습니다. 이미 400여 년 전 말라기 선지자 시대에 하나님께 드리는 의미 없는 제물로 인해 하나님께서는 성전의 문을 닫을 자가 있었으면 좋겠다(말 1:10)고 말씀하시기도 했습니다.

> **만군의 여호와가 이르노라 너희가 내 제단 위에 헛되이 불사르지 못하게 하기 위하여 너희 중에 성전 문을 닫을 자가 있었으면 좋겠도다 내가 너희를 기뻐하지 아니하며 너희가 손으로 드리는 것을 받지도 아니하리라**(말 1:10)

유대인들은 예수님께 **"네가 이런 일을 행하니 무슨 표적을 우리에게 보이겠느냐?"**(요 2:18)고 질문을 했습니다. 예수님께서는 **"너희가 이 성전을 헐라 내가 사흘 동안에 일으키리라."**(요 2:19)고 말씀하십니다. 유대인들은 **"이 성전은 사십육 년 동안에 지었거늘 네가 삼 일 동안에 일으키겠느냐?"**(요 2:20)고 반문을 했습니다. 예수님께서는 성전된 자신의 육체를 가리켜 말씀하신 것이지만 유대인들뿐 아니라 제자들도 깨닫지 못하였습니다. 요한은 예수님께서 죽은 자 가운데서 살아나신 후에야 제자들이 이 말씀 하신 것을 기억하고 성경과 및 예수님의 하신 말씀을 믿었다(요 2:22)고 고백하고 있습니다.

> **죽은 자 가운데서 살아나신 후에야 제자들이 이 말씀하신 것을 기억하고 성경과 예수께서 하신 말씀을 믿었더라**(요 2:22)

ⓠ [이해 도움] 고대 근동의 공궤 받는 신에 대해

고대에는 신이 사람을 만든 이유가 사람들의 손에 의해 드려지는 음식으로 공궤 받기 위함이라는 인식이 있었습니다. 그렇기에 사람들은 신들에게 먹을 것을 드리기 위해 신전의 제단에 제물을 쌓는 것을 본분으로 생각했습니다. 그러나 여호와 하나님께서는 사람들에게 먹을 것을 공궤 받으시기 위해 창조하신 것이 아닙니다. 이스라엘 백성들은 하나님의 의도를 잊어버리고 이방 사람들이 자신들의 신을 섬기는 방법을 받아들여 여호와 하나님께 먹을 것만 가져다드리면 그것이 믿는 자의 도리를 다하는 것으로 생각했습니다. 그러나 하나님께서는 마음이 없이 제물만 드리고 성전 마당만 밟는 이스라엘 백성들을 향해 성전 문을 닫을 자가 있으면 좋겠다고 선언하셨습니다.

예수님 당시 성전산 내 이방인의 뜰에 희생제물을 구입할 수 있는 시장이 있었습니다. 그런데 이것은 안나스가 대제사장을 할 때(주후 6-15년) 만들어진 것입니다. 원래 양문 밖에 제물을 파는 시장이 있었는데 안나스는 예루살렘을 방문하는 순례자들의 편의를 제공한다는 명목으로 시장을 이방인의 뜰로 옮겼습니다. 하지만 자신이 만든 시장을 통해 재물을 얻으려는 꿍꿍이였음을 일반 사람들도 알았으며 비판적이었지만 할 수 없이 제물을 사서 제사를 드려야 했습니다.

❷ 예수님의 성전 청결에 대한 두 입장

당시 유대인들이 마카비서에 기록된 대제사장 오니아스 3세 때의 사건을 잘 알고 있었습니다. 오니아스 3세가 대제사장이었던 시절 성전재정을 압수하기 위해 성전 당국에 통고한 후 집행하려고 이방인 집행관 헬리오도루스가 성전에 올라왔습니다. 이때 금식기도 하며 간구하는 대제사장과 제사장들, 유대인들의 간구를 들으신 하나님께서는 말을 탄 여호와의 사자가 성전 안에서 달려 나오게 하여 말의 앞발로 헬리오도루스의 머리를 쳐 죽게 하셨습니다(마카비후서 3:7-40). 유대인들에게 이 사건은 하나님께서 스스로 성전을 지키셨던 것으로 회자되었습니다.

이 사건과 비교하여 안나스(주후 6-15년)의 사위 가야바(주후 18-36년)가 대제사장이었던 시절 총독 빌라도가 성전재정에 손을 대어도 하나님께서는 침묵하시고 집행하는 사람을 살려 두셨습니다. 유대인들은 오니아스 대제사장 시절과 가야바 대제사장 시절을 비교하며 하나님께서 예루살렘 성전을 버리셨다고 생각하였습니다. 이런 시기에 예수님께서 성전을 청결케 하셨는데 백성들과 바리새인들은 예수님의 행동을 이해하고 동조하였습니다. 사두개인들, 제사장들은 이러한 예수님의 행동을 제제할 수 없었는데 제제를 하다 백성들의 원성을 더 키우면 자신들이 가진 성전의 기득권을 포기해야 한다고 생각했을 것입니다.

예수님께서 태어나시기 이전부터 예루살렘 성전체제는 의미가 없다고 판단한 제사장들이 유대광야 쿰란에 모여 하나님의 말씀을 필사하는 공동체가 이미 존재했습니다. 바리새인들은 예루살렘 성전이 끝났다고 선언하지는 않았지만 사두개인들, 제사장들과 대립각을 세웠었고 성전을 성결하게 보존하려고 하였기에 예수님의 행동에 동조했습니다. 예수님께서 좀 더 대중들에게 알려졌을 때 바리새인들은 예수님을 주목하였습니다(요 4:1).

예수께서 제자를 삼고 세례를 베푸시는 것이 요한보다 많다 하는 말을 바리새인들이 들은 줄을 주께서 아신지라(요 4:1)

❸ 무교절 기간 중에 표적을 행하신 예수님

성전을 청결케 하신 예수님께서는 무교절 기간 동안 예루살렘에 머무시며 표적을 행하셨습니다. 많은 사람들은 예수님의 행하시는 표적을 보고 그 이름을 믿었습니다('피스튜오', 믿다, 신뢰하다, 의지하다, 순종하다, 위탁하다). 그러나 예수님께서는 당신의 몸을 그들에게 의탁하지('피스튜오') 않으셨습니다(요 2:24). 번역 성경은 '의탁하다'는 단어로 번역했지만 원문에는 앞 절(요 2:23)에서 쓴 '피스튜오'를 쓰고 있습니다. 예수님께서 사람들에게 당신의 몸을 의탁하지 않으신 이유는 모든 **"사람들을 잘 알고 계셨고 사람에 대하여 누구의 증언도 받으실 필요가 없이 사람의 속을 아셨음이라."**(요 2:33-34)고 요한은 기록합니다.

이후 유대인들은 예수님께 표적을 요구했습니다. 아마도 이들은 예수님께서 범상치 않으시다는 소문을 듣고 온 지도 모릅니다. 그들은 내 앞에서 표적을 보이면 믿겠다고 요구한지도 모릅니다. 하지만 예수님의 표적을 보고도 믿고 따르지 못한 사람들이 여럿이 있었다는 사실을 볼 때 표적을 보고 예수님을 따르는 것이 한계가 있음을 보여줍니다. 아마도 표적을 본 사람들은 끝까지 따르지 못할 것임을 예수님께서 이미 아셨을 것입니다. 표적은 한계가 있습니다. 바울은 로마서에서 좋은 소식을 전파하는 자들의 소리를 들어야 하고, 들은 소리를 믿어야 하며, 믿음에 이르렀으면 주의 이름을 불러야 구원을 받는다고 이야기합니다. 믿음은 들음에서 나고 들음을 그리스도의 말씀으로 말미암는 것입니다(롬 10:13-17). 표적은 한때 예수 그리스도를 따르게는 할 수 있으나 따르면서 예수 그리스도의 말씀을 듣고 믿지 못한다면 결국 구원받는 자리에서 떨어질 수 있습니다.

성도 여러분!

많은 사람들이 예수님의 행하시는 표적을 보고 그 이름을 믿었습니다. 그러나 예수님께서는 그들을 믿지 않으셨습니다. 이유는 사람들을 친히 아셨기 때문입니다. 어쩌면 행하시는 표적을 보고 믿는 것은 한계가 있다는 의미인지도 모릅니다. 오늘날도 표적이나 이적을 따르는 사람들이 많이 있습니다. 하지만 하나님께서 시대마다 역사하셨던 성경을 읽고 깨닫고 믿지 않으면서 표적과 이적만 구하고 믿으려 하는 것은 문제가 있습니다. 오늘도 하나님의 말씀을 먼저 깨닫고 기도하며 하나님의 구속사를 감당하는 하루가 되시길 기도합니다.

13일

유대에 머물며 세례 운동을 하시는 예수님(요 3:22-36)

오늘 날짜가 언급된 성경 사건은 없습니다. 오늘 날짜가 포함된 사건은 다음과 같습니다.

사건 1 제2월 10일부터 방주에 들어가 하나님의 명령을 감당하는 34일째로(노아시대 월력 체계는 한 달을 30일로 계산함) 하나님께서 말씀하신 대로 40일 동안 비가 내린 27일째

사건 2 라암셋을 떠난 지 58일째(제1월을 30일, 제2월을 29일로 계산함)로 시내산 밑 시내광야에 도착하여(제3월 1일) 거한지 13일째(출 19:1-2)

사건 3 "너는 산에 올라 내게로 와서 거기 있으라"는 하나님의 명령을 받고 모세가 시내산에 올라 첫 번째 40일 금식기도를 시작한 6일째

사건 4 시내광야에 11개월 20일 머물던 이스라엘 백성이 하나님의 명령에 따라 약속의 땅을 향해 떠난 지 23일째

사건 5 하만이 제12월 13일에 유대인들을 죽이라는 조서를 써서 보낸 후 60일째(더 3:12)

사건 6 주전 458년 2차 포로 귀환 시 제1월 1일 바벨론을 떠난 후 72일째로 아하와 강을 떠난 지 61일째(스 7:6-9, 8:15-36)

성전을 청결케 하셨고 무교절 기간 동안 예루살렘에 머무시던 예수님께서는 예수님께서 행하시는 표적을 보고 놀라 밤에 찾아온 바리새인 니고데모를 만나셨습니다(요 3:1-21). 이후 요단강 근처로 가셔서 제자들과 함께 물로 세례를 베푸는 사역을 하셨습니다(요 3:22-23). 오늘은 니고데모를 만난 사

건과 요단강 근처에서 제자들을 통해 세례 사역을 하신 것에 대해 살펴보겠습니다.

❶ 밤에 찾아온 바리새인 니고데모를 만나신 예수님

유월절과 무교절 기간 중에 예수님께서 행하시는 표적을 보고 놀라 밤에 찾아온 바리새인이 있었습니다. 그의 이름은 니고데모인데 예수님께서는 니고데모와의 대화 가운데 하나님의 세상을 향한 사랑 하심을 말씀하셨고 사람들을 향한 구원계획이 정해졌고 이루어지고 있음을 밝히셨습니다(요 3:1-21).

경건한 바리새인이었고 유대인들의 지도자였던 니고데모는 예수님께서 성전을 청결케 하셨다는 이야기를 듣고 많은 고민을 했을 것입니다. 그는 예수님께서 행하신 일들을 보거나 들었을 때 상당히 놀랬고 하나님께서 보내신 분이라는 것을 직감했습니다. 그리고 그는 유대인들이 토라를 묵상하고 토의하는 밤 시간에 예수님을 찾아와 대화를 나누었습니다(요 3:1-2a).

니고데모 랍비여 우리가 당신은 하나님께로부터 오신 선생인 줄 아나이다 하나님이 함께 하시지 아니하시면 당신이 행하시는 이 표적을 아무도 할 수 없음이니이다

예 수 님 진실로 진실로 네게 이르노니 사람이 거듭나지 아니하면 하나님의 나라를 볼 수 없느니라

니고데모 사람이 늙으면 어떻게 날 수 있사옵나이까 두 번째 모태에 들어갔다가 날 수 있사옵나이까

예 수 님 진실로 진실로 네게 이르노니 사람이 물과 성령으로 나지 아니하면 하나님의 나라에 들어갈 수 없느니라 육으로 난 것은 육이요 영으로 난 것은 영이니 내가 네게 거듭나야 하겠다 하는 말을 놀랍게 여기지 말라 바람이 임의로 불매 네가 그 소리는 들어도 어디서 와서 어디로 가는지 알지 못하나니 성령으로

난 사람도 다 그러하니라

니고데모 어찌 그러한 일이 있을 수 있나이까

니고데모의 마지막 질문에 예수님께서는 하나님의 구원계획에 대해서 말씀해 주셨습니다. 예수님께서 말씀하신 기독교의 핵심진리는 **"하나님이 세상을 이처럼 사랑하사 독생자를 주셨으니 이는 그를 믿는 자마다 멸망하지 않고 영생을 얻게 하려 하심이라."**(요 3:16)였습니다. 예수님께서는 계속해서 하나님께서 **"그 아들을 세상에 보내신 것은 세상을 심판하려 하심이 아니요 그로 말미암아 세상이 구원을 받게 하려 하심이라."**(요 3:17)고 말씀하셨습니다. 예수님께서는 유대인들의 종교지도자이며 바리새인이었던 니고데모에게 하나님께서는 끝까지 참으시며 구원하시는 분이심을 가르치셨습니다. 그리고 이미 살리는 빛이 세상에 왔으나 사람들이 자기 행위가 악하여 빛보다 어둠을 더 사랑해 악을 행하며 빛을 미워하고 빛으로 오지 아니하고 있음을 말씀하셨습니다(요 3:19-20). 그리고 마침내 니고데모와 모든 유대인들이 진리를 따라 빛으로 가서 구원받기를 원하셨습니다(요 3:21).

❷ 예수님을 만난 니고데모의 삶

예수님을 만난 이후 니고데모의 삶이 어떠했는지 두 가지 사건을 통해 생각해 보겠습니다. 복음서 저자 가운데 사도 요한만이 예수님께서 공생애를 시작하실 때 찾아와 만나 가르침을 받았던 니고데모의 행적을 기록하고 있습니다(요 7:37-52, 19:39).

① 첫 번째는 예수님께서 공생애를 시작하시는 첫 유월절과 무교절 기간에 예루살렘에서 예수님의 간남 가르침을 받은 후 2년 6개월이 지난 예수님의 마지막 초막절에 예수님을 변호하는 상황으로 나타납니다. 예수님

의 공생애 마지막 초막절 마지막 날 예수님께서는 사람들이 그리스도이심을 알 수 있을 정도로 말씀하시고 행동하셨습니다(요 7:1-39). 유대인들 중 어떤 이들은 **"이분은 참으로 그 선지자이다.", "이분은 그리스도이시다."**라고 말했습니다. 그러나 믿지 않는 또 다른 사람들은 **"그리스도께서 갈릴리에서 나올 수 없지 않는가? 성경은 '그리스도께서 다윗의 씨에서 나오시며, 다윗이 살던 마을 베들레헴에서 나오신다' 하지 않았는가?"**(요 7:41-42)라고 반응을 했습니다. 예수님의 말씀으로 인해 무리 가운데 분열이 일어났고 대제사장들과 바리새인들이 보낸 하인들은 예수님께 손을 대지 못했습니다.

하인들이 예수님께 손을 대지 못 하고 돌아오자 대제사장들과 바리새인들은 **"어찌하여 너희가 그를 데려오지 않았느냐?"** 물었고 하인들은 **"이렇게 말한 사람은 아무도 없었습니다"**라고 말했습니다(요 7:45-46). 이에 대해 바리새인들은 **"너희도 미혹되었느냐 당국자들이나 바리새인 중에 그를 믿는 자가 있느냐 율법을 알지 못하는 이 무리는 저주를 받은 자로다."**(요 7:46-49)라고 심판했습니다. 이때 같은 바리새인이었던 니고데모는 **"우리 율법은 사람의 말을 듣고 그 행한 것을 알기 전에 심판하느냐?"**라고 예수님을 변호했습니다(요 7:50-51). 니고데모의 말을 들은 대제사장들과 바리새인들은 **"너도 갈릴리에서 왔느냐? 잘 살펴보아라 그러면 갈릴리에서 선지자가 나오지 않는다는 것을 알게 될 것이다."**라고 말한 후 각자 다 집으로 돌아갔습니다(요 7:52-53).

② 두 번째는 변호한 후 6개월이 지나 예수님께서 유월절을 지키시고 십자가에 돌아가셨을 때 몰약과 침향 섞은 것을 가지고 와 아리마대 요셉이 예수님 장사하는 것을 돕는 것으로 나타납니다(요 19:39).

❸ 유대 땅에 머물며 제자들을 통해 물로 세례를 베풀게 하신 예수님

세례 요한이 베푸는 세례는 죄 사함을 얻게 하는 세례로 자기 죄를 회개하고 나오는 자에게 요단강에서 베푸는 물세례였습니다(마 3:6, 막 1:4-5). 세례 요한이 죄 사함을 얻는 물세례를 베풀 때 많은 죄인들이 나와 죄를 회개하고 물세례를 받았습니다. 이때 세례 요한은 자신들에게 나오는 사람들에게 말하기를 **"나는 너희로 회개케 하기 위하여 물로 세례를 주거니와 내 뒤에 오시는 이는 나보다 능력이 많으시니 나는 그의 신을 들기도 감당치 못하겠노라. 그는 성령과 불로 너희에게 세례를 주실 것이요."**(마 3:11, 눅 3:16)고 전파했습니다.

세례 요한의 사명은 자기 죄를 자복하고 나오는 자에게 물로 세례를 베풀어 죄를 사해 주고 그들에게 증거 하여 예수님께로 인도하는 안내자의 역할이었던 것입니다. 세례 요한은 자신에게 나아온 자들에게 예수님을 소개하며 **"성령과 불로 너희에게 세례를 주실 것이요."**라고 증거 했지만 유대 땅에 머물며 세례 운동을 행하시는 예수님께서는 '성령과 불'로 세례 주시는 것이 아니었습니다. 예수님께서는 제자들을 통해 물로 세례를 베풀게 해 죄인들이 세례를 받게 하셨습니다. 사도 요한의 기록에 의하면 유대 지역에서 행하시는 예수님의 세례 운동은 예수님께서 직접 '성령과 불'로 세례를 베푸신 것이 아니라 제자들이 세례를 베풀었음을 알 수 있습니다(요 3:22, 4:1-2). 이때 제자들을 통해 베푸시는 세례는 죄 사함을 선언하는 물세례였습니다.

예수님께서 유대 땅에서 제자들을 통해 세례를 베풀고 계실 때 세례 요한도 요단강 북쪽에 있는 살렘(예루살렘이 아님) 가까운 애논에서 세례를 베풀었습니다(요 3:23). 제자들을 통한 죄 사함의 물세례는 세례 요한의 세례와 마찬가지로 죄를 사함 받고 예수님을 따르며 말씀을 들음으로 불과 성령으로 세례를 받기 위한 것이었습니다.

> **요한도 살렘 가까운 애논에서 세례를 베푸니 거기 물이 많음이라 그러므로 사람들이 와서 세례를 받더라**(요 3:23)

❹ 자신의 제자들에게 예수님에 대해 고백하는 세례 요한

세례 요한은 예수님께서 세례를 받으실 때 성령이 비둘기같이 하늘로서 내려와 임하심을 보고 '하나님의 아들'이라고 증거 했고 자기를 따르던 제자들에게 '하나님의 어린양'이라고 증거 하여 요한과 안드레가 예수님을 그리스도로 깨닫게 합니다. 세례 요한은 예수님께서 하나님의 아들 되심을 증거 했고 많은 사람들이 세례 요한의 외침을 듣고 예수님을 따르게 했습니다. 사도 요한은 세례 요한의 제자였던 많은 사람들이 예수님께로 갔고 그것을 걱정하던 세례 요한의 제자들이 **"랍비여 선생님과 함께 요단 강 저편에 있던 자 곧 선생님이 증거 하시던 자가 세례를 주매 사람이 다 그에게로 갑니다."**(요 3:26)라고 말했을 때 **"… 나의 말한바 나는 그리스도가 아니요 그의 앞에 보내심을 받은 자라고 한 것을 증거 할 자는 너희니라. 신부를 취하는 자는 신랑이나 서서 신랑의 음성을 듣는 친구가 크게 기뻐하나니 나는 이러한 기쁨이 충만하였노라. 그는 흥하여야 하겠고 나는 쇠하여야 하리라 하니라."**(요 3:28-30)고 고백하며 예수님께서 위로부터 오신 분임을 증거 했던 세례 요한의 고백을 기록하고 있습니다(요 3:25-30).

자신의 제자들이 예수님에 대해 질문 했을 때 대답한 세례 요한의 예수님에 대한 고백은 정확한 고백이었습니다. 그런데 그런 고백을 하는 세례 요한의 행동에는 한 가지 미흡한 점이 있었다고 생각됩니다. 세례 요한은 **"아들을 믿는 자는 영생이 있고 아들을 순종치 아니하는 자는 영생을 보지 못 하고 도리어 하나님의 진노가 그 위에 머물러 있느니라."**(요 3:36)고 고백하고 있는데 그 자신이 과연 '예수님께서 하나님의 아들, 그리스도로 확신했을까?'하는 것입니다. 만약 확신했다면 그 자신이 먼저 예수님께로 달려 나와 영생을 얻기 위해 예수님의 말씀을 따라야 하지 않았을까요? 세례 요한의 예수님에 대한 고백인 **"… 신부를 취하는 자는 신랑이나 신랑의 음성을 듣는 친구가 크기 기뻐하니라 나는 이러한 기쁨이 충만하였노라…"**라는 고백은 예수님을 신랑으로 생각하고 있으나 자신은 신부가 되기보다는 신랑의 친구이기를 바라고 있음이 아닐까요? 죄로 인해 죽을 수밖에 없는 인간에게 영생을 주시는 분은 신랑 되신 예수님뿐이십니다. 세례 요한은 예수님에 대해 신랑으로, 영생을 주시는 분으로 증거 했습니다. 그러나 그 자신이 먼저 신부가 되지 못하였고 영생을 얻으려고 예수님께 나아온 모습은 더욱 보이지 않았습니다. 오히려 세례 요한은 유대에 머물며 세례 사역을 하시는 예수님을 떠나 먼 곳 살렘근처 애논에서 세례 사역을 하고 있는 모습을 볼 수 있습니다.

기독교는 계시의 종교입니다. 그러나 계시가 임하고 그것을 체험한다 할지라도, 예수님을 그리스도라 고백하더라도 믿고 끝까지 따르고 견디지 못하면 구원받을 수 없습니다(마 10:22, 24:13, 막 13:13). 예수님께서는 **"여자가 낳은 자 중에 세례 요한보다 큰이가 없다."**고 말씀하시면서 **"어느 누구도 태어난 신분으로는 세례 요한보다 나을 수 없다."**고 말씀하셨습니다(마 11:11, 눅 7:28). 그러나 **"천국에서는 세례 요한이 극히 작은자라."**고도 말씀하셨습니다. 이것은 믿음으로 끝까지 견디지 못하고 순종치 못한 세례 요한의 모습을 고민하게 합니다. 세례 요한은 마침내 자신의 사명을 끝까지 감당하지 못 하고 헤롯 안디바스가 한 일에 간섭하여 옥에 갇히고 결국 죽게 됩니다(마 14:1-12). 사명을 받았고 사명은 깨달았으나 끝까지 사명을 완수하지 못했던 것은 친구이기에 앞서 신부였던 자신의 신분을 잊어버렸기 때문이 아닐까요? 아마도 제자들을 통한 유대 땅에서 행하신 예수님의 세례 운동은 자신의 신분을 깨닫지 못하는 세례 요한에게 그의 사명인 죄 사함의 세례를 예수님을 따르는 제자에게 베풀게 하여 깨닫게 하기 위함이었는지도 모릅니다. 예수님께서는 세례 요한을 기다리셨을 것입니다. 자신도 죄인이고 그렇기에 죄 문제를 해결하고 영생을 얻기 위해 예수님이 필요하다는 고백을 원하셨을 것입니다.

성도 여러분!

예수를 그리스도라고 고백하는 사람들에게는 체험한 예수 그리스도, 살아 계셔서 도우시는 하나님 아버지를 전해야 할 의무가 있습니다. 먼저 깨달은 자가 알지 못하는 자, 깨닫지 못한 자에게 하나님의 말씀과 예수 그리스도를 전해야 합니다. 하지만 전하기에 앞서 자신을 먼저 돌아보아야 할 것입니다. 남은 영생의 길에 들어서게 하고 자신은 믿지 못하여 하나님 아버지께서 원치 않는 길로 가지 않기 위해서 말입니다. 혹시 예수님을 그리스도라 고백하고 교회에 나와 예배를 드리고 성경을 배우며 봉사하는 나에게 아직도 세례 요한처럼 신부가 아닌 신랑 친구처럼 행동하고 있는 것이 있다면 무엇입니까? 오늘도 하나님의 말씀을 읽고 공부하고 가르치시는 모든 분들이 끝까지 견디는 믿음을 가지기를 소망하며 기도하는 하루가 되시길 기도합니다.

14일

사마리아 수가에서 그리스도이심을 나타내신 예수님(요 3:22-36)

오늘 날짜가 언급된 성경 사건은 없습니다. 오늘 날짜가 포함된 사건은 다음과 같습니다.

사건 1 제2월 10일부터 방주에 들어가 하나님의 명령을 감당하는 35일째로(노아시대 월력 체계는 한 달을 30일로 계산함) 하나님께서 말씀하신 대로 40일 동안 비가 내린 28일째

사건 2 라암셋을 떠난 지 59일째(제1월을 30일, 제2월을 29일로 계산함)로 시내산 밑 시내광야에 도착하여(제3월 1일) 거한 지 14일째(출 19:1-2)

사건 3 "너는 산에 올라 내게로 와서 거기 있으라"는 하나님의 명령을 받고 모세가 시내산에 올라 첫 번째 40일 금식기도를 시작한 7일째

사건 4 시내광야에 11개월 20일 머물던 이스라엘 백성이 하나님의 명령에 따라 약속의 땅을 향해 떠난 지 24일째

사건 5 하만이 제12월 13일에 유대인들을 죽이라는 조서를 써서 보낸 후 61일째(더 3:12)

사건 6 주전 458년 2차 포로 귀환 시 제1월 1일 바벨론을 떠난 후 73일째로 아하와 강을 떠난 지 62일째(스 7:6-9, 8:15-36)

유대 땅에서 초기 제자들을 통해 세례 운동을 하시던 예수님께서는 세례 요한이 옥에 갇히기 전까지는 유대에서 활동하셨습니다(요 3:22-24). 그런데 예수님께 모이는 사람들이 많다는 것을 종교지도자들이 들었다(요 4:1)는 것을 아신 예수님께서는 유대에서의 세례 운동을 접으시고 갈릴리로 가십니

다. 갈릴리로 향하시는 예수님께서는 의도적으로 유대인들이 이방으로 생각하여 상종도 하지 않는 사마리아 땅을 지나는 길을 택하십니다. 오늘은 원래 다니던 길을 택하지 않고 왜 사마리아 길을 택해 갈릴리로 돌아가시려 했는지 살펴보겠습니다.

❶ 세례 운동을 접고 유대 땅에서 갈릴리로 가시려고 하신 예수님

사도 요한은 **'예수님의 제자를 삼고 세례를 주는 것이 요한보다 많다 하는 말을 바리새인들이 들은 줄을 주께서 아신지라'**(요 4:1) 유대를 떠나 다시 갈릴리로 가시려고 하였다고 기록하고 있습니다. 그런데 세례 요한을 따르는 무리보다 예수님을 따르는 제자들이 많아진 것을 바리새인들이 들은 것이 갈릴리로 가시는 것과 무슨 상관이 있습니까? 이에 대해 어느 신학자는 바리새인들이 예수님의 세례 운동에 요한보다 더 많은 사람들이 흡수되는 현상을 고무적으로 판단했고 예수님께서는 이 호감에 대해 그 사역 자체를 철수하고 그 지역 현장을 떠나야 할 신호로 받아들였다고 설명합니다. 그런데 예수님께서 제자들을 통한 유대에서의 물세례 사역을 접으시는 것은 세례 요한의 행동과 관련이 있어 보입니다.

성전을 청결케 하심으로 공생애를 시작하신 예수님께서 요단강 근처에서 제자들을 통해 물세례를 베푸신 것은 세례 요한과 관련이 있을 수 있습니다. 세례 요한은 종신토록 예수님을 증거 해야 할 사명을 가지고 왔으며 그것을 위해 세례를 베풀고 있었습니다. 세례 요한은 세례를 베풀던 중 예수님께 성령이 비둘기 같이 임한 것을 보고 예수님께서 그리스도이심을 체험했습니다. 그러나 세례 요한은 예수님께서(사실은 예수님의 제자들이 세례를 베풀었음) 죄 사함의 세례를 베푸심으로 따르는 자들이 자신을 따르는 자들보다 더 많아지도록 예수님께 나아오지 않고 다른 곳에서 세례를 베풀고 있습니다. 이것은 예수님에 대해 세례 요한이 정확한 인식을 갖지 못했기 때문이라 할 수 있습니다. 자신도 친구이기 이전에 예수님을 따라야 하는 입장 변경이 없었습니다. 아마도 예수님께서는 이런 한 세례 요한의 행동을 안타까워하며 기다리셨을 것으로 생각됩니다.

당시 바리새인들이나 유대 지도자들은 세례 요한을 싫어했음은 자명한 사실입니다. **"회개하라 천국이 가까웠다."**고 외치며 죄를 사하는 세례를 베푸는 세례 요한의 행위는 당시의 종교지도자들과 큰 마찰을 일으키기 충분했습니다. 죄를 지었다면 성전에서 제물을 죽여 피를 드림으로 제사장을 통해 사함 받는 것인데 물로 죄 사함의 세례를 베푸는 세례 요한은 눈엣가시 같은 존재였을 것입니다. 또한 죄 사함의 세례를 베푸는 것, 광야에서 외치는 자의 소리(사 40:3-5, 마 3:3, 막 1:3, 눅 3:4, 요 1:23)라는 말에 조사해 보려고 오는 바리새인과 사두개인들을 향하여 **"독사의 자식들아 누가 너희를 가르쳐 임박한 진노를 피하라 하더냐?"**(마 3:7, 눅 3:7)고 외치며 척망했던 것은 참을 수 없는 모욕이었을 것입니다. 이에 반해 예수님께서는 성전에서 장사치들을 추방하며 안식일을 엄격히 준수하는 등 초기 유대에서의 행적은 바리새인들에게는 인기가 있었습니다. 예수님께서는 갑자기 바리새인들 사이에 일어난 지지 세력에 대해 경계하셨을 수 있고 이로 인해 세례 사역을 접고 갈릴리로 가려 하셨을 수 있습니다. 다른 한편으로는 예수님의 물세례 사역으로(예수님께서 직접 행하신 것도 아니지만) 인해 따르는 많은 무리로 인한 측면을 생각해 보아야 합니다. 예수님의 사역은 죄 사함을 베푸는 물세례를 사역이 아닌 불과 성령으로 주는 세례 사역이었습니다. 어쩌면 예수님께서는 '성령과 불'로 세례를 베푸실 때가 되었기에 제자들을 통한 물세례 사역을 마치려 하셨는지도 모릅니다.

세례 요한을 통해 증거되고 갈려져야 했던 예수님께서는 유대에서 제자들을 통해 물세례 사역을 하신 기간은 8개월 정도의 기간으로 생각됩니다. 유월절인 현대력 3-4월경에 유대로 오셔서 물세례 사역을 접으시고 사마리아를 지나시는 때가 현대력 11-12월경이므로 8개월 정도 됩니다. 아마도 예수님께서는 이 기간 동안 자신을 증거해야 할 세례 요한을 기다렸을 것이고 끝내는 다른 방법으로 자신을 드러내시려는 의도로 유대를 떠나 갈릴리로 가시려 했던 것으로 생각됩니다.

❷ 사마리아를 통과해서 갈릴리로 가시려고 하시는 예수님의 의도

예수님께서는 갈릴리로 가실 때에 사마리아 땅을 통과하여 가시려고 합니다(요 4:4). 유대인들은 다니지 않는 길을 선택하신 것은 예수님의 의도였습니다. 사도 요한은 **'사마리아로 통행하여야 하겠는지라'**(요 4:4)라고 기록하며 예수님의 의도를 기록하고 있습니다. 어떤 학자는 '예수님께서 대제사장의 기관원들에게서 가급적 속히 벗어나기 원하여 지름길을 선택한 것이다'라고 말합니다. 이것은 사마리아 땅으로 들어가면 유대인의 관원들이 쫓아오지 않는다는 면에서는 인정되나 사마리아에 머물며 말씀을 선포하시는 것을 보면 이곳을 지나면서 이루고자 하신 뜻이 분명히 있었을 것입니다.

예수님께서는 사마리아에 있는 수가에 이르러 **"내가 그로라!"**(요 4:26)고 말씀하시며 친히 자신을 드러내기 시작하셨습니다. 그런데 이곳 수가라는 동네는 근처에 에발산과 그리심산이 있고 야곱의 우물이 있던 곳으로(요 4:6) 구약의 세겜과 동일시되는 지역입니다. 구약시대의 세겜은 하나님의 부르심을 받아 하란을 떠나 약속의 땅 가나안으로 들어온 아브람이 제단을 쌓았고 하나님께서는 이 땅을 자손들에게 주시겠다고 약속하신(창 12:6-7) 곳으로 처음 나타납니다. 이후 세겜은 야곱이 형 에서를 피해 20년을 밧단 아람에서 돌아와 벧엘로 올라가기 전 10여 년을 정착하여 살며 땅을 사고 우물을 파고 살았던 곳으로(창 33:18-35:5) 나타납니다. 그런데 세겜이 더욱 중요한 이유는 하나님께서 애굽으로부터 약속의 땅으로 올리실 것을 믿었던 요셉이 애굽에서 죽었지만 그의 바램대로 출애굽 한 백성들에 의해 유골이 옮겨져 장사되었던 곳이기 때문입니다(수 24:32, 요 4:5). 이처럼 세겜은 구약시대 많은 믿음

세겜(신약시대 수가) 지도의 중앙에 표시된 세겜은 왕의 대로(지도의 상단)와 해변 길(지도의 하단)을 잇는 지선과 족장의 도로(산지 중앙도로)가 만나는 곳으로 구약시대와 신약시대 아주 중요한 역할을 한 도시이다.

의 사람들과 연관이 있었습니다. 하지만 예수님께서 공생애를 사시던 당시 유대인들은 이 사마리아 지역을 이방인의 땅이라고 해서 지나가지도 않았고 이곳에 사는 사람들과 상종 하지도 않았습니다.

> **거기 또 야곱의 우물이 있더라 예수께서 길 가시다가 피곤하여 우물 곁에 그대로 앉으시니 때가 여섯 시쯤 되었더라**(요 4:6)
> **또 이스라엘 자손이 애굽에서 가져 온 요셉의 뼈를 세겜에 장사하였으니 이곳은 야곱이 백 크시타를 주고 세겜의 아버지 하몰의 자손들에게서 산 밭이라 그것이 요셉 자손의 기업이 되었더라**(수 24:32)
> **사마리아에 있는 수가라 하는 동네에 이르시니 야곱이 그 아들 요셉에게 준 땅이 가깝고**(요 4:5)

구약의 세겜(텔 발라타)과 그리심산 예수님과 여인과의 대화에 등장하는 그리심산이 보이고 사진의 오른쪽 뒤 맨 위에 현재의 성전 건물이 보인다.

세겜에 있는 야곱의 우물

구약시대 많은 사건이 있었고 하나님의 언약이 체결되었고 이루어졌던 세겜이 예수님 당시 유대인들에게는 전혀 의미가 없는 이방인들의 땅이었다는 것이 의미심장합니다. 예수님께서는 의도적으로 사마리아를 지나가셨고 유대인들에게 관심이 없던 지역인 세겜의 한 우물가에서 한 여인을 만나 당신이 그리스도이심을 증거하셨습니다. 이후 세겜 사람들은 예수님과 대화를 나누고 깨달았던 우물가 여인의 증거를 받고 믿은 후 예수님께로 와서 자기들과 함께 유하기를 청합니다. 예수님께서는 이들과 수가성에서 이틀을 머무십니다. 예수님의 말씀에 믿는 자가 많아지고 이곳 사람들은 오리라 한, 세상의 구주이심을 알게 되었습니다(요 4:40-42). 예수님께서 사마리아 길을 택하신 이유는 자기 땅에 오셨으나 영접하지 않은 유대교의 본거지요 율법의 중심인 예루살렘과 유대에서 예수님에 대해 깨닫고 영접하지 못한 것을 그들이 이방으로 생각하는 사마리아에서 이루려고 하셨기 때문일 수 있습니다.

성도 여러분!

예수님께서 당시 유대인들은 상종도 하지 않았던 사마리아 사람들이 살았던 지역을 택해 이동하신 의도는 분명해졌습니다. 그것은 예수님의 말씀을 듣고 깨달은 후 마을 사람들에게 전한 한 여인에 의해 모든 마을 사람들이 예수는 그리스도이심을 고백하는 것으로 나타났습니다. 오늘도 '예수는 그리스도이시다'라고 고백하는 나를 나의 주변의 사람들이 '예수는 그리스도이시다'라고 고백할 수 있도록 말씀(복음)을 전하는 하루가 되시길 기도합니다.

15일

공생애 사역의 공백기, 침묵하시는 예수님(요 4:54, 5:1)

오늘 날짜가 언급된 성경 사건은 없습니다. 오늘 날짜가 포함된 사건은 다음과 같습니다.

사건 1 제2월 10일부터 방주에 들어가 하나님의 명령을 감당하는 36일째로(노아시대 월력 체계는 한 달을 30일로 계산함) 하나님께서 말씀하신 대로 40일 동안 비가 내린 29일째

사건 2 라암셋을 떠난 지 60일째(제1월을 30일, 제2월을 29일로 계산함)로 시내산 밑 시내광야에 도착하여(제3월 1일) 거한 지 15일째(출 19:1-2)

사건 3 "너는 산에 올라 내게로 와서 거기 있으라"는 하나님의 명령을 받고 모세가 시내산에 올라 첫 번째 40일 금식기도를 시작한 8일째

사건 4 시내광야에 11개월 20일 머물던 이스라엘 백성이 하나님의 명령에 따라 약속의 땅을 향해 떠난 지 25일째

사건 5 하만이 제12월 13일에 유대인들을 죽이라는 조서를 써서 보낸 후 62일째(더 3:12)

사건 6 주전 458년 2차 포로 귀환 시 제1월 1일 바벨론을 떠난 후 74일째로 아하와 강을 떠난 지 63일째(스 7:6-9, 8:15-36)

유대에서의 세례 사역을 접으시고 갈릴리 가나로 오셔서 공간의 이동 없이 가버나움에 거하는 왕의 신하의 아들을 살리시며 두 번째 표적을 행하신 예수님께서는 잠시 사역을 하지 않으십니다. 예수님께서 사역을 하셨으나 어느 누구도 기록한 것이 없을 수도 있지만 두 번째 표적 이후 유대인의 명

절이 되어 예루살렘으로 올라가셔서 베데스다 못가에서 38년 된 병자를 고치시기까지 예수님의 행적은 나타나지 않습니다. 오늘은 예수님의 공생애 사역 중 침묵하시는 시기에 대해 살펴보겠습니다.

❶ 예수님의 공생애 사역 중 침묵하시는 시기의 존재

요한복음 4장에 보면 예수님께서 제자를 삼고 세례를 주는 것이 요한보다 많다 하는 말을 바리새인들이 들은 줄 아시고 유대를 떠나 갈릴리로 가시는 사건이 있습니다(요 4:1-3). 이때 예수님께서 선택하신 길은 당시의 갈릴리에 사는 유대인들이 유대와 예루살렘으로 왕래 할 때 사용했던 요단강을 건너편 베레아 지역을 이동하는 동편 길이 아닌 사마리아를 통과하는 길이었습니다. 예수님께서는 사마리아로 지나시다 수가라는 동네에 이르러 한 여인을 만나 생수에 대한 말씀을 하시며 **"내가 주는 물을 먹는 자는 영원히 목마르지 아니하리니. 나의 주는 물은 그 속에서 영생하도록 솟아나는 샘물이 되리라."**(요 4:14)고 말씀하신 후 **"너희가 넉 달이 지나야 추수할 때가 이르겠다 하지 아니하느냐? 내가 너희에게 이르노니 눈을 들어 밭을 보라 희어져 추수하게 되었도다."**(요 4:35)고 말씀하셨습니다. 이것을 근거로 예수님께서 사마리아 수가 성을 지나실 때가 보리를 추수할 시기였다고 생각합니다. 밭의 곡식이 수확 전에 흰빛으로 보이는 현상은 보리를 추수하는 시기에 나타납니다. 팔레스타인은 유월절(현대력 3-4월경)이 지난 후 보리를 추수하고 계속하여 7주 동안 칠칠절(현대력 5-6월)까지 밀을 추수합니다. 이러한 정황을 분석하면 예수님께서 사마리아를 지나가시는 때는 현대력 11-12월경임을 알 수 있습니다.

사마리아 수가에 이틀을 머문 예수님께서는 사마리아를 떠나 갈릴리에 이르러 가나에 머무셨고 이곳에서 가버나움에서 병든 왕의 신하의 아들을 고쳐 주십니다. 이후 요한복음 5장의 '유대인의 명절'에 예루살렘에 올라가시기까지의 사건이 없습니다. 이 '유대인의 명절'은 장막절(초막절)로 볼 수

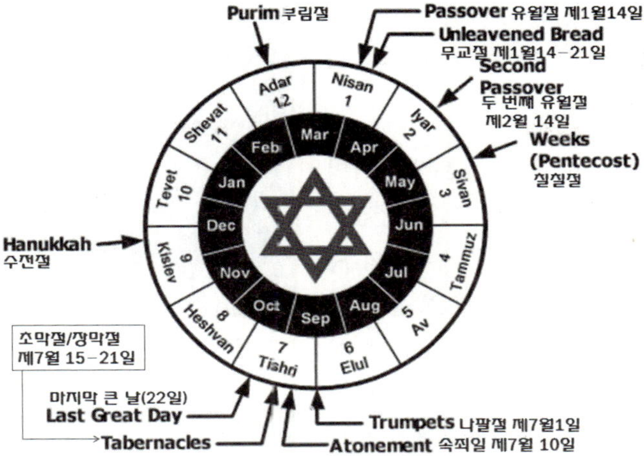

유대인의 절기

있는데 유대인의 종교문서가 간단한 표현으로 '명절'이라고만 하였을 때에는 장막절을 의미하기 때문입니다. 예수님께서 사마리아 지역을 통과하실 때 11-12월이었고 5장의 절기를 장막절(초막절, 현대력 10-11월)이라고 생각하면 요한복음 4장과 5장 사이에는 긴 시간의 간격이 있는데 학자들 가운데 10개월 정도의 공백 기간 있다고 이야기합니다. 만약 이 '유대인의 명절'이 유월절이라면 4개월 정도의 공백 기간이 있게 됩니다.

❷ 예수님께서 침묵하시는 동안 팔레스타인에 있었던 변화들

예수님께서 갈릴리로 오셔서 침묵하시는 기간 동안 팔레스타인에는 많은 변화들이 나타납니다. 성경에는 기록되어 있지 않지만 예수님께서 침묵하시는 동안 역사적으로 일어난 사건은 무엇이 있는지 살펴봅시다.

① 로마 세번째 황제인 티베리우스의 반대 세력인 총리 세잔느(Sejanus)는 반유대 정책을 강력히 밀고 나가기 위한 만반의 준비를 합니다.

② 세잔느는 유대, 사마리아, 이두매의 제5대 총독으로 빌라도를 임명합니다.

베들레헴에 있는 솔로몬의 못 들

③ 빌라도는 로마 주둔 본진을 가이사랴에서 예루살렘 헤롯 궁전으로 옮겼습니다. 이때 독수리와 황제의 형상이 그려진 깃발을 예루살렘 성내로 가져 들어왔는데 이것을 유대인들은 제2계명을 어기는 것으로 생각하여 종교적 충돌이 일어나게 되었습니다.

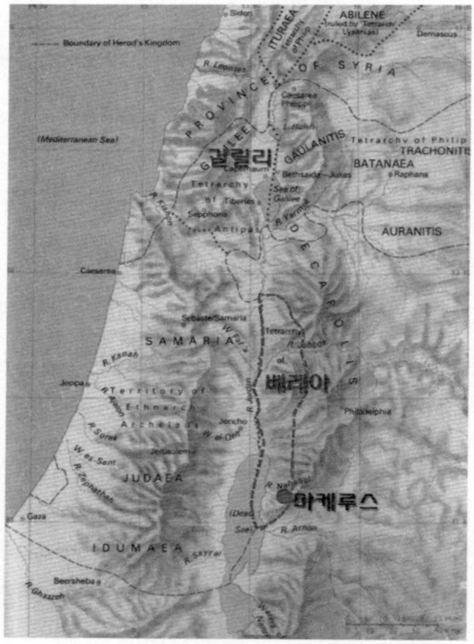

헤롯 안디바스가 다스리던 갈릴리와 베레아

④ 빌라도는 베들레헴에 있는 솔로몬의 못에서 예루살렘으로 물을 공급하기 위한 수로를 만들기 위해 성전에 있는 거룩한 금을 사용합니다. 하나님께 바쳐진 금(고르반)을 세속적 목적으로 사용하여 유대인들이 항의를 하였는데 빌라도는 이들을 폭도로 취급해 많은 사상자를 내며 진압하여 갈등의 골이 깊어집니다.

⑤ 빌라도는 성전 구내에서 모이는 산헤드린 회의를 불법으로 규정하여 모이지 못하게 하였고 유대인은 어떤 판결에서도 사형언도를 할 수 없으며 집행할 수 없도록 했습니다. 산헤드린은 성전산 안나스의 시장으로 옮겨 회의를 하였습니다.

⑥ 이 시기에 랍비 요하난 벤 자카이(Johanan ben Zakkai) 는 성전의 파괴를 예언하였고, 예루살렘에 있는 랍비 사독(Zadok)은 예루살렘 성지를 위한 40년간의 금식에 돌입합니다.

⑦ 갈릴리의 분봉왕 헤롯 안디바스는 세잔느의 정책을 동조하였고 동생 빌립의 아내를 취해 내연 관계에 들어갑니다.

⑧ 세례 요한은 안디바스의 부도덕성을 언급하였고 안디바스는 세례 요한을 잡아 베레아에 있는 마케루스의 옥에 가두었고(눅 3:19-20) 그의 생일날 세례 요한을 죽입니다(마 14:1-11, 막 6:17-29).

분봉 왕 헤롯은 그의 동생의 아내 헤로디아의 일과 또 자기가 행한 모든 악한 일로 말미암아 요한에게 책망을 받고(눅 3:19) **그 위에 한 가지 악을 더하여 요한을 옥에 가두니라**(눅 3:20)

성도 여러분!

하나님의 아들 예수님께서는 제자들을 통해 물로 세례 베푸는 사역을 접으시고 갈릴리로 오셔서 다음 일을 준비하셨습니다. 예수님께서는 물로 죄 사함을 베푸는 세례 사역이 아니라 가르치시는 사역을 시작하시기 전 갈릴리에 머무셨습니다. 당시 갈릴리는 경건한 유대인들이 이주하여 거했던 지역으로 하나님의 말씀을 듣고 깨달을 수 있는 기반이 되어 있던 곳입니다. 갈릴리에서 침묵하셨던 예수님께서는 요한복음 5장 이후 안식일에 대한 개념, 하나님에 대한 것, 인자에 대한 것 등을 가르치시며 유대인들이 하나님의 뜻을 깨닫게 하기 위해 말씀을 선포하셨습니다. 오늘도 이적이나 기적을 통해 믿는 것이 아니라 성경을 통해 전해지는 예수님의 말씀을 정확히 깨닫고 그 말씀에 순종하여 하나님의 구속사를 이루어 가는 하루가 되시길 기도합니다.

38년 된 병자를 고치시며 다시 일하시는 예수님(요 5:1-47)

오늘 날짜가 언급된 성경 사건은 없습니다. 오늘 날짜가 포함된 사건은 다음과 같습니다.

사건 1 제2월 10일부터 방주에 들어가 하나님의 명령을 감당하는 37일째로(노아시대 월력 체계는 한 달을 30일로 계산함) 하나님께서 말씀하신 대로 40일 동안 비가 내린 30일째

사건 2 라암셋을 떠난 지 61일째(제1월을 30일, 제2월을 29일로 계산함)로 시내산 밑 시내광야에 도착하여(제3월 1일) 거한지 16일째(출 19:1-2)

사건 3 "너는 산에 올라 내게로 와서 거기 있으라"는 하나님의 명령을 받고 모세가 시내산에 올라 첫 번째 40일 금식기도를 시작한 9일째

사건 4 시내광야에 11개월 20일 머물던 이스라엘 백성이 하나님의 명령에 따라 약속의 땅을 향해 떠난 지 26일째

사건 5 하만이 제12월 13일에 유대인들을 죽이라는 조서를 써서 보낸 후 63일째(더 3:12)

사건 6 주전 458년 2차 포로 귀환 시 제1월 1일 바벨론을 떠난 후 75일째로 아하와 강을 떠난 지 64일째(스 7:6-9, 8:15-36)

갈릴리에서 10개월 정도 침묵하신 예수님께서는 '유대인의 명절'이 되어 예루살렘에 올라가셨습니다.* 예루살렘으로 올라가신 예수님께서는 유대인이라면 가지 않을 곳, 많은 병자들로 인해 부정해질 수밖에 없는 베데스다 못가로 가셨습니다. 예수님께서는 이곳에서 38년 된 병자를 치유하시

면서 다시 일을 시작하셨습니다. 그런데 38년 된 병자를 고치는 과정에서 예수님께서는 특이한 방법을 취하셨습니다. 38년 된 병자를 고치시며 요구하신 특이한 행동으로 인해 유대 종교지도자들은 '안식일을 범하게 한다'고 대적했습니다. 오늘은 38년 된 병자를 고치는 과정에서 안식일에 대한 예수님의 가르침을 살펴보겠습니다.

❶ 많은 병자들이 낫기 위하여 모여 있었던 베데스다

본문에 베데스다는 예루살렘 양문 곁에 있었던 것으로 표현되는데 이것은 예루살렘 성 밖에 있었던 것을 의미합니다. 유대인의 장소적 정결정도**에 의한 분류에 따르면 베데스다의 위치는 정결한 유대인들이 접근하지 않는 곳임을 알 수 있습니다. 38년 된 병자가 누워 있던 예루살렘 성 양문 옆 베데스다에는 많은 병자, 맹인, 다리 저는 사람, 혈기 마른 사람들이 모여서 물이 움직이기를 기다렸던 곳입니다. 이유는 천사가 가끔 못에 내려와 물을 움직이게 하는데 물이 움직인 후 제일 먼저 들어가는 사람은 어떤 병에 걸렸든지 나았기 때문입니다(요 5:3-4).

사도 요한은 **'베데스다가 예루살렘 성의 북문인 양문 곁에 있었다'**고 언급했습니다. 예루살렘 북쪽 성곽 함메아 망대 근처의 문으로 베냐민 문과 동일하며 옛적에는 이 문 곁의 베데스다 못에서 성전 제사에 사용될 양들을 씻겼던 것으로 전해집니다. 느헤미야서에서 양문은 세 번 언급되는데(느 3:1, 32, 12:39) 위치는 성의 북동쪽 성벽에 있었습니다. 예수님 당시에는 양문 근처에 성전 제사에 바칠 양들을 파는 시장이 있었고 이곳에서 제물로 드려질 양들이 성

---

* '올라가시니'('아나바이노')는 '동직설 과거 능동 3인칭 단수'이며 문자 그대로 예수님께서 혼자 올라가신 것입니다. 제자들이나 따르는 무리가 없는 것으로 표현하고 있는 것은 독자들의 관심을 예수님에게 집중시키려는 의도일 수 있다. 침묵하시던 예수님께서 다시 사역을 시작하시는 모습으로 생각할 수 있다.

** 유대인이 생각하는 땅의 정결정도 : 이스라엘 땅 < 이스라엘 성벽 < 예루살렘 성(성전산) < 성전산 내의 성벽 < 이방인의 뜰 < 여인의 뜰 < 이스라엘의 뜰 < 제사장의 뜰 < 성전현관과 제단 사이 < 성소 < 지성소

전 안으로 들여졌습니다. 양들은 하나님께 제물로 바쳐지기 위해 거룩한 성전으로 들어가는데 베데스다에 모인 병자들은 부정해서 성전으로 올라가지 못했습니다. 베데스다에 모인 유대인 병자들이 병 낫기를 소원하는 이유는 부정한 병에서 놓여 거룩한 성전에 올라가 하나님께 제사 드리며 경배하기 위함이었습니다.

예수님 시대의 예루살렘 모형

베데스다의 위치는 성전에서 나팔을 불거나 레위인들이 악기를 연주하며 찬양하는 소리가 들리는 위치에 있었습니다(사진참조). 아마도 유대인 병자들은 절기나 안식일을 알리는 나팔 소리를 듣거나 악기를 연주하며 찬양하는 소리가 들릴 때 가슴을 치며 애통해했을 것입니다. 더군다나 하나님 앞에 드려질 양들은 양문을 통해서 성전으로 들어가는데 자신들은 정결하지 못해 성전에 올라가지 못하는 상황은 더욱 애통하게 만들었고 이 애통함과 간절함이 가끔 물을 동함으로 병이 낫게 되는 양문 옆 베데스다 못에 모이는 이유였습니다. 아마도 사도 요한은 이러한 병자들의 심정을 이해한 듯 베데스다가 양문 곁에 있다는 언급을 한 것이 아닌가 생각합니다.

❷ 38년 된 병자를 찾아가 고쳐 주신 예수님

두 사람의 대화를 통해 예수님의 방법과 사람의 방법의 차이를 생각해 봅시다.

예수님 네가 낫고자 하느냐?

병 자 주여 물이 움직일 때에 나를 못에 넣어 주는 사람이 없어 내가 가는 동안에 다른 사람이 먼저 내려가나이다

예수님 일어나 네 자리를 들고 걸어가라

예수님께서 병자의 낫고자 하는 의지를 확인하고 선언의 말씀으로 치유하는 것은 공관복음에서 흔히 보여주신 치유 방법입니다(막 1:40-42, 5:25-34). 38년 된 병자에게 묻는 예수님의 질문은 도우시겠다는 의도를 내포하며 **"너는 온전해지기를 원하느냐?"**는 뜻으로 병자에게 소망과 기대를 불러일으키는 것으로 생각됩니다. 이 물음에 병자는 **"주여 물이 움직일 때에 나를 못에 넣어 주는 사람이 없어 내가 가는 동안에 다른 사람이 먼저 내려가나이다."**라고 대답하는데 당시 '동한' 물이 치료의 효력이 있다는 믿음을 가지고 있었음이 분명합니다. 그의 대답은 그러한 기회를 자신이 얻을 수 없었다는 것을 말하고 있고 '다음 번 물이 동할 때 당신이 나를 못에 넣어 줄 수 있습니까?'라고 묻는 것으로 생각할 수 있을 것입니다.

아마도 병자는 가끔 천사가 내려와 물이 동하게 하고 먼저 내려간 병자가 병이 나은 것을 보며 자신도 나을 수 있다는 확신을 가지고 베데스다에 머물러 있었을 것입니다. 당시 베데스다에 모인 병자들은 모두가 자신의 병이 나을 수 있는 방법을 알고 있었습니다. 38년 된 병자 또한 당시 사람들이 기대한 방법, 물이 동할 때 자신을 못에 넣어 주는 것을 원했습니다. 하지만 예수님께서는 병자가 기대하는 방법이 아닌 다른 방법, 곧 말씀으로 병을 고치셨습니다. 예수님께서는 **"일어나라! 네 자리를 들어라! 걸어가라!"**고 말씀하셨고 병 낫기를 간절히 원했던 병자는 말씀을 믿고 곧 나아서 일어나 자리를 들고 걸어가는 체험을 합니다. 사람의 해결 방법과 예수님(하나님)의 해결 방법이

다르다는 것을 믿고 하나님의 방법대로 행하는 성도가 되시길 기도합니다.

❸ 병 고침을 받은 사람과 종교지도자들의 대화

예수님께서는 38년 된 병자에게 세 번의 명령을 하셨습니다. 그 세 가지 명령은 **"일어나라! 네 자리(침상)을 들어라! 그리고 돌아다녀라!"**였습니다. 뒤의 말씀 하신 두 가지 명령은 병 낫는 것과 관련이 없습니다(요 5:8). 예수님께서는 왜 **"침상을 들어라! 돌아다녀라!"**고 명령하셨을까요?

첫 번째 명령인 '일어나라!'는 현재 명령형으로 '일어나라'(get up)나 '오라'(come)의 의미입니다. 38년 된 병자에게 주어진 명령으로 인간적인 생각으로는 터무니없는 말입니다. 하지만 예수님께서 병을 치유하시려는 방법은 인간의 생각을 뛰어넘는 방법으로 명령에 순종만이 기대됩니다. 이 말씀에 순종하면 38년 동안 병자였던 사람은 병에서 낫게 되어 있었습니다. 그런데 이후 말씀하신 두 가지 명령은 병이 낫는 것과는 관련이 없습니다. 이미 병이 나은 후의 행동에 관한 것으로 안식일에 대해 가르치시려는 예수님의 의도가 포함되어 있다고 생각됩니다.

두 번째 명령인 '들라!'는 '아이로'의 부정과거 명령형으로 '들어 올리다'(lift up)는 의미와 함께 '메고가다, 운반하다, 가지고 가다'는 뜻으로 쓰입니다. 예수님께서는 '지금까지 의지하던 침상을 들어 메라!'고 말씀하셨습니다. '자리'는 라틴어 '그랍바투스'(grabatus, 캠프용 침대)에서 유래했으며 다소 초라한 침대로서 단지 한 사람밖에 수용되지 못하며, 접을 수 있는 야외용 침구 또는 누추한 잠자리, 방석 또는 얇은 매트리스를 말합니다. 병자는 이것을 침상을 '들어라!'라는 명령을 들었고 순종했습니다.

세 번째 명령은 '걸어가라!'는 현재 명령형으로 '돌아다니라'(walk around)입니다. 문자 그대로 '걸어 돌아다니는 것'(막 2:9, 행 3:6)을 의미합니다. 이 단어는 11, 12절에서 병자와 유대인들의 대화 가운데 각각 쓰였습니다. 병에서 나음을 받은 병자는 예수님의 세 번째 명령도 순종했습니다.

요한복음 5:9에 언급된 '곧 나아서'는 예수님의 말씀이 떨어지자마자 곧 병에서 놓이는 사건이 발생했음을 보여줍니다. 말씀을 통한 예수님의 치유는 점진적인 것이 아닌 즉각적 치유였기에 병자는 '온전하게 되어' 예수님의 말씀에 순종하여 자신의 자리를 들고 돌아다닙니다. 병에서 놓인 남자는 성전으로 올라가 돌아다녔고 이 사람을 본 유대인들은(종교지도들) **"안식일인데 네가 자리를 들고 가는 것이 옳지 아니하니라."**(요 5:10)고 말합니다. 당시 장로의 유전을 따라 안식일에 할 수 없는 39개의 조항의 특별한 규례들을 구별하였습니다. 그중 39조는 물건을 옮기는 것에 대한 것입니다. 이 표준에 의하면, 사람이 집에서 쓰는 깔개를 옮겨도 안식일을 지키는 율법을 어긴 것입니다.*

병 고침을 받은 자는 유대인으로 안식일에 대한 규례를 알고 있음이 분명합니다. 그는 안식일에 물건을 들고 다닐 수 없음을 알았으나 권세 있는 예수님의 말씀을 듣고 곧 일어나 병이 낫게 되었고 병자는 예수님의 말씀에 따라 병 고침을 받았고 자리를 들고 돌아다닌 것은 율법보다 더 높은 법과 권위를 예수님께 두었기 때문입니다. 병 고침을 받은 사람은 율법이 아닌 예수님의 말씀에 순종함으로 병이 낫게 된 것을 행동으로 보여주고 있습

* *Mishnah*, tractate Shbboth 7.2.
1.씨 뿌리지 말 것 2.밭 갈지 말 것 3.곡식 단을 묶지 말 것 4.곡식을 거두지 말 것 5.곡식을 타작하지 말 것 6.곡식을 까불지 말 것 7.곡식을 갈아 가루로 만들지 말 것 8.곡식을 찌지 말 것 9.채질하지 말 것 10.반죽하지 말 것 11.굽지 말 것 12.털 깎지 말 것 13.빨래하지 말 것 14.때리지 말 것 15.염색하지 말 것 16.실 짜지 말 것 17.밧줄 끌지 말 것 18.두 근 만들지 말 것 19.두 실을 짜지 말 것 20.두 실을 가르지 말 것 21.매듭을 짓지 말 것 22.매듭(끈)을 풀지 말 것 23.바늘로 두 번 깁지 말 것 24.두 뜸을 깁기 위해 찢지 말 것 25.사슴을 잡지 말 것 26.죽이지 말 것 27.껍질 벗기지 말 것 28.소금치지 말 것 29.그 가죽을 만들지 말 것 30.머리털을 밀지 말 것 31.그 것을 깎지 말 것 32.두 글자를 쓰지 말 것 33.두 글자를 쓰기 위해 지우지 말 것 34.집 짓지 말 것 35.헐지 말 것 36.망치로 납작하게 때리지 말 것 37.불을 끄지 말 것 38.불을 켜지 말 것 39.한 집에서 다른 집으로 물건을 옮기지 말 것

니다. 여호수아와 이스라엘 군대가 하나님의 명령대로 안식일에 일하지 말라고 하시고서, "왜 안식일에 여리고 성을 돌라고 하느냐?"는 의문을 하지 않고 순종하여 성을 돌았던 것처럼, 이 사람도 주님의 명령에 순종하여 병이 나았고 예수님을 체험했기에 안식일임에도 자신의 자리를 들고 돌아다녔습니다.

병 나은 사람은 유대인들의 질문에 "나를 낫게 한 그가 자리를 들고 걸어가라 하더라."(요 5:11)고 대답했습니다. 유대인들은 예수님께서 안식일에 병자를 고치셨음을 아직 알지 못했습니다. 그리고 현재 병자가 병에서 나음을 입은 것에는 관심도 없습니다. "누가 네 병을 고쳐 주었느냐?"라고 묻지 않습니다. 유대인들은 "너를 시켜 안식일 율법을 어기게 한 자가 누구냐?"고 묻고 있습니다. 이들은 기적적인 치유는 아랑곳하지 않고 율법을 어기게 한 사실만 문제 삼고 경멸하는 태도로 묻습니다. "누구냐?"로 강조한 후, "너에게 말한 사람이"로 묻는 것은 너에게 "자리를 들고 그리고 걸어가라."고 말한 그 사람이 장로들의 유전에 도전한 사람이라는 것입니다. 유대인들은 율법의 가르침이 아니라 그 사람의 말을 듣고 그대로 행동했다는 대답에 과연 "그가 누구냐?"고 다그쳤습니다.

위 상황을 정리해 보면 병자는 안식일에 일을 하면 안 되는 잘 알았을 것입니다. 그런데 당시 일로 규정된 것을 알면서 왜 자리를 들고 돌아다녔을까요? 안식일에 하지 말아야 할 일을 하고 있는 자신에게 정당한 질문을 한 유대인들에게 병자가 한 대답은 '예수님의 말씀'과 '안식일을 지키라'는 율법 중 예수님의 말씀에 더 권위를 두었기 때문입니다.

❹ 안식일에 대한 의미를 가르치시는 예수님

예수님께서는 병 나은 사람을 성전에서 다시 만나셨습니다. 예수님께서 성전에서 병 나은 사람을 다시 만나 "보라! 네가 나았으니 더 심한 것이 생기지 않게 다시는 죄를 범하지 말라."(요 5:14)고 말씀하셨습니다. 병 나은 사람은 예수님을 만난 후 자신을 고치신 분이 예수님이심을 알게 되고 유대인들에게 자기를 고친 이가 예수님이라고 당당히 말합니다. 유대인들은 '이러한 일들'로 예수님을 핍박했다고 언급됩니다(요 5:16). 복수로 표현한 것은 '안식일에 병자를 고치신 것과 자리를 들어라! 돌아다니라!'고 말하여 안식일을 범하게 한 것을 의미합니다. 예수님 자신도 안식일을 범했고 병 나은 사람도 안식일을 범하게 하였다는 두 가지를 이야기 하고 있는 것입니다. 당시 다른 이들을 부추겨 율법을 어기게 하는 것은 자신이 율법을 어기는 것보다 더 나쁜 일로 생각했습니다.

예수님께서는 이들의 이야기를 듣고 **"내 아버지께서 이제까지 일하시니 나도 일한다."**(요 5:17)고 말씀하심으로 안식일에 대한 개념에 대해 다시 생각하게 하십니다. 여기서 **"지금까지 일하시니"**는 문자 그대로 **"태초부터 지금까지 일하시니"**라는 의미라고 죤 C. 라일은 말합니다. 타커스는 '결코 일하시기를 그치신 일이 없으시니'라고 말합니다(요 5:18). 이 말은 다음에 나타나는 논쟁이 예수님의 신적 본성에 대한 논쟁일 것임을 보여주신 것입니다. 유대인들은 예수님께서 하나님을 '친아버지'라고 부름으로 하나님과 동등하게 여긴다고 말합니다. 예수님께서는 이것을 부정하지 않으시는데 오히려 자신에게 신적 본성이 있음을 보여주신 것입니다. 예수님께서는 문제의 핵심을 안식일에 행한 치유에서, 치유와 당신의 사역과의 관계라는 의미로 초점을 옮기고 있습니다. 예수님께서 안식일에 병을 고치시는 것은 율법을 범한 행동이 아닙니다(요 7:23, 마 12:3-13, 눅 13:15-17). 또한 예수님은 하나님의 아들이시고, 우주 만물의 창조자로서 안식일의 주인이시기에(마 12:9), 하나님과 함께 지금까지도 쉬지 않으시고 일하고 계시는 것입니다.

성도 여러분!

이 시대의 모든 성도들은 예배에 참여하여 강단에서 선포되는 하나님의 말씀을 듣습니다. 그렇다면 나는 목사님이 전하는 말씀이 하나님의 말씀으로 생각하고 선포되는 말씀을 깨닫기 위해 집중하고 있습니까? 그리고 집중하여 깨달은 말씀도 행동으로 순종하지 못하면 온전한 하나님의 역사가 나타난 것이 아님을 명심합시다. 38년 된 병자는 38년 동안 많은 고생을 하며 병이 낫기를 소망한 것은 온전하고 정결하게 회복되어 하나님께 예배(제사)하기 위한 소망이 있었기 때문입니다. 로마 시대인 당시 평균수명이 20세였는데 그는 38년 동안 나을 수 있다는 가능성을 버리지 않았습니다. 그리고 사람의 방법이 아닌 찾아오신 예수님의 말씀에 순종하여 문제를 해결해주시는 은혜를 체험할 수 있었습니다. 오늘도 하나님의 구속사의 한 부분을 나의 삶 가운데 이루기 위한 소망을 가지고 끝까지 기도하며 하나님의 때를 기다리는 하루가 되시길 기도합니다.

17일

갈릴리 가르치시는 사역을 시작하시는 예수님(마 4:12-17)

오늘 날짜가 언급된 성경 사건은 없습니다. 오늘 날짜가 포함된 사건은 다음과 같습니다.

사건 1 제2월 10일부터 방주에 들어가 하나님의 명령을 감당하는 38일째로(노아시대 월력 체계는 한 달을 30일로 계산함) 하나님께서 말씀하신 대로 40일 동안 비가 내린 31일째

사건 2 라암셋을 떠난 지 62일째(제1월을 30일, 제2월을 29일로 계산함)로 시내산 밑 시내광야에 도착하여(제3월 1일) 거한지 17일째(출 19:1-2)

사건 3 "너는 산에 올라 내게로 와서 거기 있으라"는 하나님의 명령을 받고 모세가 시내산에 올라 첫 번째 40일 금식기도를 시작한 10일째

사건 4 시내광야에 11개월 20일 머물던 이스라엘 백성이 하나님의 명령에 따라 약속의 땅을 향해 떠난 지 27일째

사건 5 하만이 제12월 13일에 유대인들을 죽이라는 조서를 써서 보낸 후 64일째(더 3:12)

사건 6 주전 458년 2차 포로 귀환 시 제1월 1일 바벨론을 떠난 후 76일째로 아하와 강을 떠난 지 65일째(스 7:6-9, 8:15-36)

예수님께서는 유대 지역에서 초기 제자들을 통해 세례 사역을 하셨지만 **'예수님의 제자를 삼고 세례를 주는 것이 요한보다 많다 하는 말을 바리새인들이 들은 줄 아시고'**(요 4:1) 유대를 떠나 갈릴리로 오셨습니다. 갈릴리에서 10개월 정도 침묵하신 예수님께서는 예루살렘에서 38년 된 병자를 안식일에 고치시며 일하기

시작하셨습니다. 그리고 갈릴리로 돌아오신 예수님께서는 세례 요한이 잡히셨다는 소식을 들으셨고 새로운 방법으로 사역을 시작하십니다. 오늘은 세례 요한이 헤롯 안디바스에게 잡혀 옥에 갇힌 후 예수님께서는 친히 **"회개하라 천국이 가까웠느니라"**(마 4:17)고 선포하심으로 갈릴리 전도 활동을 시작하신 것에 대해 살펴보겠습니다.

❶ 갈릴리 가버나움에서 활동을 시작하시는 예수님

예루살렘에서 안식일에 38년 된 병자를 고치시며 **"아버지께서 이제까지 일하시니 나도 일한다"** 고 말씀하시며 안식일 논쟁을 일으키신 예수님께서는 갈릴리로 돌아오셔서 가르치시는 사역을 하셨습니다. 예수님께서 갈릴리 가버나움에서 활동하셨는데 마태는 '선지자 이사야를 통하여 하신 말씀을 이루시기 위해서'(사 9:1)라고 기록하고 있습니다(마 4:14-16).

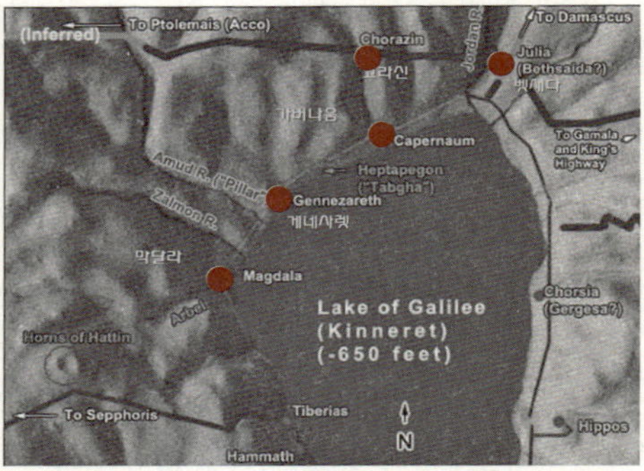

예수님 사역의 배경이 된 갈릴리바다 북쪽 도시들

> **전에 고통받던 자들에게는 흑암이 없으리로다 옛적에는 여호와께서 스불론 땅과 납달리 땅이 멸시를 당하게 하셨더니 후에는 해변 길과 요단 저쪽 이방의 갈릴리를 영화롭게 하셨느니라**(사 9:1)
> **이는 선지자 이사야를 통하여 하신 말씀을 이루려 하심이라 일렀으되**(마 4:14) **스불론 땅과 납달리 땅과 요단 강 저편 해변 길과 이방의 갈릴리여**(마 4:15) **흑암에 앉은 백성이 큰 빛을 보았고 사망의 땅과 그늘에 앉은 자들에게 빛이 비치었도다 하였느니라**(마 4:16)

공관복음(마태, 마가, 누가) 저자들은 예수님께서 제자들을 통해 유대에서 행하신 세례 사역을 기록하지 않습니다. 공관복음 저자들은 예수님의 갈릴리 사역을 세례받으신 후 곧 갈릴리로 오셔서 사역하시는 것으로 기록합니다. 하지만 갈릴리에서 사역을 시작한 시기를 정확하게 명시하고 있는데 그 시기는 세례 요한의 잡히심을 듣고 갈릴리로 물러가신 후였고(마 4:12, 막 1:14) 세례 사역이 아닌 가르치심을 시작하셨다고 기록하고 있습니다(마 4:23, 막 1:21, 눅 4:15). 사도행전에 기록된 베드로의 설교 가운데에서도 예수님에 대한 복음 전파는 갈릴리에서 시작되어 온 유대에 두루 전파되었다고 기록하고 있습니다(행 10:37).

예수께서 요한이 잡혔음을 들으시고 갈릴리로 물러가셨다가(마 4:12, 막 1:14)
예수께서 온 갈릴리에 두루 다니사 그들의 회당에서 가르치시며 천국 복음을 전파하시며 백성 중의 모든 병과 모든 약한 것을 고치시니(마 4:23)
그들이 가버나움에 들어가니라 예수께서 곧 안식일에 회당에 들어가 가르치시매(막 1:21)
친히 그 여러 회당에서 가르치시매 뭇 사람에게 칭송을 받으시더라(눅 4:15)
곧 요한이 그 세례를 반포한 후에 갈릴리에서 시작하여 온 유대에 두루 전파된 그것을 너희도 알거니와(행 10:37)

❷ 예수님의 갈릴리 초기 사역의 특징

헬라어로 '가르치다'는 말은 '디다스코'(διδάσκω)입니다. 그런데 이 단어가 예수님의 갈릴리 사역 이전에는 전혀 쓰이지 않고 있는데 마태는 마태복음 4:23에서 **'예수님께서 온 갈릴리에 두루 다니사 저희 회당에서 가르치시며 천국 복음을 전파하시며 백성 중에 모든 병과 모든 약한 것을 고치시니'**로, 마가는 마가복음 1:21에서 **'저희가 가버나움에 들어가니라 예수님께서 곧 안식일에 회당에 들어가 가르치시매'**로, 누가는 누가복음 4:15에서 **'친히 그 여러 회당에서 가르치시매 뭇 사람에게 칭송을 받으시더라'**고 기록하고 있습니다. 그렇다면 예수님께서는 무엇을 가르치셨습니까? 공관복음서에 처음으로 '디다스코'(가르치다)가 쓰였던 상황은 다음과 같습니다.

① 마태는 가버나움에 거주하신 예수님께서 온 갈릴리에 두루 다니사 회당에서 천국 복음을 전파하셨고 '산상수훈'(마 5장-7장)을 통해 천국 백성이 된 자들이 지켜야 할 것들을 가르치셨음을 기록하고 있습니다.

② 마가는 예수님께서 안식일에 가버나움의 회당에 들어가 가르치실 때 **'뭇 사람이 그의 교훈에 놀라니 이는 그 가르치시는 것이 권세 있는 자와 같고 서기관들과 같지 아니함일러라'**고 기록하고 있으며 회당에 더러운 귀신 들렸던 사람에게서 귀신이 쫓겨 나옴을 보고 **'이는 어찜이뇨 권세 있는 새 교훈이로다 더러운 귀신들을 명한즉 순종하는도다'**라고 백성들이 고백하는 내용을 기록하고 있습니다(막 1:21-27).

③ 누가는 예수님께서 갈릴리 여러 회당에서 가르치셨는데 자라나신 곳 나사렛에서 안식일에 회당에 들어가 이사야의 글 중 **'주의 성령이 내게 임하셨으니 이는 가난한 자에게 복음을 전하게 하시려고 내게 기름을 부으시고 나를 보내사 포로된 자에게 자유를, 눈먼 자에게 다시 보게 함을 전파하며 눌린 자를 자유케 하고 주의 은혜의 해를 전파하게 하려 하심이라 하였더라'**는 곳을 읽으시고 **'이 글이 오늘날 너희 귀에 응하였느리라'**고 가르치심으로 자신의 사역을 나타내셨다고 기록하고 있습니다(눅 4:14-22)

세례 요한이 잡혀 옥에 갇힌 후 그의 증거를 받지 못하시는 예수님께서는 스스로 자신을 드러내고 가르치시기 시작하셨습니다. 그런데 갈릴리 사역은 공생애 초기 유대에서 제자들을 통해 행하셨던 세례 사역이 아닌 인자로서, 그리스도로서, 하나님의 아들로서, 더 나아가 하나님 아버지와 하나이셨음을 믿게 하기 위해 가르치고 계심을 볼 수 있습니다. 이 예수님의 갈릴리 초기 사역인 '가르치심'에 대해 갈릴리에 사는 유대인들은 어떤 반응을 보였습니까? 예수님께서는 가르치시며 깨닫기를 원하셨지만 백성들은 예수님의 능력이나 권세, 말씀으로 행하시는 이적을 보고도 깨닫지 못했고 '이는 그 목수의 아들이 아니냐? 그 모친은 마리아, 그 형제들은 야고보, 요셉, 시몬, 유다라 하지 않느냐?'(마 13:55, 막 6:3, 눅 4:22)는 반응을 보이며 믿으려 하지 않았습니다.

이 사람이 마리아의 아들 목수가 아니냐 야고보와 요셉과 유다와 시몬의 형제가 아니냐 그 누이들이 우리와 함께 여기 있지 아니하냐 하고 예수를 배척한지라(막 6:3)

그들이 다 그를 증언하고 그 입으로 나오는 바 은혜로운 말을 놀랍게 여겨 이르되 이 사람이 요셉의 아들이 아니냐(눅 4:22)

성도 여러분!

공생애 중기 갈릴리에서 다시 시작하신 예수님의 사역은 '가르치심'이었습니다. 하지만 공생애 이전 갈릴리 나사렛에서 사시던 예수님의 모습을 잘 알던 사람들은 말씀으로 행하시는 이적을 보고도 깨닫지 못합니다. 성경 공부나 설교를 통해 깨달은 말씀을 생활 속에 잘 적용하고 계십니까? 아니면 말씀의 권세, 능력은 맛보았으나 그 말씀에 순종하는 삶을 살지 못 하고 계십니까? 오늘도 읽고 보고 듣고 깨달은 말씀대로 나를 통해 하나님의 구속사를 이루시려는 뜻을 깨닫고 맡겨주신 직분을 잘 감당하는 하루가 되시길 기도합니다.

제자들을 부르시고 12사도를 세우심

(마 10:1-4, 눅 5:1-11, 6:12-16)

오늘 날짜가 언급된 성경 사건은 없습니다. 오늘 날짜가 포함된 사건은 다음과 같습니다.

사건 1 제2월 10일부터 방주에 들어가 하나님의 명령을 감당하는 39일째로(노아시대 월력 체계는 한 달을 30일로 계산함) 하나님께서 말씀하신 대로 40일 동안 비가 내린 32일째

사건 2 라암셋을 떠난 지 63일째(제1월을 30일, 제2월을 29일로 계산함)로 시내산 밑 시내광야에 도착하여(제3월 1일) 거한지 18일째(출 19:1-2)

사건 3 "너는 산에 올라 내게로 와서 거기 있으라"는 하나님의 명령을 받고 모세가 시내산에 올라 첫 번째 40일 금식기도를 시작한 11일째

사건 4 시내광야에 11개월 20일 머물던 이스라엘 백성이 하나님의 명령에 따라 약속의 땅을 향해 떠난 지 28일째

사건 5 하만이 제12월 13일에 유대인들을 죽이라는 조서를 써서 보낸 후 65일째(더 3:12)

사건 6 주전 458년 2차 포로 귀환 시 제1월 1일 바벨론을 떠난 후 77일째로 아하와 강을 떠난 지 66일째(스 7:6-9, 8:15-36)

갈릴리에서 가르치시는 사역을 하신 예수님께는 많은 무리들이 따랐습니다. 이 많은 무리들 가운데 제자들로 불리는 무리가 있었고 그들 중 12명을 따로 세우셨는데 이들을 사도라고 부릅니다. 오늘은 예수님께서 제자들을 부르시고 12사도를 세우신 것에 대해 살펴보겠습니다.

제
3
月

❶ '제자'와 '사도'

'제자'는 헬라어로 '마데테스'(μαθητής)인데 그 뜻은 '배우는 사람' 즉 '학생, 제자'를 의미합니다. 신약시대의 유대인들은 자신들을 모세의 제자로 생각했고(요 9:28) 세례 요한과 같은 바리새인들도 그들을 따르는 제자들이 있었습니다(막 2:18). 예수님께서는 공인된 선생은 아니었으나(요 7:14-15) 널리 '랍비'로 알려졌고 따르는 많았는데 이 무리를 제자라 불렀습니다. '제자'라는 명칭은 그의 가르침을 따르는 모든 사람들(눅 6:17)과 그를 따라 같이 여행하는 사람들(막 6:45)에게 모두 사용되었습니다. 제자가 되는 길은 예수님의 부르심에서 시작되었고 문자 그대로 가정과 직업과 소유를 포기함을 의미할 수 있는(막 10:21) 절대적 충성을 요구되었습니다(막 8:34).

> 그들이 욕하여 이르되 너는 그의 제자이나 우리는 모세의 제자라(요 9:28)
> 요한의 제자들과 바리새인들이 금식하고 있는지라 사람들이 예수께 와서 말하되 요한의 제자들과 바리새인의 제자들은 금식하는데 어찌하여 당신의 제자들은 금식하지 아니하나이까(막 2:18)

'사도'는 헬라어로 '아포스톨로스'(ἀπόστολος)이고 그 뜻은 '사절' 특히 '복음의 사신', 직위상 그리스도의 '전권대사(기적적인 권세를 가진)', '보냄 받은 자'를 의미합니다. '사도'는 특별한 사명을 위임받은 자로 파견된 자라는 뜻으로 예수님의 열두 제자를 말합니다(마 10:2). 예수님께서는 제자들 가운데 12명을 택하여 '사도'라고 부르셨습니다(눅 6:13).

이처럼 '제자'와 '사도'는 그 의미와 하는 일이 다른 것을 알 수 있습니다. 마태와 마가는 세례 요한이 잡힌 후 예수님께서 갈릴리로 오셔서 처음으로 제자들을 삼으신 것으로 기록하고 있고, 누가는 세례를 받으신 후 갈릴리로 오셔서 가버나움에서 전도하실 때 처음으로 베드로를 택하신 장면을 기록하고 있습니다(눅 5:1-11). 하지만 누가의 언급도 예수님께서 초기 제자들을 통해 유대 지역에서 세례 베푸는 사역을 접으시고 갈릴리로 오신 후 사건입니다.

① **마태와 마가**(마 4:12-2, 막 1:14-20)

어떤 학자는 예수님께서 요한복음 5장의 유대인의 명절 때 예루살렘에 가셔서 세례 요한이 헤롯 안디바스에게 잡혀 옥에 갇혀 있다는 이야기를 들으셨을 것이라고 말합니다. 마태는 세례 요한이 잡혔음을 예수님께서 들으신 후 갈릴리로 돌아오셨다고 기록합니다(마 4:12). 이후 나사렛을 떠나 가버나움에서 사셨고(마 4:13) 이때부터 **'회개하라 천국이 가까웠느니라'**고 전파하셨습니다(마 4:17). 갈릴리 해변을 다니시다가 시몬 베드로에게 **"내가 너희로 사람을 낚는 어부가 되게 하리라."**하심으로 그의 동생 안드레와 함께 택하셨고(마 4:18) 더 가시다가 야고보와 요한을 부르셨습니다(마 4:21). 그들은 하던 일, 곧 그물을 버려두고 좇았다(마 4:22)고 마태는 기록하고 있습니다.

② **누가**(눅 4:13-5:11)

성령의 권능으로 갈릴리로 돌아오신 예수님께서는 나사렛의 회당에서 가르치셨습니다(눅 4:16). 나사렛 사람들은 예수님의 가르침을 받아들이지 못하고 산으로 가 낭떠러지에서 밀어 죽이려하였습니다(눅 4:29). 예수님께서는 군중들 가운데로 지나가 피하셨으며 가버나움으로 가셨고(눅 4:30), 게네사렛 호숫가에서 시몬의 배에서 무리를 가르치시던 중 시몬과 안드레를 통해 고기 잡는 기적을 베푸셨고 기적을 체험한 시몬과 안드레*, 야고보, 요한은 모든 것을 버려두고 예수님을 따라갑니다(눅 5:11).

---

* 누가복음 5장에 정확하게 안드레라는 이름은 나오지 않지만 시몬이 배를 저어 고기를 잡으러 나갈 때 '우리들이'라는 표현을 쓰고 있다. 아마도 형제였던 시몬과 안드레는 한 배를 탔고 또 다른 한 배를 탔던 야고보와 요한 형제와 동업을 하였을 것이다.

❷ 두 번 택한 것으로 언급된 안드레와 요한

누가복음 5장에는 시몬(베드로), 안드레, 야고보, 요한을 부르시는 장면이 기록되어 있습니다. 갈릴리에서 처음으로 이들은 부르는 것처럼 기록되어 있으나 사도 요한은 그 이전 유대 땅에서 이미 몇몇 제자들이 예수님을 만나 함께 했던 것을 기록합니다. 유대 땅에서 제자 삼은 사람들 중 12사도에 포함된 사람들은 안드레, 요한, 빌립입니다(요 1:34-51). 사도 요한은 요한복음 1:34-50에서 세례 요한의 제자였던 자신과(성경에는 정확하게 사도 요한이라는 표현은 없습니다) 안드레가 세례 요한의 증거를 듣고 예수님을 좇았으며(요 1:37) 안드레는 자신의 형제인 시몬에게 메시야를 만났다고 증거하며 그를 예수님께로 데리고 와서 예수님께 **"장차 게바라 하리라."** 하시는 예수님의 말씀을 듣게 합니다(요 1:42). 이후 갈릴리로 가시려던 예수님께서는 빌립을 만나 **"나를 좇으라!"** 하셨고(요 1:43) 빌립은 나다나엘에게 **"모세가 율법에 기록하였고 여러 선지자가 기록한 그이를 우리가 만났으니 요셉의 아들 나사렛 예수님니라."**라 증거하여 나다나엘이 예수님을 만날 수 있게 합니다(요 1:45-50). 또한 사도 요한은 세례 요한이 잡히기 전(갈릴리에서 사역을 하시기 전) 예수님께서 세례 사역을 하실 때 제자들을 통해 세례를 주셨고 그것을 통해 많은 제자를 삼았다고 기록하고 있습니다(요 4:1-2).

위의 내용으로 볼 때 예수님께서 제자를 택하심에 있어 공관복음과 요한복음은 전혀 다른 사건으로 두 가지가 서로 상충되는 것처럼 보입니다. 그러나 요한복음의 사건은 공생애 초기 유대에서 있었던 사건이고 공관복음의 사건은 공생애 중기 갈릴리에서 일어난 사건임을 생각할 때 둘은 서로 상충되는 것이 아닙니다. 다만 시기적인 차이가 있을 뿐입니다. 그런데 이 두 사건을 통해 우리가 잊지 말아야 할 것은 공생애 초기 예수님을 만나 세례를 베풀며 예수님과 함께했던 안드레와 빌립, 나다나엘 그리고 예수님을 만나 **"장차 게바라 하리라."**는 말씀을 들었던 시몬을 왜 다시 택하는 사건이 발생하였는가 하는 것은 깊이 생각해 보아야 합니다.

공관복음(마태, 마가, 누가)은 예수님께서 세례 후 성령에 이끌리어 광야에서 40일을 금식하셨고, 사단에게 시험받으신 후 바로 갈릴리로 가셔서(세례요한이 잡힌 후로 기록됨) 복음을 전파하실 때 갈릴리호수에서 네 제자를 택하시는 것으로 나타납니다. 그런데 이것은 예수님의 공생애 중기 갈릴리 사역에서 제자들을 다시 택하시는 장면입니다. 사도 요한은 세례받으시고 사단에게 시험받으신 후 유대에 머물며 세례 요한에게 '하나님의 어린양', '하나님의 아들'이란 증거를 받으셨고 세례 요한의 증거를 받고 온 세례 요한의 두 제자 요한과 안드레를 제자로 삼으셨음을 기록하고 있습니다. 이후 안드레의 형제인 시몬을 만나셨고 빌립과 나다나엘을 부르셨습니다(요 1:43-51). 요한복음 1장에서 제자를 삼는 것은 공생애 초기 유대에서 제자를 삼으신 것으로 공관복음의 제자 선택 사건보다 빠른 사건입니다. 결국 요한복음과 공관복음의 차이점은 뚜렷하고 같은 제자들은(안드레, 요한) 두 번째 택하셔서 사도로 삼으셨습니다.

❸ 예수님 홀로 활동하신 초기 갈릴리 복음 전도

10개월 정도 침묵하셨던 예수님은 갈릴리에서 사역을 다시 시작하셨습니다. 그런데 갈릴리 초기 사역에 있어서는 제자들이 함께하셨다는 표현이 나타나지 않습니다. 누가는 갈릴리로 오신 예수님께서 먼저 고향 나사렛으로 가셔서 회당에서 가르치셨던 사건을 기록하고 있습니다. 예수님께서는 자라나셨던 고향, 가버나움으로 이주하기 얼마 전(1년 정도)까지 가족들과 함께 사셨던 나사렛으로 가셨습니다. 예수님께서는 안식일이 되어 나사렛 회당으로 가셨고 가르치셨는데 이때에는 초기 제자들도 함께했다는 언급이 없습니다. 안식일이 되어 나사렛 회당에 들어가신 예수님께서는 기름 부음 받은 자(그리스도, 메시야)와 관련된 이사야 61:1-2을 읽으신 후 **"이 글이 오늘날 너희 귀에 응하였느니라."**고 말씀하시며 자신의 그리스도 되심을 나타내셨습니다. 하지만 나사렛 사람들은 예수님에 대해 증언하고 그 입으로 나오는 바 은혜로운 말을 놀랍게 여겼지만 **"이 사람이 요셉의 아들이 아니냐?"**라고 반응했습니다(눅 4:14-22).

예수님께서는 계속 말씀하시면서 엘리야 선지자 시대에 엘리야를 만나 흉년에서 살아남았던 사렙다의 한 과부와 엘리사 선지자 때에 엘리사를 만나 깨끗함을 입은 나아만에 대한 말씀(눅 4:23-30)을 하시면서 자신을 통해 생명을 얻을 수 있음을 나타내셨습니다. 이처럼 예수님께서는 나사렛의 회당에서 자신을 나타내셨는데 회당에 모여 예수님의 말씀을 들었던 나사렛 사람들, 예수님의 어린 시절을 잘 아는 친족들이 포함된 사람들은 예수님의 말씀을 믿지 않고 오히려 산 위 낭떠러지로 끌고 가서 예수님을 죽이려 했습니다(눅 4:28-30).

회당에 있는 자들이 이것을 듣고 다 크게 화가 나서(눅 4:28) **일어나 동네 밖으로 쫓아내어 그 동네가 건설된 산 낭떠러지까지 끌고 가서 밀쳐 떨어뜨리고자 하되**(눅 4:29) **예수께서 그들 가운데로 지나서 가시니라**(눅 4:30)

예수님께서는 나사렛을 떠나셨고 가버나움과 갈릴리 여러 회당을 다니시면서 증거하며 병든 자 귀신 들린 자들을 많이 치료하셨음을 누가는 기록하고 있습니다(눅 4:31-37). 이때 귀신들린 자들은 **"나사렛 예수여! 우리가 당신과 무슨 상관이 있나이가? 우리를 멸하러 왔나이까? 나는 당신이 누구인 줄 아노니 하나님의 거룩한 자니이다."**(눅 4:34)라고 고백했습니다. 이에 예수님께서는 귀신들린 사람을 꾸짖어 이르시되 **"잠잠하고 그 사람에게서 나오라!"**고 명령하셨고 귀신이 그 사람을 무리 중에 넘어뜨리고 나왔습니다(눅 4:35). 그런데 이러한 예수님의 갈릴리 초기 활동 기록 가운데 제자들과 함께하셨다는 구절이 나타나지 않습니다. 공생애 초기 제자들과 함께 하셨던 요한의 기록과는 대조적인데 아마도 따르는 자 없이 혼자 증거 하셨던 것으로 생각됩니다. 왜냐하면 유대에서 갈릴리로 활동영역을 바꾸신 예수님께서는 사역의 공백기도 있었고, 예루살렘의 당국이나, 바리새인, 종교지도자들에게 쫓기는 모습으로 나타나는데 예수님을 따르던 많은 제자들은 예수님께서 쫓기시고 숨어다니실 때 모두 흩어졌고 안드레와 요한도 마찬가지로 자신들의 생업으로 돌아갔다고 볼 수 있습니다. 아마도 이때는 누가복음 5장에서 네 제자(베드로, 안드레, 야고보, 요한)를 택하시기 전이었을 것으로 생각됩니다.

> **갈릴리의 가버나움 동네에 내려오사 안식일에 가르치시매**(눅 4:31) **그들이 그 가르치심에 놀라니 이는 그 말씀이 권위가 있음이러라**(눅 4:32)

❹ 공생애 초반 유대에서 택하셨던 제자들을 다시 택하심

공생애 중기, 갈릴리 사역을 시작하셨을 때 제일 먼저 갈릴리호수에서 택하신 제자는 누가복음 5장에 나타난 시몬(베드로), 안드레, 야고보, 요한입니다. 이중 공생애 초기 분명하게 예수님을 따랐던 제자로 나타나는 사람은 안드레와 요한이고 시몬은 형제 안드레에게 메시야를 만났다 하는 증거를 받고 예수님을 만났지만 **"장차 게바라 하리라."**(요 1:42)는 말씀을 듣고 합류하지 않은 것으로 생각됩니다. 안드레와 요한은 세례 요한의 제자로서 증거를 받고 예수님을 좇았습니다. 요한복음에 의하면 이들은 갈릴리 가나의 혼인 잔치에 참여하여 처음으로 기적을 행하시는 장면을 목격하는 제자로 볼 수 있습니다(요 1:1-2). 그랬기에 공관복음에는 나타나지 않는 사건(예수님께서 처음 기적을 행하신 사건으로 중요함), 즉 물로 포도주를 만드셨던 사건을 요한이 자세하게 기록하고 있음을 볼 수 있습니다. 또한 공생애 첫 유월절에 성전을 점검하셨고 니고데모를 만나셨음을 목격하였기에 요한은 이러한 사건들을 자세히 기록하고 있는 것입니다. 이후 요한과 안드레는 예수님의 세례 사역에 동참했으며 예수님께서는 이들을 포함한 제자들을 통해 죄 사함을 주는 물세례를 베풀게 하심으로 많은 제자들을 삼았습니다. 그 후 앞에서 살펴보았던 것과 같이 예수님의 제자 삼음이 세례 요한보다 많음이 바리새인들에게 들릴 즈음(공관복음에 의하면 세례 요한이 잡히심을 들은 후) 예수님께서는 유대에서의 세례 사역을 그만두시고 갈릴리로 가시어 침묵하셨습니다. 그리고 다시 **"아버지께서 일하시니 나도 일한다."**(요 5:17)고 말씀하시며 공생애 중기 사역을 하셨는데 세례 요한의 사명이었던 **"회개하라 천국이 가까왔다."**고 선포하시는 모습을 볼 수 있습니다.

제3月

갈릴리에서 복음을 전하시던 예수님께서는 공생애 초기 유대 지역에서 만났던 제자들을 다시 찾아가셨습니다. 누가복음 5장 1-11에서 예수님께서는 고기 잡는 이적을 보이시며 시몬(베드로)을 제자로 택하십니다. 그런데 예수님께서 제자를 택하는 과정 중 시몬(베드로)을 택하시는 과정은 다른 제자들과 좀 다른 모습이 있습니다. 시몬은 **"메시야를 만났다."**는 동생 안드레의 증거를 듣고 예수님을 찾아간 적이 있었습니다. 예수님과 함께 있던 시몬은 **"네가 요한의 아들 시몬이니 장차 게바라 하리라."**는 말씀을 들음으로 미래*에 대한 언급은 하셨지만 즉시 예수님을 따르는 모습은 보이지 않습니다. 아마도 시몬은 메시아에 대한 관심은 있었지만 아직 예수님을 그리스도라 고백하지 못했던 것입니다. 이러한 시몬에게 예수님께서는 가버나움 회당에서 가르치신 회당 근처에 있는 시몬의 집을 찾아가십니다. 시몬을 찾아가신 예수님께서는 중한 열병에 걸린 시몬의 장모를 고쳐주십니다. 장모를 고칠 때 시몬이 옆에 있었다는 구절은 없지만 장모가 열병에서 놓여 수종을 드는 것을 목격하였거나 그 내용을 들을 수는 있었을 것입니다. 만약 시몬이 이전에 예수님을 만나 예수께서 그리스도이심을 고백하고 좇았다가 떠났었더라면 장모를 고쳐주시는 사건을 통해 다시 깨달아야 했고 예수님 앞에 나아가 무릎을 꿇고 죄인임을 고백했어야 했을 것입니다. 그러나 장모의 열병을 고치는 사건으로도 시몬의 예수님에 대한 인식을 바꿀 수 없었습니다. 예수님께서 시몬을 사람을 낚는 어부로 삼으시기 위해 찾아가셨을 때 시몬은 갈릴리 바다 배 위에서 자신의 생업에 매어 있었습니다. 이러한 시몬에게 예수님께서는 다시 친히 찾아가셔서 시몬의 배에서 말씀을 선포하셨고 이적을 베푸심으

* 1세기 지중해 연안 사람들(유대인들을 포함)에게 가장 중요한 시간 개념은 '현재'였고 다음이 '과거'였는데 '미래'에 대해서는 관심을 갖지 않았다. 먼 과거나 먼 미래는 그들의 영역이 아니라 오직 그것을 아는 신(하나님)의 영역이기 때문에 그들은 미래를 걱정하지 않았으며 미래에 대한 시간표나 스케줄을 짜지 않았다. 현재의 삶이 없이 미래를 계획한다면 잘못이며 미래를 훔쳐보는 것은 오만이고 우상 숭배라 생각했다.

로 사람을 낚는 어부로 만드셨습니다.

구약에 예언된 대로 오신 예수님을 세례 요한의 증거를 통해 안드레와 요한이 깨달았고 안드레의 증거를 통해 시몬이 깨달아 예수님을 만나 따랐지만 예수님께서 힘든 상황을 만나셨을 때, 자신들의 깨달음, 고백, 체험은 약해졌고 떠날 수밖에 없었으며 자신의 생업으로 돌아가게 되었습니다. 이것은 예수님에 대한 믿음의 확신이 부족했기 때문인데 예수님께서는 이들을 다시 찾아오셨습니다. 이들은 다시 찾아오신 예수님께 죄인임을 고백하였으며 '모든 것'을 버리고 예수님을 좇는 모습을 볼 수 있습니다(눅 5:11). 이때 시몬은 고기가 많이 잡힌 것을 보고 **"주여 나를 떠나소서 나는 죄인이로소이다"**(눅 5:8)라고 고백합니다. 이 시몬의 고백은 유대에서 동생 안드레의 소개로 만났을 때를 기억했고 또한 얼마 전 자신의 장모의 열병을 고친 사건을 통해서 예수님에 대해 깨닫지 못했기 때문이었을 것입니다. 시몬과 함께 있던 안드레, 야고보, 요한 또한 이미 예수님을 따르며 가나에서 물로 포도주를 만드셨던 것과 왕의 신하의 아들을 고치시는 것을 체험했던 자들로 생업으로 돌아가 있던 자신들을 찾아오신 예수님 앞에 같은 고백을 할 수밖에 없었을 것입니다.

성도 여러분!

예수님을 그리스도라 고백한 후 잘 믿다가 어느 순간 나약해져 떠났던 경험이 있습니까? 예수님께서는 갈릴리에서 다시 가르치시는 사역을 시작하셨는데 함께 했던 초기 제자들은 자신들의 생업을 하고 있었던 것이 어떻게 느껴지십니까? 혹시 현재 나의 신앙생활이 하나님께서 맡기신 직분을 잘 감당해야 한다는 생각을 하면서도 생업 때문에 하나님의 일을 뒷전으로 밀어두고 있지는 않습니까? 만약 그렇다면 다시 한번 하나님의 일을 할 수 있는 기회를 주시기 위해 찾아오시는 예수님을 만나 결단하시기 바랍니다. 오늘도 이 시대 나에게 주어진 하나님의 구속사를 이루기 위해 맡기신 직분을 잘 감당하는 하루가 되시길 기도합니다.

19일

갈릴리 여러 곳을 전도하심(막 1:39)

오늘 날짜가 언급된 성경 사건은 없습니다. 오늘 날짜가 포함된 사건은 다음과 같습니다.

사건 1 제2월 10일부터 방주에 들어가 하나님의 명령을 감당하는 40일째로(노아시대 월력 체계는 한 달을 30일로 계산함) 하나님께서 말씀하신 대로 40일 동안 비가 내린 33일째

사건 2 라암셋을 떠난 지 64일째(제1월을 30일, 제2월을 29일로 계산함)로 시내산 밑 시내광야에 도착하여(제3월 1일) 거한지 19일째(출 19:1-2)

사건 3 "너는 산에 올라 내게로 와서 거기 있으라"는 하나님의 명령을 받고 모세가 시내산에 올라 첫 번째 40일 금식기도를 시작한 12일째

사건 4 시내광야에 11개월 20일 머물던 이스라엘 백성이 하나님의 명령에 따라 약속의 땅을 향해 떠난 지 29일째

사건 5 하만이 제12월 13일에 유대인들을 죽이라는 조서를 써서 보낸 후 66일째(더 3:12)

사건 6 주전 458년 2차 포로 귀환 시 제1월 1일 바벨론을 떠난 후 78일째로 아하와 강을 떠난 지 67일째(스 7:6-9, 8:15-36)

제자를 부르신 예수님께서는 갈릴리 여러 곳을 다니시며 회당에서 천국 복음을 전파하셨고(막 1:39) 백성 중에 모든 병과 모든 약한 것을 고쳐주십니다(마 4:23, 9:35). 갈릴리에 사는 유대인들은 예수님의 가르침에 놀랐고(마 7:28, 막 1:22, 6:2) 병든 자와 귀신 들린 자를 고치시는 것을 기이하게 생각했지만 예

수님을 하나님의 아들, 그리스도로는 생각하지 못합니다. 오늘은 갈릴리 여러 곳을 다니시며 전도하시는 예수님과 제자들의 사역을 살펴보겠습니다.

❶ 갈릴리의 여러 도시들

예수님의 공생애 중기 사역의 대부분의 시간 동안 복음을 전하신 갈릴리 도시(성, 마을)들이 살펴봅시다. 각 도시의 특징을 살펴보면 예수님의 공생애 중기 행적을 이해하는 데 많은 도움이 됩니다.

① **가버나움**(뜻:위로의 촌)

갈릴리 호수 서북 안에 있는 큰 성으로 예수님의 제2고향입니다(마 4:13). 이 도시는 다메섹에서 지중해 방면으로 왕래하는 통로인 '해변 길'('비아 마리스')이 지나는 곳으로 상업이 번성하였고 당시 유대인들이 살지 않는 티베리아스를 제외하고 가장 번화한 도시였습니다. 제법 규모가 큰 유대인 회당(눅 7:5)이 있었고 백부장이 통제하는 로마 병영이 있었으며 헤롯 안디바스와 헤롯 빌립이 다스리는 경계 지역으로 세관(막 2:14)이 있었습니다. 예수님께서는 나사렛에서 가버나움으로 이사하신 후 주로 가버나움을 중심으로 갈릴리 전도를 하셨는데 분명하게 가버나움 사건이었음을 알 수 있는 사건이 갈릴리 사역의 2/3가 됩니다. 명백한 가버나움 사건을 마가복음에서만 찾아보면 회당에 들어가 가르치시고 귀신들린 자를 고치심(막 1:21-28), 시몬(베드로)의 장모의 열병을 고치셨고(막 1:29-31), 많은 병자와 귀신들린 자를 고치셨고(막 1:32-34), 네 사람이 메고 온 중풍 병자를 고치셨고(막 2:1-12), 세관에 앉아 있던 레위(마태)를 제자로 부르셨고(막 2:13-17), 현재 가버나움 옆 '비유의 해안'으로 알려진 곳에서 여러 가지 비유를 말씀하셨고(막 4:1-34), 야이로 회당장의 딸을 살리시고 열두 해를 혈루증으로 고생하던 여인을 고치셨고(막 5:21-43), 열두 제자를 둘씩 짝지어 더러운 귀신 내어 보내는 권능을 주심으로 전도하게 하셨고(막 6:7-12), 바리새인들 서기관들에게 잘못된 장로들의 전통에 대한 가르치셨습니다(막 7:1-23).

② **벳새다**(뜻:어부의 집)

벳새다
어부의 집

갈릴리 호수 동북쪽에 위치하고 있으며 시몬(베드로)과 안드레, 빌립의 고향입니다(요 1:44, 12:21). 권능을 주셔서 열두 제자를 보내셨던 예수님께서는 그들의 보고를 받으시고 또한 세례 요한이 죽었다는 소식을 들으신 후 가버나움을 떠나 벳새다에 머무셨고(마 14:12-13, 막 6:30-32, 눅 9:10), 이즈음 예수님께서는 벳새다 들판에서 오병이어 이적을 행하셨습니다(마 14:14-21, 막 6:33-44, 눅 9:11-17, 요 6:1-15). 오병이어 이적 후 예수님께서는 제자들을 배에 태워 벳새다로 먼저 보내셨으나(막 6:45) 가버나움으로 가려 한 제자들은 풍랑을 만나 바다 위에서 고생하였고(요 6:16-17) 산에서 기도하시던 예수님께서 물 위로 걸어오셔서 제자들을 살려주셨습니다(마 14:22-33, 막 6:46-52, 요 6:16-21). 소경의 눈을 뜨게 해 주시는 등(막 8:22) 많은 권능을 행하셨으나 이곳 사람들은 예수님을 믿지 않았습니다. 예수님께서는 이들의 불신앙을 크게 슬퍼하시며 **"화가 있을진저 고라신아! 화가 있을진저 벳새다야! 너희에게서 행한 모든 권능을 두로와 시돈에서 행하였더라면 저희가 벌써 베옷을 입고 재에 앉아 회개하였으리라."**고 책망하셨습니다(마 11:21, 눅 10:13).

③ **티베리아스, 디베랴**(뜻:지키다)

갈릴리 호수 서안에 있는 도시로 주후 20년경 헤롯 안다바스가 세운 곳으로 당시 로마 황제에게 경의를 표하기 위하여 티베리아스(디베랴)라는 이름을 붙였습니다. 이후 디베랴 호수라 부르게 되었습니다(요 6:1, 21:1).무덤 위에 세운 도시로 예수님 당시에 유대인들이 살지 않았기에 예수님께서 티베리아스에서 하신 행적은 나타나지 않습니다.

④ 마가단(뜻:망대)**, 막달라**

성경에는 마태복음 15:39에만 언급되어 있으며 영어 성경에는 '막달라'라고 기록되어 있는데 어떤 사본들은 '달마누다'라고도 합니다(막 8:10). 마가단은 가버나움의 남서쪽 갈릴리 호수의 서쪽 해변 가버나움과 티베리아스 사이에 위치합니다. 막달라 마리아의 고향이며 예수님께서는 칠병이어로 4천명을 먹이신 후 배를 타고 이곳으로 오셨습니다(마 15:39).

⑤ 거라사

갈릴리 호수 동쪽에 있는 로마식 도시로 데가볼리(10개의 로마식 도시) 중의 하나로 수리아 총독 지배를 받았던 곳입니다. 이곳은 이방인이 많이 살았고

갈릴리의 주요 마을

율법에서 금한 돼지를 많이 키웠습니다. 예수님께서 이천 마리의 돼지를 몰살시키시며 군대귀신 들렸던 사람을 치료하셨다는 소식을 들은 거라사 사람들은 예수님께 떠나시기를 간구했습니다(마 4:25, 막 5:20).

⑥ 가이사랴 빌립보

요단강의 주 수원지 중의 하나로 많은 카르스트 샘이 터져 나오는 헤르몬 산 기슭에 있는 성읍으로 신들의 도시라 할 정도로 많은 신전들이 있었던 곳입니다. 구약의 '바알갓'으로 생각되는 이곳은 '판'신을 숭배하던 헬라인에 의해 파네아스로 개칭되었습니다. 헤롯 대왕은 이곳에 로마의 황제 가이사 아구스도에게 바치는 신전을 만들었고 그의 아들 분봉왕 빌립은 도시를 확장하여 황제에게 바치는 도시로 가이사랴라 불렀는데 헤롯 대왕이 만든 지중해변의 가이사랴와 구별하기 위해 자신의 이름을 넣어 가이사랴 빌립보라고 불렀습니다. 예수님께서 **"사람들이 인자를 누구라 하느냐?"**고 제자들에게 묻자 시몬(베드로)이 **"주는 그리스도시오 살아 계신 하나님의 아들이시니이다."**라고 고백한 곳입니다(마 16:13-28).

❷ 사역의 방법이 달라지신 예수님

갈릴리에서 다시 사역을 시작하신 예수님께서는 10개월 동안 침묵하시기 전과는 다른 방법으로 사역을 하셨습니다. 요한복음 5장에 기록된 대로 유대인의 명절 때 안식일에 예루살렘에서 베데스다 못가에서 38년 된 병자를 고치신 이후 예수님께서 자신을 나타내는 방법을 바꾸셨습니다.

① 아무 일도 할 수 없는 안식일에 병자를 고치셨고 예수님께서 **"인자는 안식일에 주인이니라."**고 말씀하셨습니다(마 12:8). 안식일에도 병자를 고치시며 일하셨던 예수님을 주목한 예루살렘의 종교지도자들은 갈릴리로 사람들을 파견하여 예수님을 감시했습니다. 그리고 안식일에 대한 논쟁을 하

게 됩니다.

② 병자를 고침에 있어 치유만이 아니라 **"네 죄 사함을 받았느니라."**고 선포하심으로 하나님만이 하실 수 있는 용서를 말씀 하셨습니다(마 9:2, 막 2:5, 눅 5:20, 막 4:12, 눅 7:48).

③ '인자'에 대한 것을 밝히시며 자신을 '인자'로 나타내셨습니다. 마태복음에 나타난 갈릴리에 계실 때 말씀하신 인자에 대한 언급과(마 8:20, 9:6, 10:23, 11:19, 12:8, 40, 13:37, 41, 16:13, 27, 28, 17:9, 12, 22, 19:28, 20:18, 28) 예루살렘에서 인자에 대하여 언급하신 것은(마 24:27, 30, 33, 24:37, 39, 44, 31, 26:2, 24, 45, 64) 많이 있습니다.

❸ 예수님께서 말씀하시는 진정한 안식일

예수님께서 안식일에 병자를 고치시고 귀신을 내어 쫓으셨던 행동은 당시 종교지도자들과 큰 마찰을 일으켰습니다. 종교지도자들과 대립을 일으켰던 사건을 살펴보게 예수님께서 말씀하시는 '안식일을 지킨다는 것, 진정한 안식을 한다'는 의미는 무엇인지 살펴봅시다.

Ⓠ 안식일에 종교지도자들과 대립을 일으킨 사건들

① 밀밭 사이로 지나다 제자들이 시장하여 이삭을 잘라 먹은 것으로 인해 안식일에 하지 못할 일을 했다고 지적합니다(마 12:1-8). 이 사건은 바리새인들이 예수님을 따라다니며 감시하고 있음을 보여줍니다. 예수님께서는 다윗도 자기와 함께한 사람들이 시장할 때에 먹어서는 안 될 진설병을 먹었던 것을 먹었던 것과 안식일에 제사장들이 안식을 범하며 일하는 것은 죄가 되지 않음을 말씀하시며 성전보다 더 큰이가 여기 있다고 말씀하시며 인자는 안식일의 주인이라고 말씀하셨습니다.

② 안식일에 회당에 들어가신 예수님께서는 **"안식일에 병 고치는 것이 옳으니이까?"**

라고 묻는 사람들에게 **"안식일에 선을 행하는 것이 옳으니라."**고 말씀하시면서 한쪽 손 마른 사람을 고쳐주십니다(마 12:9-14). 이 사건 이후 바리새인들은 **"어떻게 하여 예수님을 죽일까요?"** 의논합니다.

③ 안식일에 회당에서 가르치신 후 18년 동안 귀신 들렸던 여인을 보시고 부르셔서 **"여자여 네가 네 병에서 놓였다."**고 말씀하심으로 고쳐 주셨습니다(눅 13:10-17). 회당장은 안식일에 병 고치는 것에 대해 분을 내어 엿새 동안에 일을 하고 안식일 날은 일을 하지 말 것을 요구했습니다. 이에 회당에 모였던 사람들 중 반대하던 사람들은 부끄러워하였고 온 무리는 예수님께서 하시는 모든 영광스러운 일을 기뻐하였습니다(눅 13:17).

예수께서 이 말씀을 하시매 모든 반대하는 자들은 부끄러워하고 온 무리는 그가 하시는 모든 영광스러운 일을 기뻐 하니라(눅 13:17)

Ⓠ 안식일에 생명을 살리는 일을 하신 후 예수님께서 말씀하셨던 내용들

① 38년 된 병자를 고치신 후 **"내 아버지께서 이제까지 일하시니 나도 일한다."**(요 5:17)고 말씀하셨고 계속해서 하나님을 아버지라고 부르시며 아들이 행하는 일을 보고 믿어 사망에서 생명으로 옮겨지기를 원하셨습니다(요 5:19-29).

② 밀밭 사건에서는 율법에 하지 말라고 규정한 것보다 생명을 보존하는 것이 우선됨을, 하나님의 일을 하기 위해 안식일을 범하는 것은 죄가 되지 않음을 말씀하셨고 **"인자는 안식일의 주인이다."**라고 말씀하셨습니다(마 12:1-8, 막 2:23-28, 눅 6:1-5).

③ 한쪽 손 마른 사람을 고쳐주실 때에는 **"안식일에 선을 행하는 것이 옳으니라."**고 말씀하시면서 고쳐주십니다(마 12:9-14, 막 3:1-6, 눅 6:6-11).

④ 18년 동안 귀신 들렸던 여인을 고치신 후에는(눅 13:10-17) **"외식하는 자들아 너희가 각각 안식일에 자기의 소나 나귀를 외양간에서 풀어내어 이끌고 가서 물을 먹이지 아**

니하느냐? 그러면 열여덟 해 동안 사탄에게 매인 바 된 이 아브라함의 딸을 안식일에 이 매임에서 푸는 것이 합당하지 아니하냐?"고 말씀하시며 율법을 지킨다고 하면서 자신들의 유익은 다 챙기는 외식('휘포크리테스', 사칭하는자, 불신앙자, 위선자)하는 자들이라고 말씀하셨습니다.

아담이 범죄한 이후 하나님께서는 이제까지 쉬지 않고 일하셨으며, 창세기 3:15에서 말씀하신 대로 아들을 여자의 몸에서 태어나게 하실 때까지 계속해서 일하고 계심을 나타내셨습니다. 그리고 예수님께서는 하나님께서 이제까지 일하셨다는 것을 가르치시기 위해 안식일에 생명 살리는 일을 하셨습니다. 이것은 모세를 통해 주신 율법이 안식일의 주인이신 분의 일하심보다 앞설수 없으며 안식일에 생명을 살리는 것, 선을 행하는 것은 안식일에 일하지 말라고 말씀하신 이유와 상충되지도 않는다는 것을 일깨워 주시는 행동이었습니다. 예수님께서는 안식일이 그저 일하지 않고 쉬는 것이 아니라 하나님께서 왜 쉬라고 하셨는가를 깨닫게 하기 위해 안식일에 생명 살리는 일을 하셨습니다.

성도 여러분!

예수님께서는 갈릴리 여러 곳을 다니시며 병을 고치시고 귀신을 쫓아내셨고 유대인들에게 복음을 전하셨습니다. 그런데 유대인들은 자신의 필요를 따라 예수님을 좇다가 자신의 문제가 해결되면 더 이상 예수께서 누구신지, 하나님의 아들 그리스도로 오신 것인지에 관심을 두지 않았습니다. 예수님께서는 안식일 제도의 진정한 의미와 하나님께서 창조하신 후 이제까지 일하시는 것을 가르치시며 안식일에도 생명 살리는 일을 하셨던 것을 잘 깨달아야 안식에 들어갈 수 있음을 잊지 맙시다. 히브리서 저자는 이 안식에 대해 잘 설명하고 있습니다(히 4:1-16). 안식일이라는 날짜에 얽매여 안식일을 지키는 것이 아니라 참 안식을 얻기 위해 하나님께서 무엇을 원하시고 무엇을 행하시고 있는가를 깨달아야 합니다. 히브리서 기자는 하나님의 백성에게 안식할 때가 남아 있다(히 4:9)고 말하며 **"우리가 저 안식에 들어가기를 힘쓸지라."**(히 4:11)고 외치고 있습니다. 이 시대 '주일 성수'를 하고 있지만 진정한 '주일 성수'의 의미를 깨닫고 일주일의 모든 날이 주의 날이라는 깨달음 속에 신앙 생활하며 모든 날을 주를 위하여 살며 참 안식을 누리는 성도가 되시길 소망합니다. 오늘도 예수님께서 갈릴리 여러 곳을 다니시며 전도하셨던 것처럼 내 삶의 현장에서 복음을 전하는 하루가 되시길 기도합니다.

유대인(종교 지도자)의 대적을 받으심(마 15:1-11)

오늘 날짜가 언급된 성경 사건은 없습니다. 오늘 날짜가 포함된 사건은 다음과 같습니다.

사건 1 제2월 10일부터 방주에 들어가 하나님의 명령을 감당하는 41일째로(노아시대 월력 체계는 한 달을 30일로 계산함) 하나님께서 말씀하신 대로 40일 동안 비가 내린 34일째

사건 2 라암셋을 떠난 지 65일째(제1월을 30일, 제2월을 29일로 계산함)로 시내산 밑 시내광야에 도착하여(제3월 1일) 거한지 20일째(출 19:1-2)

사건 3 "너는 산에 올라 내게로 와서 거기 있으라"는 하나님의 명령을 받고 모세가 시내산에 올라 첫 번째 40일 금식기도를 시작한 13일째

사건 4 시내광야에 11개월 20일 머물던 이스라엘 백성이 하나님의 명령에 따라 약속의 땅을 향해 떠난 지 30일째

사건 5 하만이 제12월 13일에 유대인들을 죽이라는 조서를 써서 보낸 후 67일째(더 3:12)

사건 6 주전 458년 2차 포로 귀환 시 제1월 1일 바벨론을 떠난 후 79일째로 아하와 강을 떠난 지 68일째(스 7:6-9, 8:15-36)

예수님께서 안식일에 병을 고치시는 것, 하나님과 예수님과의 관계성을 가르치시고 자신을 인자라 칭하시는 것, 죄를 사하시며 병을 고치는 행동 등은 유대인들에게 걸림이 되었습니다. 유대인의 명절에 예루살렘 성 양문 곁 베데스다 못가에서 안식일에 38년 된 병자를 고쳐주심으로 시작된 유대

인들의 대적은 공개적으로 안식일을 범하시며 안식일보다 생명 문제를 더 중요시하는 가르치심으로 랍비들의 권위, 즉 율법과 계율을 담당하는 레위 당국이 대적하게 하였습니다. 오늘은 예수님께서 두 지도층으로 구성된 산헤드린의 공격을 받고 감시를 받는 가운데 쫓기시며 복음을 전하시는 것을 살펴보겠습니다.

❶ 예루살렘에서 파송된 종교지도자들의 감시

갈릴리에서 제자들과 사역을 하고 계시는 예수님께서는 예루살렘에서 안식일에 병 38년 된 병자를 고치신 일로 인해 예루살렘 종교지도자들의 감시를 받으시게 됩니다. 예루살렘에서 파송된 종교지도자들은 어떤 감시들을 했는지 마가복음만 살펴보면 다음과 같습니다.

① 예수님께서 레위의 집에서 많은 세리와 죄인들과 함께 잡수실 때 바리새인과 서기관들은 **"어찌하여 세리와 죄인들과 함께 먹는가?"**하는 질문을 던지며 감시를 합니다(막 2:14-17)

또 지나가시다가 알패오의 아들 레위가 세관에 앉아 있는 것을 보시고 그에게 이르시되 나를 따르라 하시니 일어나 따르니라(막 2:14) **그의 집에 앉아 잡수실 때에 많은 세리와 죄인들이 예수와 그의 제자들과 함께 앉았으니 이는 그러한 사람들이 많이 있어서 예수를 따름이러라**(막 2:15) **바리새인의 서기관들이 예수께서 죄인 및 세리들과 함께 잡수시는 것을 보고 그의 제자들에게 이르되 어찌하여 세리 및 죄인들과 함께 먹는가**(막 2:16) **예수께서 들으시고 그들에게 이르시되 건강한 자에게는 의사가 쓸 데 없고 병든 자에게라야 쓸 데 있느니라 나는 의인을 부르러 온 것이 아니요 죄인을 부르러 왔노라 하시니라**(막 2:17)

② 안식일에 예수님께서 밀밭 사이로 지나가실 때 제자들이 길을 열며 이삭을 자른 것에 대해 바리새인들은 **"보시오 저희가 어찌하여 안식일에 하지 못할**

일을 하나이까?"하고 시비를 겁니다(막 2:23-28). 이것은 바리새인들이 우연히 발견했다기보다는 예수님과 제자들의 행동 하나하나를 감시하는 모습입니다.

안식일에 예수께서 밀밭 사이로 지나가실새 그의 제자들이 길을 열며 이삭을 자르니(막 2:23) **바리새인들이 예수께 말하되 보시오 저들이 어찌하여 안식일에 하지 못할 일을 하나이까**(막 2:24) **예수께서 이르시되 다윗이 자기와 및 함께 한 자들이 먹을 것이 없어 시장할 때에 한 일을 읽지 못하였느냐**(막 2:25) **그가 아비아달 대제사장 때에 하나님의 전에 들어가서 제사장 외에는 먹어서는 안 되는 진설병을 먹고 함께 한 자들에게도 주지 아니하였느냐**(막 2:26) **또 이르시되 안식일이 사람을 위하여 있는 것이요 사람이 안식일을 위하여 있는 것이 아니니**(막 2:27) **이러므로 인자는 안식일에도 주인이니라**(막 2:28)

③ 예수님께서 회당에 들어가셔서 손 마른 사람을 고치실 때에 사람들이 예수님을 송사하려 하여 안식일에 그 사람을 고치시는가 살핍니다(막 3:1-6).

예수께서 다시 회당에 들어가시니 한쪽 손 마른 사람이 거기 있는지라(막 3:1) **사람들이 예수를 고발하려 하여 안식일에 그 사람을 고치시는가 주시하고 있거늘**(막 3:2) **예수께서 손 마른 사람에게 이르시되 한가운데에 일어서라 하시고**(막 3:3) **그들에게 이르시되 안식일에 선을 행하는 것과 악을 행하는 것, 생명을 구하는 것과 죽이는 것, 어느 것이 옳으냐 하시니 그들이 잠잠하거늘**(막 3:4) **그들의 마음이 완악함을 탄식하사 노하심으로 그들을 둘러 보시고 그 사람에게 이르시되 네 손을 내밀라 하시니 내밀매 그 손이 회복되었더라**(막 3:5) **바리새인들이 나가서 곧 헤롯당과 함께 어떻게 하여 예수를 죽일까 의논하니라**(막 3:6)

④ 예수님께서 제자 열둘을 세우시고 권세를 주사 귀신들린 자들을 고치게 하였을 때에 예루살렘에서 내려온 서기관들은 바알세불을 지폈다 대적하는 모습을 볼 수 있습니다(막 3:22-30).

예루살렘에서 내려온 서기관들은 그가 바알세불이 지폈다 하며 또 귀신의 왕을 힘입어 귀신을 쫓아낸다 하니(막 3:22)

⑤ 이외에도 마 9:3, 11, 34, 12:2, 10, 14, 12:24, 15:1, 21:15, 막 7:1, 9:11, 눅5:17, 21, 30, 6:2, 7절을 보면 예수님을 감시하고 엿보고 쫓으며 대적하는 모습을 볼 수 있습니다.

바리새인들과 또 서기관 중 몇이 예루살렘에서 와서 예수께 모여들었다가(막 7:1)
이에 예수께 묻자와 이르되 어찌하여 서기관들이 엘리야가 먼저 와야 하리라 하나이까(막 9:11)

❷ 종교지도자들과의 논쟁

마태복음 9장을 보면 예수님께서 본 동네에서 침상에 누운 중풍병자에게 **"소자야 안심하라 네 죄 사함을 받았느니라"**하실 때 서기관들이 속으로 참람하다고 생각하는 것을 아시고 **"어찌하여 마음에 악한 생각을 하느냐?"**고 말씀하셨는데 여기서 서기관들이 예수님의 행동을 지켜보고 있음을 알 수 있습니다(마 9:1-8). 이 사건에 이어 예수님께서 마태를 택하시고 마태의 집에서 음식을 잡수실 때 많은 세리와 죄인들이 함께 하였는데 바리새인들은 그것을 보고 제자들에게 **"어찌하여 너희 선생은 세리와 죄인들과 함께 잡수시느냐?"**고 말했고 세례 요한의 제자들은 예수님께 나아와 **"우리와 바리새인들은 금식하는데 어찌하여 당신의 제자들은 금식하지 아니하나이까?"** 물었습니다. 이와 같이 갈릴리에서 자기 백성에게 복음을 전하시는 예수님을 대적하며 잡아 죽이려는 움직임은 성경의 곳곳에서 나타납니다(마 9:9-17).

마태복음 12장에서는 예수님의 다니심에 대한 종교지도자들이나 유대인의 감시가 절정을 이룹니다. 첫 사건은 안식일에 밀밭 사이로 가실 때 제자들이 시장하여 이삭을 잘라 먹는 장면이 나오는데 바리새인들이 보고 **"당신의 제자들이 안식일에 하지 못할 일을 하나이다"**라고 말하는 것을 볼 수 있습니다. 이것은 바리새인들이 우연하게 알았다고 하기보다는 예수님과 쫓는 무리들의 행동 하나하나를 감시하는 모습입니다. 예수님께서는 이들에게 **"내가 너희에게 이르노니 성전보다 더 큰 이가 여기 있다"**고 가르치시며 인자가 안식일의 주인이라고 말씀 하셨습니다(마 12:1-8, 막 2:23-28, 눅 6:1-5). 둘째 사건은 바로 다음 사건*으로 회당에서 예수님을 송사하려 하는 자들에게 **"안식일에 병 고치는 것이 옳으니이까?"**하는 질문을 받으셨는데 **"안식일에 선을 행하는 것이 옳다"**고 말씀하시며 손 마른 자를 고쳐 주셨습니다. 이에 대해 바리새인들은 예수님을 어떻게 하면 죽일 수 있을까를 의논했고 감시는 계속됨을 볼 수 있습니다(마 12:9-21). 이 사건에 대해 마가는 사람들이 **'예수님을 송사하려 하여 안식일에 그 사람을 고치는가 엿보았다'**(막 3:2)고 기록합니다. **'바리새인들이 나가서 곧 헤롯당과 함께 어떻게 하여 예수님을 죽일꼬 의논하였습니다'**(막 3:6)고 하고 누가는 **'예수님을 송사할 빙거를 찾으려 하여 안식일에 병 고치시는가 엿보니'**(눅 6:6)라고 기록하고 있습니다. 세 번째 사건은 귀신들려 눈 멀고 벙어리 된 자를 고쳐 주셨을 때 바리새인들은 **"이가 귀신의 왕 바알세불을 힘입지 않고는 귀신을 쫓아내지 못한다"**고 말하는데 이는 곳곳을 따라다니며 하나하나의 행동에 대한 감시와 제제를 가하는 모습을 알게 합니다.

예수님을 감시하며 쫓는 종교지도자들의 모습은 오병이어로 남자만 오천 명을 먹이신 사건에서 절정에 이릅니다(마 15:1-11). 예루살렘에서 파송된 바리새인과 서기관들은 예수님의 제자들이 떡 먹을 때에 손을 씻지 아니하므로 '장로들의 전통'을 범하는 것을 지적합니다. 장로들의 전통은 하나님께서 정하신 계명과는 다른 것으로 613가지의 율법을 더 구체적으로 적용하기 위해 만든 수 만 가지의 지킬 것들 이었습니다. 예수님께서는 장로들의 전통을 지키기 위해 어찌하여 하나님의 계명을 범하느냐고 반문하시면서 장로들의 전통과 하나님의 계명 중 어떤 것이 우선하는 가 반문 하십니다(마 15:3-5).

* 누가복음 6:6-1절은 다음 안식일에 일어난 사건으로 이야기 합니다.

대답하여 이르시되 너희는 어찌하여 너희의 전통으로 하나님의 계명을 범하느냐(마 15:3) **하나님이 이르셨으되 네 부모를 공경하라 하시고 또 아버지나 어머니를 비방하는 자는 반드시 죽임을 당하리라 하셨거늘**(마 15:4) **너희는 이르되 누구든지 아버지에게나 어머니에게 말하기를 내가 드려 유익하게 할 것이 하나님께 드림이 되었다고 하기만 하면**(마 15:5)

당시 유대인들은 부모를 공경하라는 십계명을 '고르반'(하나님께 드림)이라고 선언하여 지키지 않을 수 있는 장로들의 전통을 지켰습니다. 예수님께서는 "**그 부모를 공경할 것이 없다 하여 너희의 전통으로 하나님의 말씀을 폐하는도다**"(마 15:6)라고 말씀하시며 책망하셨습니다. 손을 씻지 않고 먹는 것을 책망하는 바리새인과 서기관들에게 예수님께서는 "**입에 들어가는 것이 사람을 더럽게 하는 것이 아니라 입에서 나오는 그것이 사람을 더럽게 하는 것이니라**"(마 15:11)고 말씀하시며 깨우치십니다. 그러나 이 말씀에 대해 깨닫는 자들은 없었고 제자들도 깨닫지 못하여 예수님께서는 제자들에게 따로 해석하여 주셨습니다.

성도 여러분!

성경에 기록된 대로 오신 예수님께서는 세례 요한의 증거를 받지 못하셨고 친히 자신을 증거하며 가르치실 때 많은 오해와 시기 질투를 받으셨습니다. 만약 세례 요한이 예수님을 온전히 증거 했다면 이처럼 힘들게 전도하시지도 않았을 것입니다. 이 시대 혹시 내가 복음을 전하지 않음으로, 전도하지 않음으로 예수 그리스도께서 쫓기시고 도망 다니지는 않으시는지 생각해 보고 오늘도 하나님의 구속사를 이루기 위해 맡겨주신 직분을 잘 감당하시는 하루가 되시길 기도합니다.

벳새다 들판에서 오병이어로 이적을 행하심 ①

(마 14:13-36, 막 6:30-51, 눅 9:10-17, 요 6:1-68)

오늘 날짜가 언급된 성경 사건은 없습니다. 오늘 날짜가 포함된 사건은 다음과 같습니다.

사건 1 제2월 10일부터 방주에 들어가 하나님의 명령을 감당하는 42일째로(노아시대 월력 체계는 한 달을 30일로 계산함) 하나님께서 말씀하신 대로 40일 동안 비가 내린 35일째

사건 2 라암셋을 떠난 지 66일째(제1월을 30일, 제2월을 29일로 계산함)로 시내산 밑 시내광야에 도착하여(제3월 1일) 거한지 21일째(출 19:1-2)

사건 3 "너는 산에 올라 내게로 와서 거기 있으라"는 하나님의 명령을 받고 모세가 시내산에 올라 첫 번째 40일 금식기도를 시작한 14일째

사건 4 시내광야에 11개월 20일 머물던 이스라엘 백성이 하나님의 명령에 따라 약속의 땅을 향해 떠난 지 31일째

사건 5 하만이 제12월 13일에 유대인들을 죽이라는 조서를 써서 보낸 후 68일째(더 3:12)

사건 6 주전 458년 2차 포로 귀환 시 제1월 1일 바벨론을 떠난 후 80일째로 아하와 강을 떠난 지 69일째(스 7:6-9, 8:15-36)

공생애 3년 중 마지막 해 유월절은 예수님께서 예루살렘 성전에 올라가시지 않고 갈릴리 지역에 머무셨습니다. 가버나움에서 갈릴리 벳새다로 쉬러 가셨던 예수님께서는 많은 사람이 따라왔기에 벳새다 들판에서 하늘나라의

일을 가르치셨고 오병이어로 기적을 행하셨습니다. 계속해서 폭풍을 만나 바다 위에서 고생하는 제자들을 위해 물 위를 걸어가셔서 구해 주셨습니다. 게네사렛에 도착한 후 가버나움 회당 가셔서 오병이어를 행하신 이유와 자신을 하늘에서 내려온 산 떡이라고 가르치시며 자신의 행할 일을 나타내셨습니다(요 6:24-66). 오늘은 오병이어 사건에 대해 살펴보겠습니다.

❶ 오병이어를 행하시기 전, 후의 사건 정리

① 열두 제자에게 권능을 주어 파송하시며 병을 고치고 귀신을 제어하며 천국 복음을 전하라고 명령하셨습니다.

② 파송된 제자들이 병 고치며 능력을 행하므로 많은 사람들이 관심을 가졌습니다.

③ 예수님께서 주신 능력을 행하는 제자들의 병 고치고 귀신을 내어 쫓는 일로 예수님에 대한 소문이 더 퍼졌고 헤롯 안디바스가 불안해했습니다.

④ 예수님께서는 세례 요한이 마케루스에서 죽었다는 소식을 세례 요한의 제자로부터 들으셨습니다.

⑤ 파송 되었던 제자들이 돌아와 예수님께서 주신 능력을 행함으로 자신들에게 나타났던 일들을 보고 합니다.

⑥ 예수님께서는 제자들을 쉬게 하고 마음을 추스르시려고 배를 타고 국경을 넘어 헤롯 빌립이 다스리던 벳새다로 가셨습니다.

⑦ 걸어서 벳새다까지 찾아온 많은 무리들을 가르치시고 오병이어 이적으로 많은 사람들을 먹이셨습니다.

⑧ 산에서 기도하시던 예수님께서는 물 위로 걸어오셔서 풍랑으로 거의 죽게 된 제자들을 살려주십니다.

⑨ 제자들과 함께 배를 타고 게네사렛에 도착하신 예수님께서는 가버나움 회당에서 오병이어와 관련된 말씀을 하십니다.

⑩ 예루살렘에서 파송된 종교지도자들의 감시를 받으십니다.

❷ 두 가지 사건을 보고 받고 벳새다로 가신 예수님

가버나움(헤롯 안디바스의 땅)에 머무셨던 예수님께서 제자들과 함께 벳새다(헤롯 빌립의 땅)로 떠나시기 전 두 가지 보고를 받았습니다(마 14:1-12, 막 6:7-30, 눅 9:1-10). 한 가지는 마케루스의 옥에 갇혀있던 세례 요한이 헤롯 안디바스의 생일날 죽었다는 소식이었습니다. 세례 요한의 제자들은 세례요한의 시체를 장사지내고 가버나움의 예수님께 와서 보고 했습니다(마 14:12). 또한 예수님께서는 열두 사도를 둘씩 둘씩 보내시며 더러운 귀신을 제어하는 권능을 주신 후 보냈는데 사도들은 각 고을에 가서 병을 고치고 귀신을 제어하며 권능을 행했습니다. 가버나움으로 돌아온 사도들은 자신들이 행했던 일들을 낱낱이 고했습니다. 예수님께서는 이 두 보고를 들으시고 12사도를 쉬게 하기 위해 배를 타고 가버나움을 떠나 벳새다 빈 들로 가셨습니다.

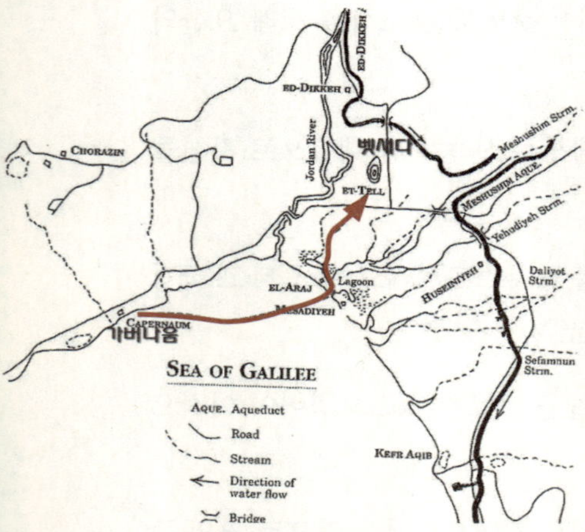

제자들과 함께 가버나움에서 배를 타고 벳새다로 이동하심

예수님과 제자들이 배를 타고 가버나움을 떠나 벳새다로 이동하는 것을 본 많은 사람들은 모든 고을에서 나와 도보로 벳새다 들판으로 달려갔습니다. 실제로 갈릴리 북쪽 가버나움과 벳새다 사이는 배를 타고 이동하는 것보다 빨리 걷거나 뛰는 것으로 더 빨리 이동할 수 있었습니다.

예수님 일행보다 먼저 도착한 사람들은 오히려 예수님을 기다렸습니다(마 14:13, 막 6:33). 다만 도보를 이용하면 헤롯 안디바스가 통치하는 땅 갈릴리와 헤롯 빌립이 다스리는 땅 이두래아와 드라고닛의 경계인 상요단강을 건너야 하고 국경을 통과하여야 했습니다. 예수님께서는 예루살렘에서 파견된 종교지도자들이나 감시하는 유대인들 피하실 때 배를 이용하여 사람들과 분리된 상태로 많이 이동하셨습니다.

❸ 사람들을 가르치시고 먹을 것을 주라고 말씀하시는 예수님

예수님께서는 쫓아온 많은 사람들을 보시고 불쌍히 여기시며 병자들을 고쳐 주셨습니다(마 14:14). 그리고 예수님께서는 큰 무리에게 하늘나라의 일에 대해 가르치셨습니다(눅 9:11).

> **예수께서 나오사 큰 무리를 보시고 불쌍히 여기사 그중에 있는 병자를 고쳐 주시니라**(마 14:14)
> **무리가 알고 따라왔거늘 예수께서 그들을 영접하사 하나님 나라의 일을 이야기하시며 병 고칠 자들은 고치시더라**(눅 9:11)

예수님께서는 큰 무리를 보시고 저녁이 되자 예수님께서는 마을로 보내 먹을 것을 사게 하라고 하는 제자들에게(마 14:15-16, 막 6:35-36) **"갈 것 없다 너희가 먹을 것을 주라"**(마 14:16, 막 6:37a)고 말씀하셨습니다. 요한은 예수님께서 친히 어떻게 하실지 미리아시고 빌립을 시험하고자(요 6:6) 빌립에게 **"우리가 어디서 떡을 사서 이 사람들을 먹이겠느냐?"**(요 6:5)고 물으셨던 것을 기록하고 있습니다. 이에 대해 빌립은 **"각 사람으로 조금씩 받게 할지라도 200데나리온의 떡이 부족하리이다"**(요 6:7)라고 대답했습니다. 그런데 '어떻게 하실지 미리 아신' 예수님께서는 제자들에게 **"너희가 먹을 것을 주라"**고 말씀하시며 어떤 대답을 원하셨을까요?

빌립의 대답은 현실적인 대답이었지만 아마도 예수님께서 200데나리온

이상의 돈을 주었어도 마을에서 떨어진 빈들이고 한꺼번에 많은 양을 음식을 살 수 없었기에 부족한 대답이었습니다. 예수님께서는 이미 '어디에서도' 많은 양의 떡을 사서 해결할 수 없다고 말씀하고 계시는데 빌립은 돈 계산을 했던 것입니다. 예수님께서는 아무리 돈이 있어도 해결할 수 없는 '빈들'에 있음을 아셨고 친히 어떻게 하실 것도 아셨습니다. 예수님께서는 먹을 것을 해결할 수 없는 빈 들에서 문제를 해결하실 수 있음을 보여 주시려고 마음먹으시고 빌립을 시험하셨던 것입니다.

성도 여러분!

하나님께서는(예수님께서는) 믿는 성도들이 어떤 일을 해야 하는지 정확히 알고 그 일을 하도록 이끄십니다. 그리고 성도들도 예배드리며 설교를 듣고 하나님의 말씀을 깨달은 후 무엇을 어떻게 해야 하는지를 본인들이 더 잘 압니다. 그런데 언약공동체(교회)의 일원인 성도들이 하나님의 일을 하려 할 때 현실적으로 먼저 계산하는 사람들이 있습니다. 하나님의 일을 함에 있어 재정의 부족을 먼저 생각하거나, 사람의 생각으로 할 수 없다는 반응을 먼저 보이기도 합니다. 그런데 모든 하나님의 일이 사람의 힘으로 해결할 수 있는 일이었다면 아마도 하나님께서는 언약공동체(교회)의 믿음의 성도들을 통해 일하지 않으셨을 것입니다. 오늘도 사람의 생각이나 방법이 아닌 예수님께서 이미 알고 계시는 방법을 믿음으로 순종하여 일을 해결하는 하루가 되시길 기도합니다.

22일

벳새다 들판에서 오병이어로 이적을 행하심 ②

(마 14:13-36, 막 6:30-51, 눅 9:10-17, 요 6:1-68)

오늘 날짜가 언급된 성경 사건은 없습니다. 오늘 날짜가 포함된 사건은 다음과 같습니다.

사건 1 제2월 10일부터 방주에 들어가 하나님의 명령을 감당하는 43일째로(노아시대 월력 체계는 한 달을 30일로 계산함) 하나님께서 말씀하신 대로 40일 동안 비가 내린 36일째

사건 2 라암셋을 떠난 지 67일째(제1월을 30일, 제2월을 29일로 계산함)로 시내산 밑 시내광야에 도착하여(제3월 1일) 거한지 22째(출 19:1-2)

사건 3 "너는 산에 올라 내게로 와서 거기 있으라"는 하나님의 명령을 받고 모세가 시내산에 올라 첫 번째 40일 금식기도를 시작한 15일째

사건 4 시내광야에 11개월 20일 머물던 이스라엘 백성이 하나님의 명령에 따라 약속의 땅을 향해 떠난 지 32일째

사건 5 하만이 제12월 13일에 유대인들을 죽이라는 조서를 써서 보낸 후 69일째 (더 3:12)

사건 6 주전 458년 2차 포로 귀환 시 제1월 1일 바벨론을 떠난 후 81일째로 아하와 강을 떠난 지 70일째(스 7:6-9, 8:15-36)

오늘은 어제에 이어 벳새다 들판에서 오병이어를 행하신 사건 전, 후 예수님과 제자들에 대해 살펴보겠습니다.

③ 오병이어로 이적을 행하신 예수님과 예수님을 임금 삼으려 한 백성들

예수님께서는 장정만 오천 명, 여자와 어린아이까지 생각하면 이만 명 정도 되는 사람들의 먹을 것을 해결하시기 위해 어떤 조치를 취하셨습니까? 예수님께서는 제자들에게 **"가서 먹을 것이 있나 살펴보라"**고 말씀하셨습니다. 이에 제자들은 사람들을 둘러보았습니다. 12사도 중 안드레는 무리를 둘러본 후 **"여기 한 아이가 보리 빵 다섯 개와 물고기 두 마리를 가지고 있습니다. 그러나 이것들이 이렇게 많은 이들에게 무슨 소용이 있겠습니까?"**(요 6:9)라고 말했습니다. 예수님께서는 **"그것들을 내게 가져오라"**(마 14:18)고 말씀하셨습니다. 아마도 안드레는 어린아이에게 가서 예수님께서 너의 보리 떡 다섯 개와 물고기 두 마리가 필요하시다고 이야기했을 것입니다. 어린아이는 자신의 먹을 것을 예수님께 드렸습니다. 오병이어의 기본에는 예수님의 말씀을 듣고 순종한 어린아이의 나눔이 있습니다.

예수님께서는 어린아이가 양보한 보리 떡 다섯 개와 물고기 두 마리를 받으셨고(마 14:17) 제자들을 명하여 무리를 떼를 지어 50명씩 100명씩 나누어 앉게 하셨습니다(막 6:39-40, 요 6:10). 그리고 예수님께서는 보리 떡 다섯 개와 물고기 두 마리를 가지고 하늘을 우러러 축사하셨고 빵(떡)을 조각조각으로 나누신 후 제자들에게 주며 무리에게 나누어 주게 하였습니다. 이때 이적이 나타났습니다. 남자만 오천 명 되는 무리가 다 배불리 먹었습니다. 예수님께서는 남은 것을 버리지 않게 하셨고 남은 조각을 12 바구니에 차게 거두었습니다(마 16:17-21, 막

원은 오병이어를 행하신 벳새다 빈 들

6:38-44, 눅 9:13-17, 요 6:8-13).

여기서 잠깐 생각해 봅시다. 보리 떡 다섯 개와 물고기 두 마리가 남자만 오천 명이 배불리 먹고 남을 수 있는 양이 만들어진 것은 언제일까요? 축사하신 후 바로 엄청난 양이 생겨 나누어 주었을까요? 아니면 나누어 주면 남고, 또 나누어 주면 남고 했을까요? 아마도 후자가 맞을 것입니다. 아마도 예수님께서는 오십 명씩 백 명씩 앉게 한 것은 질서를 지키게 함이었고 나누면 나눌수록 계속 나눌 수 있는 것을 체험하게 하셨을 것입니다.

오병이어의 이적을 체험한 무리들은 표적을 보고 **"이는 참으로 세상에 오실 그 선지자라"**고 말하고 예수님을 억지로 붙들어 임금 삼으려 했습니다. 예수님께서는 사람들의 마음과 아시고 제자들을 재촉해서 배에 태워 먼저 벳새다 마을로 보내셨습니다. 그리고 무리를 보내신 예수님께서는 혼자 산으로 가셔서 기도하셨습니다(마 14:22-23, 막 6:45-46, 요 6:14-15). 백성들은 자신들의 고민거리가 해결해 줄 수 있는 분으로 예수님을 생각했습니다. 당시 로마의 지배를 받으며 온갖 수탈을 당하며 가난하게 살았기에 자신들의 필요를 채워주시는 예수님에게 주목했습니다. 이러한 사람들의 반응에 제자들도 동조하려는 마음에 들떴는지 모릅니다. 예수님께서는 제자들과 무리들을 떨어뜨려 놓으신 후 제자들을 먼저 배에 태워 보내셨습니다.

❹ 풍랑을 만난 제자들과 물 위를 걸어오신 예수님

해가 저물었을 때 예수님을 임금 삼으려 했던 백성들과 제자들을 분리하신 예수님은 제자들을 배에 태워 재촉하시며('아낭카조', ἀναγκάζω, 억지로나 강제로 시키다, 강제하다) 벳새다로 보냈습니다(막 6:45). 오병이어를 행하신 장소에서 벳새다 마을로 가려면 바다로 나가지 않고 마을 어귀 호수에 이르는 지류를 타고 가면 됩니다. 만약 예수님의 말씀을 듣고 벳새다로 노를 저어 갔다면 풍랑을 만나지 않았을 것입니다(다음 지도 참조). 그런데 제자들은 벳새다로 가지 않고 바다 쪽으로 내려가서 가버나움으로 가려고 했고 날은 이미 어두워졌습니다. 밤이 되었고 배는 육지에서 수리나 떨어졌고 마침 큰 바람이 불고 파도가 일어났습니다(요 6:16-18). 이후 제자들은 가려던 가버나움으로 가지 못 하고 밤 사경까지 바람과 사투를 벌이며 바다에서 고생했습니다(마 14:25, 막 6:48). 산에서 기도하시던 예수님께서는 십여 리쯤 떨어진 제자들의 배를 향해 바다 위를 걸어가셨습니다. 제자들을 예수님을 보고 유령이라 소리쳤고(막 14:26, 막 6:45) 예수님께서는 **"안심하라 내니 두려워 말라"**(마 14:27, 막 6:50, 요 6:26)하셨습니다. 베드로는 **"주여 만일 주님이시거든 나를 명하여 물 위로 오라 하소서"** 하였고 예수님께서는 **"오라"**하셨습니다. 이에 베드로가 배에서 내려 물 위로 예수께로 걸어갔는데 바람을 보고 무서워 빠져 갔고 **"주여 나를 구원하소서"**라고 소리 질렀습니다. 예수님께서는 즉시 손을 내밀어 베드로를 붙잡으셨고 **"믿음이 작은 자여 왜 의심하였느냐"**고 말씀하셨습니다. 예수님께서는 베드로와 함께 배에 오르셔서 바람을 잠재우시고 파도를 잔잔케 하셨습니다(마 14:28-33).

⑤ 가버나움 회당에서 오병이어를 행하신 참 의미를 가르치신 예수님

풍랑을 만났던 예수님과 제자들은 제자들이 가려던 가버나움 쪽 게네사렛에 이르렀고(막 6:53, 요 6:21) 배에서 내린 예수님과 제자들은 가버나움으로 갔습니다. 아침이 되어 벳새다에 있는 무리들은 건너편에 배가 있는 것을 보고 가버나움으로 가서 예수님을 만났습니다(요 6:22-25). 가버나움에서 무리를 만나신 예수님께서는 **"랍비여 언제 여기 오셨나이까?"**라고 묻는 무리들에게 **"내가 진실로 진실로 너희에게 이르노니 너희가 나를 찾는 것은 표적을 본 까닭이 아니요 떡을 먹고 배부른 까닭이로다. 썩을 양식을 위하여 일하지 말고 영생하도록 있는 양식을 위하여 하라. 이 양식은 인자가 너희에게 주리니 인자는 아버지 하나님께서 인치신 자니라."**(요 5:26-27)고 가르치셨습니다. 사람들은 **"우리가 어떻게 하여야 하나님의 일을 하오리이까?"**(요 5:28)고 물었고 예수님께서는 **"하나님께서 보내신 이를 믿는 것이 하나님의 일이니라."**(요 5:29)

고 말씀하시며 당신을 믿기를 원하셨습니다. 이에 무리는 "우리가 보고 당신을 믿도록 행하시는 표적이 무엇이니이까?, 하시는 일이 무엇이니이까 기록된바 하늘에서 그들에게 떡을 주어 먹게 하였다 함과 같이 우리 조상들은 광야에서 만나를 먹었나이다."(요 5:30-31)라고 말했고 예수님께서는 "내가 진실로 진실로 너희에게 이르노니 모세가 너희에게 하늘로부터 떡을 준 것이 아니라 내 아버지께서 너희에게 하늘로부터 참 떡을 주시나니 하나님의 떡은 하늘에서 내려 세상에 생명을 주는 것이니라."(요 5:32-33)고 대답하며 "나는 생명의 떡이니 내게 오는 자는 결코 주리지 아니할 터이요 나를 믿는 자는 영원히 목마르지 아니하리라. 그러나 내가 너희에게 이르기를 너희는 나를 보고도 믿지 아니하는도다."(요 5:35-36)라고 말씀하셨습니다. 유대인들은 예수님께서 하늘에서 내려온 떡이라 하시는 것을 듣고 수군거리며 "이는 요셉의 아들 예수가 아니냐? 그 부모를 우리가 아는데 자기가 지금 어찌하여 하늘에서 내려왔다 하느냐?"(요 5:42)고 반문했습니다. 예수님께서는 "진실로 진실로 너희에게 이르노니 믿는 자는 영생을 가졌나니 내가 곧 생명의 떡이니라. 너희 조상들은 광야에서 만나를 먹었어도 죽었거니와 이는 하늘에서 내려오는 떡이니 사람으로 하여금 먹고 죽지 아니하게 하는 것이니라. 나는 하늘에서 내려온 살아 있는 떡이니 사람이 이 떡을 먹으면 영생하리라 내가 줄 떡은 곧 세상의 생명을 위한 내 살이니라."(요 5:47-51)고 말씀하셨습니다. 깨닫지 못한 유대인들은 서로 다투며 "이 사람이 어찌 능히 자기 살을 우리에게 주어 먹게 하겠느냐?"(요 5:52)고 물었고 예수님께서는 "내가 진실로 진실로 너희에게 이르노니 인자의 살을 먹지 아니하고 인자의 피를 마시지 아니하면 너희 속에 생명이 없느니라. 내 살을 먹고 내 피를 마시는 자는 영생을 가졌고 마지막 날에 내가 그를 다시 살리리니 내 살은 참된 양식이요 내 피는 참된 음료로다 … 이것은 하늘에서 내려온 떡이니 조상들이 먹고도 죽은 그것과 같지 아니하여 이 떡을 먹는 자는 영원히 살리라."(요 5:53-58)고 말씀하셨습니다. 그런데 제자들도 "이 말씀은 어렵도다 누가 들을 수 있느냐?"(요 5:60)는 반응을 보였습니다. 예수님께서는 제자들이 걸림이 된 줄 아시고 "살리는 것은 영이니 육은 무익하니라. 내가 너희에게 이른 말은 영이요 생명이라. 그러나 너희 중에 믿지 아니하는 자들이 있느니라"(요6:63-64a)라고 말씀하셨는데 믿지 아니하는 자들이 누구며 자기를 팔 자가 누구인지 처음부터 아셨기 때문입니다(요 5:64).

이후 예수님의 제자 중에서 많은 사람이 떠나가고 함께 다니지 않았습니다(요 6:67). 이에 예수님께서 열두 사도에게 **"너희도 가려느냐?"**(요 5:67) 물으셨고 시몬 베드로는 **"주여 영생의 말씀이 주께 있사오니 우리가 누구에게로 가오리이까? 우리가 주는 하나님의 거룩하신 자이신 줄 믿고 알았사옵나이다."**(요 5:68-69)고 대답했습니다. 예수님께서는 **"내가 너희 열둘을 택하지 아니하였느냐? 그러나 너희 중의 한 사람은 마귀니라."**(요 5:70)고 말씀하셨습니다. 이미 예수님을 팔자인 가룟 시몬의 아들 유다를 아셨습니다(요5:71).

성도 여러분!

예수님을 따르던 많은 제자들이 자신들의 필요를 따라 예수님을 좇았습니다. 그런데 가버나움에서 "내가 생명의 떡이다."라고 밝히시는 예수님의 말씀에 걸림이 되어 많은 제자들이 떠났습니다. 필요를 좇아 따라다니다가 자기가 믿을 수 없는 말씀을 하시자 걸림이 되어 떠났습니다. 그런데 예수님께서 사람들의 필요를 채우시려 오병이어 이적을 행하실 때 그 기본에는 어린아이의 자기 필요를 넘어선 나눔과 예수님의 말씀에 대한 순종이 있었습니다. 전승에 의하면 이 어린아이는 나중에 에베소 교회의 감독이 되었다고 합니다. 나는 나의 필요를 위해 신앙생활을 하지 않습니까? 말씀을 읽을 때, 설교를 들을 때 좀 무리한 요구, 좀 지키기 어려운 말씀을 들으면 고민하지 않습니까? 오늘도 나의 필요를 먼저 생각하기보다 하나님께서 나를 통해서, 나의 것을 통해서 일하시도록 내어드리는 하루가 되시길 기도합니다.

23일

유대인들이 죽음에서 회복되는 조서가 쓰여짐(더 8:1-17)

오늘 날짜가 언급된 성경 사건은 모르드개가 유대인들을 살리는 조서를 써서 전국 127도에 보내는 사건이 있습니다. 오늘 날짜가 포함된 사건은 다음과 같습니다.

사건 1 제2월 10일부터 방주에 들어가 하나님의 명령을 감당하는 44일째로(노아시대 월력 체계는 한 달을 30일로 계산함) 하나님께서 말씀하신 대로 40일 동안 비가 내린 37일째

사건 2 라암셋을 떠난 지 68일째(제1월을 30일, 제2월을 29일로 계산함)로 시내산 밑 시내광야에 도착하여(제3월 1일) 거한지 23일째(출 19:1-2)

사건 3 "너는 산에 올라 내게로 와서 거기 있으라"는 하나님의 명령을 받고 모세가 시내산에 올라 첫 번째 40일 금식기도를 시작한 16일째

사건 4 시내광야에 11개월 20일 머물던 이스라엘 백성이 하나님의 명령에 따라 약속의 땅을 향해 떠난 지 33일째

사건 5 하만이 제12월 13일에 유대인들을 죽이라는 조서를 써서 보낸 후 70일째(더 3:12)

사건 6 모르드개가 유대인들을 살리는 조서를 써서 전국 127도에 보냄

사건 7 주전 458년 2차 포로 귀환 시 제1월 1일 바벨론을 떠난 후 82일째로 아하와 강을 떠난 지 71일째(스 7:6-9, 8:15-36)

오늘은 하만이 제12월 13일에 페르시아 전국에 사는 모든 유대인을 죽이고 그들의 재산을 빼앗으라는 조서를 보낸 지 70일째입니다. 아마도 페르

시아 전국에 하만이 보낸 조서가 도착했고 유대인들은 두려움에 떨고 있었을 것인데 오늘은 에스더의 '죽으면 죽으리라'는 고백과 모르드개, 유대인들의 기도와 그 기도를 들으시고 구원하신 하나님의 구원의 메시지가 보내지는 날입니다. 오늘은 아하수에로 왕이 에스더와 모르드개에게 준 주권이 어떻게 사용되었는지 살펴보겠습니다.

❶ 하만에게서 거둔 반지를 넘겨받은 모르드개가 새 조서를 작성해 보냄

모르드개의 일로 유대인들을 다 죽이려 했던 하만의 계략이 밝혀진 후 아하수에로 왕은 하만의 집을 왕후 에스더에게 주었습니다(더 8:1). 그리고 모르드개는 그동안의 일들을 왕에게 고했고 왕은 하만에게 회수한 반지를 모르드개에게 주었고 에스더는 모르드개가 하만의 집을 관리하게 했습니다(더 8:2). 에스더는 다시 왕 앞에서 왕의 발 앞에 엎드려 울며 하만이 유대인을 해하려 한 악한 꾀를 제거해 달라고 말했습니다(더 8:3-6).

> **이르되 왕이 만일 즐거워하시며 내가 왕의 목전에 은혜를 입었고 또 왕이 이 일을 좋게 여기시며 나를 좋게 보실진대 조서를 내리사 아각 사람 함므다다의 아들 하만이 왕의 각 지방에 있는 유다인을 진멸하려고 꾀하고 쓴 조서를 철회하소서**(더 8:5) **내가 어찌 내 민족이 화 당함을 차마 보며 내 친척의 멸망함을 차마 보리이까 하니**(더 8:6)

아하수에로 왕은 **"하만이 유다인을 살해하려 하므로 나무에 매달렸고 내가 그 집을 에스더에게 주었으니 너희는 왕의 명의로 유다인에게 조서를 뜻대로 쓰고 왕의 반지로 인을 칠지어다. 왕의 이름을 쓰고 왕의 반지로 인친 조서는 누구든지 철회할 수 없음이니라."**(더 8:7-8)고 말했습니다.

제3월(시완월) 23일 왕의 서기관이 소집되었고 모르드개가 시키는 대로 각 지방의 문자와 각 민족의 언어와 유대인의 문자와 언어로 쓰였고, 인도에서부터 구스까지 127도 지방의 유대인과 대신과 지방관과 관원에게 준마를 탄 자들에 의해 급하게 보내졌습니다(더 8:9-10, 14).

제 3 月

그때 시완월 곧 삼월 이십삼일에 왕의 서기관이 소집되고 모르드개가 시키는 대로 조서를 써서 인도로부터 구스까지의 백이십칠 지방 유다인과 대신과 지방관과 관원에게 전할새 각 지방의 문자와 각 민족의 언어와 유다인의 문자와 언어로 쓰되(더 8:9) 아하수에로 왕의 명의로 쓰고 왕의 반지로 인을 치고 그 조서를 역졸들에게 부쳐 전하게 하니 그들은 왕궁에서 길러서 왕의 일에 쓰는 준마를 타는 자들이라(더 8:10)
왕의 어명이 매우 급하매 역졸이 왕의 일에 쓰는 준마를 타고 빨리 나가고 그 조서가 도성 수산에도 반포 되니라(더 8:14)

❷ 조서의 내용과 의미

아하수에로 왕의 조서에는 유대인들이 함께 모여 스스로 생명을 보호하고 제12월(아달월) 13일 하루 동안 각 지방의 백성 중 유대인들을 치려 하는 자들과 그들의 처자를 죽이고 그 재산을 취할 수 있도록 되어 있었습니다(더 8:11-13). 하만의 조서가 전해지고 아마도 전국 127도에 흩어져 살던 유대인들은 70일 동안 하나님께 기도하며 숨죽이고 살았을 것입니다. 그런데 이제는 자신들을 생명을 빼앗고 재산을 노렸던 사람들로부터 방어할 수 있는 권리를 갖게 되었고 오히려 그들을 도륙하고 진멸하고 그들의 재산을 탈취할 수 있게 되었습니다.

조서에는 왕이 여러 고을에 있는 유다인에게 허락하여 그들이 함께 모여 스스로 생명을 보호하여 각 지방의 백성 중 세력을 가지고 그들을 치려 하는 자들과 그들의 처자를 죽이고 도륙하고 진멸하고 그 재산을 탈취하게 하되(더 8:11) 아하수에로 왕의 각 지방에서 아달월 곧 십이월 십삼일 하루 동안에 하게 하였고(더 8:12) 이 조서 초본을 각 지방에 전하고 각 민족에게 반포하고 유다인들에게 준비하였다가 그 날에 대적에게 원수를 갚게 한지라(더 8:13)

한 가지 생각해 보아야 할 것은 바벨론 포로로 잡혀갔다가 1차로 돌아가 하나님의 언약공동체의 백성이 되어 살고 있는 유대공동체도 페르시아의 한 지방(유다도)에 속했다는 것입니다. 자유를 얻어 고국으로 돌아가 스룹바벨 성전을 짓고 하나님의 언약공동체로 살고 있지만 유다도에 속한 그들 또한 하만의 조서에 쓰인 공격의 대상이었습니다. 이렇게 보면 당시 페르시아 전국 곧 모든 유대인들이 다 죽어야 할 상황이었고 이렇게 되면 하나님께서 예정하신 유다지파를 통한 여자의 후손이 오시는 길이 막히게 됩니다. 하나님께서는 하만의 계획과 조서를 그대로 내버려 두시지 않았을 것이지만 모르드개의 **"너는 왕궁에 있으니 모든 유다인 중에 홀로 목숨을 건지리라 생각하지 말라. 이때에 네가 만일 잠잠하여 말이 없으면 유다인은 다른 데로 말미암아 놓임과 구원을 얻으려니와 너와 네 아버지 집은 멸망하리라. 네가 왕후의 자리를 얻은 것이 이때를 위함이 아닌지 누가 알겠느냐?"**(더 4:13-14) 고백이 더욱 멋져 보입니다.

하만에 의해 전국에 있는 모든 유대인들이 죽임을 당하고 모든 재산을 빼앗길 수밖에 없는 날이 모르드개의 철저한 여호와 신앙과 에스더의 "죽으면 죽으리라"는 믿음과 그 뜻에 동참해 사흘 동안 금식기도로 여호와 하나님께 구한 유대인들의 믿음으로 사는 날이 되었습니다. 그리고 오늘(제3월 23일) 쓰인 조서는 하나님의 구속사가 계속 진행되어 여자의 후손인 예수님께서 유대인의 후손으로 이 땅에 오시게 할 수 있게 했습니다.

성도 여러분!

하나님의 구속사는 여호와 하나님을 의지하고 깨닫는 사람들에 의해 계속되게 하셨습니다. 아말렉의 후손으로 모든 유대인들을 죽이려 했던 하만의 계략은 모르드개와 에스더의 철저한 여호와 신앙과 하나님의 도우심으로 해결되었습니다. 힘들고 어려운 상황일지라도 하나님의 뜻은 깨닫는 사람을 통해 진행되고 그 사람이 내가 될 수 있다는 것을 깨닫고 나를 통해 하나님의 구속사가 이루어지기를 소망하는 하루가 되시길 기도합니다.

24일

십자가로 구원을 이루시기 위해 예루살렘으로 향하시는 예수님

(눅 19:1-28)

오늘 날짜가 언급된 성경 사건은 없습니다. 오늘 날짜가 포함된 사건은 다음과 같습니다.

사건 1 제2월 10일부터 방주에 들어가 하나님의 명령을 감당하는 45일째로(노아시대 월력 체계는 한 달을 30일로 계산함) 하나님께서 말씀하신 대로 40일 동안 비가 내린 38일째

사건 2 라암셋을 떠난 지 69일째(제1월을 30일, 제2월을 29일로 계산함)로 시내산 밑 시내광야에 도착하여(제3월 1일) 거한지 24일째(출 19:1-2)

사건 3 "너는 산에 올라 내게로 와서 거기 있으라"는 하나님의 명령을 받고 모세가 시내산에 올라 첫 번째 40일 금식기도를 시작한 17일째

사건 4 시내광야에 11개월 20일 머물던 이스라엘 백성이 하나님의 명령에 따라 약속의 땅을 향해 떠난 지 34일째

사건 5 모르드개가 조서를 써 전국 127도에 보낸 후 2일째(더 8:1-17)

사건 6 주전 458년 2차 포로 귀환 시 제1월 1일 바벨론을 떠난 후 83일째로 아하와 강을 떠난 지 72일째(스 7:6-9, 8:15-36)

오늘부터 일주일 동안은 갈릴리에서 사역하시던 예수님께서 십자가를 지시기 위해 예루살렘으로 오셔서 공생애 마지막 고난 주간을 보내시는 사건들을 살펴보겠습니다. 오늘은 성경에 언급이 없지만 예수님의 마지막 예루살렘 여행길에 함께한 갈릴리의 많은 유대인들이 여리고에 모여 있는 상황에 대해 생각해 보겠습니다.

❶ 많은 무리와 함께 갈릴리에서 예루살렘으로 향하시는 예수님

누가복음 19:1-28에 나타난 예수님의 공생애 마지막 예루살렘으로의 유월절 여행은 아주 많은 무리들이 함께 하고 있습니다. 열두 사도와 많은 제자들 뿐 아니라 병 고침을 받은 자들이나 기사와 이적을 체험자들, 날 때부터 소경 되었던 자를 고치신 것과 죽은 나사로를 살렸다는 소문을 들은 자와 목격한 자들이 예수님과 함께 예루살렘으로의 유월절 여행길을 함께 하고 있습니다. 마태는 '큰 무리가 예수님을 따르더라'고(마 19:2), 마가는 여리고에서 나가실 때에 '제자들과 허다한 무리가 함께하였다'(막 10:46)고 기록하고 있습니다.

> **그들이 여리고에서 떠나갈 때에 큰 무리가 예수를 따르더라**(마 20:29)
> **그들이 여리고에 이르렀더니 예수께서 제자들과 허다한 무리와 함께 여리고에서 나가실 때에 디매오의 아들인 맹인 거지 바디매오가 길가에 앉았다가**(막 10:46)

십자가를 지심으로 인류를 구원하기로 작정하신 예수님께서는 유월절을 지키려는 갈릴리의 많은 유대인들과 함께 어제(금요일) 오후 여리고에 도착하셨습니다. 예수님과 함께 하는 여행객들이 많았기에 키가 작았던 삭개오가 돌무화과에 올라가 예수님을 보려 했던 사건은 아주 유명합니다(눅 19:3-4).

> **그가 예수께서 어떠한 사람인가 하여 보고자 하되 키가 작고 사람이 많아 할 수 없어**(눅 19:3) **앞으로 달려가서 보기 위하여 돌무화과나무에 올라가니 이는 예수께서 그리로 지나가시게 됨이러라**(눅 19:4)

예수님께서는 여리고의 세리장이요 부자였던 삭개오가 올라간 나무쪽으로 가셨고 그를 보신 후 **"삭개오야 내려오라! 내가 오늘 네 집에 유하여야 하겠다."**고 말씀하셨습니다. 이에 삭개오는 급히 내려와 즐거워하며 예수님을 영접했지만 사람들은 **"저가 죄인의 집에 유하러 들어갔도다."**라고 수군거렸습니다(눅 19:5-7). 예수님께서는 어제(금요일) 해가 지기 전에 삭개오의 집에 들어가셨고 안식일에 이동할 수 없으셨기에 오늘까지(인식일) 머물러 계셨으며 주일 새벽에 예루살렘으로 길을 떠나십니다.

❷ 예수님과 다른 생각을 가지고 예루살렘으로 향하는 12사도와 제자들

현재 예수님께서는 공생애 마지막, 십자가를 지시기로 작정하시고, 일주일 후면 십자가를 지실 것을 아시고 유월절을 지키기 위해 예루살렘으로 가시고 계십니다. 인류의 죄 문제를 해결하시고 사망 권세를 깨뜨리시기 위해 십자가를 지시려고 예루살렘으로 올라가고 계십니다. 예수님께서는 이미 세 번 예루살렘에 올라가셔서 잡히시고 죽으시고 부활하실 것을 가르치셨습니다. 예수님께서는 열두 제자를 따로 부르시고 **"보라! 우리가 예루살렘으로 올라가노니 인자가 대제사장들과 서기관들에게 넘기우매 그들은 능욕하며 침 뱉으며 채찍질하고 죽일 것이니 저는 삼 일 만에 살아나리라 하시니라."**고 세 번째 십자가 수난에 대해 말씀하셨습니다. 이미 전에 두 번 말씀하셨는데(마 16:21, 눅 9:31)* 이번 예루살렘 여행길에서 **"보라! 우리가 예루살렘으로 올라가노니 인자가 대제사장들과 서기관들에게 넘겨지매 그들이 죽이기로 결의하고 이방인들에게 넘겨주어 그를 조롱하며 채찍질하며 십자가에 못 박게 할 것이나 제 삼일에 살아나리라."**(마 20:18-19)고 세 번째 말씀하셨습니다. 그러나 열두 제자들은 이 말씀이 무엇을 의미하는 것인지 알지 못했을 뿐 아니라, 깨닫지 못한 것에 대해 질문하는 이도 없었습니다. 누가는 **'제자들이 하나도 깨닫지 못하였으니 그 말씀이 감취었으므로 저희가 그 이르신 바를 알지 못하였더라'**고 기록하고 있습니다.

현재 예수님과 함께 유월절을 지키기 위해 갈릴리에서 예루살렘으로 올라가는 열두 사도들과 따르는 많은 제자들 그리고 허다한 사람들의 생각은

---

* 가이사랴 빌립보에서 "너희는 나를 누구라 하느냐?" 물으시고 시몬 베드로가 "주는 그리스도시요 살아계신 하나님의 아들이니이다"라고 고백하였을 때 첫 번째 수난을 경고하셨고, 변화산에서 모세, 엘리야와 만나셔서 이 땅을 어떻게 떠날 것인가 이야기하신 후 제자들에게 두 번째 말씀하셨다.

예수님의 생각과 달랐습니다. 예스님께서는 십자가를 지심으로 구원을 이루시기 위한 길을 걷고 계시지만 열두 사도와 제자들 그리고 많은 사람들은 예수님께서 그리스도로서 로마를 대항하여 유대 왕조를 회복하시기를 원했습니다. 마태는 세베대의 두 아들(야고보와 요한)의 어머니가 예수님께 와서 절하며 **"이 나의 두 아들을 주의 나라에서 하나는 주의 우편에 하나는 주의 좌편에 앉게 명하소서."** 라고 구했다고 기록하고 있고 마가는 야고보와 요한이 주께 나와 고한 것으로 기록하고 있습니다. 아고보와 요한이 직접 고했거나 그의 어머니가 예수님께 부탁했거나 어느 경우든 이번에 예수님께서 예루살렘에 올라가시면 나라를 회복하게 되는 것으로 이해하고 따르고 있음을 알 수 있습니다.

십자가의 수난을 통해 영광을 받고자 예루살렘으로 상경하는 중에 하신 예수님의 말씀은 두 제자 야고보와 요한, 또는 두 제자의 어머니에게는 유대인의 왕이 되기 위해 예루살렘으로 올라가는 것으로 착각하게 만들었습니다. 그러나 현 상황(예루살렘으로 올라가는 여정)을 깊이 생각해 보면 이러한 생각은 잘못된 것이 아니며 영적 세계와 현실을 구별할 수 있는 능력이 있어야만 깨달을 수 있는 상황입니다. 이번 예수님의 예루살렘으로의 여행길은 초라한 모습이 아닙니다. 현재 갈릴리에서부터 함께 여행하여 여리고에 머무는 사람들은 예수님께 희망을 걸고 따르고 있습니다. 열두 사도와 따르는 많은 제자들 그리고 그동안 병 고침을 받은 자들이나 기사와 이적을 체험자들, 날 때부터 소경 되었던 자를 고치신 것과 죽은 나사로를 살렸다는 소문을 들은 자와 목격한 자들, 여행길에 고쳐주신 문둥병자등이 유월절 순례객으로 함께하며 이제는 메시야(예수님)를 통해 나라를 회복할 수 있다고 판단하고 따르고 있는 상황입니다. 이러한 상황은 제자들이나 사람들로 하여금 하나님의 나라가 당장에 나타날 줄로 오해하게 만들어 유대의 정치적 회복으로 착각하게 했습니다. 제자들은 예수님께서 이 땅에서의 영광을 말씀하셨던 것이 아니었음을 깨닫지 못 하고 왕으로 등극하셨을 때 좌의정, 우의정 삼아 달라고 이야기했던 것입니다. 결국 이 사건은 예수님께서 다시 오심을 기다리는 성도에게는 듣는 귀와 보는 눈이 필요할 것을 가르치고 있다 할 수 있습니다.

내일 오후의 상황이지만 종려 주일 날 예수님께서 나귀 새끼를 타고 예루살렘 성으로 들어가실 때 제자들은 자기들의 겉옷을 벗어 예수님께서 앉으실 나귀 새끼 위에 얹었습니다. 또한 많은 무리의 대다수는 자신들의 겉옷을 길에 펴고 다른 사람들은 나뭇가지를 베어 길에 폈습니다. 이러한 행동은 예수님을 유대인의 왕으로 생각했기 때문에 나타난 행동입니다. 열두 사도나 많은 제자들 그리고 따르는 허다한 무리들은 다윗의 왕정을 다시 수립할 왕으로서의 예수님, 유대 왕국의 꿈을 실현할 분으로서의 예수님을 생각했습니다. 이러한 마음은 자신들의 겉옷을 벗어 땅에 펴는 행동이나 나뭇가지를 베어 길에 깔고 흔드는 행동으로 나타났습니다. 고대로부터 겉옷을 길에 펴는 행동이나, 승리의 상징이요 왕에 대한 존경과 환영의 표시였던 나뭇가지 곧 종려나무 가지를 길에 펴고 흔드는 행위는 왕에 대한 존경의 표시였기 때문입니다.

예수님과 함께 예루살렘으로 여행하며 여리고에 머무는 많은 사람들은 예수님에 대해 이야기 했을 것입니다. 예수님의 말씀과 병 고치심과 이적은 이미 이전부터 많은 사람의 입에 회자되고 있었기에 예수님에 대한 많은 이야기를 하였을 것입니다. 이들은 아마도 이틀이 지나 예루살렘에 올라가면 이번 명절에는(유월절/초실절/무교절) 무엇인가 큰일이 벌어질 것이라는 기대로 잠 못 들며 많은 이야기 꽃을 피웠을 것입니다. 하지만 이들의 생각은 예수님의 생각과는 달랐습니다.

성도 여러분!

이 시대 나의 삶의 현장에서 어떤 생각을 가지고 예수님과 동행하고 계십니까? 어떤 생각과 마음이 나를 잠 못 들게 하거나 희망을 갖게 합니까?

예수님께서는 나를 죄를 사하시기 위해 십자가를 지심으로 구원을 완성하셨는데 구원받은 나는 무슨 생각으로 신앙생활하고 있습니까? 오늘도 나의 삶의 현장에서 예수님의 부활이 나의 부활이요 더 나아가 변화를 체험할 수 있는 신앙을 소유하기 위허 말씀을 묵상하며 전도하는 하루가 되시길 기도합니다.

25일

고난주간 첫째 날(종려 주일)
호산나! 다윗의 자손이여!
우리를 구원하소서!

(마 21:1-11, 막 11:1-11, 눅 19:28-38, 요 12:12-19)

오늘 날짜가 언급된 성경 사건은 없습니다. 오늘 날짜가 포함된 사건은 다음과 같습니다.

사건 1 제2월 10일부터 방주에 들어가 하나님의 명령을 감당하는 46일째로(노아시대 월력 체계는 한 달을 30일로 계산함) 하나님께서 말씀하신 대로 40일 동안 비가 내린 39일째

사건 2 라암셋을 떠난 지 70일째(제1월을 30일, 제2월을 29일로 계산함)로 시내산 밑 시내광야에 도착하여(제3월 1일) 거한지 25일째(출 19:1-2)

사건 3 "너는 산에 올라 내게로 와서 거기 있으라"는 하나님의 명령을 받고 모세가 시내산에 올라 첫 번째 40일 금식기도를 시작한 18일째

사건 4 시내광야에 11개월 20일 머물던 이스라엘 백성이 하나님의 명령에 따라 약속의 땅을 향해 떠난 지 35일째

사건 5 모르드개가 조서를 써 전국 127도에 보낸 후 3일째(더 8:1-17)

사건 6 주전 458년 2차 포로 귀환 시 제1월 1일 바벨론을 떠난 후 84일째로 아하와 강을 떠난 지 73일째(스 7:6-9, 8:15-36)

오늘은 2018년 종려 주일입니다. 예수님께서 공생애 마지막 주간을 시작하는 날로 여리고를 떠나 예루살렘에 도착하신 예수님께서는 군중들의 환호 속에 예루살렘 성에 입성하셨습니다. 오늘부터 일주일 동안 예수님의 마지막 한 주의 사역에 대해 살펴보겠습니다.

❶ '주가 쓰시겠다 하라'

안식일을 여리고에서 보내신 예수님께서는 주일 아침 일찍 예루살렘을 향하여 출발하셨는데 누가는 **'예수님께서 예루살렘을 향하여 앞서가시더라'**(눅 19:28)고 기록하고 있습니다. 여리고를 떠나 예루살렘에 도착하려면 유대광야를 지나야 하는데 아주 뜨거운 때를 피해 8시간 이상을 걸어야 했습니다. 새벽 일찍 여리고를 출발하신 예수님께서는 오후 늦게 예루살렘에 도착하셨습니다. 마가는 예수님께서 성전에 들어가셨을 때 이미 날이 저물었다고 기록하고 있습니다.

> **예수께서 예루살렘에 이르러 성전에 들어가사 모든 것을 둘러 보시고 때가 이미 저물매 열두 제자를 데리시고 베다니에 나가시니라**(막 11:11)

여리고에서 예루살렘으로 가는 순례자들이 마지막으로 머물러 잠시 쉬는 곳이 마르다, 마리아, 나사로가 살았던 베다니입니다. 베다니는 예루살렘에서 동쪽으로 약 2.5Km 떨어진 올리브산(감람산) 동쪽 기슭에 자리 잡고 있는데 예수님께서는 고난주간 동안 이 곳에 머무셨습니다.

오후에 예루살렘 근처인 베다니에 도착하신 예수님께서는 제자 둘을 맞은 편 마을(아마도 벳바게)로 보내셨습니다. 제자 둘을 보내시며 **"너희는 맞은편 마을로 가라. 그리하면 곧 매인 나귀와 나귀 새끼가 함께 있는 것을 보리니 풀어 내게로 끌고 오라. 만일 누가 무슨 말을 하거든 '주가 쓰시겠다'하라 그리하면 즉시 보내리라."**(마 21:1-2)고

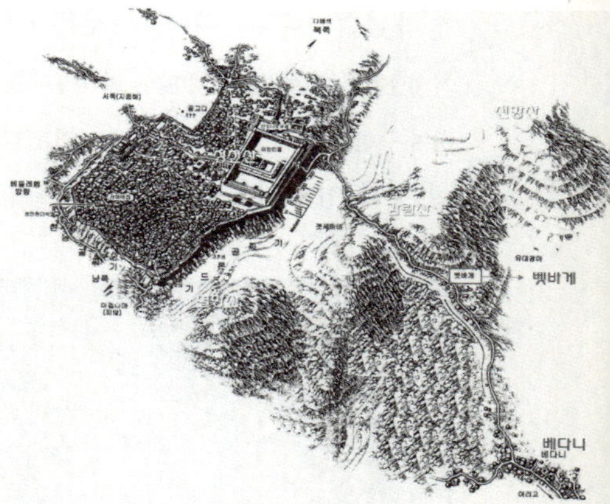

예수님 당시 예루살렘과 주변 모습 올리브산(감람산)의 동쪽에 벳바게와 베다니가 보이고 그 오른쪽으로 유대광야가 시작된다. 예루살렘에 오신 예수님께서는 베다니에 머무셨다.

말씀하셨습니다. 제자들은 순종하여 맞은편 동네로 갔고 문 앞에 매여 있는 나귀 새끼를 풀었습니다. 나귀 주인은(눅 19:33) **"나귀 새끼를 풀어 무엇에 쓰려느냐?"**고 물었고, 이제 제자들은 예수님께서 말한 대로 **"주가 쓰시겠다."**고 말했습니다. 나귀 주인은 자신의 나귀 새끼를 가져가도록 허락했습니다. 이런 일이 벌어진 것은 **'유다의 후손인 메시아가 오시면 새끼나귀를 포도나무에 매어두리라'**(창 49:10-11)는 예언을 이루기 위함인데 예수님께서는 매여 있는 나귀 새끼를 풀어오라고 말씀하셨고 그대로 이루어졌습니다.

> **규가 유다를 떠나지 아니하며 통치자의 지팡이가 그 발 사이에서 떠나지 아니하기를 실로가 오시기까지 이르리니 그에게 모든 백성이 복종하리로다**(창 49:10) **그의 나귀를 포도나무에 매며 그의 암나귀 새끼를 아름다운 포도나무에 맬 것이며 또 그 옷을 포도주에 빨며 그의 복장을 포도즙에 빨리로다**(창 49:11)

당시 로마의 정복자들은 전쟁에서 승리하고 개선할 때에 군마를 타고 입성했습니다. 그런데 예수님께서는 말 대신 새끼나귀를 타고 예루살렘에 입성하셨습니다(마 21:4-5). 이것은 스가랴 선지자가 예언하였던 **"시온의 딸아 크게 기뻐할지어다. 예루살렘의 딸아 즐거이 부를지어다. 보라 네 왕이 네게 임하시나니. 그는 공의로우시며 구원을 베푸시며 겸손하여서 나귀를 타시나니 나귀의 작은 것 곧 나귀 새끼니라."**(슥 9:9)고 한 것을 이루시기 위함이었습니다. 제자들은 나귀와 나귀 새끼를 끌고 와서

로마 티투스의 개선문 말을 타고 로마의 성으로 들어가는 티투스의 모습

자기들의 겉옷을 나귀 새끼(어미가 아닌 새끼를 타심) 위에 얹었습니다. 그리고 예수님께서는 그 위에 앉으셨습니다.

이는 선지자를 통하여 하신 말씀을 이루려 하심이라 일렀으되(마 21:4) **시온 딸에게 이르기를 네 왕이 네게 임하나니 그는 겸손하여 나귀, 곧 멍에 메는 짐승의 새끼를 탔도다 하라 하였느니라**(마 21:5)

❷ '호산나 다윗의 자손이여! 우리를 구원하소서!'

갈릴리에서부터 예수님과 함께 온 많은 무리들과 베레아 지방에서 합류한 순례객들은 새끼 나귀를 타고 예루살렘으로 향하시는 예수님을 따라갔습니다. 대다수의 사람들이 자신들의 겉옷을 길에 펴고 다른 사람들은 나뭇가지를 베어 길에 폈습니다(마 21:7-8, 요 12:13). 이러한 행동은 예수님을 왕으로서 생각했기 때문에 나타난 행동이었습니다. 제자들이나 무리들은 다윗의 왕정을 다시 수립할 왕으로서의 예수님, 메시아 왕국의 꿈을 실현할 분으로서의 예수님을 생각했습니다. 이러한 마음은 자신들의 겉옷을 벗어 땅에 펴는 행동이나 나뭇가지를 베어 길에 깔고 흔드는 행동으로 나타났습니다. 겉옷을 길에 펴는 행동이나, 승리의 상징이요 왕에 대한 존경과 환영의 표시였던 나뭇가지 곧 종려나무 가지를 길에 펴고 흔드는 행위는 왕에 대한 존경의 표시였기 때문입니다.

나귀와 나귀 새끼를 끌고 와서 자기들의 겉옷을 그 위에 얹으매 예수께서 그 위에 타시니(마 21:7) **무리의 대다수는 그들의 겉옷을 길에 펴고 다른 이들은 나뭇가지를 베어 길에 펴고**(마 21:8)
종려나무 가지를 가지고 맞으러 나가 외치되 호산나 찬송하리로다 주의 이름으로 오시는 이 곧 이스라엘의 왕이시여 하더라(요 12:13)

올리브산(감람산) 내리막길에 가까이 오셨을 때 제자들과 사람들은 자기

종려나무 종려나무는 자생하지 않는 아라바 계곡에 많이 심었다. 여리고는 종려의 성읍으로 불렸다. 유대 산지에서는 종려나무가 잘 자랄 수 없는 환경이기에 아마도 백성들은 이미 여리고를 지나며 준비해왔을 가능성이 있다.

들이 보고 있는 광경에 기뻐하여 큰 소리로 **"찬송하리로다. 주의 이름으로 오시는 왕이여! 하늘에는 평화요. 가장 높은 곳에서는 영광이로다."**라고 찬양했습니다. 무리들이 찬양할 때 바리새인들은 이 소리가 귀에 거슬렸습니다. 그들은 예수님께 **"선생이여 당신의 제자들을 책망하소서."**라고 요구했고 예수님께서는 **"내가 너희에게 말하노니 만일 이 사람들이 침묵하면 돌들이 소리 지르리라."**고 말씀하셨습니다(눅 19:39-40).

예수님께서는 열두 사도와 제자들 그리고 따르는 많은 무리들이 오해할 만한 일들을 많이 행하셨습니다. 구약에 예언된 대로 새끼나귀를 타고 입성하셨고, 겉옷을 펴고 나뭇가지를 깔며 흔드는 무리들을 그대로 두셨고, 왕으로서 오시는 예수님에 대해 찬양하는 무리들을 책망하는 바리새인들을 오히려 책망하시며 **"만일 이 사람들이 잠잠하면 돌들이 소리 지르리라."**하신 말씀 등을 보면 제자들이나 무리들이 정치적 그리스도로 등극하실 것이라는 오해를 한 것은 당연하다 생각할 수 있습니다. 하지만 예수님의 의도는 그것이 아니었습니다.

예수님께서 제자들이나 무리들이 오해할 수 있는 행동을 한 것은 만물의 주요, 만왕의 왕이신 분으로서 할 수 있는 행동이었으나 사람들이 예수님에 대해 알지 못했고 그분이 원하시는 바가 무엇인지 깨닫지 못하였습니다. 예수님께서는 왕으로서 나귀 새끼를 취하신 것이 아니라 만물의 주인으로서

올리브산(감람산)에서 예루살렘 성으로 내려가는 길 현재의 모습으로 포장되기 전의 모습으로 예수님 당시에는 더 많은 돌들이 주변에 널려 있었을 것이다. 이 돌들이 소리를 지른다면 더 큰 소리가 나지 않았을까? by Terra Explorer

취하신 것이고, 돌들이 소리 지르리라(눅 19:40) 말씀하신 것은 창조의 주인으로서 모든 것을 가능케 하는 능력을 지니셨다는 것을 나타낸 것입니다. 예수님께서는 선지자들의 예언대로 하나님의 이름으로 죄인을 구원하기 위해서 오셨으며 깨닫지 못하는 죄인들을 위해 십자가를 통해 구원의 완성을 이루시려고 **'겸손하신 평화의 왕'**으로서 새끼나귀를 타고 입성하신 것입니다. 예수님께서는 정치적으로 승리하실 왕이 아니셨습니다.

예수님께서 새끼나귀를 타고 예루살렘으로 들어가실 때 많은 사람들이 앞에서 가고 뒤에서 따르며 소리를 높여 **"호산나! 다윗의 자손이여! 찬송하리로다. 주의 이름으로 오시는 이여 가장 높은 곳에서 호산나!"**라고 외쳤지만 자신들이 외치는 참뜻을 알지 못했음을 알 수 있습니다. 사람들이 '호산나! 다윗의 자손이여!'라고 외친 것은 예수님을 왕으로 생각하는 직접적인 의사 표현이었는데 호산나는 **'이제 구원하소서!'**라는 뜻을 가진 히브리어입니다. 이 소리를 들은 많은 사람들은 소동하여 **"이는 누구냐?"**고 물었고 소리치는 무리들은 **"갈릴리 나사렛에서 나온 선지자 예수"**라고 했습니다(마 21:9-11).

❸ 예루살렘 성을 보고 우신 예수님

예루살렘 성에 가까이 오신 예수님께서는 성을 보시고 우셨습니다. 예루살렘은 '평화의 성읍'이란 뜻을 가진 도시입니다. 예수님께서는 **"너도 오늘날 평화에 관한 일을 알았더면 좋을 뻔 하였거니와 지금 네 눈에 숨겨졌도다. 날이 이를지라 네 원수들이 토둔을 쌓고 너를 둘러 사면으로 가두고 또 너와 및 그 가운데 있는 네 자식들을 땅에 메어치며 돌 하나도 돌 위에 남기지 아니하리니 이는 네가 보살핌 받는 날을 알지 못함을 인함이니라."**고 말씀하시며 우셨습니다(눅 19:41-44). 당시 예루살렘 성전의 마당을 확장하는 공사를 하고 있었기에 완성 되지 않은 상태를 보고 말씀하셨던 것입니다. 아직 완전히 지어지지 않았는데 무너질 것을 보시며 안타까워하시며 기도하시는 예수님의 심정을 이해할 수 있습니다. 예루살렘 성은 예수님의 말씀대로 유대인의 1차 반란결과 주후 70년 로마의 티투스 장군에 의해 무너집니다.

눈물기념교회 예수님께서 예루살렘 성을 보시고 우셨다고 추정되는 곳에 세워진 기념교회로 교회 안에서 창문의 십자가에 초점을 맞추면 골고다(성묘교회)가 보인다.

눈물교회 창으로 본 예루살렘 중앙의 십자가는 골고다(성묘교회)와 일치하게 설계 되었다.

예루살렘 성을 보고 우신 예수님께서는 주일 오후 늦게 예루살렘 성을 통과하여 성전에 도착하셨습니다. 이미 날이 저문 후 성전에 오신 예수님께서는 성전을 둘러보셨습니다. 이미 성전 오후 제사가 끝난 상태여서 아무 일도

하실 수 없었습니다. 예수님께서는 열두 사도들과 함께 베다니에 가셔서 머무셨습니다(막 11:11).

성도 여러분!

고난주간의 첫날(주일) 예수님의 행적을 살펴보았습니다. 예수님께서는 '호산나'라고 외치는 군중들의 환호와 함께 예루살렘으로 들어가셨습니다. 그러나 열두 사도들과 제자들 그리고 따르며 '호산나! 다윗의 자손이여!'라고 외치는 많은 무리들과 예수님의 생각은 달랐습니다. 아마도 천지 차이였을 것입니다. 예수님께서는 자신을 하나님의 아들 그리스도로 드러내심으로 백성들이 믿기를 원하셨는데, 제자들과 무리들은 정치적 그리스도를 원했고 그것이 이루어지기를 원하며 행동하고 외쳤습니다. 당시 유대인들이 제일 원했던 것은 다윗의 나라가 회복되는 것이었고 예수님 이전에 많은 사람들이 자신이 메시야(그리스도)이라며 로마를 대항하다 사라졌습니다. 그런데 예수님의 공생애 마지막 예루살렘 입성 때도 많은 백성들이 원했던 것은 정치적으로 나라를 회복하는 것이었습니다. 예수를 그리스도라 고백하고 오늘을 사는 나는 어떤 이유로 언약공동체(교회)에 속해 하나님의 일을 하고 있습니까? 오늘도 정치적, 경제적 필요를 위해 신앙 생활하는 것이 아니라 이제까지 일하시는 아버지 하나님의 구속사를 내 시대에 이루기 위해 오늘을 사는 내가 되시길 기도합니다.

고난주간 둘째 날(권위의 날) 무화과를 저주하시고 성전 청결케 하시는 예수님

(마 21:12-22, 막 11:12-19, 눅 19:45-48, 요 2:13-22)

오늘 날짜가 언급된 성경 사건은 없습니다. 오늘 날짜가 포함된 사건은 다음과 같습니다.

사건 1 제2월 10일부터 방주에 들어가 하나님의 명령을 감당하는 47일째로(노아시대 월력 체계는 한 달을 30일로 계산함) 하나님께서 말씀하신 대로 40일 동안 비가 내린 40일째

사건 2 라암셋을 떠난 지 71일째(제1월을 30일, 제2월을 29일로 계산함)로 시내산 밑 시내광야에 도착하여(제3월 1일) 거한지 26일째(출 19:1-2)

사건 3 "너는 산에 올라 내게로 와서 거기 있으라"는 하나님의 명령을 받고 모세가 시내산에 올라 첫 번째 40일 금식기도를 시작한 19일째

사건 4 시내광야에 11개월 20일 머물던 이스라엘 백성이 하나님의 명령에 따라 약속의 땅을 향해 떠난 지 36일째

사건 5 모르드개가 조서를 써 전국 127도에 보낸 후 4일째(더 8:1-17)

사건 6 주전 458년 2차 포로 귀환 시 제1월 1일 바벨론을 떠난 후 85일째로 아하와 강을 떠난 지 74일째(스 7:6-9, 8:15-36)

오늘은 2018년 고난주간 둘째 날 권위의 날입니다. 오늘은 예수님께서 열매 없는 무화과를 저주하시고 성전에 들어가셔서 청결케 하신 행적을 살펴보겠습니다.

제
3
月

❶ 무화과를 저주하신 예수님

어제(주일) 오후 예루살렘에 입성하신 예수님께서는 이미 날이 저물었기에 성전에서 아무것도 하실 수 없었습니다. 예수님께서는 12사도들과 함께 베다니로 나가셔서 머무셨습니다. 그리고 오늘(월요일) 아침 일찍 성전을 향해 베다니를 떠나셨습니다. 아침 일찍 베다니를 떠나신 예수님께서는 시장하셨습니다. 예수님께서는 멀리서 잎이 무성한 무화과를 보셨습니다. 그리고 가까이 가셔서 열매를 구하셨으나 열매를 얻을 수 없었습니다. 이에 예수님께서는 열매가 없고 잎만 무성한 무화과를 저주하셨습니다.

이 사건은 아마도 베다니를 나온 직후 벳바게*를 지나실 때 일어난 사건일 것입니다. 벳바게는 '무화과의 집'이란 뜻을 가지며 어제(주일) 승리의 입성을 하실 때 어린 나귀를 취하신 곳이기도 합니다. 무화과에 지난가을 열리기 시작한 후 겨울 동안 자라지 않았던 열매들은 봄이 되어 잎이 무성해지며 열매가 더 자랐습니다. 그런데 이 열매는 상품 가치가 없어 지나가는 나그네가 따먹을 수 있었습니다. 나그네가 볼품 없는 무화과 열매를 따 먹는 것은 더 좋은 여름 무화과를 열게 하기에 주인에게는 도움이 되었습니다.

무화과는 원산지가 소아시아와 동부 지중해 지역으로 팔레스타인의 5대 과목 중 하나입니다. 이 나무는 일 년에 서너 차례 열매를 딸 수 있습니다. 그런데 가을에 들어서 새롭게 열린 열매는 겨울에 들어가면서 잎이 다 떨어져 더 이상 크지 않은 상태로 겨울을 나게 됩니다. 봄이 되어 잎이 무성해지면 이 열매는 어느 정도 다시 자라겠지만 이 열매는 따 주어야 합니다. 왜냐하면 가을부터 열린 무화과(처음 익은 무화과)는 더 이상 상품 가치가 없고 이 열매를 따 주어야 새롭게 열리는 열매가 상품 가치가 좋은 열매가 되기 때문

---

* 벳바게는 베다니와 예루살렘 사이에 있는 작은 마을이며 베다니는 예루살렘으로부터 약 2.5Km 정도 벳바게는 1.5Km정도 떨어진 마을이다.

처음 익은 무화과 우기, 겨울이 되어 잎이 떨어진 무화과에 달려 있는 가을에 열린 열매

좋은 무화과 봄이 되어 잎이 난 후 열린 상품 가치가 좋은 열매

입니다. 그래서 이 처음 익은 무화과는 나그네들의 식량이 될 수 있었습니다. 나그네는 아무런 제약 없이 주인과 상의하지 않고 처음 익은 무화과를 따 먹을 수 있는데 나그네가 안 따 먹는다면 주인이 수고하여 따야 할 열매이기 때문입니다. 주인의 수고를 덜어줄 수 있고 자신도 허기를 면할 수 있기 때문에 처음 익은 무화과를 나그네가 따 먹는 것은 일석이조였습니다.

예수님께서는 멀리서 잎이 무성한 무화과를 보셨고 당연히 열매가 있어야 했기에 열매를 구하셨습니다. 배고픈 행인들을 위한 무화과 열매를 얻지 못한 예수님은 잎만 무성한 무화과를 저주하셨는데 뿌리까지 마르게 되었습니다. 여기서 예수님은 육체적으로도 배가 고프셨겠지만 사마리아 여인과의 대화에서 볼 수 있듯이 예수님의 양식은 보이는 먹는 것만은 아님을 생각할 때 무화과를 저주하신 행동이 의미하는 바는 깨닫지 못하는 이스라엘백성들을 책망하시는 사건으로 보아야 할 것입니다. 열매가 없고 잎만 무성한 무화과는 당시 유대 나라와 유대교를 가리키는 것으로 볼 수 있습니다.

무화과를 저주하시는 사건은 예수 그리스도의 인성과 신성을 잘 나타내는 사건으로 볼 수 있습니다. 예수님께서 '주리셨다'는 것은 예수님의 인성을 나타냄이요, 예수님께서 저주하심으로 '무화과가 시들었다'는 것은 예수님의 능력, 곧 신성을 표시한다고 볼 수 있습니다. 이렇게 볼 때 열매 없는 무화과가 저주를 받은 것은 있어야 할 것, 곧 이스라엘 백성의 믿음 없음을 책망하신 사건이라고 볼 수 있을 것입니다(마 21:18-22, 막 11:12-14).

예수님께서는 무화과를 향해 **"이제부터 영원토록 네가 열매를 맺지 못하리라."**하셨고 예수님의 말씀이 떨어지자 무화과는 즉시 말랐습니다. 이를 이상하게 여긴 제자들은 **"무화과가 어찌하여 곧 말랐나이까?"**라고 질문을 합니다. 예수님께서는 **"내가 진실로 너희에게 이르노니 만일 너희가 믿음이 있고 의심하지 아니하면 이 무화과에게 된 이런 일만 할 뿐 아니라 이 산더러 들려 바다에 던져지라하여도 될 것이요 너희가 기도할 때에 무엇이든지 믿고 구하는 것은 다 받으리라 하시니라."**고 말씀하셨습니다(마 21:19-22). 그런데 예수님의 말씀에 즉시 무화과가 마른 사건에 대해 마가는 **'가서 보신즉 잎사귀 외에 아무것도 없더라 이는 무화과의 때가 아님이라'**(막 11:13)고 기록했습니다. 무화과 때가 아니어서 열매가 없는데 저주하신 이유는 무엇일까요?

이처럼 예수님께서 보신 잎이 무성한 무화과에는 분명히 처음 익은 무화과가 있어야 했습니다. 멀리서 잎이 무성한 무화과를 보신 예수님께서는 당연히 처음 익은 열매가 있다고 생각하셨고 열매를 요구하셨습니다. 그런데 가까이 가서 보니 열매가 없었기에 저주하셨던 것입니다. 마가가 '무화과 때'가 아니라는 것은 처음 익은 무화과의 때가 아니라는 것이 아니고, 정상적인 무화과가 열릴 때는 아니라는 것입니다. 처음 익은 무화과는 있어야 할 때였습니다. 예수님께서는 모든 것이 가능한 분이시기에 막무가내로 열매가 없다고 하여, 때가 되지도 않았는데 저주하시어 영원토록 열매를 내지 못하도록 만든 것이 아닙니다. 예수님께서는 있어야 할 때 열매가 없었기에 저주하셨던 것입니다.

❷ 성전을 청결케 하신 예수님

열매 없는 무화과를 저주하신 예수님께서는 성전에 올라가셔서 성전을 청결케 하셨습니다. 예수님의 공생애기간 중 성전을 깨끗케 하시는 사건은 두 번 있었습니다. 공생애 출발 시 첫 유월절에 예루살렘 성전을 청결케 하실 때에는 비둘기 파는 사람들에게 **"이것을 여기서 가져가라. 내 아버지의 집으로 장**

사하는 집을 만들지 말라."하셨고 표적을 구하는 유대인들에게 **"너희가 이 성전을 헐라 내가 사흘 동안에 일으키리라."**고 말씀하셨습니다(요 2:13-21). 예수님께서는 공생애 마지막 주간의 월요일에 예루살렘 성전에 올라가셔서 한 번 더 성전을 청결케 하십니다.

예수님 당시 예루살렘 성전은 팔레스타인 땅에 사는 유대인들과 디아스포라(흩어진 유대인)가 와서 하나님께 경배드리고 제사 드리는 곳이었습니다. 이들은 제사 드리러 예루살렘으로 올 때 희생 제사를 드리기 위해 제물을 준비해 왔는데 흠이 있는 것은 절대 하나님께 드릴 수 없었습니다. 제물은 자신들이 가져온 순전하고 온전한 것을 하나님께 드림으로 하나님을 향한 인간의 정성을 상징하는 것이었는데 대제사장직을 사고파는 시대를 지나면서 제물을 드리는 방법이 차츰 변질되기 시작했습니다. 희생제물을 가지고 먼 길을 온 사람들은 먼저 희생제물을 제사장들에게 흠이 있는지 없는지 판결을 받아야 했는데 제사장들은 까다롭게 검열하여 집에서 가져온 제물을 부적격한 흠이 있는 제물로 판정하였습니다. 이때문에 제사를 드리기 위해 온 백성들은 흠 없는 제물들이 필요했는데 제사장들의 검인을 받은 제물들을 비싼 값으로 파는 상인들에게 제물을 살 수밖에 없었습니다. 결국 제사장들에 의해 도입된 성전에서의 장사행위는 상인들로 하여금 좋은 자리를 차지하기 위해 제사장들에게 돈을 지불하게 되었고 그 돈을 더한 제물의 값은 비쌀 수밖에 없었습니다. 제사장들의 비호 아래 '이방인의 뜰'에서 폭리를 취하며 장사를 하는 무리들을 예수님께서 책망하고 계시는 것입니다.

성전에 드릴 제물 초기에는 자신이 직접 키우던 짐승 중에서 흠 없는 것을 취해 성전에서 하나님께 바쳤으나 성전의 제사장 공동체가 타락하며 이방인의 뜰에서 파는 제물로 제사를 드리게 된다. 출처 "The Holy Temple in Jerusalem" by Carta Jerusalem

제
3
月

또한 당시 유대는 로마의 속국이었으며, 북이스라엘의 멸망과 남유다의 멸망시 세계 각국으로 흩어진 디아스포라 유대인들이 로마제국 여러 곳에 흩어져 살고 있었습니다. 그런데 이들은 유월절이나 칠칠절, 초막절이 되면 예루살렘으로 모여들었습니다. 이것은 하나님께서 모세와 약속하신 3대 절기를 지키기 위한 것이었습니다. 먼 곳으로부터 하나님께 경배드리기 위해, 희생제사를 드리기 위해 모였던 이들은 집에서부터 제물을 가져오기 힘들었고 예루살렘, 곧 성전 근처에서 제물을 살 수밖에 없었는데 성전에서는 각국의 화폐를 사용할 수 없고 오직 '유대인의 은돈'(두로 세겔)만을 사용하게 했습니다. 이에 제물을 사거나 성전세를 내기 위해서는 로마의 화폐를 '성전에서 사용하는 은돈'(두로 세겔)으로 바꾸어야 했습니다. 이 과정에서 환전상은 노동자의 하루 품삯의 절반인 '콜본'이라는 환전료를 취했고 성전 당국과 나누었습니다. '콜본'을 취하기 위해 '두로 세겔'만 쓰게 한 것도 문제이지만 은 함유율이 높은 '두로 세겔'을 받아 이익을 극대화하기 위해 하나님께서 '어떤 형상도 만들지 말라'고 하신 말씀과 상관없이 헤라클레스와 독수리 형상이 그려진 '두로 세겔'을 쓰는 것도 문제였습니다.

두로 세겔

① 은 함유율이 90%가 넘었음
- 앞면 : 월계관을 쓴 헤라클레스
- 뒷면 : 독수리

② 반 세겔의 성전세를 두로 세겔로만 받았음
- 로마 은전은 함유율이 떨어짐
- 환전수수료는 노동자의 하르 품삯의 절반 정도
- '콜본(qolbon)'이라 불리는 수수료는 성전당국과 나눔

하나님께 가장 거룩하게 제사 드리기 위해 찾아오는 사람들에게 제물이나 성전세를 통해 폭리를 취하는 제사장들은 하나님께 제사를 드림으로 하나님과 백성들 사이를 연결하는 역할을 하는 것이 아니라 오히려 성전을 더럽히고 있었습니다. 예수님은 이러한 모습에 분노하셨던 것입니다. 예수님께서는 이사야 56:7과 예레미야 7:11의 말씀을 인용하여 **"기록된바 '내 집은 기도하는 집이라 일컬음을 받으리라' 하였거늘 너희는 강도의 소굴을 만드는 도다."**(마 21:13)라고 책망하셨습니다.

> **내가 곧 그들을 나의 성산으로 인도하여 기도하는 내 집에서 그들을 기쁘게 할 것이며 그들의 번제와 희생을 나의 제단에서 기꺼이 받게 되리니 이는 내 집은 만민이 기도하는 집이라 일컬음이 될 것임이라**(사 56:7)
> **내 이름으로 일컬음을 받는 이 집이 너희 눈에는 도둑의 소굴로 보이느냐 보라 나 곧 내가 그것을 보았노라 여호와의 말씀이니라**(렘 7:11)

예수님께서 성전을 청결케 하신 사건은 성전이 하나님께 '기도하는 집'이 아닌 인간들을 위한 곳으로 변질되었기 때문에 채찍을 들고 진노하셨던 것입니다. 소와 양이 죽어서는 아름다운 제물이 될 수 있지만 산채로 성전에 들어와 제물로서 거래되고 있다면 하나님의 집은 짐승이 모이는 외양간이 되어 짐승의 소리가 들리는 곳이 되고 마는 것입니다.

예수님께서는 아무나 물건을 가지고 성전 안으로 지나다니는 것을 책망하셨습니다. 마가는 **'아무나 물건을 가지고 성전 안으로 지나다님을 허락하지 아니하시고'**(막 11:16)라고 기록하고 있습니다. 당시 성전은 신약시대 예루살렘의 1/4 이상을 차지하는 아주 큰 지역이었습니다. 만약 성의 동쪽에서 성전을 빙 둘러 서쪽으로 이동하려면 많은 시간과 수고가 따랐습니다. 사람들은 점차 성전을 이용하여 가로질러 감으로 먼 거리를 돌아가는 수고를 줄일 수 있었습니다. 성전이 성전의 기능이 아닌 다른 용도로 사용되는 단면을 보여주고 있습니다. 예수님께서는 이것을 책망하신 것입니다.

성전을 청결케 하신 예수님께서는 맹인과 저는 자들이 성전에서 예수께 나왔을 때 고쳐 주셨습니다. 이때 대제사장들과 서기관들이 예수께서 하시는 이상한 일과 또 성전에서 소리 질러 호산나 다윗의 자손이여 하는 어린이들을 보고 화를 냅니다. 아마도 어린아이들은 어제(주일) 승리의 입성을 하실 때 많은 무리들이 외쳤던 것을 기억하고 **"호산나 다윗의 자손이여!"**라고 외쳤을 것입니다. 이 외침소리가 종교지도자들에게는 거슬리는 소리였기에 예수님께 **"그들이 하는 말을 듣느냐?"**고 갈합니다. 이것은 아이들이 말도 안 되는 소리를 하고 있는데 어떻게 생각하느냐는 질문입니다. 예수님께서는 시편 8:2절 말씀을 인용하여 **"그렇다 어린 아기와 젖먹이들의 입에서 나오는 찬미를 온전하게 하셨나이다함을 너희가 읽어본 일이 없느냐?"**(마 21:16)고 말씀하심으로 종교지도자들이 성경을 모르거나 알지만 뜻을 깨닫지 못함을 책망하셨습니다(마 21:14-16)

> **주의 대적으로 말미암아 어린아이들과 젖먹이들의 입으로 권능을 세우심이여 이는 원수들과 보복자들을 잠잠하게 하려 하심이니이다**(시 8:2)

성도 여러분!

이미 있어야 할 열매가 없었던 무화과를 저주하셨던 예수님께서 오늘 나에게 열매를 구하셨다면 나는 어떤 열매를 드릴 수 있습니까? 예수님께서는 극상품의 좋은 무화과 열매를 구하신 것이 아니라 나그네가 먹을 수 있는 최소한의 것을 요구하셨음을 기억합시다. 그리고 오늘 내가 믿는 성도로서 하나님 앞에 드려야 할 최소의 것을 준비하고 드리고 있는지 생각해 봅시다. 고난주간 월요일인 오늘 있어야 할 열매가 없어 저주를 받아 영원히 말라 버린 무화과처럼 되지 않기 위해 오늘도 주님께서 맡기신 직분에 열심을 다하는 하루가 되시길 기도합니다.

고난주간 셋째 날(변론의 날) 하루 종일 종교지도자들과 대화하신 예수님

(마 21:23-26:13, 막 11:20-14:9, 눅 20:1-21:38, 요 12:20-50)

오늘 날짜가 언급된 성경 사건은 없습니다. 오늘 날짜가 포함된 사건은 다음과 같습니다.

사건 1 제2월 10일부터 방주에 들어가 하나님의 명령을 감당하는 48일째로(노아시대 월력 체계는 한 달을 30일로 계산함) 하나님께서 말씀하신 대로 40일 동안 비가 내린 41일째

사건 2 라암셋을 떠난 지 72일째(제1월을 30일, 제2월을 29일로 계산함)로 시내산 밑 시내광야에 도착하여(제3월 1일) 거한지 27일째(출 19:1-2)

사건 3 "너는 산에 올라 내게로 와서 거기 있으라"는 하나님의 명령을 받고 모세가 시내산에 올라 첫 번째 40일 금식기도를 시작한 20일째

사건 4 시내광야에 11개월 20일 머물던 이스라엘 백성이 하나님의 명령에 따라 약속의 땅을 향해 떠난 지 37일째

사건 5 모르드개가 조서를 써 전국 127도에 보낸 후 5일째(더 8:1-17)

사건 6 주전 458년 2차 포로 귀환 시 제1월 1일 바벨론을 떠난 후 86일째로 아하와 강을 떠난 지 75일째(스 7:6-9, 8:15-36)

오늘은 2018년 고난주간 셋째 날로 예수님께서 종교지도자들의 질문에 변론하신 날입니다. 오늘은 하루 종일 성전에서 종교지도자들과 토론하신 행적을 살펴보겠습니다.

❶ 종교지도자들의 질문과 예수님의 대답

① 무슨 권세로 이런 일을 하느뇨? 누가 이런 일 할 권세를 주었느뇨?

베다니 마르다, 마리아, 나사로의 집에 머무신 예수님께서는 화요일 아침이 되어 예루살렘 성전에서 가르치시기 위해 12사도들과 성전으로 향하셨습니다. 베다니를 떠나 아마도 벳바게를 지날 때 예수님과 12사도들은 어제 예수님으로부터 저주 받은 무화과가 말라있는 것을 발견했습니다. 베드로는 **"랍비여 보소소! 랍비께서 저주하신 무화과가 말랐습니다."**(막 11:21)라고 고했고 예수님께서는 **"하나님을 믿어라! 누구든지 이 산더로 '번쩍 들려서 바다에 던져져라'고 말하고 그의 마음에 의심치 않으며 그 말한 것이 이루어질 줄로 믿는다면 그것이 그에게 이루어질 것이다."**(막 11:22)*라고 말씀하시며 믿음에 대해서 말씀하셨습니다.

성전에 들어가신 예수님께서는 종교지도자들과 백성들로부터 많은 질문을 받으시고 그들을 말씀으로 깨우치셨습니다. 성전을 거닐고 계시는 예수님께 대제사장들과 서기관들과 장로들이 나아와 **"무슨 권세로 이런 일을 하느뇨 누가 이런 일 할 권세를 주었느뇨?"**라고 예수님의 권세에 대해 질문을 하였습니다. 예수님께서는 오히려 **"요한의 세례가 하늘로서냐? 사람에게로서냐? 내게 대답하라."**는 질문으로 종교지도자들의 음모를 분쇄하고 예수님 자신의 권위가 하늘로서 왔음을 시인하게 하셨습니다. 종교지도자들은 그들이 의논한바 **'하늘로부터라 하면 어찌하여 그를 믿지 아니하였느냐 할 것이요 만일 사람으로부터라 하면 모든 사람이 요한을 선지자로 여기니 백성이 무섭다'**라는 결론을 내렸기에 **"우리가 알지 못하노라."**고 대답했고 예수님께서도 **"나도 무슨 권위로 이런 일을 하는지 너희에게 이르지 아니하리라."**고 대답하셨습니다(마 21:23-27, 막 11:27-33, 눅 20:1-8). 계속해서 대답을 하지 못하는 종교지도자들에게 예수님께서는 세 가지 비유를 말씀하셨습니다. 예수님께서는 두 아들의 비유(마 21:28-32), 악한 농부의 비유(마 21:33-46, 막 12:1-12, 눅 20:9-19), 혼인 잔치의 비유(마 22:1-14)를 통해 종교지도자들을 책망하셨습니다. 서기관

* 마가는 월요일 무화과를 저주하셨던 사건과 연결하여 기록했다.

들과 대제사장들은 이 비유가 자신들을 가리켜 하신 것을 알았고 예수님을 즉시 잡으려 하였으나 백성을 두려워하여 잡지 못했습니다. 그리고 그들은 예수님께 다시 납세에 대한 질문을 했습니다.

② 가이사에게 세를 바치는 것이 가하니이까? 불가하니이까?

예수님의 세 가지 비유를 통해 곤경에 빠진 종교지도자들은 예수님을 곤경에 빠뜨리기 위해 납세문제를 가지고 “가이사에게 세를 바치는 것이 가하니이까? 불가하니이까?”라고 질문을 했습니다. 종교지도자들이 질문한 세금은 당시 로마정부가 정한 남자 14세, 여자 12세 이상 65세까지의 사람들에게 부과했던 인두세에 대한 것입니다. 여기서 가이사는 로마의 제2대 황제 디베료를 말하는데 세금을 바칠 때 얼마 전에 만들어 통용한 황제의 형상이 새겨져 있는 로마 화폐로 바칠 것을 강요하였습니다. 이것은 황제에게 영광을 돌리기 위한 하나의 수단이었는데 종교지도자들은 ‘가이사에게 영광을 돌리는 것이 가하냐? 불가하냐?’를 묻고 있는 것입니다.

데나리온 황제의 형상이 그려짐

만약 예수님께서 ‘불가하며 영광을 하나님께 돌리라’고 대답하셨다면 정치적으로 몰아세울 계획이었고, ‘가이사에게 바치라’고 한다면 예수님을 책잡으려는 계획이었습니다. 예수님께서는 동전 하나 보여 주길 원하셨습니다. 당연히 데나리온이 없으셨겠지만 당시 유대인들은 황제의 상이 새겨진 동전을 가지고 다니는 것을 합당하게 여기지 않았고 동전을 보여주셨다면 오히려 책잡았을 것입니다. 예수님께서는 그들이 동전을 보여줄 때 동전에 그려진 가이사를 가리키며 **“가이사의 것은 가이사에게 하나님의 것은 하나님에게 바치라.”**고 말씀하셨는데 그들은 이 말씀을 기이히 여기고 떠났습니다(마 22:15-22, 막 12:13-17, 눅 20:20-26).

제3月

③ 일곱 형제를 다 취한 여인이 부활 때에 누구의 아내가 될 것인가?

종교지도자들이 떠난 후 부활이 없다고 주장하는 사두개인들이 와서 **"일곱 형제를 다 취한 여인이 부활 때에 누구의 아내가 될 것인가?"**라고 예수님께 물었습니다. 이 질문은 사두개인들이 유일한 정경으로 생각하는 모세오경에 언급된 유대사회의 계대 결혼제도(신 25:5-10)에 근거한 것입니다. 예수님께서는 "부활 때는 장가도 아니 가고 시집도 아니 가고 하늘에 있는 천사와 같으니라." 고 말씀하시며 하나님의 능력도 오해한 사두개인들의 성경적 무지를 책망하셨습니다. 예수님께서는 계속해서 출애굽기 3:6을 인용하여 율법에서도 육체의 부활을 인정하고 있다는 것을 증거 하심으로 사두개인들의 잘못된 생각을 일깨워 주셨습니다. 하나님께서는 죽은 자의 하나님이 아니요, 산 자의 하나님이시며 아브라함, 이삭, 야곱뿐 아니라 하나님의 자녀로서 죽은 모든 사람이 하나님 안에서 살아있다는 것을 분명히 말씀하셨습니다(마 22:22-33, 막 12:18-27, 눅 20:27-40)

> **또 이르시되 나는 네 조상의 하나님이니 아브라함의 하나님, 이삭의 하나님, 야곱의 하나님이니라 모세가 하나님 뵈옵기를 두려워하여 얼굴을 가리매**(출 3:6)

④ 선생님이여 율법 중에 어느 계명이 크니이까?

예수님께서 사두개인들로 하여금 아무 대답도 못하게 하였다는 소식을 듣고 바리새인들이 찾아왔습니다. 이들 중 한 율법사는 예수님을 시험하여 **"선생님이여 율법 중에 어느 계명이 크니이까?"**라 물었습니다. 당시 율법사들은 율법 조항을 613개로 구분했는데 이 모든 율법을 지키는 것은 불가능한 일임을 알았기에 248개 조항을 보다 중요한 것으로 취급했습니다. 그런데 중요한 것과 중요하지 않은 것을 구분하기 위한 기준이 당시 랍비 사이에 논란이 있었습니다. 예수님께서는 신명기 6:5절을 근거로 **"네 하나님을 사랑하라."**는 말씀을 통해 율법을 관통하는 가장 근본적인 계명이 하나님을 사랑하는 것임을 말씀하셨고, 둘째는 **"그와 같으니."**라고 말씀하시며 첫 번째 계명과 같이 두 번째 계명을 같은 것으로 취급하시며 이웃을 사랑할 것을 명하셨습니다(마 22:34-40, 막 12:28-34). 따라서 예수님께서 제시한 이 두 계명은 사랑이 모든 율법의 완성이라는 사실을 보여주고 있는 것입니다(롬 13:10).

> **너는 마음을 다하고 뜻을 다하고 힘을 다하여 네 하나님 여호와를 사랑하라**(신 6:5)
> **사랑은 이웃에게 악을 행하지 아니하나니 그러므로 사랑은 율법의 완성이니라**(롬 13:10)

예수님께서는 역으로 바리새인에게 그리스도에 대해 **"너희는 그리스도에 대하여 어떻게 생각하느냐? 뉘 자손이냐?"**고 질문을 하셨습니다. 예수님의 질문에 바리새인들은 그리스도께서 **"다윗의 자손"**이라고 대답했습니다. 이에 예수님께서는 시편 110:1을 인용하여 **"그리스도께서 다윗의 자손이라면 어찌하여 다윗이 그리스도를 주라 칭하였느냐?"**고 반문하셨습니다. 예수님께서는 그리스도가 신성과 인성을 동시에 지니신 분임을 밝힘으로써 유대인의 잘못된 그리스도 관을 교정시켜 주셨습니다. 이것은 그리스도께서 비록 육신적으로는 다윗의 혈통으로 나셨지만 단순히 육체적인 다윗의 후손이 아니시며, 그리스도는 다윗이 주라 고백할 정도로 하나님의 아들로서 신성을 소유하신 분이심을 깨우치는 것이었는데 이에 대해 한 말도 능히 대답하는 자가 없었고 이후 예수님께 감히 묻는 자가 없었습니다(마 22:41-46, 막 12:25-37, 눅 20:39-44).

❷ 무리와 제자들을 가르치신 예수님

예수님께서는 무리와 제자들에게 바리새인과 서기관들이 모세의 자리에 앉아 판단함을 책망하시며 바리새인들을 경계하셨고 그들의 행위를 본받지 말라고 하셨습니다. 예수님께서는 서기관들과 바리새인들이 '모세의 자리'에 앉아 말하는 바는 행하고 지키되 그들이 하는 행위는 본받지 말라고 말씀하셨습니다. 이유는 그들이 말만 하고 행하지 않고 또한 무거운 짐을 묶어 사람의 어깨에 지우되 자기는 이것을 한 손가락으로도 움직이려 하지 아니하고 그들의 모든 행위를 사람에게 보이고자 하여 경문 띠를 넓게 하고 옷 술을 길게 하며 잔치의 윗자리와 회당의 높은 자리와 시장에서 문안받는 것과 사람에게 랍비라 칭함을 받는 것을 좋아하기 때문이라고 말씀하셨습니다(마 23:1-36, 막 12:38-40, 눅 20:45-47). 계속해서 예수님께서는 계속해서 7가지 화에 대해 말씀하셨습니다.

모세의 자리 고라신 회당 입구 오른쪽에 놓여 있는 모세의 자리

이후 예수님께서는 예루살렘을 향해 외치십니다. 예수님께서는 예루살렘을 향하여 **"예루살렘아 예루살렘아 선지자들을 죽이고 네게 파송된 자들을 돌로 치는 자여 암탉이 그 새끼를 날개 아래에 모음 같이 내가 네 자녀를 모으려 한 일이 몇 번이더냐? 그러나 너희가 원하지 아니하였도다. 보라 너희 집이 황폐하여 버려진 바 되리라. 내가 너희에게 이르노니 '이제부터 너희는 찬송하리로다. 주의 이름으로 오시는 이여 할 때까지 나를 보지 못하리라.' 하시니라."**고 말씀하시며 탄식하셨습니다. 여기서 말씀하시는 예루살렘은 성이 아닌 그곳에 모여 있는 공동체 곧 하나님을 믿고 하나님의 명령에 순종하여 유대교 신앙을 지키기 위해 모여 있는 것을 의미합니다. 그러나 정작 하나님의 말씀을 따르지 않고 하나님의 말씀을 대언하는 선지자들과 파송된 자들을 죽였던 유대인공동체임을 알 수 있습니다. 하나님께서는 잘못된 길로 가고 있는 예루살렘신앙공동체에 시시때때로 선지자들을 보내 일깨우시고 암탉이 그 새끼를 날개 아래 품어 보호함 같이 보호하려 하셨지만 그들은 원하지 않았습니다. 결국 예수님께서는 예루살렘이 황폐하여 버려진 바가 될 것을 말씀하고 계십니다(마 23:37-39).

❸ '두 렙돈'을 헌금한 과부를 칭찬하신 예수님

여인의 뜰에 머무시던 예수님께서는 가난한 과부가 '두 렙돈'을 헌금함에 넣는 것을 보시고 칭찬하셨습니다. 예루살렘에는 성전 밖에서부터 두 번째 뜰인 '여인의 뜰'에 나팔모양의 헌금궤가 각각 다른 명목으로 13개가 놓여 있었습니다. 예수님께서는 연보 궤 옆에 앉으셨고 무리가 연보 궤에 돈 넣는 것을 보시다가 한 가난한 과부의 두 렙돈 곧 한 고드란트를 바친 것을 보시고 제자들에게 어느 부자보다 과부가 많이 넣었다고 그녀를 칭찬하셨습니다(막 12:41-44, 눅 21:1-4).

렙돈은 로마의 화폐단위로 고드란트의 1/2입니다. 한 고드란트는 참새 두 마리의 가격 정도인 앗사리온의 1/4이고 앗사리온은 노동자 하루 품삯이었던 데나리온의 1/16입니다. 정리하면 두 렙돈 곧 한 고드란트는 노동자 하루 품삯의 1/64에 해당합니다. 현재 한 달에 150만 원을 받는다고 가정하면 하루에 5만 원이고 두 렙돈은 780원 정도에 해당하는데 이 정도의 헌금에 대해 가진 것 전부 곧 생활비를 바쳤다고 칭찬하셨던 것입니다. 한 가지 잊지 말아야 할 것은 부자들의 헌금에 대해 책망한 것은 아닙니다. 현대를 사는 사람들에게도 부자에게 천원이나 가난한 자에게 천원이나 그 가치 차이는 그리 많이 나지 않습니다. 가난한 사람에게 천 원이 없으면 절대 안 되는 그런 상황이 아니란 것입니다. 그런데 이 과부는 가난하다고 하여 하나님께 드릴 것이 없다고 생각한 것이 아니라 가난하지만 하나님께 드려야 할 것을 드렸습니다.

과부가 드린 렙돈

예수님께서는 적은 것 중에 전부를 드린 과부를 칭찬하셨으며 아무리 가진 것이 없는 사람이라도 하나님 앞에 바쳐야 하는 것을 보여준 과부의 신앙을 칭찬하신 것으로 생각해도 좋은 것 같습니다. '주신 것이 없으니 바칠 것도 없다는 것'이 아니라, 또는 '당신은 많이 받았으니 많이 내시요'라는

Ⓠ 두 렙돈의 가치는?

① **렙돈**(헬라어)
- 동으로 만들어진 그리스의 가장 작은 단위의 동전
- 앗사리온의 1/8, 데나리온의 1/64

② **고드란트**(헬라어)
- 청동으로 만들어진 로마의 가장 작은 단위의 동전으로 렙돈의 2배

③ **두 렙돈은?**
- 밀가루 280ml, 빵 약 1/3 덩어리
- 일당 5만원이라면 1,562원

Ⓠ 데나리온의 가치는?

▶ **품꾼의 하루 일당**

저가 하루 한 데리온씩 품꾼들과 약속하여 포도원에 들여보내고(마 20:2)

밀가루 9ℓ
1 데나리온

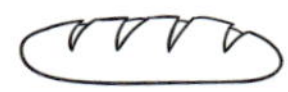

빵 한 덩어리
1/12 데나리온

생각이 아니라 내게 있는 아주 적은 것이라도 하나님께 드리는 신앙생활을 칭찬하셨던 것임을 잊지 맙시다.

❹ 예루살렘 성전이 무너질 것을 예언하신 예수님

성전에서 많은 말씀을 하신 예수님께서는 올리브산(감람산)을 향해 성전을 떠나셨습니다. 이때 한 제자가 성전을 보며 **"선생님이여 보소서. 이 돌들이 어떠하며 이 건물들이 어떠하니이까?"**라고 질문했습니다. 예수님께서는 **"네가 이 큰 건물들을 보느냐? 돌 하나도 돌 위에 남지 않고 다 무너뜨려지리라."**고 말씀하셨습니다. 아직 다 완성이 되지 않고 계속 건물이 지어져 가고 있는 상태였습니다. 올리브산(감람산)에 가신 예수님은 성전을 마주 대하여 앉으셨을 때 베드로, 야고보, 요한, 안드레가 **"우리에게 이르소서. 어느 때에 이런 일이 있겠사오며 이 모든 일이 이루려 할 때에 무슨 징조가 있사오리이까?"**라고 질문합니다. 예수님께서는 이 질문에 대해 예루살렘의 멸망과 종말에 대한 경고를 하셨습니다(마 24장-25장, 막 13장, 눅 21:5-38). 예

성전산 밑 도로 당시 도로 주변으로 상가가 있었는데 주후 70년에 돌 위에 돌 하나도 남지 않고 성전이 무너졌다. 현재에도 무너진 돌들이 남아 있다.

수님의 말씀을 정리해 보면 먼저 재난의 징조가 보이는 시작이 있을 것인데 이때 믿는 자들의 핍박이 있으니 끝까지 견뎌야 구원을 받을 것입니다(막 13:5-13). 이후 멸망의 가증한 것이 서지 못할 곳에 서는 가장 큰 환난이 임할 것인데 거짓 선지자와 거짓 그리스도를 믿지 말라는 것이었습니다.

⑤ 예수님의 장사를 준비한 마리아와 팔기 위해 종교 지도자들을 만난 가룟 유다

마가는 **'이틀이 지나면 유월절과 무교절이 시작되는데 대제사장들과 서기관들이 예수님을 어떤 방책으로 죽일 것인가를 연구하였다'**고 기록합니다. 대제사장들과 백성의 장로들이 가야바라 하는 대제사장의 아문에 모여 예수님을 궤계로 잡아 죽이려고 의논했습니다. 예수님을 따르며 유대인의 왕으로 등극하실 것을 기대하는 백성들이 많았기에 두려워하였고 민요가 날까하여 명절에는 하지 말자고 약속했습니다(마 26:1-5, 막 14:1-2, 눅 22:1-2).

화요일 저녁 예수님께서는 제자들과 함께 베다니 문둥이 시몬의 집에서 저녁 식사를 하셨습니다. 이때 마리아가 300데나리온에 해당하는 향유 한 옥합을 가지고 나와 예수님의 머리에 기름 부음으로 예수님의 장사를 준비했습니다(마 26:6-13, 막 14:3-9). 마리아가 예수님의 장사를 준비하기 위해 옥합을 깨뜨려 부은 향유는 300데나리온에 해당합니다. 300데나리온은 노동자 1년 소득에 맞먹는 엄청난 액수로 현재 월 250만 원을 받는다면 약 3000만 원에 해당하는 액수입니다. 노동자의 1년 치 비용을 한순간에 쏟아부은 마리아의 행동에 대해 제자들은 가난한 자들을 도와주지 않고 허비했다고 마리아를 책망했습니다. 표면적으로 보면 현재의 값어치로 3000만 원 어치의 향유를 한꺼번에 쏟은 마리아의 행동을 책망한 제자들의 행동은 옳은 것으로 보입니다. 특히 가룟 유다가 이렇게 말하는 것에 대해 요한은 **"저는 도적이라. 돈 궤를 맡고 거기 넣는 것을 훔쳐 감이러라."**(요 12:6)고 지적합니다. 그러나 그들의 책망은 마리아의 행동이 예수님의 장사를 준비한 행동이었음을 깨닫지 못 하고, 현재 예수님의 심정을 깨닫지 못하는 인간들의 허울 좋은 명목에 지나지 않습니다. 예수님께서는 **"가난한 사람은 항상 너희와 함께 있거니와 나는 항상 함께 있지 않으니라."**고 말씀하시며 이 여인의 행동을 칭찬하셨고 기념하라고 말씀하셨습니다.

예수님께 향유를 붓는 마리아의 행동이 있은 후 가룟 유다는 시몬의 집을 빠져나갑니다. 누가는 이때 가룟 유다에게 사탄이 들어갔다고 말합니다(눅 22:3). 사탄이 들어간 가룟 유다는 시몬의 집을 빠져나가 대제사장들에게로 갔습니다. 가룟 유다는 **"내가 예수님을 너희에게 넘겨주리니 얼마나 주려느냐?"**고 물었고 그들은 은 30을 달아 가룟 유다에게 주었습니다. 가룟 유다와 대제사장들과 성전 경비대장들은 무리가 없을 때 예수님을 넘겨주기로 약속합니다(눅 22:6). 이때부터 가룟 유다는 예수님을 대제사장들에게 넘겨줄 기회를 엿보게 됩니다(마 26:14-16, 막 14:10-11, 눅 22:3-6).

성도 여러분!

예수님께서는 고난주간 화요일에 정말 많은 말씀을 하셨습니다. 이토록 많은 말씀을 하신 이유가 무엇입니까? 아마도 시비 걸기 위해 오는 한 사람 한 사람이 예수님의 말씀을 들으며 깨닫기를 원하셨기 때문일 것입니다. 가르치는 사람은 듣는 사람이 한 가지라도 정확하게 깨달아 그의 믿음이 성장하게 하기 위해 열심히 가르칩니다. 나는 설교나 성경을 공부할 때 설교자나 가르치는 자의 말에 집중하는지 돌아봅시다. 한편 예수님의 장례를 위한 것이라지만 노동자 일 년 치 품삯의 향유를 예수님의 머리와 발에 부어드리는 것은 어떻게 생각하십니까? 과합니까? 아니면 칭찬해야 할 일입니까? 혹시 내가 속한 언약공동체(교회)에서 과하다 생각이 드는 행동을 하는 지체들이 있을 때 어떤 생각을 합니까? 오늘도 내 입장에서 이해되지 않는다고 불평하지 말고 언약공동체(교회) 전체의 관점에서, 곧 하나님의 구속사적 관점에서 생각해본 후 말하는 신앙인이 되시길 기도합니다.

고난주간 넷째 날(침묵의 날)
행적이 없으신 예수님

오늘 날짜가 언급된 성경 사건은 없습니다. 오늘 날짜가 포함된 사건은 다음과 같습니다.

사건 1 제2월 10일부터 방주에 들어가 하나님의 명령을 감당하는 49일째로(노아시대 월력 체계는 한 달을 30일로 계산함) 하나님께서 말씀하신 대로 40일 동안 비가 내린 42일째

사건 2 라암셋을 떠난 지 73일째(제1월을 30일, 제2월을 29일로 계산함)로 시내산 밑 시내광야에 도착하여(제3월 1일) 거한지 28일째(출 19:1-2)

사건 3 "너는 산에 올라 내게로 와서 거기 있으라"는 하나님의 명령을 받고 모세가 시내산에 올라 첫 번째 40일 금식기도를 시작한 21일째

사건 4 시내광야에 11개월 20일 머물던 이스라엘 백성이 하나님의 명령에 따라 약속의 땅을 향해 떠난 지 38일째

사건 5 모르드개가 조서를 써 전국 127도에 보낸 후 6일째(더 8:1-17)

사건 6 주전 458년 2차 포로 귀환 시 제1월 1일 바벨론을 떠난 후 87일째로 아하와 강을 떠난 지 76일째(스 7:6-9, 8:15-36)

오늘은 2018년 고난주간 넷째 날로 예수님의 행적이 없는 날입니다. 고난주간의 다른 날에 대한 사건들은 많이 기록되어 있지만 예수님의 수요일 행적을 성경에 나타나지 않습니다. 성경에 수요일 행적이 나타나지 않기 때문에 어떤 사람들은 예수님의 행적이 없으신 것이 고난 주간 수요일에 예수님께서 십자가를 지셨고 토요일에 부활하셨다는 잘못된 주장을 하는 사람

들이 있습니다. 오늘은 이런 잘못된 주장이 무엇인지 알아보고 무엇이 잘못되었는지 짧게 정리해 보겠습니다. 그동안 대부분의 성도들이 알고 사순절을 지키고 부활주일에 예수 그리스도의 부활 하셨음을 알고 믿었던 것처럼 예수님께서는 금요일 오후 3시에 십자가에서 돌아가셨으며 사흘 만에 부활하셨다는 확신을 가지시기 바랍니다.

말씀보존학회 홈페이지의 내용으로 잘못된 주장입니다.

(http://www.biblemaster.co.kr/bbs/board.php?bo_table=B33&wr_id=18 참조).

예수님께서 죽으신 날은 "예비일"이라고 불리는데, 이는 누가복음의 예비일(눅 23:54)인 금요일이 아니라 무교절의 첫날(마가복음의 안식일)이 시작되기 전날인 유월절 예비일을 말한다. 이것이 이 문제를 푸는 열쇠이다. 로마 카톨릭과 개신 교회에서는 이 예비일들을 같은 것으로 만들어 예수님께서 금요일에 돌아가신 것으로 만들지만, 마가복음에 나오는 안식일은 일주일마다 돌아오는 보통의 안식일(누가복음의 안식일)이 아니라 특별한 안식일임을 알아야 한다. 그 안식일은 요한복음 19:31에서 "큰 날"(high day)이라고도 불린다. 유대인들에게는 안식일 이외에도 반드시 지켜야만 하는 절기와, 절기에 속한 특별한 안식일이 있었다. 또한 이 특별한 안식일은 일주일 중 토요일(보통의 안식일)이 아닌 다른 요일에 위치할 수도 있었으며, 그 날이 토요일이 아니더라도 반드시 쉬어야 하는 것이다. 그러므로 이런 절기가 있을 때는 일주일에 두 번의 안식일이 올 수 있었는데, 바로 예수님께서 죽으신 그 주간이 그랬다.

유월절은 유대인의 달력으로 정월 14일이며, 그다음 날인 15일부터 일주일간 무교절로 지키며(레 23:6-16), 이 명절 기간의 첫째 날과 마지막 날은 아무런 일을 하지 않고 안식일로 지켰다(출 12:14-16). 이날들은 안식일이 율법으로 정해지기 전부터 구별되어 지켰다. 그러므로 마가복음과 누가복음의 안식일은 각기 다른 안식일임을 알아야 한다. 즉, 누가복음의 안식일은 금요일 해지면서부터(p.m. 6:00) 시작되는 보통의 안식일이며, 마가복음의 안식일은 무교절의 첫째 날인 특별한 안식일이다.

…

"우리의 유월절 양이신 그리스도"(고전 5:7)께서 유월절 양 잡는 날에 죽임을 당하셨다는 사실이 놀랍지 않은가! 그러므로 **예수님께서는 안식일 예비일인 수요일 오후에 죽으셨고, 그 시체는 새로운 날이 시작되는 수요일 오후 6시 이전에 치워져야 했다.** 왜냐하면 수요일 오후 6시는 이미 다음 날인 무교절 안식일로 넘어가기 때문이다. 즉 예수 그리스도께서는 **수요일 저녁 6시 직전에 무덤에 들어가셔서 삼 일 밤낮을 보내시고 토요일 저녁 6시쯤에 부활하신 것이다.** 이로써 우리 주님은 마태복음 12장에서 말씀하신 요나의 표적을 이루신 것이다. 『요나가 사흘 낮과 사흘 밤을 고래 뱃속에 있었듯이 인자도 그처럼 사흘 낮과 사흘 밤을 땅의 심장 속에 있을 것이라』(마 12:40).

"성금요일"이란 이 용어는 성경을 거부한 배교자들의 공통된 믿음이다. 그들의 믿음은 예수 그리스도께서 말씀하신 "사흘 낮과 사흘 밤"을 이틀 밤(금요일 밤, 토요일 밤)과 하루 반나절(토요일 낮, 금요일 반나절)로 바꿔버린 것이다. 이것은 성경에서 말하는 정확한 사흘 낮(목요일 낮, 금요일 낮, 토요일 낮)과 사흘 밤(수요일 밤, 목요일 밤, 금요일 밤)을 땅의 심장 속에 있었다는 진리를 부인하기 위한 로마 카톨릭의 입장이다. 그들은 심지어 사흘 낮과 사흘 밤이 문자적으로 72시간이어야 할 필요가 없음을 주장한다.

맥매스터(Doug McMaster) 같은 학자는 에스더 4:16-5:1까지를 인용하여 사흘 낮과 사흘 밤의 참된 의미를 사람들에게 속이고 있다. 그러나 유대인의 하루는 이방인의 하루가 시작되기 이전인 해 질 무렵인 오후 6시부터 시작되며(창 1:5, 8, 13, 19, 23, 31), 성경에서는 요한복음 11:9에서 낮이 정확히 12시간임을 확인해 주고 있다. 또한 에스더서를 보면 사흘 낮과 사흘 밤(three days and three nights)이라고 되어 있지 않은데 맥매스터가 여러분을 속인 것이다. 삼일 밤낮(three days, night or day)이라고 되어 있기에, 에스더 5:1에서 "셋째 날에"라는 말이 가능한 것이다. 그러나 이것은 예수님의 장사된 기간과는 다르다. 그래서 신약에서는 두 번씩이나(마 27:63, 막 8:31) 그리스도께서 "삼일 후에"(after three days) 살아나셨다라고 말씀하신 것이다. 이 두 구절 모두 사람들에게 로마 카톨릭 전통을 수용하는데 걸림돌이 되므로 카톨릭 성경에는 두 구절 모두 변개되었다. (《개역한글판 성경》에도 마가복음이 "사흘 만에"로 변개되었다).

마가복음은 4복음서 중에서 예수님의 고난 주간을 빠짐없이 기록한 유일한 책이다. 즉 예루살렘으로 입성하신 종려 주일부터 십자가에 달려 죽으신 수요일까지 아침, 저녁의 행적을 빠짐없이 기록한 것이다. 특히 마가복음 11장은 시간적인 순서대로 사건을 기록하고 있다. 마가복음 11:10은 일요일 아침과 오후이며, 11절은 베다니에서의 일요일 저녁이고, 12절은 예루살렘에서의 월요일 아침이며, 19절은 다시 베다니로 돌아가신 월요일 저녁이고, 20절은 다시 예루살렘으로 오신 화요일 아침이다. 화요일은 큰 안식일로 명절의 첫날이었다. 그리고 예수 그리스도께서는 화요일 저녁에 마지막 만찬을 가지셨고(막 14:17-18) 밤중에 겟세마네로 가셔서 기도하셨고(막 14:32), 잡히셨으며(막 14:46), **수요일 오전에 빌라도 앞에서 재판을 받으셨고**(막 15:1,2), **제 삼시**(오전 9시)**에 십자가에 못 박히셨고**(막 15:25), **제6시인 12시 정오에 죽으셨던 것이다**(요 19:14, 마 27:45).

출처 : 월간 성경대로믿는사람들 1996년 10월 (통권 55 호) page : 88

먼저 위 내용은 잘못된 주장임을 다시 한번 말씀드립니다. 아마도 위 내용이 맞다고 인정하는 사람들은 예수님의 말씀과 요나가 '삼일 낮 삼일 밤'을 물고기 배 속에 머물렀던 것에 대해 어떤 설명을 할지라도 다 틀렸다고 주장하며 마음을 바꾸지 않을 것입니다. 그래서 잘못된 설명을 듣고 그 설

명을 받아들이고 잘못된 신앙을 갖기 전에 자신이 알고 있는 말씀에 확신하고 설명할 수 있어야 합니다. 틀린 내용이지만 내가 알고 있는 것이 잘못되었다고 주장하는 사람이 좀 더 확신을 가지고 접근하면 그 사람의 논리나 설명에 마음을 빼앗기게 됩니다. 이제 전통적이고 성경적으로 맞는 설명인 예수님께서 금요일 오후 3시에 십자가에서 돌아가신 것이 맞고 위의 주장이 틀렸다는 것을 살펴보겠습니다.

❶ '사흘 낮 사흘 밤'의 관용적 표현

모든 잘못된 주장을 하는 내용의 발단은 '사흘 낮 사흘 밤'에 대한 내용입니다. 예수님께서 '사흘 낮 사흘 밤'이라고 말씀하셨기에 시간적으로 꼬박 72시간에 해당하는 사흘이 지나가야 한다는 주장입니다(마 12:40). 이 주장 곧 **"수요일에 예수님께서 십자가에서 돌아가셨고 3일 낮, 3일 밤이 지나 토요일에 부활하셨다"**는 것에 대해 먼저 결론을 달씀드리면 이 주장은 잘못된 것입니다. '세 번째 낮 그리고 세 번째 밤'은 유대인들의 관용적 표현으로 사흘을 강조하기 위한 것입니다.

> **요나가 밤낮 사흘 동안 큰 물고기 뱃속에 있었던 것 같이 인자도 밤낮 사흘 동안 땅 속에 있으리라**(마 12:40)

예수님께서 말씀하신 의미가 무엇인지 살펴보기 전 예수님께서 인용하신 요나서 1:17의 '삼일 낮 삼일 밤'에 대한 표현을 먼저 살펴보겠습니다.

> **여호와께서 이미 큰 물고기를 예비하사 요나를 삼키게 하셨으므로 요나가 밤낮 삼 일을 물고기 뱃속에 있으니라**(욘 1:17)

'셸샤 야밈 우셸샤 레룻'(שְׁלֹשָׁה יָמִים וּשְׁלֹשָׁה לֵילוֹת)에서 '욤'은 '날' 또는 '낮'으로 쓰이기에 여기서는 "삼 낮/일 삼 밤"입니다. 곧 "세 번의 낮과 세 번의 밤"이라고 표현할 수 있는데 '삼 일'에 대한 관용적 표현입니다. 구약성경에서 근거를 찾는다면 똑같이 쓰인 경우는 사무엘상 30:12에서 한 번 쓰였습니다.

> **그에게 무화과 뭉치에서 뗀 덩이 하나와 건포도 두 송이를 주었으니 그가 밤낮 사흘 동안 떡도 먹지 못하였고 물도 마시지 못하였음이니라 그가 먹고 정신을 차리매**(삼상 30:12)

요나서 1:17과 똑같은 '셸샤 야밈 우셸샤 레롯'가 쓰였는데 다윗에게 온 애굽 소년이 자신의 처지를 설명하며 '3일의 기간'을 나타내는 데 썼습니다. 계속되는 사무엘상 30:13 하반절에 보면 **"세 번째 날 병이 들어 주인이 나를 버렸다"**라고 설명합니다. 이것은 '세 번의 낮과 세 번의 밤이 된 때'라는 정확한 시간을 표현한 것이 아니라 버림을 받은 지 '세 번째 날' 곧 '삼 일 전'에 버림을 받았다는 표현입니다.

> **다윗이 그에게 이르되 너는 누구에게 속하였으며 어디에서 왔느냐 하니 그가 이르되 나는 애굽 소년이요 아말렉 사람의 종이더니 사흘 전에 병이 들매 주인이 나를 버렸나이다**
> (삼상 30:13)

구약성경과 신약성경에서는 '낮과 밤' 또는 '밤과 낮' 두 가지 형태로 사용하며* 며칠에 해당하는 서수를 붙여 사용했지만 우리말 번역 성경은 구약과 신약에서 '밤낮'과 '주야'를 구분하지 않고 섞어 번역했습니다. 이것은 '하루'라는 의미나 '자주'라는 의미로 쓰이는 우리의 문화를 반영한 '밤낮'으로 번역한 것이지 '밤낮'을 정확한 24시간의 의미로 쓴 것은 아닙니다.

❷ '예비일'과 '큰 날' 곧 '큰 안식일'

모세를 통해 주신 율법을 보면 일주일마다 한 번씩 돌아오는 정기 안식

---

* 성경에서 낮밤과 밤낮을 구별해 썼나? 아니면 둘 다 같은 의미의 관용적 표현인가?

일 이외에 절기 안식일이 있습니다. 1세기 당시 제1월(니산월, 아빕월) 14일 저녁(15일이 시작되는 때의 유월절, 레 23:6-7), 제1월 21일(무교절의 마지막 날), 제3월 칠칠절이 시작하는 첫날(레 23:16-21), 제7월 1일(나팔절, 레 23:24-25), 제7월 10일(대속죄일, 23:27-28), 제7월 15, 22일(초막절 첫날과 8일째 날, 레 23:29)이 절기 안식일입니다.

> **이 달 열닷샛날은 여호와의 무교절이니 이레 동안 너희는 무교병을 먹을 것이요**(레 23:6)
> **그 첫날에는 너희가 성회로 모이고 아무 노동도 하지 말지며**(레 23:7)
> **이날에 너희는 너희 중에 성회를 공포하고 어떤 노동도 하지 말지니 이는 너희가 그 거주하는 각처에서 대대로 지킬 영원한 규례니라**(레 23:21)
> **이스라엘 자손에게 말하여 이르라 일곱째 달 곧 그달 첫날은 너희에게 쉬는 날이 될지니 이는 나팔을 불어 기념할 날이요 성회라**(레 23:24)
> **어떤 노동도 하지 말고 여호와께 화제를 드릴지니라**(레 23:25)
> **일곱째 달 열흘날은 속죄일이니 너희는 성회를 열고 스스로 괴롭게 하며 여호와께 화제를 드리고**(레 23:27) **이날에는 어떤 일도 하지 말 것은 너희를 위하여 너희 하나님 여호와 앞에 속죄할 속죄일이 됨이니라**(레 23:28)
> **너희가 토지 소산 거두기를 마치거든 일곱째 달 열닷샛날부터 이레 동안 여호와의 절기를 지키되 첫날에도 안식하고 여덟째 날에도 안식할 것이요**(레 23:39)

예수님께서 십자가를 지셨던 해의 유월절 곧 무교절의 첫날은 일주일마다 돌아오는 정기적인 안식일과 겹쳤습니다. 이렇게 절기 안식일과 정기적인 안식일이 겹쳤을 때 '큰 날' 곧 '큰 안식일'이라 불렀습니다(요 19:31). 그리고 예수님께서는 '큰 날'이 되기 하루 전인 유월절 양 잡는 날인 예비일에(금요일 저녁부터 큰 안식일이 시작되기에 그 전날인 금요일 오전 9시부터) 십자가를 메고 골고다로 향하셨으며 양 잡기 시작하는 때인 오후 3시에(유대 시간으로 제 9시) 십자가에서 돌아가셨습니다(눅 23:44-46).

> **이날은 준비일이라 유대인들은 그 안식일이 큰 날이므로 그 안식일에 시체들을 십자가에 두지 아니하려 하여 빌라도에게 그들의 다리를 꺾어 시체를 치워 달라 하니**(요 19:31)
> **때가 제육시쯤 되어 해가 빛을 잃고 온 땅에 어둠이 임하여 제구시까지 계속하며**(눅 23:44)

성소의 휘장이 한가운데가 찢어지더라(눅 23:45) 예수께서 큰 소리로 불러 이르시되 아버지 내 영혼을 아버지 손에 부탁하나이다 하고 이 말씀을 하신 후 숨지시니라(눅 23:46)

말씀보존학회나 같은 주장을 하는 사람들은 "수요일 오전에 빌라도 앞에서 재판을 받으셨고(막 15:1,2), 제 삼시(오전 9시)에 십자가에 못박히셨고(막 15:25), 제 6시인 12시 정오에 죽으셨던 것이다(요 19:14, 마 27:45)"라고 주장하는데 마태복음 27:46절에는 분명히 9시(로마시간으로 오후 3시)에 운명하셨다고 기록하고 있습니다. 누가복음 23:46절 또한 제9시 이후 "아버지 내 영혼을 아버지 손에 부탁하나이다"라고 말씀하신 후 숨지셨다고 기록하고 있습니다.

제구시쯤에 예수께서 크게 소리 질러 이르시되 엘리 엘리 라마 사박다니 하시니 이는 곧 나의 하나님, 나의 하나님, 어찌하여 나를 버리셨나이까 하는 뜻이라(마 27:46)

성도 여러분!

이 시대에 성경을 잘못 이해하고 잘못 가르치는 곳이 너무 많습니다. 내가 믿는 하나님, 내가 믿는 성경 말씀을 정확하고 온전하게 깨닫지 못 하고 있으면 잘못된 해석과 그동안 들었던 것과는 다른 해석에 관심을 가지게 되고 이단에 빠지게 됩니다. 해마다 돌아오는 부활주일은 그저 기독교 절기로 지키는 것이 아니라 죽음을 이기시고 부활하시는 주님을 기억하는 날입니다. 변화의 신앙을 가지고 살아가다 죽을 수 있지만 죽음을 이기고 천국에서 영원히 사는 것을 확신하며 신앙을 경주하는 날이기도 한 부활주일입니다. 그런데 그동안 지켜왔던 부활주일이 잘못되었고 예수님께서는 토요일에 부활하셨다는 주장에 대해 마음을 빼앗기는 것은 잘못된 것입니다. 고난주간 넷째 날을 보내며 좀 더 하나님의 말씀을 읽고 깨닫기 위해 묵상할 것을 다짐하시는 하루가 되시길 기도합니다.

29일

고난주간 다섯째 날(최후의 만찬) 최후의 만찬과 성찬 제정

오늘 날짜가 언급된 성경 사건은 없습니다. 오늘 날짜가 포함된 사건은 다음과 같습니다.

사건 1 제2월 10일부터 방주에 들어가 하나님의 명령을 감당하는 50일째로(노아시대 월력 체계는 한 달을 30일로 계산함) 하나님께서 말씀하신 대로 40일 동안 비가 내린 43일째

사건 2 라암셋을 떠난 지 74일째(제1월을 30일, 제2월을 29일로 계산함)로 시내산 밑 시내광야에 도착하여(제3월 1일) 거한지 29일째(출 19:1-2)

사건 3 "너는 산에 올라 내게로 와서 거기 있으라"는 하나님의 명령을 받고 모세가 시내산에 올라 첫 번째 40일 금식기도를 시작한 22일째

사건 4 시내광야에 11개월 20일 머물던 이스라엘 백성이 하나님의 명령에 따라 약속의 땅을 향해 떠난 지 39일째

사건 5 모르드개가 조서를 써 전국 127도에 보낸 후 7일째(더 8:1-17)

사건 6 주전 458년 2차 포로 귀환 시 제1월 1일 바벨론을 떠난 후 88일째로 아하와 강을 떠난 지 77일째(스 7:6-9, 8:15-36)

오늘은 2018년 고난주간 다섯째 날로 예수님께서 목요일 저녁 12사도와 최후의 만찬을 가지신 날입니다. 성경에 고난주간의 많은 사건들이 기록되어 있으나 예수님의 수요일과 목요일 행적은 거의 나타나지 않습니다. 목요일 낮 사건은 두 제자를 통해 "유월절 식사를 준비하라!"고 말씀하신 것이 기록되어 있습니다. 수요일과 목요일 아무 행적 없이 베다니에 머무셨

던 예수님께서는 아마도 목요일 오전, 두 제자를 보내 '유월절 식사'를 할 수 있도록 준비시키셨고 저녁이 되어 12사도와 함께 하셨습니다. '유월절 식사'* 때 저녁 잡수시던 자리에서 일어나 제자들의 발을 씻기셨고 가룟 유다는 빵 조각을 받고 밖으로 나갔습니다. 예수님께서는 가룟 유다가 나간 후 빵과 포도주로 당신의 살과 피를 나누는 성찬을 행하십니다. 계속해서 예수님의 마지막 고별설교가 이어졌고, 베드로가 닭이 울기 전에 세 번 부인할 것을 예고하셨으며 대제사장으로서 중보기도를 하셨습니다. 이후 열한 사도와 함께 기드론 시내를 건너 겟세마네 동산에 가셔서 기도하셨습니다. 기도하실 때까지가 목요일 밤 12시 정도라 볼 수 있는데 이 과정에 대해 살펴보겠습니다.

❶ 유월절을 지키기 위한 절차로 정결한 상태를 유지하는 유대인들

갈릴리에 거하던 유대인들은 절기가 되면 거의 일주일 전부터 예루살렘으로 떠났습니다. 여러 날을 지나 예루살렘에 도착했어도 정결한 상태가 아니면 유월절(절기) 제사에 참여할 수 없기에 정결한 상태로 유월절을 지내기 위해 많은 사람들은 미리 예루살렘에 올라와 정결한 상태를 유지했습니다(요 11:55). 예수님과 제자들도 공생애 마지막 유월절을 위해 6일 전 주일 오후 예루살렘에 도착하셨습니다. 예수님께서 돌아가시던 해 유월절이 금요일 저녁부터 토요일 저녁까지 안식일과 겹치는 때였기에 주일 오후에 예루살렘에 입성하신 예수님과 제자들은 6일 전에 미리 예루살렘에 올라왔던 것을 알 수 있습니다(요 12:1).

유대인의 유월절이 가까우매 많은 사람이 자기를 성결케 하기 위하여 유월절 전에 시골서

---

* 유월절은 하루 뒤인 금요일 저녁이다. 예수님께서는 유월절 어린양으로 돌아가셔야 했고 그렇게 되실 것을 아셨기에 유월절 식사를 하루 전에 제자들과 가지셨다. 이때 당시 유월절을 지키던 풍습과 관련하여 빵을 떼시고 포도주를 나누시며 성찬을 제정하셨고 가룟 유다가 떠난 후 남은 11명의 제자에게 고별 말씀을 하셨다.

예루살렘으로 올라갔더니(요 11:55)
유월절 엿새 전에 예수께서 베다니에 이르시니 이곳은 예수께서 죽은 자 가운데서 살리신 나사로의 있는 곳이라(요 12:1)

유대인들은 유월절을 지키기 위해 제1월 10일 곧 유월절 5일 전부터 양을 준비해 두고 14일까지 간직하며 완전한 유월절을 지키기 위해 흠이 있는지 없는지를 점검합니다. 이것은 부정함이 없이 완전한 유월절을 지키려는 의도이며 하나님께서 명하신 법도를 지키기 위함입니다. 미리 예루살렘에 온 사람들은 계속해서 혹시 모를 부정한 요소들을 제거하기 위해 또한 정결케 하기 위해 많은 준비를 하였습니다. 당시의 풍습에 의하면 민수기 19:1-22을 근거로 하여 정결케 하는 물을 만들어 부정한 사람들에게 뿌려 정결하게 하였습니다. 또한 집에서 쓰는 그릇과 유월절에 쓸 그릇을 씻어 정결케 하였으며 유월절을 지키기 위해 예루살렘 성내의 누룩을 제거하기 위해 유월절 전날 누룩을 제거하는 대청소를 했습니다. 유월절 전날 하루 종일 예루살렘 성내의 부정케 할 요소를 제거한 후 14일 오후가 되면 성전에 올라가 번제단의 북쪽에서 유월절 양을 잡아 제단에 피를 뿌리고 기름을 태운 후 고기를 불에 구웠습니다.

주후 29년 유월절은 금요일 저녁에 시작되어 토요일 저녁이 시작하기 전에 마치게 되어 있었는데 안식일과 겹치는 '큰 날' 곧 '큰 안식일'이었습니다. 유월절을 지킨 날부터 칠일 동안 무교절을 지켜야 하기에 유대인들은

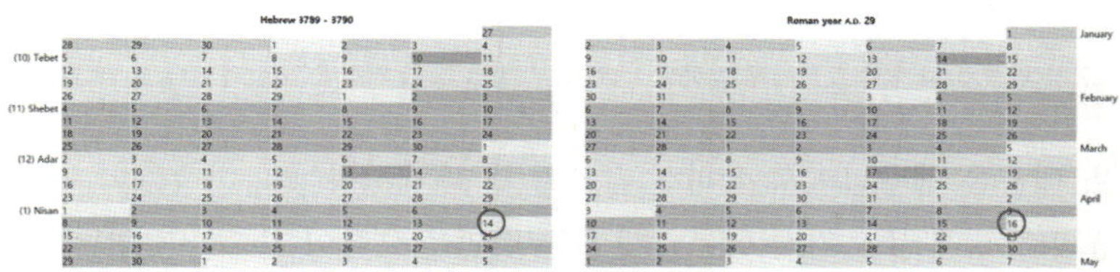

주후 29년 유월절

진설병으로 표시
by The Holy Temple in Jerusalem

부정하게 될 요소 중의 하나인 누룩을 예루살렘에서 완전히 제거해야 했습니다. 이를 위해 유월절 전에는(수요일과 목요일) 누룩을 제거하는 대청소를 하였습니다. 이것은 집 안과 밖, 예루살렘 전체의 누룩을 제거하는 작업입니다. 유월절 전 날에는 제사장은 예루살렘의 누룩이 제거되는 과정을 알리기 위해 아침에 성전의 눈에 잘 띄는 곳에 큰 두 개의 진설병을 치워지면 더 이상 누룩이 들어간 음식을 먹지 말아야 하고, 두 개 모두 치워지면 모은 누룩을 다 태우라는 신호였으며 예루살렘에 누룩이 다 완전히 제거된 것을 나타냅니다. 집의 안과 밖, 더 크게는 예루살렘 성 전체에서 누룩을 없애기 위한 작업은 많은 시간을 요구했을 것입니다. 이처럼 수요일과 목요일에는 누룩 제거와 함께 유월절에 쓸 모든 물품들을 준비하기에 바쁜 날이었고 예수님께서 성전에 가셔도 사람들과 만나 가르치실 수 없었기에 행적이 없었는지도 모릅니다. 아마도 베다니에 머무셨던 예수님께서는 습관을 좇아 기도하셨을 것입니다.

유대인들이 부정하지 않은 상태로 유월절과 무교절을 지키기 위해 누룩을 제거하는 일과 또한 무교절 기간 중에도 부정해지지 않으려고 상당히 조심을 했는데 사도 요한은 이 상황을 정확히 기록하고 있습니다(요 18:28-29).

그들이 예수님을 가야바에게서 관정으로 끌고 가니 새벽이라 그들은 더럽힘을 받지 아니하고 유월절 잔치를 먹고자 하여 관정에 들어가지 아니하더라(요 18:28) **그러므로 빌라도가 밖으로 나가서 그들에게 말하되 너희가 무슨 일로 이 사람을 고발하느냐**(요 18:29)

위 내용은 예수님께서 잡히신 금요일 밤 대제사장들의 하속들이 예수님을 빌라도에게 끌고 가서 심문받게 하는 장면을 요한이 기록한 것입니다. 대제사장들의 하속들 곧 이들은 유대인이라고 자처하는 자들인데 관정에 있는 빌라도에게로 예수님을 끌고 갔으나 빌라도의 관정에는 들어가지 않습니다. 왜냐하면 빌라도의 관정에는 누룩이 있을 수 있기 때문입니다. 빌라도는 로마인이기에 유월절과는 상관이 없었고 누룩을 제거할 필요가 없기에 예루살렘 성에서 빌라도가 머무는 관정에는 부정하게 하는 누룩이 있을 수 있었습니다. 그래서 예수님을 대제사장이었던 가야바에게서 빌라도에게 끌고 간 대제사장의 하속들은 관정 안으로 들어가지 않았던 것입니다. 따라서 빌라도는 관정 밖으로 나와 유대인들에게 말했고 무리들은 예수님을 고소했습니다. 관정 안에서 심문을 하던 빌라도는 결국 예수님을 끌고 나와서 박석이란 곳에서 재판하게 됩니다(요 19:10, 13).

> **빌라도가 이르되 내게 말하지 아니하느냐 내가 너를 놓을 권한도 있고 십자가에 못 박을 권한도 있는 줄 알지 못하느냐**(요 19:10)
> **빌라도가 이 말을 듣고 예수님을 끌고 나가서 돌을 깐 뜰**(히브리말로 가바다)**에 있는 재판석에 앉아 있더라**(요 19:13)

이처럼 유대인들은 유월절과 계속되는 무교절을 지키기 위해 많은 애를 썼습니다. 유대인들은 유월절이 되기 전 자신의 집과 예루살렘을 청결케 했고, 자신들도 부정해지지 않기 위해 노력했습니다. 예수님께서 마지막으로 예루살렘에 머무는 주간 수요일과 목요일은 유월절을 준비하기 위해 몸과 마음 집과 예루살렘을 청결케 하는 날이었기에 유대인들이 성전에 모일 수 없었을 것입니다. 예수님께서도 이날 만큼은 백성들을 만나지 않으셨고 그래서 행적이 나타나지 않는 것으로 생각됩니다.

❷ 예수님의 습관적인 기도

예수님께서는 자기를 십자가에 못 박기 위해 분주히 움직이는 종교지도자들의 행동을 아셨습니다. 이제 하루만 지나면 종교지도자들은 예수님을 시기하여 빌라도에게 넘기게 됩니다(마 27:18). 또한 12제자 중 가룟 유다의 행동을 이미 아시고 최후의 만찬 시 **"네 하는 일을 속히 하라."**(요 13:27)고 말씀하시는 예수님이십니다. 또한 예수님께서는 안식일에 병 고치는 것으로 인해 대립되었을 때 **"내 아버지께서 이제까지 일하시니 나도 일한다."**(요 5:17)고 말씀하셨었습니다. 이러한 상황에서 인류를 구원하시기 위해 이 땅에 오신 예수님께서 편안히 쉬실 수 있었을까요? 아마도 예수님께서는 인류의 죄악과 구원을 위해 습관적으로 기도하셨던(눅 22:39) 것처럼 아무런 행적이 없는 이 날도 기도하셨을 것입니다.

> **이는 그가 그들의 시기로 예수님을 넘겨 준 줄 앎이더라**(마 27:18)
> **예수께서 나가사 습관을 따라 감람 산에 가시매 제자들도 따라갔더니**(눅 22:39)

말씀이 육신이 되어 이 땅에 오셨고 구원을 베풀기 위해 말씀을 선포하셨지만 유대인들은 그 말씀을 깨닫지 못했습니다. 아마도 유대인들이 하나님께서 정하신 절기를 지키기 위해 부정하지 않은 상태를 유지하려고 애쓰는 모습을 보시며 안타까워하셨을 것입니다. 어제 수요일과 오늘 목요일은 표면상으로는 아무 말씀 없이 베다니에 물러가셔서 쉬신 날인 것 같습니다. 하지만 아담 범죄 이후 이 땅에 죄가 들어오고 죄로 인해 사망이 왕 노릇하고 있는 때이기에 죄를 해결하기 위해 오신 예수님께서는 하나님 아버지께 기도하셨을 것입니다.

❸ '유월절 식사'를 준비시킨 예수님과 준비하는 사도들

유월절은 여행 중에 있거나 부정하게 되어 지키게 될 수 없을 때, 한 달 후인 제2월 14일 해질 때에 반드시 지켜야 할 정도로 아주 중요한 절기였습니다(민 9:6-12). 또한 정결하고 여행 중에 있지 않으면서도 유월절을 지키지 않으면 백성 중에 끊어질 것을 선언하셨습니다(민 9:13). 그런데 여호와 하나님께서는 **"그 이름을 두시려고 택하신 곳에서 유월절 제사를 드리라."**(신 16:2)고 하셨기 때문에 솔로몬이 예루살렘에 성전을 세운 이후 유월절은 하나님의 규례대로 대대로 예루살렘에서 지켜야 하는 아주 중요한 절기였습니다.

예수님 시대 유월절 식사에 참여하는 사람은 반드시 예루살렘에 머물러야 했습니다. 그러나 모든 사람이 예루살렘 성안에 숙소를 얻는 것은 불가능한 일이었음에 틀림없습니다. 그래서 예루살렘 성안에 자리를 차지하지 못했던 순례자들이 이러한 규정을 지킬 수 있도록 하기 위해 예루살렘의 경계는 벳바게를 포함할 정도로 확장되기도 했습니다. 유월절 밤은 몹시 추웠고 천막 없이 야숙한다는 것은 생각할 수 없습니다. 성안에 들어오지 못한 사람들 대부분은 예루살렘 인근 지역에서 천막을 치고 유월절을 지켰습니다.

예수님께서는 두 제자 베드로와 요한을 보내시며 **"가서 우리를 위하여 유월절을 예비하여 우리로 먹게 하라."**고 말씀하셨습니다(마 26:17-19, 막 14:12-16, 눅 22:7-13). 제자들이 **"유월절 음식 잡수실 것을 우리가 어디서 준비하기를 원하시나이까?"** 물을 때에 예루살렘 성내로 들어가 물 한 동이를 가지고 가는 사람을 따라가 그 주인에게 **"선생님이 네게 하는 말씀이 가서 내가 내 제자들과 함께 유월절을 먹을 객실이 어디 있느뇨?"**하면 큰 다락방을 보일 것을 알려주셨습니다. 당시 전국에서 모인 유대인들, 로마 각 지역에서 모인 디아스포라 유대인들을 포함해 유월절은 예루살렘 안에서 지켜야 했습니다. 베다니에 머무시던 예수님께서는 유월절 하루 전 유월절 식사를 제자들과 나누시기 위해 성안에 한 장소를 예비하라고 말씀하셨던 것입니다. 당시 예루살렘에서는 유월절과 무교절 기간 동안 집을 대여하는 것은 금지되었습니다. 이유는 예루살렘의 집들은 온 이스라엘의 공동소유이기 때문입니다. 이때문에 집을 가지고 있는 사람들은 자신의 동족들에게 유월절

빈 방을 알리는 표시로 천을 걸어둠
by The Holy Temple in Jerusalem

을 지낼 방을 내어주는 것이 관례였고 빈방이 있는 표시를 하여 방을 구하는 사람들에게 알렸습니다. 방을 빌려준 것에 대해 돈은 받지 않고 유월절을 지키기 위해 잡았던 양의 가죽과 유월절 만찬 시 사용했던 그릇과 기구들을 집주인에게 주어 보답했습니다.

물동이를 나르는 여인 물을 깃는 것은 주로 여인들의 하는 일이다.

베드로와 요한은 성으로 들어가 물 한 동이를 가지고 가는 사람을 쫓아가 거기서 유월절을 준비했습니다. 원문에 보면 이 사람은 남자로 표현됩니다. 당시 남자가 물동이를 가지고 다니는 것은 흔치 않은 일이었기에 성으로 들어간 두 제자는 금방 물동이를 가지고 가는 남자를 찾을 수 있었을 것입니다. 이 남자가 들어가는 집에 가서 주인에게 예수님께서 하신 말씀을 전했고 주인은 다락방을 내주었습니다. 유대의 전승에 따르면 이곳은 마가의 다락방이었다고 합니다. 전통적으로 지켜오던 유월절이었기에 베드로와 요한은 무엇을 준비해야 하며 어떻게 해야 할 것인지를 다 알고 있었습니다. 아마도 그들은 유월절 양과 함께 쓴 나물, 무교병, 차기가, 차로셋을 준비하였을 것입니다.

❹ 12 사도들과 유월절 식사를 하시며 성찬을 제정하신 예수님

① 12 사도의 발을 씻겨주신 예수님

예수님께서는 12사도들과 유월절 식사를 하시던 중 겉옷을 벗고 수건을 가져다가 허리에 두르시고 대야에 물을 담아 제자들의 발을 씻기셨습니다. 사도들의 발을 씻기다 베드로의 차례가 되었을 때 베드로는 자신의 발을 씻기지 못하게 하였고 예수님께서는 **"나의 하는 것을 네가 이제는 알지 못하나 이후에는 알리라.", "내가 너를 씻기지 아니하면 네가 상관이 없느니라."**고 말씀하셨습니다. 이에 베드로는 발뿐만 아니라 손과 머리까지 씻겨주기를 원했습니다. 이에 예수님께서는 **"이미 목욕한 자는 발밖에 씻을 필요가 없느니라. 온몸이 다 깨끗하니라."**고 말씀하셨습니다. 그러나 이 말 끝에 **"너희가 깨끗하나 다는 아니니라."**고 말씀하셨는데 이는 가룟 유다를 염두에 두고 하신 말씀입니다. 사도들의 발을 씻기신 예수님은 서로 섬길 것을 말씀하셨고 지금은 믿지 못 하고 있지만 **"나의 보낸 자를 영접하는 것이 나를 영접하는 것이요 나를 영접하는 자는 나를 보내신 이를 영접하는 것이니라."**고 말씀하시며 후에 내가 그인줄 믿으라고 말씀하셨습니다(요 13:1-20).

② 가룟 유다에게 "속히 행하라"고 말씀하신 예수님

예수님께서는 제자들과 유월절 식사를 하시다가 **"나와 함께 그릇에 손을 넣는 그가 나를 팔리라."**고 말씀하셨습니다. 그리고 마지막에 가룟 유다에게 떡 조각을 주셨는데 떡 조각을 받은 가룟 유다에게 사단이 들어갔고 가룟 유다는 자기가 하고 싶은 일을 행합니다. 왜 제자들은 예수님과 함께 식사를 하면서 대화하고 있는데 예수님의 말씀을 듣고 가룟 유다가 예수님을 팔 것이라는 생각을 하지 못했을까요? 또한 이 말을 들은 가룟 유다는 함께 그릇에 손을 넣지 않으면 되지 않았을까요? 먼저 예수님과 제자들의 살펴봅시다(마 26:20-25, 막 14:17-21, 요 13:21-30).

예수님	(식사 중) 내가 진실로 너희에게 이르노니 너희 중의 한 사람이 나를 팔리라
제자들	(몹시 근심하여 각각 여짜오되) 주여 나는 아니지요
예수님	나와 함께 그릇에 손을 넣는 그가 나를 팔리라 인자는 자기에 대하여 기록된 대로 가거니와 인자를 파는 그 사람에게는 화가 있으리로다 그 사람은 차라리 태어나지 아니하였더라면 제게 좋을 뻔 하였느니라
가룟 유다	랍비여 나는 아니지요
예수님	네가 말하였도다

트리클리니움 네모진 탁자의 삼 면에는 기대어 반쯤 누울 수 있는 자리를 만들고 가운데는 비워두어 하인들이 음식 시중을 들 수 있게 했다. 식사하는 사람들의 자세는 왼팔에 상체를 기대고 비스듬히 누워 머리를 들고 쿠션에 등을 기대고 하체를 쭉 뻗었다. 이러한 자세는 자연스럽게 오른쪽 사람의 머리가 왼쪽사람의 가슴 쪽에 오게 한다.

유대인들의 유월절 식사는 출애굽 하기 전 처음 제정하실 때에는 **"허리에 띠를 띠고 발에 신을 신고 손에 지팡이를 잡고 급히 먹으라."**(출 12:11)고 말씀하셨습니다. 이것은 출애굽하기 직전 장자의 재앙이 끝나면 바로 애굽을 떠나야 하기 때문이었습니다. 그런데 약속의 땅에 정착하면서 종의 신분이 아닌 자유자의 신분으로 지키는 유월절은 식사하는 형태가 변했습니다. 예수님 당시에는 비스듬히 기대어 먹는 로마식 풍습이 유대사회에도 들어와 있었고 자유자의 의미와 연결되기 때문에 유월절 식사를 기대어 먹었습니다. 이때 기대어 먹을 수 있는 연결된 로마식 식탁과 소파를 트리클리니움(위 그림참조)이라고 합니다. 왼팔을 기대어 비스듬히 누워* 오른손으로 빵을 가져다 먹었기에 혹자는 유다가 예수님과 같이 그릇에 손을 넣을 수 있는 위치에 있어 그것으로 배신자의 낙인이 찍힌 줄로 생각할지 모릅니다. 그러나 그것은 아닙니다. 정황상으로 예수님의 왼편에 가룟 유다가 앉아 있고 오른편에 사도 요한이 기대어 식사를 하고 있지만 예수님의 말씀만으로는 다른 제자들이 누

---

* 한글 성경에는 '앉아'로 번역되었는데 헬라어로는 '아나케이메논'의 원형 '아나케이마이'가 쓰였는데 '기대다'는 의미의 동사로 유대인들이 비스듬히 기대어 식사하는 것을 보여준다. 한글 성경들은 우리의 문화에 맞는 '앉아'로 번역하였고 영문성경도 NASB, KJV, NKJV등은 sat를 쓰고 있으나, NIV는 recline(기대게 하다, 의지하다, (몸을)눕히다)를 쓴다.

제 3 月

가 배신자가 될 것인지 알지 못합니다. 모두가 하나의 커다란 그릇에 들어 있는 빵을 가져다 손으로 잘라 먹고 있기 때문에 예수님께서 말씀하신 **'나와 함께 손을 넣는 자'**는 누구를 꼬집어 이야기하는지 알 수 없었습니다. 그리고 한 그릇에서 먹을 정도인 가족(공동체)의 한 사람이 예수님을 판다는 것은 제자들은 상상도 할 수 없는 일이었습니다.

예수님께서는 **"내가 진실로 너희에게 이르노니 너희 중에 한 사람이 나를 팔리라."**하셨고 제자들은 모두 근심하여 각각 묻되 **"나는 아니지요?"**라고 물었습니다. 예수님께서는 **"나와 함께 그릇에 손을 넣는 그가 나를 팔리라."** 말씀하셨는데 이것은 다른 사도들은 몰라도 가룟 유다는 자신에게 하시는 말씀이라는 것을 알 수 있었습니다. 그러나 가룟 유다는 끝까지 사랑하시는 예수님의 이 말씀에 회개하지 못 하고 **"랍비여 나는 아니지요?"**라고 감히 물었습니다. 예수님께서는 **"네가 말하였도다."**하셨고(마 26:25) 빵 한 조각을 소스에 찍어다 가룟 유다에게 주셨습니다. 조각을 받은 후 유다에게는 사단이 그 속에 들어갔고 예수님께서는 **"네 하는 일을 속히 하라."**(요 13:27)고 말씀하셨습니다.

대화가 진행되고 있는 때는 고난주간 다섯째 날인 목요일 저녁으로 가룟 유다가 이미 대제사장들을 만나 은 30개를 받고 예수님을 넘겨주기로 약속하고 이틀이 지난 상태입니다. 가룟 유다는 언제 예수님을 그들에게 넘겨줄 것인가를 살피고 있는 상태였습니다. 이러한 가룟 유다를 예수님께서는 끝까지 사랑하셔서 회개할 기회를 주고 계십니다. 하지만 가룟 유다는 예수님께서 주신 빵 한 조각을 받았는데 이후 사단이 가룟 유다에게 들어갔고 가룟 유다는 자기의 할 일을 하러 밖으로 나갔습니다. 함께 있던 다른 사도들은 이 상황에서도 가룟 유다가 예수님을 팔고 예수님께서 십자가를 지시게 된다는 것을 깨닫지 못 하고 있습니다. 11사도들은 예수님과 가룟 유다의 대화의 뜻을 알지 못했습니다. 다만 11사도들은 예수님께서 가룟 유다에게 명절에 쓸 물건을 사라 하시든지 아니면 가난한 자들에게 무엇을 주라 하시는 것으로 생각했고 즉시 가룟 유다가 밖으로 나가 행동에 옮긴 것으로 알았습니다(요 13:28-29).

만약 가룟 유다가 예수님과의 통해 회개하고 미리 뉘우쳐 대제사장들에게 팔지 않았다면 어떻게 되었을까요? 아마도 예수님께서는 무교절이 끝나는 기간까지는 잡히지 않으셨고 구원을 베풀기 위해 더 많은 말씀을 하셨을 것입니다. 왜냐하면 종교지도자들은 많은 수의 백성들이 예수님을 따랐기에 두려워하여 명절 동안에는 예수님을 잡지 않으려고 생각했기 때문입니다(마 26:4-5).

> **예수님을 흉계로 잡아 죽이려고 의논하되**(마26:4) **말하기를 민란이 날까 하노니 명절에는 하지 말자 하더라**(마26:5)

그러나 화요일 저녁 가룟 유다가 대제사장들을 찾아가 예수님을 넘길 것을 제안했고 그 후 가룟 유다는 예수님을 넘길 기회만 보고 있었던 것입니다. 예수님께서는 표면적으로 가룟 유다가 넘겨줌으로 십자가를 지시게 되었습니다. 그러나 예수님께서는 **"이렇게 된 것은 다 선지자들의 글을 이루려 함이니라."**(마 26:56)라고 말씀하시며 하나님의 섭리 안에 진행되고 있음을 말씀하셨습니다.

ⓠ [이해 도움] 밤을 4개의 시기로 구분해 시간을 구분함

당시 로마인들은 저녁 6시부터 다음 날 오전 6시까지를(해진 후부터 해 뜰 때까지) 사 등분하여 저물 때, 밤중, 닭 울 때, 새벽으로 나누었습니다. 예수님의 마지막 날 행적은 시간대별로 사건이 진행되었음을 알 수 있습니다. 유월절 식사를 시작한 것은 '저물 때'(마 26:20, 막 14:17), 한 조각의 떡을 받고 가룟 유다가 나갔을 때는 '밤중'(요 13:30), 베드로가 세 번 부인 하였을 때는 '닭 울 때'(막 14:72), 대제사장들이 장로들과 서기관들 곧 온 공회와 더불어 의논하고 예수님을 결박하여 끌고 가서 빌라도에게 넘겨줄 때는 '새벽'이었습니다(막 15:1). 예수님께서는 유다가 나간 후 빵과 포도주로 성찬을 제정하셨고 기념하게 하셨습니다.

③ 유월절 식사 형식을 통해 성찬을 제정하신 예수님

예수님께서는 가룟 유다가 나간 후 이 땅에서 하시는 최후의 만찬(유월절 식사)을 통해 성찬을 제정하셨습니다. 유월절 식사 때 행하던 방법으로 빵과 포도주 나누어 주시며 자신을 기념하라고 말씀하셨습니다(마 26:26-30, 막 14:22-26, 눅 22:14-23, 요 13:21-30). 이것은 구약시대부터 유대인들 사이에는 식사 때 감사기도를 드리는 습관이 있었고, 선지자가 있으면 선지자가 의례 그 일을 하기로 되어 있었습니다(삼상 9:13). 식사가 끝나면 두 번째 감사기도를 하는 것이 그들의 관례였는데 본문은 첫 번째 감사기도에 해당합니다.

본문에 등장하는 빵을 '뗀다'('클라오')는 것은 유대인에게는 아주 자연스러운 것입니다. 그들은 빵을 칼로 자르지 않았습니다. 그들은 빵을 칼로 자르는 것은 나쁜 일로 여겼는데 생명 그 자체를 자르는 것으로 여겼기 때문입니다. 일용할 양식인 빵을 쪼개는 도중에는 손님이 와도 인사를 하지 않고 쪼개던 빵을 쪼갠 다음 손님을 맞이합니다. 빵에 대한 이러한 태도는 종교적인 것인데 씨앗을 뿌려서 빵을 구워 내기까지 빵에 관한 모든 절차가 다 하나님의 이름하에 행해졌기 때문입니다. 예수님께서도 일용할 양식에 대해 언급하셨고, 자신을 생명의 빵이라고도 말씀하셨는데 빵의 중요성을 말씀하시는 것입니다. 빵을 썰지 않고 손으로 쪼개는 풍습은 예레미야 애가 4:4에도 나타납니다. 예수님께서는 빵을 떼어 축복하시고 주시면서 **"받아서 먹으라 이것은 내 몸이니라."**고 말씀하셨습니다(마 26:26, 막 14:22, 눅 22:19). 유월절 모임의 가장 연장자(주관자)가 빵을 떼어 나누어 주고 함께 감사하며 먹었던 당시의 유월절 배경을 통해 본다면 받기만 하는 것이 아니라 먹는 것까지 포함된 것임을 알 수 있습니다. 당시 유월절 의식을 행하시며 당신을 기념하시며 기억하게 하시는 성찬을 제정하고 계십니다.

예수님 당시에는 최소한 10명이 모여 유월절 양을 먹었으며 포도주도 함께 먹었는데 포도주는 4잔*을 따라 마셨습니다. 예수님께서는 유월절 규례대로 포도주를 제자들에게 주시며 성찬을 제정하셨는데 아마도 마지막 잔을 마시지 않고 **"새것으로 마시는 날까지 다시 마시지 아니하리라."**고 선언하셨을 것입니다(마 26:27-29, 막 14:23-25, 눅 22:17-18, 20). 본문은 직역하면 **"이것은 그 언약의 나의 피이다."**입니다. 이것은 예수님께서 나누어 주신 포도주가 언약을 확정하기 위하여 그 표시로 흘리는 예수님 자신의 피라는 의미입니다. 본문 중에, 아니 마가복음 전체에서 '언약'이라는 말이 처음 등장하는데 정관사를 써서 '그 언약'이라 말씀하고 계십니다. 이것은 말하는 자나 듣는 자가 '언약'에 대한 이해가 있다는 것입니다. 아마도 이 언약은 이사야(사 42:6, 49:8)나 예레미야(렘 31:31) 선지자를 통해 하나님께서 하셨던 언약일 것입니다. 더 이전에는 출애굽 후 모세가 하나님과 이스라엘 백성들 간의 언약을 중재하면서 소의 피를 뿌리면서 선언했던 **"이는 여호와께서 너희와 세우신 언약의 피니라."**(출 24:8)을 의미할 것입니다. 예수님께서는 포도주를 자신의 피로 언급하시며 자신의 희생을 통해 하나님과 예수님을 그리스도라 믿는 백성들 간의 '새 언약'이 제정됨을 선언하셨던 것입니다.

④ 예수님께서 마지막 말씀을 전하심

예수님께서는 11명의 사도에게 많은 말씀을 하셨습니다(요 13:31-35, 14:1-16:33). 예수님께서 계속해서 이 땅에 계시며 가르치신다 해도 제자들이나 따르는 사람들이 예수님을 깨닫지 못하기에 떠나는 것이 유익하다고 말씀

---

* ①첫 잔:집례자가 축복의 말을 한 다음 마심, ②둘째 잔:만찬의 설명이 있은 후, ③셋째 잔:'할렐'의 첫 번째(시113-114) 찬송을 한 후 무교병, 쓴 나물, 유월절 양을 먹고 마심, ④셋째 잔을 마신 후 바로 네 번째 포도주를 마신 후 할렐의 나머지 부분을 불렀다.

하셨습니다(요 16:7). 예수님께서는 보혜사를 약속하셨는데 그가 오면 앞으로 올 일들을 알려주실 것이란(요 16:13) 약속도 하셨습니다.

> **그러나 내가 너희에게 실상을 말하노니 내가 떠나가는 것이 너희에게 유익이라 내가 떠나가지 아니하면 보혜사가 너희에게로 오시지 아니할 것이요 가면 내가 그를 너희에게로 보내리니**(요 16:7)
> **그러나 진리의 성령이 오시면 그가 너희를 모든 진리 가운데로 인도하시리니 그가 스스로 말하지 않고 오직 들은 것을 말하며 장래 일을 너희에게 알리시리라**(요 16:13)

예수님의 마지막 설교를 듣지 못한 사도는 가룟 유다였습니다. 그는 예수님을 넘겨주기 위해 지금 대제사장들을 만나는 중입니다. 가룟 유다가 없는 상황에서 예수님께서는 인류를 사랑하시되 끝까지 사랑하시는 마음으로 **"서로 사랑하라!"**는 말씀을 하셨습니다. 이것은 몇 시간 지나지 않아 배신을 할 사도들의 행동을 아시면서 또한 주님께서 십자가의 고난을 통해 죽으실 것을 아시면서 하신 말씀이었습니다. 이 말씀은 고통이 따르는 자기희생을 하시면서도 자신을 부인하고 떠나는 사도들과 자신을 판 가룟 유다를 용서하시고 끝까지 기다리시는 사랑이었습니다.

Ⓠ [이해 도움] 성찬을 제정하신 예수님

당시 유월절 식사를 하며 빵을 떼고, 포도주를 나누는 풍습을 배경으로 제정하신 성찬은 제자들이 상상도 하지 못하는 것일뿐더러 새롭게 제정하시고 지켜야 할 것을 말씀하셨지만 아무도 그 의미를 알지 못했습니다. 유월절규례에 따라 행동하시고 말씀하신 예수님의 의도를 아는 사람은 아무도 없었던 것입니다. 유월절 의식 속에 제정된 영원히 기념하여 지켜야 할 이 성찬제정은 본문의 최절정의 순간에 이루어졌습니다. 아마도 저자는 본문을 통해 독자들에게 이야기하려는 것이 예수님의 성찬제정과 크리스천의 삶 속에 영원히 지켜야하는 의미를 깨우치려 한 듯합니다. 유월절 규례대로 4잔의 포도주를 마시고 마지막 잔을 마시지 않고 남기는 것을 통해 **'새 것으로 마시는 날까지 다시 마시지 아니하리라'** 고 선언하신 것은 아마도 제자들이 기대하지 못한 것이었습니다. 또한 1세기 지중해 연안 사람들(유대인들을 포함)에게 가장 중요한 시간개념은 '현재'였고 다음이 '과거'였는데 '미래'를 말씀하신 것 자체도 획기적인 사건이었습니다. 먼 과거나 먼 미래는 그들의 영역이 아니라 오직 그것을 아는 신(하나님)의 영역이기 때문에 그들은 미래를 걱정하지 않았으며 미래에 대한 시간표나 스케줄을 짜지 않았습니다. 현재의 삶이 없이 미래를 계획한다면 잘못이며 미래를 훔쳐보는 것은 오만이고 우상숭배라 생각했습니다. 하나님만의 영역인 미래의 사건에 대해 **"내가 포도나무에서 난 것을 하나님의 나라에서 새것으로 마시는 날까지 다시 마시지 아니하리라."** 고 하신 것은 '새 언약'으로 제정된 성찬을 통해 우상숭배를 피할 수 있도록 하기 위함이었을 것입니다.

⑤ 겟세마네에서 기도하시는 예수님

당시 유월절을 지키는 방법을 보면 빵을 나누고 포도주 4잔을 나누어 마시고 난 후 유대인들은 지붕으로 올라가 시편을 찬양하며 유월절 규례를 마무리했습니다. 유월절 의식을 진행하면서 시편 113-118편을 찬양했는데, 유월절 식사 중에는 '할렐(Hallel)'이라 불리는 시편 113-114편을 부르고 마지막 네 번째 잔을 마시고 시편 115-118편을 불렀습니다. 유월절이었다면 지붕으로 올라가 찬송함으로 유월절만찬을 끝냈겠지만 유월절은 하루 뒤였고 예수님께서는 유월

할렐 지붕에 올라가 찬양을 함으로 유월절 예식을 마침 by The Holy Temple in Jerusalem

절이 되기 전에 십자가를 지셔야 했습니다. 예수님께서는 지붕으로 올라가 찬양하지 않으셨지만 제자들과 함께 올리브산(감람산)으로 가시며 찬양하셨습니다.

예수님께서는 열 한 제자에게 **"오늘 밤에 너희가 다 나를 버리리라. 기록된바 '내가 목자를 치리니 양의 떼가 흩어지리라' 하였느니라. 그러나 내가 살아난 후에 너희보다 먼저 갈릴리로 가리라."**고 말씀하셨습니다(마 26:31-32, 막 14:27-28). 베드로는 **"모두 주를 버릴 지라도**(주를 인하여 실족할지라도) **결코 버리지 않겠나이다**(실족하지 않겠나이다)**."**(마 26:33)라고 대답했습니다.

베드로의 대답을 들으신 예수님께서는 베드로가 닭이 두 번 울기 전에 세 번 부인할 것을 예언하셨습니다(마 26:34, 막 14:30). 사단이 가룟 유다에게 들어갔던 것을 아시는 예수님께서는 베드로를 경계하여 **"시몬아, 시몬아 보라 사단이 밀 까부르듯 하려고 너를 청구하였다."**고 말씀하셨습니다. 베드로는 **"주여 내가 주와 함께 옥에도, 죽는데도 가기를 준비하였나이다"**라고 말하였으나 **"내가 진실로 네게 이르노니 오늘 이 밤 닭이 두 번 울기 전에 네가 세 번 나를 부인하리라."**고 예언하셨습니다. 베드로는 **"내가 주와 함께 죽을지언정 주를 브인하지 않겠나이다."**라고 말하였고 모든 제자도 베드로와 같이 말했습니다. 하지만 예수님의 예언은 몇 시간 지나지 않아 이루어졌습니다. 베드로는 고백과 다짐은 사라지고 세 번 부인한 후 심한 통곡으로 자신의 믿음 없음을 한탄하게 됩니다. 예수님께서 말씀하시면 잠시라도 돌아보고 믿음을 구했어야 할 베드로였지만 자신만만한 모습을 보여주었던 베드로는 얼마 지나지 않아 후회하게 됩니다.

⑥ 사도의 다툼과 3명, 8명으로 사도들을 분리하시는 예수님

유월절 만찬을 끝내시고 올리브산(감람산)으로 향하신 예수님께서는 '어두움, 암흑'이란 뜻을 가진 기드론 시내를 건너 올리브산(감람산)의 겟세마네 동산으로 기도하러 가셨습니다. 예수님께서는 죄 문제를 해결하시기 위해 이 땅에서 마지막으로 하나님께 간구하시려고 습관적으로 기도하시던 올리브 산(감람산)의 겟세마네 동산으로 가고 계십니다. 그런데 이 길을 가는 중에도 제자들은 예수님의 심중은 아랑곳하지 않고 자신들 중에 누가 크냐 하는 다툼을 하였습니다(눅 22:24). 예수님께서는 제자들에게 **"앉아서 먹는 자가 크냐 섬기는 자가 크냐?"**고 물으신 후 **"앉아서 먹는 자가 크지만 나는 섬기는 자로 너희 중에 있노라."**고 말씀하시며 누가 큰가를 생각지 말고 섬길 것을 말씀하셨습니다(눅 22:27-28).

또 그들 사이에 그중 누가 크냐 하는 다툼이 난지라(눅 22:24)

예수님께서는 제자들에게 **"내가 너희를 전대와 배낭과 신발도 없이 보내었을 때 부족한 것이 있더냐?"**고 물으셨고 제자들은 **"없었나이다."**라고 대답합니다. 이에 **"이제는 전대있는 자는 가질 것이요 배낭도 그리하고 검 없는 자는 겉옷을 팔아 살지어다."**라고 말씀하셨습니다. 이때 제자들이 말씀드리길 **"주여 보소서. 여기 검 둘이 있나이다."**라고 이야기했고 예수님께서는 **"족하도다."**라고 말씀하셨습니다. 제자들은 왜 검을 들고 다녔을까요? 아마도 예수님을 따르는 많은 무리들의 생각과 같다고 볼 수 있습니다. 지금 유월절에 예루살렘에 올라와 있는 많은 무리들은 예수님께서 무력으로라도 유대인들의 왕이 되어 로마의 압제로부터 해방시켜 주시길 원하였습니다. 그랬기에 예수님께서 조금만 무력을 사용하시려 한다면 많은 사람들은 다 준비가 되었을 수 있습니다. 제자들도 같은 생각이었을 것입니다. 이 생각들은 예수님의 생각과는 전혀 다른 것이었습니다. 이 검은 한 두 시간 후 예수님을 잡으러 온 사람들을 대항하는 데 쓰입니다.

산 아래 골짜기에 도착하신 예수님께서는 8명의 제자를 산 아래 골짜기에 남겨두시고 **"내가 기도할 동안에 너희는 여기 앉아 있으라."**고 말씀하신 후 베드로, 안드레, 요한을 데리고 기도하러 가셨습니다. 세 제자를 데리고 습관을 좇아 기도하시던 겟세마네 동산에 가신 예수님께서는 **"내 마음이 심히 고민하여 죽게 되었으니 너희는 여기 머물러 나와 함께 깨어 있으라."**(마 26:38, 막 14:34)고 말씀하셨습니다.

누가는 **"유혹에 빠지지 않게 기도하라."**(눅 22:40) 고 말씀하신 후 돌 던질 만 한 거리에서 기도하셨다고 기록합니다(눅 22:40-41). 하지만 사단이 밀 까부르듯 청구함을 받은 세 제자는 깨어 기도하지 못 하고 졸 수 밖에 없었습니다.

제자들이 졸던 자리 올리브산(감람산)에서 만국교회로 내려가는 길에 있다.

> **그곳에 이르러 그들에게 이르시되 유혹에 빠지지 않게 기도하라 하시고**(눅 22:40) **그들을 떠나 돌 던질 만큼 가서 무릎을 꿇고 기도하여**(눅 22:41)

예수님께서는 **"내 아버지여 만일 할 만하시거든 이 잔을 내게서 지나가게 하옵소서. 그러나 나의 원대로 마옵시고 아버지의 원대로 하시옵소서."**라고 기도하셨습니다. 그러나 세 제자는 예수님을 기도로 돕지 못 하고 졸았습니다. 온 인류의 죄악을 지시고 동일한 말씀으로 세 번에 걸쳐 **"이 잔을 내게서 지나가게 하옵소서."**라고 기도하시는 중 얼마나 힘쓰고 애써 더욱 간절히 기도하셨는지 땀이 땅에 떨어지는데 핏방울같이 되었다고 누가는 기록하고 있습니다(눅 22:44). 하지만 산 아래 있는 8제자는 아무것도 모르고 그저 앉아 있고, 특별히 데려와 기도를 부탁한 세 제자는 예수님의 이러한 심정을 깨닫지 못 하고 졸기만 했습니다. 온 인류를 구원하러 오셔서 세상에 계시는 마지막 날까지 사단과 기도로써 싸우시는데 정작 인간들 중 아무도 예수님의 심정을 헤아리지 못 하고 있으니 얼마나 민망하셨겠습니까?

성경은 오히려 천사가 하늘로부터 예수께 나타나 힘을 도왔다고 기록하고 있습니다(눅 22:43). 결국 예수님께서는 **"나의 원대로 마옵시고 아버지의 원대로 하옵소서."**라고 기도하신 후 세 번째 제자들에게 와서 **"이제는 자고 쉬라 그만이다. 때가 왔도다. 보라! 인자가 죄인의 손에 팔리우느니라. 일어나 함께 가자. 보라! 나를 파는 자가 가까이**

왔느니라."고 말씀하시고 사람들에게 붙잡히셨습니다.

성도 여러분!

사도들은 예수님께서 함께 기도하자고 부탁했을 때 졸았습니다. 이 사건은 깨닫고 기도하는 성도들을 통해 하나님의 구속사를 이루시려 한다는 것을 깨닫게 합니다. 당시 12명의 사도들이 각자 해야 할 일을 감당하지 못한 것을 그저 2000년 전의 사건으로만 생각하지 말고 이 시대에도 참고 기다리시는 예수님의 심정을 깨닫고 기도하는 마음으로 고난주간을 보내고 예수 그리스도의 부활을 나의 부활로 받아들여야 할 것입니다. 예수님의 고난의 여정을 알지 못 하고 그것에 동참하지 않으면 잠자는 자의 첫 열매 되신 (고전 15:20) 예수님의 부활을 진정한 나의 부활로 맞아들이지 못할 것입니다. 십자가로 구원을 이루신 예수님께서는 특별히 나를 데리고 가셔서 기도를 부탁하십니다. 오늘도 예수님의 부탁에 깨어 기도하며 이 땅에 아직 믿지 않는 자들에게 예수는 그리스도이시며 하나님의 아들 구원자이시라는 것은 전하는 하루가 되시길 기도합니다.

30일

고난주간 여섯째 날(수난의 날) 잡히시고 심문받으신 후 십자가에 달리신 예수님

오늘 날짜가 언급된 성경 사건은 없습니다. 오늘 날짜가 포함된 사건은 다음과 같습니다.

사건 1 제2월 10일부터 방주에 들어가 하나님의 명령을 감당하는 51일째로(노아시대 월력 체계는 한 달을 30일로 계산함) 하나님께서 말씀하신 대로 40일 동안 비가 내린 44일째

사건 2 라암셋을 떠난 지 75일째(제1월을 30일, 제2월을 29일로 계산함)로 시내산 밑 시내광야에 도착하여(제3월 1일) 거한지 30일째(출 19:1-2)

사건 3 "너는 산에 올라 내게로 와서 거기 있으라"는 하나님의 명령을 받고 모세가 시내산에 올라 첫 번째 40일 금식기도를 시작한 23일째

사건 4 시내광야에 11개월 20일 머물던 이스라엘 백성이 하나님의 명령에 따라 약속의 땅을 향해 떠난 지 40일째

사건 5 모르드개가 조서를 써 전국 127도에 보낸 후 8일째(더 8:1-17)

사건 6 주전 458년 2차 포로 귀환 시 제1월 1일 바벨론을 떠난 후 89일째로 아하와 강을 떠난 지 78일째(스 7:6-9, 8:15-36)

오늘은 2018년 고난주간 여섯째 날로 겟세마네 동산에서 잡히시고 대제사장과 빌라도에게 심문받으신 후 십자가를 지시고 골고다로 향하신 후 십자가에서 운명하신 날입니다. 겟세마네 동산에서 기도하시던 예수님께서는 로마인들의 시간으로 닭 울 때 곧 금요일 밤 12시에서 새벽 3시 사이에 군호를 짜고 온 가룟 유다와 대제사장들과 백성의 장로들에게서 보냄을 받고

검과 몸둥이를 들고 온 큰 무리에게 붙잡히십니다. 이들은 먼저 그해의 제사장 가야바의 장인인 안나스에게 끌고 갔고 다음에 가야바에게로 끌고 갔습니다. 가야바의 주변에는 새벽에 모인 산헤드린 공회가 있었고 이들은 예수님을 죽이기로 결의합니다. 그러나 이들에게는 죽일 권한이 없으므로 이들은 유대 총독 빌라도에게 예수님을 보냈습니다.

빌라도는 자신에게 보내어진 예수님을 심문했지만 죄를 찾지 못했고 예수님을 놓아주려 했습니다. 그러나 백성들은 원치 않았습니다. 빌라도는 심문 중 예수님께서 갈릴리 사람이라는 것을 알고 유월절을 지키기 위해 마침 예루살렘에 머물던 갈릴리의 분봉왕 헤롯 안디바스에게로 보냈습니다. 그러나 헤롯 안디바스도 예수님께 몇 가지를 묻고는 다시 예수님을 빌라도에게 보냅니다. 빌라도는 명절에 죄인을 풀어주는 규례대로 풀어주려 했으나 대제사장들에게 매수된 백성들의 외침에 예수님을 십자가에 사형하는 선고를 내립니다. 이후 예수님께서는 침 뱉음을 당하고 갈대로 머리와 얼굴을 맞고 수많은 채찍과 발길질을 당하며 골고다로 끌려가셨습니다. 그리고 예수님께서는 오전 9시에 십자가에 못 박히셨습니다. 예수님께서는 오전에 세 가지 말씀하시고 태양이 빛을 잃은 12시부터 오후 3시까지 네 가지 말씀을 하시고 운명하셨습니다. 3시에 운명하신 예수님께서는 아리마대 요셉에 의해 무덤에 장사지내게 되는데 마지막 금요일 예수님의 발자취를 살펴보겠습니다.

❶ 기도를 마치시고 잡히신 예수님(마 26:47-56, 막 14:43-52, 눅 22:47-53, 요 18:3-11)

예수님께서 잡히시는 광경을 보면 참으로 놀랍습니다. 예수님을 넘길 기회를 찾던 가룟 유다는 결국 대제사장들의 하속과 성전 경비대장들을 동원하여 예수님께서 습관을 좇아 기도하시던 겟세마네 동산에 왔습니다. 그들은 등과 횃불을 들고 검과 몽치를 가지고 왔는데 이 모습이 얼마나 살기가 등등한지를 짐작할 수 있습니다. 그러나 이러한 인간들의 힘은 창조주이신 예수님 앞에서는 아무런 의미가 없었습니다. 앞으로 당할 일을 아시는 예수님께서는 자신을 찾아오는 자들에게 먼저 **"너희가 누구를 찾느냐?"**고 물으셨습니다. 그들은 **"나사렛 예수"**라고 대답하였고 예수님께서는 **"내로라."** 말씀하셨습니다. 그런데 예수님께서 이 말씀을 하실 때에 예수님을 잡으러 왔던 많은 사람들이 뒤로 물러가서 땅에 엎드러졌습니다(요 18:6). 사람들이 뒤로 물러나 땅에 엎드러진 것은 **"내로라."**는 예수님의 답변이 하나님께서 쓰는 용어였기에 성전 경비대장들과 유대인들은 놀라 뒤로 물러가 엎드러진 것이라 말합니다. 그런데 사람들이 땅에 엎드러진 것은 하나님께서 쓰시는 용어를 들었기 때문이라고 할 수 있지만 예수님의 신적인 권위 앞에 인간들의 힘은 전혀 쓸모없음을 보여주는 것으로도 생각할 수 있습니다. 예수님께서 스스로 잡히시지 않으면 천하의 어느 인간도 예수님을 잡아 십자가에 못 박을 수 없음을 보여주는 것으로 생각하도 될 것 같습니다.

예수님을 잡기 위해 온 사람들과 가룟 유다는 이미 신호를 짜 두었습니다. **"내가 입 맞추는 자가 그이니 그를 잡아 단단히 끌어가라."**(막 14:44)고 말했는데 입맞춤은 사랑의 표시입니다. 이 사랑의 표시를 반역하는데 써 먹고 있는 유다가 얼마나 불쌍합니까? 그러나 가룟 유다 뿐 아니라 예수님을 그리스도로 깨닫지 못한 모든 사람들이 가룟 유다와 한편임을 잊어서는 안 됩니다. 예수님께서는 다시 **"누구를 찾느냐?"**고 물으셨고 저희들은 다시 **"나사렛 예수라."** 대답하였습니다. 예수님께서는 자신이 나사렛 예수이니 나를 잡아가고 함께 있는 제자들은 보내줄 것을 요구하셨습니다. 이것은 **"아버지께서 내게 주신 자 중에서 하나도 잃지 아니 하였나이다."**하신 말씀을 응하게 하려 하신 것이었습니다. 이 때 가룟 유다는 사람들과 짠 신호대로 예수님께로 와 입맞춤으로 인사했습니다. 예수님께서는 그를 꾸짖지 않으시고 끝까지 사랑으로 대해주셨습니다. 예수님을 잡기 위해 검과 몽치를 가지고 단단히 와서 잡으려 했던 자들이지만 결코 그들의 능력으로는 예수님을 잡을 수 없었습니다. 예수님 스스

베드로 통곡교회의 부조 예수님께서 겟세마네 동산에서 성전 수비대에게 잡히시고 묶여 성안으로 끌려가시는 모습

로 자신을 그들에게 내어 주셨습니다.

예수님께서 잡히시는 과정에서 베드로는 칼로 대제사장의 종 말고의 오른쪽 귀를 쳐서 떨어뜨렸습니다. 제자들은 어쩌면 무력을 사용할 때가 있을 것이라 생각하여 검을 준비했는지 모릅니다. 몇 시간 전 예수님께서 검 없는 자는 겉옷을 팔아 검을 사라고 했을 때 이미 두 개의 검이 있다고 말한 터였습니다(눅 22:36-38). 베드로가 검으로 말고의 귀를 자르며 완력으로 예수님을 잡지 못하게 하려 했을 때 예수님께서는 땅에 떨어진 말고의 오른쪽 귀를 주워 다시 붙여 주셨고 "네 검을 도로 칼집에 꽂으라. 검을 가지는 자는 다 검으로 망하느니라."고 말씀하셨습니다. 그리고 "이것까지 참으라."고 하시며 이러한 일들이 선지자의 글에 기록된 대로 이루려 하신다고 말씀하셨습니다(마 26:55-56). 이후 예수님께서는 잡히셨고 제자들은 모두 도망갔습니다(마 26:56, 막 14:50).

> 이르시되 이제는 전대 있는 자는 가질 것이요 배낭도 그리하고 검 없는 자는 겉옷을 팔아 살지어다(눅22:36) 내가 너희에게 말하노니 기록된바 그는 불법자의 동류로 여김을 받았다 한 말이 내게 이루어져야 하리니 내게 관한 일이 이루어져 감이니라(눅22:37) 그들이 여짜오되 주여 보소서 여기 검 둘이 있나이다 대답하시되 족하다 하시니라(눅22:38) 그때에 예수께서 무리에게 말씀하시되 너희가 강도를 잡는 것 같이 칼과 몽치를 가지고

나를 잡으러 나왔느냐 내가 날마다 성전에 앉아 가르쳤으되 너희가 나를 잡지 아니하였도다(마 26:55) 그러나 이렇게 된 것은 다 선지자들의 글을 이루려 함이니라 하시더라 이에 제자들이 다 예수를 버리고 도망하니라(마 26:56)

제자들이 다 예수를 버리고 도망하니라(막 14:50)

❷ 대제사장 가야바와 안나스의 심문을 받으시는 예수님

(마 26:57-68, 막 14:53-65, 요 18:12-13, 19-24).

대제사장 안나스는 예수님을 심문하였으나 오히려 예수님의 말씀에 답변을 하지 못 하고 결박한 그대로 예수님을 대제사장 가야바에게로 보냈습니다(요 18:19-24). 가야바에게로 잡혀가신 예수님은 그곳에 모여 있던 대제사장들과 장로들과 서기관들을 만나셨는데 온 공회가 모여 예수님을 죽이려고 증거를 찾고 있었습니다. 종교지도자들은 사람들을 매수하여 예수님을 고소하게 하였고 많은 사람들이 예수님을 쳐서 거짓 증거 하였는데 그 증언이 서로 맞지 않았습니다(막 14:55-59). 결국 대제사장들은 예수님에게서 특별한 죄를 찾을 수 없었고 **"네가 찬송 받을 자의 아들 그리스도냐?"**고 직접 물었습니다. 예수님께서는 **"내가 그니라 인자가 권능자의 우편에 앉은 것과 하늘 구름을 타고 오는 것을 너희가 보리라."**고 대답하셨습니다. 이에 종교지도자들은 **"참람하다."**고 말하며 옷을 찢고 **"우리가 어찌 더 증인을 요구하리요."**라 말하며 이 증거를 사형에 해당하는 증거로 확보했습니다. 예수님께서는 이때 침 뱉음을 당하였고 얼굴을 가린 채 주먹으로 맞으시고 손바닥을 침을 당하셨습니다(마 26:67-68, 막 15:65).

❸ 닭이 두 번 울기 전 세 번 부인한 베드로(마 26:69-75, 눅 22:54-62, 요 18:15-17, 25-27)

이미 예수님께서는 베드로의 부인을 예언하셨고 이 말씀에 베드로는 강력히 부인하며 예수님과 어디든 함께 갈 것을 4-5시간 전에 약속한 바 있습니다. 그래서 그런지 예수님께서 겟세마네 동산에서 잡히실 때 다른 제자들은 도망갔으나 베드로와 다른 제자는 도망가지 않고 예수님을 따라 대제사장의 관저에까지 좇아왔습니다. 베드로는 예수님께서 어떻게 되실지 궁금해하였고 자신이 한 말을 지키려는 의도도 있었을지 모릅니다.

유월절은 우기의 막바지에 드는 기간으로 밤에는 쌀쌀한 날씨였고 베드로는 대제사장이 거하는 관저의 아래 뜰에서 불을 쬐고 있었습니다. 이때 대제사장의 비자 하나가 베드로의 불 쬠을 주목하여 보고 **"너도 나사렛 예수와 함께 있었도다."**라고 말했습니다. 이때 베드로는 자신의 고백대로라면 그렇다고 말하고 예수님과 함께 고난을 당했어야 하는데 베드로는 부인하며 **"나는 네 말하는 것이 무엇인지 알지도 못 하고 깨닫지도 못하겠도다."**라고 말하며 앞뜰로 나갔습니다.

잠시 후 다른 비자가 곁에 서 있는 사람들에게 **"이 사람은 그 당이라."**하였고 베드로는 맹세하고 부인하여 **"내가 그 사람을 알지 못하노라."**고 말합니다. 조금 후에는 곁에 섰던 사람들이 **"너도 진실로 그 당이라 네 말소리가 너를 표명한다."**고 했을 때 베드로는 저주하며 맹세하여 모른다고 말했습니다(마 26:74). 누가는 **'아직 모른다고 말하고 있을 때에 닭이 곧 울더라'**고 기록하며 이때 예수님께서 돌이켜 베드로를 보셨다고 기록하고 있습니다(눅 22:61). 마가는 베드로가 세 번째 부인할 때 **'닭이 두 번째 울더라'**고 기록하며 이전에 닭이 한 번 울었음을 정확하게 기록하고 있습니다. 이것은 베드로가 예수께서 자기에게 하신 말씀 곧 **'닭이 두 번 울기 전'**에 네가 **'세 번'** 나를 부인하리라 하심을 기억되어 그 일을 생각하고 울었더라(막 14:72)는 것을 더 정확하게 이해하도록 합니다. 세 번째 베드로에게 묻는 사람은 몇 시간 전 겟세마네 동산에서 베드로가 귀를 자른 말고와 친척이었습니다(요 18:26). 이 사람은 예수님을 잡으러 겟세마네 동산에도 함께 갔었고 그곳에서 예수님과 함께 있는 베드로를 보았다고 말했는데 이에 베드로는 저주하고 부인하였고 이때 닭이 두 번 울었습니다.

제
3
月

❹ 빌라도의 심문을 받으시는 예수님

유대인들의 종교지도자들로 구성된 산헤드린 공회는 예수님을 죽이기로 가결했습니다. 하지만 자신들에게는 사형을 집행할 권한이 없었기에 로마 총독 빌라도에게 예수님을 보내 빌라도가 처형하기를 원했습니다. 하지만 많은 사람들의 환영을 받으시며 예루살렘에 들어가신 예수님의 승리의 입성은 유대 당국(산헤드린)과 로마에서 파견되어 유대를 다스리던 총독 빌라도에게는 많은 고민을 안겨 주었습니다(마 21:45-46, 눅 20:47-48). 이유는 유월절 기간이기에 많은 순례자들이 예루살렘에 모여 있기 때문입니다. 이들 가운데 많은 사람들이 예수님을 따랐고 현재 따르지 않더라도 언제든지 예수님을 자신들의 구원자로 믿을 만한 관심을 가진 자들이 많았기 때문입니다(마 21:10-11, 막 11:18, 요 11:56-57, 12:9-10).

무리들은 빌라도에게 **"우리가 이 사람을 보매 우리 백성을 미혹하고 가이사에게 세금 바치는 것을 금하며 자칭 왕 그리스도라 하더이다."**라고 고소하였습니다(눅23:1-2). 이 말을 들은 빌라도는 예수님께 **"네가 유대인의 왕이냐?"**라고 물었습니다. 예수님께서는 **"네 말이 옳도다."**라고 말씀하셨습니다. 심문하던 빌라도는 예수님께 죄가 없다고 판단하고 무리에게 이야기했습니다. 무리들은 더욱 강하게 **"그가 온 유대에서 가르치고 갈릴리에서부터 시작하여 여기까지 와서 백성을 소동하게 하나이다."**라고 고소했습니다(눅23:3-5).

빌라도는 예수님을 심문하던 중 예수님께서 갈릴리 사람임을 알게 되었습니다. 빌라도는 책임을 떠넘기려고 당시 예루살렘에 와 있던 갈릴리와 베레아의 분봉왕 헤롯 안디바스에게 예수님을 보냈습니다. 대제사장들과 서기관들이 힘써 헤롯 안디바스에게 고발하였지만 헤롯 안디바스도 예수님을 업신여기고 희롱한 후 빌라도에게 보냈습니다. 누가는 빌라도와 헤롯 안디바스가 전에는 원수였으나 당일에 친구가 되었다(눅 23:12)고 기록하고 있습니다. 이것은 종교지도자들과 일부 유대인들의 압박으로 예수님을 죽이는 것에 동의했던 것을 말하는 것입니다.

헤롯과 빌라도가 전에는 원수였으나 당일에 서로 친구가 되니라(눅 23:12)

예수님께서는 다시 빌라도의 심문을 받게 되었는데 빌라도는 죄를 찾지 못했습니다. 빌라도는 죄를 찾지 못했다고 이야기하며 때린 후 놓아주겠다고 말했습니다(눅 23:13-16). 이때 무리들은 일제히 소리 질러 "이(예수님)사람을 없이하고 바라바를 우리에게 놓아 주소서."라고 말했습니다. 빌라도는 예수님을 놓아주려 하였는데 두 번째 외치기를 "그를 십자가에 못 박게 하소서 십자가에 못 박게 하소서."라고 외쳤습니다. 빌라도는 세 번째 "이 사람이 무슨 악한 일을 하였느냐? 나는 그에게서 죽일 죄를 찾지 못하였나니 때려서 놓으리라." 할 때 무리는 세 번째 큰소리로 재촉하여 십자가에 못 박기를 구했고 그들의 소리가 이겼습니다(눅 23:17-25). 이에 빌라도는 무리의 요구를 들어주었습니다.

지금 예수님을 잡아 심문을 하고 빌라도의 관저까지 온 사람들은 대다수의 백성이 아닌 종교지도자들과 그들의 하속들입니다. 아마도 예수님을 잡는 것이 긴밀하고 긴급히 이루어져야 했기에 가룟 유다와 종교지도자들은 머리를 맞대고 방법을 찾았고 밤중에 예수님을 잡을 치밀한 계산을 했을 것입니다. 그것은 예수님을 따르는 많은 사람들의 눈을 피해 잡아야 했기 때문입니다. 종교재판을 통해 빌라도에게까지 데려왔지만 이들은 대다수의 사람들이 모르게 극비리에 조용히 움직이고 있습니다.

빌라도가 심문을 하던 시간은 새벽이었고 이날은 날씨가 추워 불을 피울 정도였으며 예수님을 십자가에 못 박으라고 소리 지르던 장소도 많은 사람들이 모일 수 없는 빌라도의 관저 안도 아닌 골목이었습니다. 빌라도의 관저 안에는 들어가지 않고(무교절을 지켜야 하기에 누룩이 있을 수 있는 관저에는 들어가지 않음) 관저 밖에 모였던 이들은 예수님을 믿고 따르던 많은 무리들이 아니라 예수님을 고소한 종교지도자들의 하속과 매수된 자들입니다. 그렇다면 예수님께서 예루살렘에 입성하실 때 '호산나 다윗의 자손이여'라고 외치던 많은 무리의 소리는 어디로 갔습니까? 이들은 날이 밝으면 유월절 양을 잡아야 하고 무교절 절기를 지켜야 하기에 자신들의 숙소에서 쉬고 있었을 것입니다. 이렇게 보면 목적을 가진 소수의 소리가 예수님을 십자가에 달리게 하였고 이 일이 비밀리에, 긴급하게 이루어졌음을 알 수 있습니다.

⑤ 십자가를 지고 골고다로 끌려가 죽임을 당하신 예수님

안토니아 요새 빌라도가 머물렀던 곳이며 예수님께서 심문 받으신 곳이다. 이곳에서 십자가를 지시고 채찍을 맞으시며 골고다로 끌려 가셨다.

예수님께서 잡히시던 밤이 지나고 아침이 되었을 때 많은 사람들은 예수님께서 십자가를 지시고 끌려가는 상황을 목격합니다. 6일 전에 호산나 다윗의 자손이라고 외치며 자신들을 구할 유대인의 왕이라 외쳤던 무리들은 그저 그 광경을 지켜보고만 있었습니다. 목숨을 건 누군가가 십자가를 지고 골고다로 향하는 예수님을 향해 "호산나! 다윗의 자손이여 우리를 구원하소서!"라고 외쳤더라면 아마도 군중들은 힘을 얻어 함께 외쳤고 상황이 변할 수 있었을 것입니다. 그러나 예수님을 시기하여 죽이려는 목적을 가진 소수의 외침과 로마 군병의 채찍소리 앞에 예수님을 따르던 많은 무리들의 깨닫지 못 하고 뜻 없이 외쳤던 '호산나! 다윗의 자손'은 간곳없이 사라졌습니다. 채찍 소리와 채찍에 맞아 아파하시고 힘들어하시는 예수님의 신음소리만 있었고 누구 하나 예수님을 돕는 사람이 없었습니다. 많은 무리들은 예수님께서 십자가에 달리시고 정오에 태양이 빛을 잃었고, 예수님께서 돌아가셨을 때 지진이 나며 많은 일들이 벌어진 것을 경험한 후 그 된 일을 보고 다 가슴을 치며 돌아갔습니다(눅 23:48).

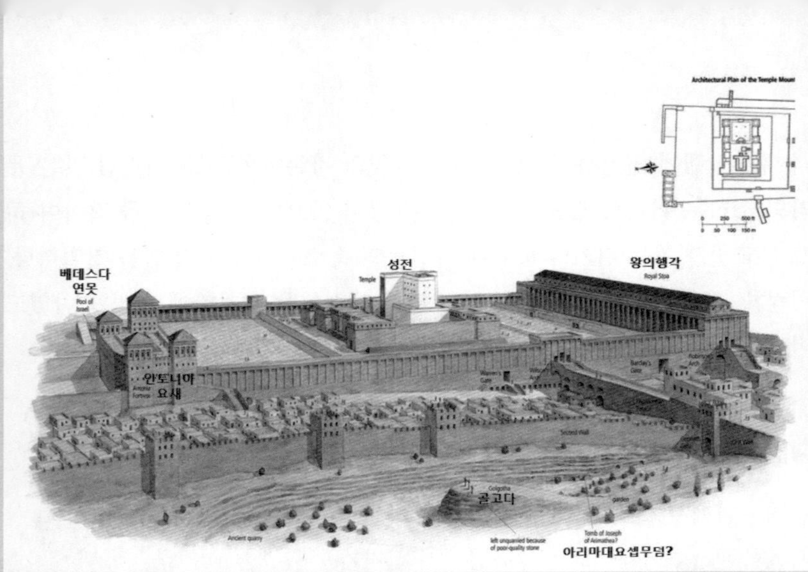

예수님 시대의 예루살렘(동쪽에서 서쪽으로)

이를 구경하러 모인 무리도 그 된 일을 보고 다 가슴을 치며 돌아가고(눅23:48)

예수님께서는 채찍을 맞으시며 안토니아 요새에서 십자가를 지고 골고다로 끌려가셨습니다. 오전 9시에 십자가에 달리신 예수님께서는 정오까지 세 말씀을 하셨습니다. 처음 하시 말씀은 **"아버지여 저들의 죄를 사하여 주옵소서."** 입니다. 창조주 하나님의 아들을 죽이는 피조물들의 행동을 보시고 기도하셨습니다. 그리고 좌편 강도를 꾸짖으며 예수님을 변론한 우편 강도에게 **"네가 오늘 나와 함께 낙원에 있으리라."**고 말씀하셨습니다. 이후 어머니인 마리아에게 **"보소서 아들이니이다."**라고 세 번째 하셨습니다.

제6시(정오, 12시)가 되자 태양은 빛을 잃었습니다. 어두움은 제9시(오후 3시)까지 3시간 동안 지속되었습니다(마 27:45, 막 15:33). 이것은 일식이 아니라 태양 자체가 빛을 잃은 것입니다. 이 상황은 과학적으로 설명할 수 없습니다. 하나님의 아들 예수 그리스도께서, 빛으로 오셔서 자기 백성을 모으려 하셨던 분께서 고난을 받으시며 이 땅에서 떠나실 때 지구상의 모든 사람들의 에너지근원이 되는 태양이 빛을 잃게 하심으로 징조를 보여주시는 하나님의 행하심을 깨달을 수 있습니다. 예수님께서는 빛이 없는 동안 **"엘리엘리 라마 사박다니", "내가 목마르다", "다 이루었다", "아버지여 내 영혼을 부탁하나이다"**는 네 말씀 하시고 운명하셨습니다.

⑥ 유월절 규례로 '뼈를 꺾지 말라'고 하셨던 하나님의 말씀이 이루어짐

금요일 오후가 되어 유대인들은 큰 안식일에 시체들을 십자가에 두지 않으려고 빌라도를 찾아가 그들의 다리를 꺾어 시체를 치워달라고 합니다. 그런데 이때 좌우편 강도의 뼈를 꺾어 빨리 죽게 하였지만 예수님의 뼈는 꺾지 않았습니다(요19:31-36).

> **이날은 준비일이라 유대인들은 그 안식일이 큰 날이므로 그 안식일에 시체들을 십자가에 두지 아니하려 하여 빌라도에게 그들의 다리를 꺾어 시체를 치워 달라 하니**(요 19:31) **군인들이 가서 예수와 함께 못 박힌 첫째 사람과 또 그 다른 사람의 다리를 꺾고**(요 19:32) **예수께 이르러서는 이미 죽으신 것을 보고 다리를 꺾지 아니하고**(요 19:33)

로마 시대의 십자가 처형방법은 산 사람을 십자가에 매달고 죽기까지 두는 형벌이었습니다. 보통 십자가에서 이틀 정도 매달아 두어야 숨이 끊어졌다고 합니다. 그런데 예수님께서 십자가에 달리신 날은 무교절 기간 중 큰 안식일이 시작되는 날로 죽은 사람을 안식일까지 두지 않으려는 유대인들의 요구에 빌라도는 다리를 꺾어 빨리 죽이라고 하였습니다. 군병들은 빌라도의 명령에 따라 좌우편 강도의 다리를 꺾어 빨리 죽게 하였습니다. 그런데 군병들이 왔을 때 예수님께서 이미 죽으신 것을 확인하였기에 다리를 꺾지 않았고 창으로 옆구리를 찔러 물과 피나 분리되어 나오는 것을 보고 돌아가셨음을 확인했습니다.

요한은 이 사건을 **'이 일이 일어난 것은 그 뼈가 하나도 꺾이지 아니하리라한 성경**

(시 34:20)을 응하게 하려 함이라'(요 19:36)고 기록하고 있습니다. 출애굽 당시 첫 유월절을 지키는 규례 중 하나가 어린양을 잡아 불에 구워 먹되 뼈를 꺾지 말라(출 12:46, 민 24:8)고 하셨던 하나님의 명령이 무슨 의미인지는 알지 못했지만 이스라엘 백성 모두가 순종한 것이 하나님의 뜻을 이루는 것이 되게 하였습니다.

그의 모든 뼈를 보호하심이여 그중에서 하나도 꺾이지 아니하도다(시 34:20)
한 집에서 먹되 그 고기를 조금도 집 밖으로 내지 말고 뼈도 꺾지 말지며(출 12:46)
아침까지 그것을 조금도 남겨두지 말며 그 뼈를 하나도 꺾지 말아서 유월절 모든 율례대로 지킬 것이니라(민 9:12)

❼ 성전의 휘장이 위로부터 아래로 갈라지고 죽었던 자들이 살아남

예수님께서 크게 소리 지르시고 영혼이 떠나실 때 예루살렘에는 지진이 일어났습니다. 이 지진으로 인해 성전에 지성소와 성소를 구분하던 휘장이 위로부터 아래까지 찢어졌습니다. 이 휘장은 너무 거대하고 여러 실로 꼰 것으로 만들어져 사람의 힘으로는 찢으려고 해도 찢을 수 없는 것입니다. 하나님께서는 지진을 일으키셨고 축이 무너지게 하여 휘장을 찢으셨습니다. 일 년에 하루 흠 없는 대제사장만이 지성소에 들어가 하나님으로부터 약속의 땅에 모든 죄를 사함 받게 할 수 있었는데 휘장을 찢으심으로 영원한 대제사장이신 예수 그리스도를 믿고 그의 이름으로 누구나 하나님을 만나고 하나님께 직접 기도할 수 있게 하셨습니다(히 9:24-28). 현재 예수님 시대 지진을 연구한 믿지 않던 과학자가 골고다 언덕에서 갈라진 땅이 성전에서 멈춰진 것을 발견하고 증명했다고 합니다. 당연히 역사 속에서 일어난 사건이고 성경에 기록되었다는 것을 알지만 과학자를 통해 증명된 것 또한 의미 있다고 생각합니다.

그리스도께서는 참 것의 그림자인 손으로 만든 성소에 들어가지 아니하시고 바로 그 하

늘에 들어가사 이제 우리를 위하여 하나님 앞에 나타나시고(히 9:24) 대제사장이 해마다 다른 것의 피로써 성소에 들어가는 것 같이 자주 자기를 드리려고 아니하실지니(히 9:25) 그리하면 그가 세상을 창조한 때부터 자주 고난을 받았어야 할 것이로되 이제 자기를 단번에 제물로 드려 죄를 없이 하시려고 세상 끝에 나타나셨느니라(히 9:26) 한번 죽는 것은 사람에게 정해진 것이요 그 후에는 심판이 있으리니(히 9:27) 이와 같이 그리스도도 많은 사람의 죄를 담당하시려고 단번에 드리신바 되셨고 구원에 이르게 하기 위하여 죄와 상관 없이 자기를 바라는 자들에게 두 번째 나타나시리라(히 9:28)

제 3 月

지진이 일어나며 나타난 또 다른 현상은 무덤이 열리고 잠자던 성도들이 살아난 것입니다. 예수님께서 부활하신 이후에 살아난 성도들은 무덤에서 나와서 거룩한 성에 들어가 많은 사람들에게 보였습니다(마 27:50-53). 예수님께서는 돌아가셨다가 무덤에서 나오신 첫 사람이 되셨고 이후 무덤에서 일어나 사흘을 기다린 성도들이 무덤에서 나왔던 것입니다.

지성소와 성소 사이에 있는 성전의 휘장
출처 "The Holy Temple in Jerusalem" by Carta Jerusalem

예수께서 다시 크게 소리 지르시고 영혼이 떠나시니라(마 27:50) **이에 성소 휘장이 위로부터 아래까지 찢어져 둘이 되고 땅이 진동하며 바위가 터지고**(마 27:51) **무덤들이 열리며 자던 성도의 몸이 많이 일어나되**(마 27:52) **예수의 부활 후에 그들이 무덤에서 나와서 거룩한 성에 들어가 많은 사람에게 보이니라**(마 27:53)

갈라진 바위 전승으로는 십자가를 세웠던 바위라고 알려져 있고 예수님께서 운명하실 때 바위가 갈라졌다고 한다.

예수님께서는 이 땅에 계실 때 깨달

음과 진심을 다한 하나님의 아들로 고백 된 적이 없습니다. 베드로의 가이사랴 빌립보에서의 고백은 베드로가 한 것이 아닌 그 속에 계신 아버지께서 대답하게 하셨다고 예수님께서 말씀하셨습니다. 예수님에 대해 진정한 하나님의 아들로 고백 된 것은 이 땅을 떠나, 본 곳으로 돌아가실 때였습니다. 백부장과 지켜보던 군병들은 지진과 그 후에 일어난 일들을 보고 심히 두려워하며 **"이는 진실로 하나님의 아들이었도다."**(마 27:54, 막 15:38-39)라고 고백합니다.

성도 여러분!

베드로가 닭이 두 번 울기 전에 세 번 예수님을 부인한 것은 앞일을 아시고 말씀하시는 예수님의 말씀에 자신의 믿음 없음을 회개하고 예수님을 부인하지 않도록 도와주심을 구한 것이 아니라 믿음도 없고 자신을 알지 못하면서도 자신만만했던 인간의 모습을 새삼 깨닫게 합니다. 나에게도 베드로처럼 신앙에 있어 자신만만하다 넘어질 수 있습니다. 교만하지 않고 겸손한 신앙을 가져 섬기는 성도가 될 수 있도록 기도하는 하루가 되시기 바랍니다. 또한 예수님께서 십자가에서 돌아가신 후에야 백부장은 **'진실로 하나님의 아들'**이셨음을 고백하였고 그곳에 모였던 많은 무리들은 안타까워했습니다. 살아 계셨을 때 그분의 말씀을 믿지 못한 것에 대한 후회가 있었을 것입니다. 나의 신앙생활 가운데 깨닫고도 믿지 못해 순종하지 못했던 것은 없는지 돌아보며 예수가 그리스도이시며 사흘 만에 죽음을 이기시고 부활하셨다는 복음을 전하는 하루가 되시길 기도합니다.

31일

고난주간 일곱째 날 무덤에 머무시며 전도하시는 예수님

오늘은 3월 31일로 성경력으로는 존재하지 않는 날짜로 오늘 날짜의 성경 사건은 없습니다. 현대력으로 오늘(2018년)은 예수님께서 무덤에 머무신지 이틀째 되는 날입니다. 오늘은 예수님께서 무덤에 머무시며 노아 때 죽은 영혼을 위해 전도하셨던 것에 대해 살펴보겠습니다.

❶ 새 무덤에 묻히시고 3일간 머무신 예수님

예수님께서 돌아가신 후 산헤드린 공회 회원이었던 아리마대 요셉은 빌라도를 찾아갑니다. 마태는 아리마대 요셉을 예수님의 제자로(마 27:57), 마가는 아리마대 요셉을 존경 받는 산헤드린 공회원이요 하나님의 나라를 기다리는 자로(막 15:43), 누가는 공회 의원으로 선하고 의로운 사람으로 당시 산헤드린의 결의와 행사에 찬성하지 않는 자며 하나님의 나라를 기다리는 자로(눅 23:50-51), 요한은 예수의 제자이나 유대인이 두려워 숨기던 자(요 19:38)라고 말합니다. 아리마대 요셉은 당돌하게 빌라도에게 예수님의 시신을 요구했습니다. 이것은 자신을 예수님의 제자로 드러내는 행동이며 산헤드린으로부터 징계를 받고 출교당할 수 있는 행동이었습니다. 아리마대 요셉은 예수님의 제자였음을 숨겼지만 이제 예수님께서 돌아가신 후 나타나는 일들을 통해 진실로 하나님의 아들이셨음을 깨닫고 용기 있는 행동을 취하고 있음을 볼 수 있습니다. 아리마대 요셉은 자신을 위해 파 놓은 새 무덤에 예수님을 장사했습니다.

저물었을 때에 아리마대의 부자 요셉이라 하는 사람이 왔으니 그도 예수의 제자라(마 27:57)
아리마대 사람 요셉이 와서 당돌히 빌라도에게 들어가 예수의 시체를 달라 하니 이 사람은 존경받는 공회원이요 하나님의 나라를 기다리는 자라(막 15:43)
공회의원으로 선하고 의로운 요셉이라 하는 사람이 있으니(눅 23:50) (그들의 결의와 행사에 찬성하지 아니한 자라) **그는 유대인의 동네 아리마대 사람이요 하나님의 나라를 기다리는 자라**(눅 23:51)
아리마대 사람 요셉은 예수의 제자이나 유대인이 두려워 그것을 숨기더니 이 일 후에 빌라도에게 예수의 시체를 가져가기를 구하매 빌라도가 허락하는지라 이에 가서 예수의 시체를 가져가니라(요 19:38)

아리마대 요셉이 예수님의 시체를 요구했을 때 대제사장들과 바리새인들은 예수님의 시신을 내어주는 빌라도를 찾아갔습니다. 이들은 빌라도에게로 **"주여 저 속이던 자가 살아 있을 때에 말하되 '내가 사흘 후에 다시 살아나리라' 한 것을 우리가 기억하노니**(63) **그러므로 명령하여 그 무덤을 사흘까지 굳게 지키게 하소서 그의 제자들이 와**

서쪽에서 동쪽으로 본 안토니아 요새와 성묘교회(골고다)의 위치

서 시체를 도둑질하여 가고 백성에게 말하되 그가 죽은 자 가운데서 살아났다하면 후의 속임이 전보다 더 클까 하나이다."(마 27:63-64)라고 말합니다. 이에 빌라도는 경비병을 시켜 무덤 문을 인봉하고 경계병을 세워 무덤을 굳게 지키게 합니다.

제 3 月

대제사장들과 바리새인들이 따라가서 경비병들이 행하는 것을 끝까지 지켜보았습니다(마 27:65-66). 대제사장들과 바리새인들도 예수님이 돌아가실 때 태양이 빛을 잃고 땅이 진동하여 지진이 나는 등 심상치 않은 일들이 벌어져 혹시나 하는 두려운 마음을 가졌을 것입니다. 하지만 그들은 예수 그리스도께서 이미 돌아가셨기에 모든 것이 끝났고 이후에는 예수님을 따르던 무리들이 시신을 훔쳐가 죽은 자 가운데서 살아났다고 말하며 속이면 더 큰 혼란이 생길 것으로 생각했기에 예수님의 무덤을 사흘 동안 지키게 하였습니다. 로마 병사를 세워 지키게 하였지만 이후 예수 그리스도께서 삼 일 만에 부활하셔서 빈 무덤이 되었다는 보고를 들은 대제사장들과 바리새인들은 자신들이 들었던 이야기가 현실에 이루어졌지만 끝까지 회개하지 않고 오히려 일어난 진실을 덮으려 하였습니다.

성묘교회 예수님께서 돌아가신 십자가가 세워졌던 골고다와 장사 되신 무덤이 있던 장소에 세워진 기념교회이다. 사진은 올리브산(감람산, 동쪽)에서 서쪽방향으로 본 모습이다.

빌라도가 이르되 너희에게 경비병이 있으니 가서 힘대로 굳게 지키라 하거늘(마 27:65) **그들이 경비병과 함께 가서 돌을 인봉하고 무덤을 굳게 지키니라**(마 27:66)

예수님의 무덤 현재 성묘교회 내부에 속하는 골고다 언덕 아래에 바위를 파서 만든 무덤으로 아리마대의 새무덤으로 추정한다.

유대인은 사람들이 죽었을 때 대대로 내려오는 그들의 조상의 무덤에 함께 장사지냈습니다. 아리마대 요셉은 왜 자신을 위해 무덤을 새로 팠는지 알 수 없지만 자기가 죽으면 묻히려 했던 '새 무덤'에 예수님을 장사지냈습니다. 누가와 요한은 예수님께서 '새 무덤'에 묻히시는 것을 강조하기 위해 **'아직 사람을 장사한 일이 없는 새 무덤'**(눅 23:53, 요 19:41)이라고 설명합니다. 예수님께서 '새 무덤'에 묻히게 하신 것은 어쩌면 예수님의 조상이 이 땅에는 없으신 것과 그의 근본이 태초시며 하늘이심을 보여주시는 것인지 모릅니다. 아리마대 요셉의 용기 있는 신앙의 결단이 예수 그리스도를 '새 무덤'에 장사하게 하였습니다. 아리마대 요셉은 예수님의 시체를 깨끗한 세마포에 싸서 바위 속에 판 자기 '새 무덤'에 장사했습니다.

이를 내려 세마포로 싸고 아직 사람을 장사한 일이 없는 바위에 판 무덤에 넣어 두니(눅 23:53)

예수께서 십자가에 못 박히신 곳에 동산이 있고 동산 안에 아직 사람을 장사한 일이 없는 새 무덤이 있는지라(요 19:41)

❷ 사흘 동안 무덤에 계시며 옥에 있는 노아 때 죽은 영혼을 위해 선포하심

사도 베드로는 **"그리스도께서 단번에 죄를 위하여 죽으사 의인으로서 불의한 자를 대신하**

셨으니 이는 우리를 하나님 앞으로 인도하려 하심이라 육체로는 죽임을 당하시고 영으로는 살리심을 받으셨다"(벧전 3:18)고 언급하며 무덤에 장사 되신 예수님께서 영으로 노아 때 죽은 영혼들을 위해 전도하셨다고 고백합니다(벧전 3:19-21). 노아 때 '물을 통하여, 물로 말미암아'('디 휘다토스', δι' ὕδατος) 구원받은 사람이 8명이었는데, 예수 그리스도께서 부활하신 이후 '물'은 예수를 그리스도로 믿는 사람들을 구원하는 '표'로 곧 '세례'라고 말합니다. 그런데 '세례' 곧 '물'은 육체의 더러움을 씻어 내는 것이 아니라 예수 그리스도의 부활을 힘입어서 선한 양심이 하나님께 응답하는 것입니다.

> **그가 또한 영으로 가서 옥에 있는 영들에게 선포하시니라**(벧전 3:19) **그들은 전에 노아의 날 방주를 준비할 동안 하나님이 오래 참고 기다리실 때에 복종하지 아니하던 자들이라 방주에서 물로 말미암아 구원을 얻은 자가 몇 명뿐이니 겨우 여덟 명이라**(벧전 3:20) **물은 예수 그리스도께서 부활하심으로 말미암아 이제 너희를 구원하는 표니 곧 세례라 이는 육체의 더러운 것을 제하여 버림이 아니요 하나님을 향한 선한 양심의 간구니라**(벧전 3:21)

예수님께서는 금요일 오후 3시에 돌아가셨고 해지기 전에 무덤에 묻히셨습니다. 유대인들의 시간 계산법은 우리의 시간 계산법과는 다릅니다. 유대인들의 하루는 해가 지면서 시작해 다음 날 해가 지기 전까지를 하루로 생각합니다. 이것은 하나님께서 창조하실 때 **'저녁이 되며 아침이 되니 이는 하루가 되었더라'**(창 1:5)는 것에서 기인합니다. 또한 유대인들은 1시간이 지나도 하루로 생각하고 하루가 지나도 한 달, 일 년으로 생각합니다. 이 두 가지를 적용해 예수님께서 무덤에 계신 날을 계산해 보면 사흘 만에 부활하신 것이 맞습니다. 계산해 보면 금요일 오후에 돌아가셨기에 3시간이 하루요, 금요일 오후 해가 진 후 토요일 오후 해지기까지가 하루였고, 토요일 해진 후 주일 새벽까지가 또 하루였습니다. 시간상으로는 만 이틀, 40시간도 안 되지만 분명 사흘을 무덤에 계신 것이 확실합니다. 예수님께서는 안식일 전에 돌아가셨고 안식 후 첫날 부활하셨다(요 20:1)고 기록하는 것을 보아도 삼 일 만에 부활하신 것이 맞습니다.

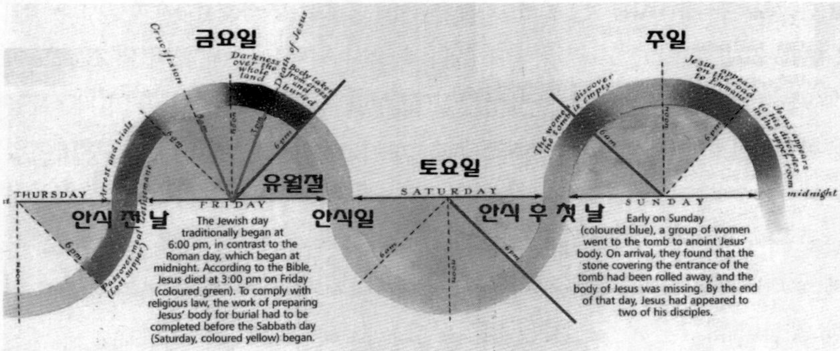

사흘 동안 무덤에 머무신 예수님

성도 여러분!

아리마대 요셉은 산헤드린 공회원으로 드러나게 예수님의 제자임을 밝히지는 못하였습니다. 그러나 예수님께서 십자가에 돌아가시면서 나타난 일들로 인해 담대히 예수님의 시체를 요구하여 자신의 무덤에 장사하며 예수님의 제자임을 당당히 보여주었습니다. 나는 모든 사람에게 예수님을 그리스도로 고백하는 그리스도인임을 당당히 보여주는 삶을 살고 있습니까? 죽음을 이기시고 영원한 생명으로 나아갈 길을 열어 주신 예수 그리스도께서 나의 구원자이심을 당당하게 소개하며 전하는 하루가 되시길 소망합니다.

4

4월의
성경 사건

부활하신 첫날 예수님의 행적 ①

(마 28:1-15, 막 16:1-13, 눅 24:1-49, 요 20:1-25)

오늘 날짜가 언급된 성경 사건은 없습니다. 오늘 날짜가 포함된 사건은 다음과 같습니다.

사건 1 제2월 10일부터 방주에 들어가 하나님의 명령을 감당하는 52일째로(노아시대 월력 체계는 한 달을 30일로 계산함) 하나님께서 말씀하신 대로 40일 동안 비가 내린 45일째

사건 2 라암셋을 떠난 지 76일째(제1월을 30일, 제2월을 29일로 계산함)로 시내산 밑 시내광야에 도착하여(제3월 1일) 거한지 31일째(출 19:1-2)

사건 3 "너는 산에 올라 내게로 와서 거기 있으라"는 하나님의 명령을 받고 모세가 시내산에 올라 첫 번째 40일 금식기도를 시작한 24일째

사건 4 시내광야에 11개월 20일 머물던 이스라엘 백성이 하나님의 명령에 따라 약속의 땅을 향해 떠난 지 41일째

사건 5 모르드개가 조서를 써 전국 127도에 보낸 후 9일째(더 8:1-17)

사건 6 주전 458년 2차 포로 귀환 시 제1월 1일 바벨론을 떠난 후 90일째로 아하와 강을 떠난 지 79일째(스 7:6-9, 8:15-36)

사건 7 구약의 절기로는 초실절이며 2018년 부활절

오늘은 2018년 부활주일입니다. 그리고 구약의 절기로는 유월절을 지킨 날부터 7일 동안 지키는 무교절 기간 중 둘째 날로 예수님께서 십자가를 지셨던 해에는 안식 후 첫날에 해당합니다. 무교절은 7일 동안 지키는 절기였

기에 7일 중 안식일이 있게 되고 그 안식일이 지난 후 첫날 하나님께서 명령하신 초실절을 지켰습니다(레 23:15). 예수님께서는 유월절이 시작하기 전날 오후 3시에 유월절 어린양으로 십자가를 지심으로 죽으셨고 무덤에 머무신 지 사흘 만에 곧 안식일 후 첫날은 초실절 제사를 드리는 날 부활하셨습니다. 오늘은 구약에 절기인 초실절에 부활하신 예수님의 발자취를 살펴보겠습니다.

안식일 이튿날 곧 너희가 요제로 곡식단을 가져온 날부터 세어서 일곱 안식일의 수효를 채우고(레 23:15)

현대 개념		금	토	주일	월	화	수	목	금
		14	15	16	17	18	19	20	21
무교절			1일	2일	3일	4일	5일	6일	7일
	해질 때	1일	2일	3일	4일	5일	6일	7일	
예수님의 부활			안식일	부활 1일	2일	3일	4일	5일	6일
	해질 때	안식일							

무교절과 초실절에 해당하는 부활주일 비교

❶ 천사로부터 예수님께서 부활하셨다는 소식을 듣는 여인들

예수님께서는 십자가를 지심으로 죽으셨고 안식일이 시작되기 전 무덤에 장사 되었습니다. 무덤에 사흘을 머무신 예수님께서는 안식일이 지난 첫날(토요일 해진 후부터 주일 해지기 전까지) 부활하셨습니다. 예수님께서 부활하신 후 이른 아침 여인들은(막달라 마리아, 요안나, 야고보의 모친 마리아, 한 다른 여자, 마 28:1-2, 눅 24:1, 10) 예수님의 무덤으로 향해 갔습니다. 왜냐하면 예수님께서 돌아가신 금요일, 곧 안식일 전날 오후 늦은 시간에 예수님의 장례를 시작했기에 제대로 행하지 못한 남은 절차가 있었기 때문입니다. 여인들은 예수님을 장사한 무덤으로 가 그 절차를 이행하려고 예비한 향품을 가지고 갔습니다. 이들은 "누가 우리를 위하여 무덤 문에서 돌을 굴려 주리요?"(막 16:3)라고 말했습니다. 여인들이 예수님의 무덤으로 가는 중에 지진이 일어났고 예수 그리스도께서는 부활하셨습니다.

안식일이 다 지나고 안식 후 첫날이 되려는 새벽에 막달라 마리아와 다른 마리아가 무덤을 보려고 갔더니(마 28:1) **큰 지진이 나며 주의 천사가 하늘로부터 내려와 돌을 굴려 내고 그 위에 앉았는데**(마 28:2)
안식 후 첫날 새벽에 이 여자들이 그 준비한 향품을 가지고 무덤에 가서(눅 24:1)
이 여자들은 막달라 마리아와 요안나와 야고보의 모친 마리아라 또 그들과 함께 한 다른 여자들도 이것을 사도들에게 알리니라(눅 24:10)

둥근 돌로 만든 문을 가진 당시의 무덤

여인들이 무덤에 도착했을 때 무덤을 막았던 돌이 굴려 무덤이 열려 있었고 무덤 안을 들여다본즉 무덤 안에는 예수님의 시체가 보이지 않았습니다. 예수님의 무덤에 들어가 본 여인들은 빈 무덤을 경험했습니다. 이 여인들에게 천사가 나타나 **"너희는 무서워하지 말라. 십자가에 못 박히신 예수님을 너희가 찾는 줄을 내가 아노라.(5) 그가 여기 계시지 않고 그가 말씀 하시던 대로 살아 나셨느니라. 와서 그가 누우셨던 곳을 보라.(6) 또 빨리 가서 그의 제자들에게 이르되 그가 죽은 자 가운데서 살아나셨고 너희보다 먼저 갈릴리로 가시나니 거기서 너희가 뵈오리라 하라. 보라 내가 너희에게 일렀느니라."**(마 28:5-7)고 전합니다. 마가는 **"놀라지 말라! 너희가 십자가에 못 박히신 나사렛 예수님을 찾는구나. 그가 살아나셨고 여기 계시지 아니하니라. 보라! 그를 두었던 곳이니라."**(막 16:6)라고 기록했고 누가는 **"어찌하여 살**

아 있는 자를 죽은 자 가운데서 찾느냐? 여기 계시지 않고 살아 나셨느니라. 갈릴리에 계실 때에 너희에게 어떻게 말씀하셨는지를 기억하라! 이르시기를 '인자가 죄인의 손에 넘겨져 십자가에 못 박히고 제삼 일에 다시 살아나야 하리라' 하셨느니라."(눅24:5-7)고 기록했습니다. 마태는 여자들이 무서움과 큰 기쁨으로 빨리 무덤을 떠나 제자들에게 알리려고 달려갔다고 기록하고(마 28:8), 마가는 여인들은 몹시 놀라 떨며 도망하고 무서워하며 아무에게도 말을 하지 못했다(막 16:8)고 기록하고 누가는 여인들이 무덤에서 돌아가 이 모든 것을 열한 사도와 다른 모든 이에게 알렸다(눅 24:9)라고 기록합니다.

여인들은 자신들이 체험한 이야기 곧 예수 그리스도께서 부활하신 것을 제자들에게 전했습니다. 그러나 제자들은 되어진 일을 믿으려 하지 않습니다. 베드로와 요한은 여인들이 "사람들이 주님을 무덤에서 가져다가 어디 두었는지 우리가 알지 못하겠다."고 말하는 소리를 듣고 무덤으로 달려갑니다(요20:2-10). 여인들은 예수님께서 부활하신 것이 아니라 사람들이 다른 곳으로 가져갔다고 생각합니다. 무덤에 달려온 두 제자는 예수님의 빈 무덤에 들어가 예수님의 시체를 쌓던 세마포를 보고 머리에 쌌던 수건은 딴 곳에 쌌던 대로 놓여 있음을 보고 여인들이 말이 사실임을 깨닫습니다. 그리고 그들은 사실만 확인하고 부활하셨음을 생각하지 못 하고 집으로 돌아갔습니다. 누가는 '베드로가 이 일을 기이히 여기며 집으로 돌아갔다'고 기록하고(눅 24:2), 요한은 '성경에 그가 죽은 자 가운데서 다시 살아나야 하리라 하신 말씀을 아직 알지 못하더라'(요 20:9)고 기록하고 있습니다. 요한은 자신이 빈 무덤을 목격하고도 예수님의 말씀을 아직 기억하지 못했고 알지 못했음을 고백하고 있습니다.

> 베드로는 일어나 무덤에 달려가서 구푸려 들여다보니 세마포만 보이는지라 그 된 일을 기이히 여기며 집으로 돌아가니라(눅 24:12)

❷ 막달라 마리아에게 처음으로 나타나신 예수님(막 16:9, 요 20:11-18)

무덤 내부 모습 여인들과 베드로, 요한은 예수님께서 부활하신 빈 무덤을 경험했다.

부활하신 예수님을 처음 본 여인은 일곱 귀신을 내어 쫓아 주신 막달라 마리아였습니다. 여인들과 함께 왔던 막달라 마리아는 함께 제자들에게 돌아가지 않고 무덤 밖에 남아 울고 있었습니다. 울면서 무덤 안을 들여다본 막달라 마리아는 두 천사를 보았고 천사는 **"여자여! 어찌하여 우느냐?"**고 물었고 막달라 마리아는 **"사람들이 내 주님을 옮겨다가 어디 두었는지 내가 알지 못함이니이다."**(요 20:13)고 말합니다. 두 천사와 대화를 나눈 후 뒤를 돌아다보았을 때 예수님께서 서 계셨습니다. 그러나 마리아는 예수님이신 줄 알지 못합니다. 예수님께서는 **"여자여! 어찌하여 울며 누구를 찾느냐?"**고 물으셨습니다. 마리아는 예수님께서 '동산지기'인 줄로 알고 예수님의 시신을 돌려 달라고 말합니다. 예수님께서는 **"마리아야."** 부르셨고 그제야 마리아는 예수님이신 줄 알고 **"랍오니(선생님)."**라고 불렀고 예수님께서는 **"나를 만지지 말라. 내가 아직 아버지께로 올라가지 못하였노라. 너는 내 형제들에게 가서 이르되 '내가 내 아버지 곧 너희 아버지, 내 하나님 곧 너희 하나님께로 올라간다' 하라."** 하셨습니다. 막달라 마리아는 제자들에게 가서 **"내가 주를 보았다."** 하며 예수님께서 하신 말씀을 전했습니다. 그러나 제자들은 여인들의 말이 허탄한 듯이 들려 믿지 않았습니다(눅 24:11). 베드로와 요한은 일어나 무덤으로 달려가 빈 무덤을 확인하고 놀랍게 여기며 돌아옵니다(눅 24:12, 요 20:1-10).

제
4
月

❸ 여인들에게 나타나신 예수님(마 28:9-10)

예수님께서는 빈 무덤을 확인하고 제자들에게 달려가는 여인들에게 나타나셨습니다(주일 아침, 예루살렘). 안식 후 첫날 예수님의 무덤으로 갔던 여인들은 다섯 명 이상입니다. 누가는 '막달라 마리아와 요안나와 야고보의 모친 마리아와 또 그들과 함께 한 다른 여자들'이라고 표현합니다. 이들은 함께 무덤에 왔다가 빈 무덤을 보았고 천사들의 소식을 제자들에게 전하러 가던 중이었습니다. 막달라 마리아는 베드로와 요한이 있는 곳으로 가서 소식을 전했고 다른 여자들은 또 다른 제자들이 모여 있는 곳으로 향하고 있습니다. 이들에게 부활하신 예수님께서 두 번째 나타나신 것입니다.

무덤에서 막달라 마리아와 함께 두 천사를 통해 **"너희는 무서워 말라! 십자가에 못 박히신 예수님을 너희가 찾는 줄을 내가 아노라. 그가 여기 계시지 않고 그의 말씀 하시던 대로 살아나셨느니라. 와서 그의 누우셨던 곳을 보라. 또 빨리 가서 그의 제자들에게 이르되 '그가 죽은 자 가운데서 살아나셨고 너희보다 먼저 갈릴리로 가시나니 거기서 너희가 뵈오리라' 하라. 보라! 내가 너희에게 일렀느니라."**하고 증거 받은 세 여인은 무서움과 큰 기쁨으로 무덤을 빨리 떠나 제자들에게 알리려 달음질했습니다. 어쩌면 일어날 수 없는 일이 일어났고 믿지 못했던 것이 두렵기도 하여 달려가는 이들에게 예수님께서는 나타나셨습니다. 예수님께서는 두려움으로 달려가는 여인들에게 나타나시어 **"평안하뇨."**라고 물으셨고 여자들은 예수님께 나아가 경배했습니다. 예수님께서는 **"무서워 말라! 가서 내 형제들에게 갈릴리로 가라 하라. 거기서 나를 보리라."**고 말씀해 주셨습니다.

❹ 주일 오전 예루살렘에서 시몬 베드로에게 보이신 예수님(눅 24:34, 고전 15:5).

예수님께서 부활하셨다는 소식을 막달라 마리아와 여인들에게 전해 들은 베드로와 요한은 무덤으로 달려갔습니다(앞 내용 참조). 그런데 무덤에서 예수님의 시체가 없어진 사실을 안 베드로와 요한이 왜 예수님께서 부활하셨다고 생각하지 못합니다. 이것은 예수님께서 생전에 하셨던 말씀을 기억하지 못했기 때문입니다. 예수님을 따라다녔을 때도 그저 배부른 까닭이라고 말씀하는 성경을 이해하게 합니다(요 6:26). 그러나 예수님께서 잡히시던 밤에 세 번 부인함으로 자신의 잘못을 뉘우쳤던 베드로가 이렇게도 깨닫지 못하는 것을 볼 때 참으로 인간이라는 존재의 알 수 없음을 다시 한번 생각하게 합니다. 이 사실은 인간이 정말로 나약한 존재이며 또한 하나님께서 한 사람을 들어 쓰실 때 얼마나 철저한 회개를 하게 하시는 가를 생각할 수 있습니다. 이러한 베드로에게 예수님께서는 친히 나타나셨습니다.

> **말하기를 주께서 과연 살아나시고 시몬에게 보이셨다 하는지라**(눅 24:34)
> **게바에게 보이시고 후에 열두 제자에게와**(고전 15:5)
> **예수께서 대답하여 이르시되 내가 진실로 진실로 너희에게 이르노니 너희가 나를 찾는 것은 표적을 본 까닭이 아니요 떡을 먹고 배부른 까닭이로다**(요 5:26)

아마도 무덤을 다녀간 후 집에 머물며 고민하고 있는 베드로에게 예수님께서 친히 나타나셨고 이후의 일들을 가르치셨을 것입니다. 예수님을 만난 베드로는 이후 철저한 회개를 했을 것이고 예수 그리스도를 증거하며 교회를 세우는 반석이 되었습니다. 부활하신 예수님께서 친히 만나 주셨던 베드로를 통해 복음은 전파되었고 그는 십자가에 거꾸로 달려 죽는 순교를 하기까지 주님을 부인하지 않고 복음을 전파했던 것입니다.

성도 여러분!

장사된 후 사흘 만에 부활하신 예수님께서는 주일 아침부터 하루 종일 바쁘신 일정을 보내셨습니다. 예수님께서는 지도자를 잃고 아무것도 할 수 없는 상황에 처한 제자들을 찾아가셔서 그들의 마음을 어루만지시고 신앙을 회복시키셨습니다. 그런데 함께 지냈던 믿음의 언약공동체가 예수님께서 부활하셨다는 사실을 믿지 못합니다. 막달라 마리아, 여인들, 베드로, 엠마오에서 돌아와 증거하는 두 제자 등 4번의 체험이 계속 이야기되었지만 예수 그리스도의 부활을 믿으려고 하는 사람을 많지 않았습니다.

'예수는 그리스도다'라고 전하는 중 모두 거짓말이라고 말하는 사람들을 만나 답답함을 경험한 적이 있습니까? 또한 나의 신앙이 믿음으로 반응하지 못 하고 체험한 다른 사람들의 외침에 대해 답답하게 만들지는 않은지 생각해 보시기 바랍니다. 오늘도 말씀으로 찾아오셔서 나를 깨우쳤던 때를 기억하고 깨달은 성도로서 아직 알지 못 하고 믿지 못하는 사람들에게 예수 그리스도의 부활을 믿고 전하는 하루가 되시길 기도합니다.

부활하신 첫날 예수님의 행적 ②

(마 28:1-15, 막 16:1-13, 눅 24:1-49, 요 20:1-25)

오늘 날짜가 언급된 성경 사건은 없습니다. 오늘 날짜가 포함된 사건은 다음과 같습니다.

사건 1 제2월 10일부터 방주에 들어가 하나님의 명령을 감당하는 53일째로(노아시대 월력 체계는 한 달을 30일로 계산함) 하나님께서 말씀하신 대로 40일 동안 비가 내린 46일째

사건 2 라암셋을 떠난 지 77일째(제1월을 30일, 제2월을 29일로 계산함)로 시내산 밑 시내광야에 도착하여(제3월 1일) 거한지 32일째(출 19:1-2)

사건 3 "너는 산에 올라 내게로 와서 거기 있으라"는 하나님의 명령을 받고 모세가 시내산에 올라 첫 번째 40일 금식기도를 시작한 25일째

사건 4 시내광야에 11개월 20일 머물던 이스라엘 백성이 하나님의 명령에 따라 약속의 땅을 향해 떠난 지 42일째

사건 5 모르드개가 조서를 써 전국 127도에 보낸 후 10일째(더 8:1-17)

사건 6 주전 458년 2차 포로 귀환 시 제1월 1일 바벨론을 떠난 후 91일째로 아하와 강을 떠난 지 80일째(스 7:6-9, 8:15-36)

사건 7 2018년 예수님께서 부활하신 후 2일째

오늘은 예수님께서 부활하신 지 2일째 되는 날입니다. 어제에 이어 죽음을 이기시고 부활하신 예수님의 '첫날' 행적을 살펴보겠습니다. 당시 유대력으로 계산하면 안식 후 첫날 해가 진 후 엠마오에서 두 제자와 식탁에 앉

으신 것과 저녁에 예루살렘에서 열한 사도와 제자들에게 나타나신 사건을 안식 후 둘째 날이 시작하는 때의 사건입니다.

⑤ 주일 오후에 엠마오로 가는 두 사람에게 나타나신 예수님(눅 24:13-35)

예수님을 따르던 제자 중 두 명이 안식 후 첫날이 되자 서둘러 예루살렘을 떠났습니다. 생각해보면 예수님께서 붙잡히고 십자가에 못 박히신 후 모든 것이 끝났다고 생각하며 이동할 수 없는 안식일이 지나기를 기다렸을 것입니다. 주님이 부활하신 주일은 무교절 기간이었고 다른 해 유월절 같으면 7일 동안 예루살렘에 머물며 무교절을 거룩히 지냈을 것입니다. 그러나 이들은 지금 예루살렘을 떠나 엠마오로 가고 있습니다. 이들은 아마도 부활하신 예수님께서 여인들에게 말씀하셨던 사실도 증거 받았지만 그것을 믿지 못했을 것입니다. 그랬기에 서둘러 예루살렘을 떠났던 것입니다. 이들은 예루살렘에서 25리(10Km) 되는 엠마오로 가는 중이었는데 이들에게 예수님께서는 나타나시어 동행하시며 가르치셨습니다.

동행하는 예수님을 두 제자는 알아보지 못하는데 예수님께서는 되어진 모든 일을 증거 받고도 믿지 못하는 두 제자에게 **"미련하고 선지자들의 말한 모든 것을 마음에 더디 믿는 자들이여 그리스도가 이런 고난을 받고 자기의 영광에 들어가야 할 것이 아니냐."** 말씀하시며 모세로부터 선지자의 모든 글로 시작하여 성경에 쓴바 자기에 관한 것을 자세히 설명해 주셨습니다. 두 제자는 길을 더 가려는 예수님을 모시고 함께 유하며 저녁을 먹었습니다. 이때 예수님께서는 이전에 행하셨던 것을 기억하게 하시려 함과

로마 시대의 도로 예루살렘에서 서쪽으로 내려가는 길

같이 떡을 가지사 축사하시고 저희에게 주셨고 두 제자는 눈이 밝아 예수님을 알아보았습니다(눅 24:30-32). 두 제자는 그 시로 일어나 예루살렘으로 돌아가는데 열한 사도와 및 그와 함께 한 자들이 모여서 예수님의 부활하심에 이야기할 때 자신들에게 나타나신 예수님에 대해 증거 했습니다.

> 그들과 함께 음식 잡수실 때에 떡을 가지사 축사하시고 떼어 그들에게 주시니(눅 24:30) 그들의 눈이 밝아져 그인 줄 알아보더니 예수는 그들에게 보이지 아니하시는지라(눅 24:31) 그들이 서로 말하되 길에서 우리에게 말씀하시고 우리에게 성경을 풀어 주실 때에 우리 속에서 마음이 뜨겁지 아니하더냐 하고(눅 24:32)

⑥ 주일 밤 예루살렘에서 열 사도와 제자들에게 나타나신 예수님(요 20:19-23).

예수님께서 부활하신 것은 예수님을 따르던 제자와 무리에게 당시의 종교 지도자들에게 커다란 사건이었습니다. 무덤을 지키던 병사들은 큰 지진이 나며 주의 천사가 하늘로서 내려와 돌을 굴려낼 때 무서워하며 떨며 죽은 사람같이 되었었으나 되어진 모든 일을 목격한자입니다. 그러나 이들은 종교지도자들의 매수에 예수님의 부활사실을 감추어야 했고 예수님의 제자들이 밤에 와서 예수님을 도적질해 갔다고 거짓말로 증거 했습니다(마 28:11-15).

> 여자들이 갈 때 경비병 중 몇이 성에 들어가 모든 된 일을 대제사장들에게 알리니(마 28:11) 그들이 장로들과 함께 모여 의논하고 군인들에게 돈을 많이 주며(마 28:12) 이르되 너희는 말하기를 그의 제자들이 밤에 와서 우리가 잘 때에 그를 도둑질하여 갔다 하라(마 28:13) 만일 이 말이 총독에게 들리면 우리가 권하여 너희로 근심하지 않게 하리라 하니(마 28:14) 군인들이 돈을 받고 가르친 대로 하였으니 이 말이 오늘날까지 유대인 가운데 두루 퍼지니라(마 28:15)

이로 인해 예수님의 제자들은 잡힐 것을 두려워하여 돌아다닐 수 없는 상황이 되었고 유대인들을 두려워하여 한곳에 모여 문을 닫고 서로 이야기하고 있었습니다. 아마도 여인들의 증거를 들었지만 믿음이 부족하여 두려워하며 이후 대책에 대해 논의하고 있었을 것인데 이때 예수님께서 오사 가운데 서서 "너희에게 평강이 있을지어다."(요 20:19) 말씀하시며 두려움을 없애 주셨습니다. 그런데 제자들은 자신들 앞에 나타나신 예수님을 영으로 생각하고 두려워합니다(눅 24:37).

그들이 놀라고 무서워하여 그 보는 것을 영으로 생각하는지라(눅 24:37)

예수 그리스도께서는 놀라고 무서워하는 제자들에게 "어찌하여 두려워하며 어찌하여 마음에 의심이 일어나느냐!"(눅 24:38)고 말씀하셨고 "내 손과 발을 보고 나인 줄 알라. 또 나를 만져 보라 영은 살과 뼈가 없으되 너희 보는 바와 같이 나는 있느니라."(눅 24:39)고 말씀하시며 손과 발을 보여주셨습니다(눅 24:40). 예수님께서 세 번이나 십자가를 지시고 다시 사실 것을 말씀하셨지만 제자들을 믿지 못했습니다. 그리고 부활하신 예수 그리스도를 만났다고 이야기하는 막달라 마리아, 여인들, 베드로, 엠마오로 갔던 두 제자의 경험을 들으면서도 긴가민가하며 믿지 못했습니다. 그리고 자신들 앞에 나타나신 예수 그리스도를 영으로 생각하는 이들에게 예수 그리스도께서는 손과 옆구리를 보여*주셨던 것입니다. 손과 옆구리를 본 제자들은 주를 보고 기뻐했습니다(요 20:20).

이 말씀을 하시고 손과 옆구리를 보이시니 제자들이 주를 보고 기뻐하더라(요 20:20)

제자들은 예수님의 손과 옆구리를 보고(에이도:보다, 알다, 경험하다), 경험하고 나서야 진짜로 돌아가셨던 분이시고 자신 앞에 살아 서 계심을 보고 기뻐하였습니다. 죽었던 사람의 부활은 이제껏 일어나지 않았던 사건이기에 직접 체험하지 않고는 믿을 수 없는 사건이었던 것입니다. 예수님께서 친히 나타나시고 손과 옆구리를 보이시며 설명하시고 증명하심은 제자들의 믿음을 세우시고 그들을 통해 다시 일하시기 위함이었습니다. 그런데 이때까지도 오

* 사도 요한은 '보이시니'란 단어를 '데이크뉘미:보여주다, 설명하다, 증명하다, 경험하게 하다'를 씁니다. 예수그리스도께서 십자가에 달리셔서 돌아가셨던 것을 보여주신 것, 증명하신 것, 경험하게 하신 것이다.

히려 너무 기뻐 믿지 못 하고 놀랍게 여기는 사람도 있었습니다. 예수님께서는 "여기 무슨 먹을 것이 있느냐?"고 물으셨고 구운 생선 한 토막을 받으시고 제자들 앞에서 잡수셨습니다(눅 24:41-43).

그들이 너무 기쁘므로 아직도 믿지 못 하고 놀랍게 여길 때에 이르시되 여기 무슨 먹을 것이 있느냐 하시니(눅 24:41) **이에 구운 생선 한 토막을 드리니**(눅 24:42) **받으사 그 앞에서 잡수시더라**(눅 24:43)

십자가에서 죽으신 후 사흘 만에 다시 사신 주님이심을 깨닫게 하신 후 예수님께서는 제자들에게 다시 한번 "너희에게 평강이 있을지어다."라고 말씀하셨고 "아버지께서 나를 보내신 것 같이 나도 너희를 보내노라." 하시며 숨을 내쉬며 성령을 받으라고 하셨으며 제자들에게 죄를 사하는 권세까지 주셨습니다(요 20:21-23).

예수께서 또 이르시되 너희에게 평강이 있을지어다 아버지께서 나를 보내신 것 같이 나도 너희를 보내노라(요 20:21) **이 말씀을 하시고 그들을 향하사 숨을 내쉬며 이르시되 성령을 받으라**(요 20:22) **너희가 누구의 죄든지 사하면 사하여질 것이요 누구의 죄든지 그대로 두면 그대로 있으리라 하시니라**(요 20:23)

부활하신 예수님께서는 부활하셨다는 사실을 믿지 못하는 제자들과 여러 사람에게 보이시며 믿음을 갖게 하셨습니다. 이 사실을 누가는 '저희에게 확실한 많은 증거로 친히 사심을 나타내셨다'고 기록하고 있습니다(행 1:3). 예수님께서는 부활하신 후 40일을 땅에 계시며 믿음 없는 자들의 믿음을 세워주셨고 하나님 나라의 일을 말씀하셨습니다. 성경 각 저자는 이 많은 일들 가운데 11번을 성경의 곳곳에 기록하고 있습니다.

그가 고난받으신 후에 또한 그들에게 확실한 많은 증거로 친히 살아 계심을 나타내사 사십 일 동안 그들에게 보이시며 하나님 나라의 일을 말씀 하시니라(행 1:3)

성도 여러분!

제
4
月

예수 그리스도의 부활을 먼저 체험했던 사람들의 증거에도 불구하고 엠마오로 가는 두 제자를 예수님께서는 포기하지 않으셨습니다. 예수님께서는 엠마오로 가는 두 제자와는 장시간 함께하시며 성경 말씀을 가르치시며 대화하심으로 그들이 예수 그리스도께서 부활하셨다는 것을 깨닫고 체험하게 하셨습니다. 그리고 깨달은 두 제자는 즉시 떠나왔던 예루살렘으로 향했고 함께 모여있던 제자들에게 예수 그리스도의 부활하심을 증거 했습니다. 나의 신앙생활을 돌아볼 때 엠마오로 가는 두 제자처럼 실망하고 믿는 길에서 돌아선 적이 있습니까? 간약 그러한 경험이 있다면 오늘도 언약공동체(교회) 내에 같은 일로 고민하는 지체가 없는지 돌아보고 먼저 다가가 그들이 확신에 거할 수 있도록 나의 체험을 나누며 이끄는 형제, 자매가 되시길 기도합니다.

3일

'열한 사도'에 속하지 않은 사도는?

- 가룟 유다의 행적

오늘 날짜가 언급된 성경 사건은 없습니다. 오늘 날짜가 포함된 사건은 다음과 같습니다.

사건 1 제2월 10일부터 방주에 들어가 하나님의 명령을 감당하는 54일째로(노아시대 월력 체계는 한 달을 30일로 계산함) 하나님께서 말씀하신 대로 40일 동안 비가 내린 47일째

사건 2 라암셋을 떠난 지 78일째(제1월을 30일, 제2월을 29일로 계산함)로 시내산 밑 시내광야에 도착하여(제3월 1일) 거한지 33일째(출 19:1-2)

사건 3 "너는 산에 올라 내게로 와서 거기 있으라"는 하나님의 명령을 받고 모세가 시내산에 올라 첫 번째 40일 금식기도를 시작한 26일째

사건 4 시내광야에 11개월 20일 머물던 이스라엘 백성이 하나님의 명령에 따라 약속의 땅을 향해 떠난 지 43일째

사건 5 모르드개가 조서를 써 전국 127도에 보낸 후 11일째(더 8:1-17)

사건 6 주전 458년 2차 포로 귀환 시 제1월 1일 바벨론을 떠난 후 92일째로 아하와 강을 떠난 지 81일째(스 7:6-9, 8:15-36)

사건 7 2018년 예수님께서 부활하신 후 3일째

오늘은 예수님께서 부활하신 지 3일째 되는 날입니다(2018년 기준). 7일 동안 지키는 무교절 4일째 해당하는 날로 대부분 갈릴리 사람들이었던 예수님의 제자들도 예루살렘에 머물고 있습니다. 어제 부활하신 날 저녁 예수님께서 나

타나셨을 때 '열한 사도'와 제자들이 함께 있었다고 설명했는데 '열한 사도'에 포함되지 않은 사도가 누구인지 생각해 봅시다. 그리고 일주일이 지나 주일 저녁에 다시 나타나신 예수님 앞에 모여 있던 '열한 사도' 중 빠진 사도는 누구인지 생각해 봅시다. 오늘은 일주일 사이에 벌어진 두 사건에 나타난 '열한 사도'와 예수님을 판 '가룟 유다'와는 어떤 관계가 있는지 살펴보겠습니다.

❶ 무교절 기간 중 가룟 유다의 행적

예수님의 죽음과 관련해 가룟 유다의 마지막 행적이 기록된 것은 '큰 날'(큰 안식일, 유월절) 전날 곧 목요일 밤에 올리브산(감람산) 겟세마네 동산에서 예수님을 만난 것입니다. 많은 사람과 함께 예수님을 잡으러 온 가룟 유다는 약속한 표식대로 예수님과 입맞춤을 했습니다(마 26:47, 막 14:43, 눅 22:47-48). 이후 예수님께서는 사람들에게 잡히셔서 고난 당하시고 십자가를 통해 구원을 이루셨습니다. 이후 가룟 유다는 어떻게 되었을까요?

> **말씀하실 때에 열둘 중의 하나인 유다가 왔는데 대제사장들과 백성의 장로들에게서 파송된 큰 무리가 칼과 몽치를 가지고 그와 함께 하였더라**(마 26:47)
> **예수께서 말씀하실 때에 곧 열둘 중의 하나인 유다가 왔는데 대제사장들과 서기관들과 장로들에게서 파송된 무리가 검과 몽치를 가지고 그와 함께 하였더라**(막 14:43)
> **말씀하실 때에 한 무리가 오는데 열둘 중의 하나인 유다라 하는 자가 그들을 앞장서 와서**(눅 22:47) **예수께 입을 맞추려고 가까이하는지라 예수께서 이르시되 유다야 네가 입맞춤으로 인자를 파느냐 하시니**(눅 22:48)

가룟 유다가 죽은 상황에 대한 기록은 두 가지가 있습니다. 마태는 가룟 유다가 예수님께서 정죄 됨을 보고 스스로 뉘우쳐 은 30을 성소에 던져 넣고 물러가서 스스로 목을 매어 죽었다(마 27:3-5)고 기록합니다. 한편 누가는 몸이 곤두박질하여 배가 터져 창자가 다 흘러 나왔다(행 1:16-20)고 기록합니다. 이 두 기록을 종합해 보면 가룟 유다는 목매어 죽으려고 자살을 기도했지만 아마도 목을 맨 줄이 끊어지고 떨어져 배가 터지고 창자가 흘러나온 상태로 죽었던 것으로 생각됩니다.

> **그때에 예수를 판 유다가 그의 정죄 됨을 보고 스스로 뉘우쳐 그 은 삼십을 대제사장들과 장로들에게 도로 갖다 주며**(마 27:3) **이르되 내가 무죄한 피를 팔고 죄를 범하였도다 하니 그들이 이르되 그것이 우리에게 무슨 상관이냐 네가 당하라 하거늘**(마 27:4) **유다가 은을 성소에 던져 넣고 물러가서 스스로 목매어 죽은지라**(마 27:5)
>
> **형제들아 성령이 다윗의 입을 통하여 예수 잡는 자들의 길잡이가 된 유다를 가리켜 미리 말씀하신 성경이 응하였으니 마땅하도다**(행 1:16) **이 사람은 본래 우리 수 가운데 참여하여 이 직무의 한 부분을 맡았던 자라**(행 1:17) (이 사람이 불의의 삯으로 밭을 사고 후에 몸이 곤두박질하여 배가 터져 창자가 다 흘러 나온지라(행 1:18) **이 일이 예루살렘에 사는 모든 사람에게 알리어져 그들의 말로는 그 밭을 아겔다마라 하니 이는 피밭이라는 뜻이라)**(행 1:19) **시편에 기록하였으되 그의 거처를 황폐하게 하시며 거기 거하는 자가 없게 하소서 하였고 또 일렀으되 그의 직분을 타인이 취하게 하소서 하였도다**(행 1:20)

마태복음 27:5에 쓰인 '아펭카토'(ἀπήγξατο)는 '아팡코'(ἀπάγχω, 교살하다, 목매어 죽다)의 중간태가 쓰여 '스스로 목매어 죽은지라'로 번역됩니다. 이것은 분명하게 스스로 죽기 위해 목을 맨 것을 보여줍니다. 또한 사도행전 1:17에 사용된 '엘라케센'(ἐλάκησεν)은 '라스코'(λάσχω, 소리 내며 터지다)의 직설법 과거가 쓰여 '소리내며 터졌다'로 번역됩니다. 고전 헬라어에서 '라스코'(λάσχω)는 '요란한 소리(펑, 우지끈, 딱 등등)와 함께 산산이 폭발하다, 소리내며 터지다'를 의미합니다(참조: Walter Bauer; J. H. Thayer). 결국 누가의 기록에 의하면 가룟 유다는 큰 소리 내며 배가 터졌고 창자가 흘러나온 상태로 죽었음을 알려 주는 것입니다.

❷ 가룟 유다가 죽은 시기와 '열한 사도'(열한 제자)란 표현은?

앞에서 가룟 유다가 죽은 두 사건에 대한 기록을 살펴보았는데 성경에는 가룟 유다가 언제 죽었는지 정확한 시기가 기록되어 있지 않습니다. 그런데

제4月

대부분의 사람은 예수님께서 부활하시기 전에 죽었다고 생각합니다. 이 지점에서 뜬금없는 질문으로 들리겠지만 누가복음 24:9, 33절에 '열한 사도'(열한 제자)에서 빠진 사람은 누구인지 생각해 보시기 바랍니다. 참고로 원문에는 '사도'나 '제자'라는 단어가 없이 '헨데카'(e{ndeka, 열하나)라고 기록되었습니다. 참고로 두 구절은 모두 예수님께서 부활하신 주일날 이루어진 사건입니다. 누가복음 24:9은 예수님의 빈 무덤을 목격한 여인들이 사도/제자들에게 알리는 것으로 아침의 상황이고 24:34은 엠마오로 내려갔던 두 제자가 예루살렘으로 돌아와 모임에 참석한 주일 저녁사건입니다.

> **무덤에서 돌아가 이 모든 것을 열한 사도와 다른 모든 이에게 알리니**(눅 24:9)
> **곧 그때로 일어나 예루살렘에 돌아가 보니 열한 제자 및 그들과 함께 한 자들이 모여 있어**(눅 24:33)

'열한 사도'라는 의미로 쓰인 '헨데카'에 속하지 않는 '열두 사도' 중 한 사람은 누구입니까? 대부분이 '가롯 유다'라고 생각하셨을 것입니다. 제가 강의하면서 물어보면 두말 않고 다 '가롯 유다'라고 대답을 합니다. 이제 다음 구절(요 20:26)을 읽고 누가복음 24장에서 언급한 '열한 사도'(열한 제자)에서 빠진 사도/제자가 누구인지 생각해 보시기 바랍니다.

> **여드레를 지나서 제자들이 다시 집 안에 있을 때에 도마도 함께 있고 문들이 닫혔는데 예수께서 오사 가운데 서서 이르시되 너희에게 평강이 있을지어다 하시고**(요 20:26)

요한복음 20:26을 읽고 나면 많은 분이 생각하지도 않았던 부분에서 충격을 받으실 것입니다. 강의 중에 구절을 읽지 않고 그냥 "예수님의 부활을 목격한 제자 중 8일 지각생이 누구지요?"라고 물으면 모두 "도마(디두모)"라고 대답하며 순간적으로 충격을 받으십니다. 왜냐하면 앞에서 누가복음 24:9, 33에 '열한 사도'(열한 제자)를 기억하고 있기에 무엇인가 잘못되었다는 생각을 하기 때문입니다.

이제 아직 무엇이 잘못되었는지 이해하지 못하는 분들을 위해 자세히 설명해 보겠습니다. 사도 요한이 언급하는 여드레 지나서 예수님을 만난 제자가 도마(디두모)가 정확하다면 누가가 누가복음 24:9과 33에서 언급한 '열한 사도'(열한 제자)에서 빠진 사람은 가룟 유다가 아니라 도마입니다. 그렇다면 가룟 유다는 '열한 사도'에 포함되어 있다는 것입니다. 대부분의 사람은 가룟 유다가 예수님께서 부활하시기 전에 죽었다는 생각을 하고 있었기에 부활하신 날 저녁 제자들이 모인 장소에 나타나셨을 때 '열한 명'(사도) 중 빠진 사도가 누구냐 물었을 때 반사적으로 가룟 유다라고 대답했던 것입니다. 그런데 이제 요한의 증거대로 도마가 부활하신 주일 '열한 명'의 사도 가운데 없었다면 '열한 명' 속에는 가룟 유다가 있어야 합니다. 가룟 유다가 부활하신 날 저녁에 예수님께서 찾아오신 현장에 있었다면 가룟 유다는 예수님의 부활을 목격한 것이 됩니다.

사도 요한 부활하신 예수님께서 제자들에게 나타나셨던 두 번의 사건을 정확하게 기록합니다. 안식 후 첫날 저녁에 유대인들을 두려워하여 모였던 곳에 문이 닫힌 상태에서 들어오셔서 **"너희에게 평강이 있을지어다."**라고 말씀하신 후 손과 옆구리를 보이셨습니다. 예수님께서는 다시 **"너희에게 평강이 있을지어다. 아버지께서 나를 보내신 것 같이 나도 너희를 보내노라."**고 말씀하셨고 제자들을 향해 숨을 내쉬며 **"성령을 받으라 너희가 누구의 죄든지 사하면 사하여질 것이요 누구의 죄든지 그대로 두면 그대로 있으리라."**고 말씀하셨습니다(요 20:19-23).

> **이날 곧 안식 후 첫날 저녁때에 제자들이 유대인들을 두려워하여 모인 곳의 문들을 닫았더니 예수께서 오사 가운데 서서 이르시되 너희에게 평강이 있을지어다**(요 20:19) **이 말씀을 하시고 손과 옆구리를 보이시니 제자들이 주를 보고 기뻐하더라**(요 20:20) **예수께서 또 이르시되 너희에게 평강이 있을지어다 아버지께서 나를 보내신 것 같이 나도 너희를 보내노라**(요 20:21) **이 말씀을 하시고 그들을 향하사 숨을 내쉬며 이르시되 성령을 받으라**(요 20:22) **너희가 누구의 죄든지 사하면 사하여질 것이요 누구의 죄든지 그대로 두면 그대로 있으리라 하시니라**(요 20:23)

사도 요한은 이 상황을 기록하며 '열두 사도' 중 하나인 디두모라 불리는 도마가 그 자리에 있지 않았다고 정확히 언급합니다(요 20:4). 그리고 8일이 지나기 전 다른 제자들이 도마에게 "우리가 주를 보았노라."고 증거했지만 도마는 "내가 그의 손의 못 자국을 보며 내 손가락을 그 못 자국에 넣으며 내 손을 그 옆구리에 넣어 보지 않고는 믿지 아니하겠노라."고 말했습니다. 요한은 이 모든 것을 정확하게 언급하며 도마가 주일 저녁에 예수님을 만나지 못했음을 정확하게 기록했습니다.

> **열두 제자 중의 하나로서 디두모라 불리는 도마는 예수께서 오셨을 때에 함께 있지 아니한지라**(요 20:24) **다른 제자들이 그에게 이르되 우리가 주를 보았노라 하니 도마가 이르되 내가 그의 손의 못 자국을 보며 내 손가락을 그 못 자국에 넣으며 내 손을 그 옆구리에 넣어 보지 않고는 믿지 아니하겠노라 하니라**(요 20:25)

계속해서 요한은 '여드레 지나서' 다시 도마도 함께 있고 문들이 닫혔을 때 예수님께서 나타나신 것을 기록하고 있습니다(요 20:26-28). 도마를 만나신 사건은 부활하신 후 8일째 되는 사건에서 다시 살펴보겠습니다.

> **여드레를 지나서 제자들이 다시 집 안에 있을 때에 도마도 함께 있고 문들이 닫혔는데 예수께서 오사 가운데 서서 이르시되 너희에게 평강이 있을지어다 하시고**(요 20:26) **도마에게 이르시되 네 손가락을 이리 내밀어 내 손을 보고 네 손을 내밀어 내 옆구리에 넣어 보라 그리하여 믿음 없는 자가 되지 말고 믿는 자가 되라**(요 20:27) **도마가 대답하여 이르되 나의 주님이시요 나의 하나님이시니이다**(요 20:28)

이제 가룟 유다가 죽은 시기에 대해서 생각해 봅시다. 가룟 유다는 언제 죽었을까요? 마태복음 27:3-5까지의 기록이 예수님께서 잡히시고 선고를 받는 중에 기록되었기에 가룟 유다가 예수님께서 돌아가시기 전이나 부활하시기 전에 죽었을 것으로 생각합니다. 하지만 누가의 기록에 의하면 가룟 유다는 예수님께서 부활하신 이후까지 살아있고 예수님의 부활을 목격했다고 생각할 수 있습니다. 과연 가룟 유다는 예수님의 부활을 목격했을까요?

이제 두 가지 방향으로 연구되어야 합니다. 만약 기존의 생각대로, 많은 연구가 되지 않은 상태로 그냥 받아들여진 생각으로 보여지지만(?) 가룟 유다가 예수님께서 부활하시기 전 죽었다고 하려면 '헨데카'(ἕνδεκα, 열하나)에 대한 연구가 필요하고 '헨데카'(ἕνδεκα, 열 하나)는 '가룟 유다'가 빠진 '사도들에 대한 관용적인 표현이다'라는 것을 증명하는 것이 가장 빠른 방법일 것입니다. 그런데 이 주장은 논리적으로 가능하지 않다고 생각됩니다. 또 한 가지의 연구는 누가의 기록이 정확하다고 보고 부활하신 예수님을 목격하고도 스스로 죽음의 길을 택한 가룟 유다에 대해 연구하는 것입니다. 이 두 가지에 대한 연구 내용은 다음 기회에 연재하겠습니다. 만약 가룟 유다가 부활하신 예수님을 목격하고도 죽음을 택한 것이라면 예수를 그리스도라 고백하고 그분의 죽음과 부활을 믿는 현대의 성도들에게도 믿음을 지키고 하나님의 말씀을 믿고 순종한다는 것이 얼마나 어려운가를 보여줍니다.

성도 여러분!

예수님의 제자로서 열심당원이요(확실한 하나님 중심사상의 유대교인이요 힘으로 로마로부터 독립을 주장했던 사람들) 신뢰를 얻어 회계를 맡았던 가룟 유다의 최후를 생각해 보았습니다. 가룟 유다는 자신이 잘못했음을 깨닫고 후회했지만 죽음을 택했습니다. 회개는 마음을 돌이킴과 방향을 바꾸어(유턴) 돌아오는 행동이 함께 수반되어야 하는데 가룟 유다는 행동으로는 옮기지 않고 죽음으로 향했습니다. 가룟 유다의 깨달음과 후회 그러나 죽음을 택한 그의 행적을 보면 하나님의 구속사가 이루어지기까지 사람의 생각으로는 도저히 이해할 수 없는 상황이 많습니다. 오늘도 예수를 그리스도라 고백하며 부활을 믿고 변화의 소망을 품고 사는 믿음의 경주에 있어 끝까지 전진하는 성도가 되시길 기도합니다.

4일

초실절부터 칠칠절 사이 기간의 추수

: 알곡으로 남는 신앙

오늘 날짜가 언급된 성경 사건은 없습니다. 오늘 날짜가 포함된 사건은 다음과 같습니다.

사건 1 제2월 10일부터 방주에 들어가 하나님의 명령을 감당하는 55일째로(노아시대 월력 체계는 한 달을 30일로 계산함) 하나님께서 말씀하신 대로 40일 동안 비가 내린 48일째

사건 2 라암셋을 떠난 지 79일째(제1월을 30일, 제2월을 29일로 계산함)로 시내산 밑 시내광야에 도착하여(제3월 1일) 거한지 34일째(출 19:1-2)

사건 3 "너는 산에 올라 내게로 와서 거기 있으라"는 하나님의 명령을 받고 모세가 시내산에 올라 첫 번째 40일 금식기도를 시작한 27일째

사건 4 시내광야에 11개월 20일 머물던 이스라엘 백성이 하나님의 명령에 따라 약속의 땅을 향해 떠난 지 44일째

사건 5 모르드개가 조서를 써 전국 127도에 보낸 후 12일째(더 8:1-17)

사건 6 주전 458년 2차 포로 귀환 시 제1월 1일 바벨론을 떠난 후 93일째로 아하와 강을 떠난 지 82일째(스 7:6-9, 8:15-36)

사건 7 2018년 예수님께서 부활하신 후 4일째

예수님께서 부활하신 초실절(부활절)부터 칠칠절 사이에는 보리와 밀을 추수하는 때입니다. 부활하신 예수님께서는 이 땅에 40일(?)*을 머무시며 예수를 그리스도라 고백하고 따랐지만 끝까지 믿지 못했던 성도들의 믿음을

굳게 세우셨습니다. 현대 기독교는 고난주간과 부활절은 큰 의미를 두고 지키지만 부활하신 후 예수님의 이 땅에서의 활동에 관해서는 큰 관심을 보이지 않습니다. 예수님께서는 승천하시는 6주 후 주일까지 부활하신 후 성령을 받아 하나님의 일을 감당하게 되도록 하기 위해 제자들을 찾아다니시며 가르치시고 성령을 받아 알곡으로 남는 신앙을 소유하게 하셨습니다. 오늘은 예수님의 추수와 관련된 예수님의 비유(마 13:24-34)를 통해 신천지의 가르침이 무엇이 잘못되었는지 살펴보겠습니다.

❶ 신천지의 주장과 가르침

신천지 예수교 이만희 총회장은 2011년 11월에 부산에서 집회할 때 마태복음 13:24-34을 본문으로 가르쳤습니다. 이 본문으로 지금은 추수 때요 자신들을 추수꾼이기에 기존 교회에 침투하여 성도를 미혹하게 하고 알곡을 골라간다고 하는 논리로 쓰이고 있습니다. 오늘은 주어진 본문과 이스라엘 백성들의 추수하는 풍습을 통해 신천지가 주장하는 것이 무엇이 잘못되었는지 살펴보겠습니다.

본문연구

예수께서 그들 앞에 또 비유를 들어 이르시되 천국은 좋은 씨를 제 밭에 뿌린 사람과 같으니(마 13:24) **사람들이 잘 때에 그 원수**(에크드로스:적의 있는)**가 와서 곡식 가운데 가라지**(독보리)**를 덧뿌리고 갔더니**(마 13:25) **싹이 나고 결실할 때에 가라지도 보이거늘**(마 13:26) **집 주인의 종들이 와서 말하되 주여 밭에 좋은 씨를 뿌리지 아니하였나이까 그런데 가라지가 어디서 생겼나이까**(마 13:27) **주인이 이르되 원수가 이렇게 하였구나 종들이 말하되 그러면 우리가 가서 이것을 뽑기를**(쉴레고:모으다, 수집하다, 주워모으다) **원하시나이까**(마 13:28) **주인이 이르되 가만 두라 가라지를 뽑다가**(쉴레고:모으다, 수집하다, 주워모으다) **곡식까지 뽑을까**(에크리조오:뿌리채 뽑을까) **염려하노라**(마 13:29) **둘 다 추수 때까지 함께 자라게 두라 추수 때에 내가 추수꾼들에게**(데리스테스:거두는 자, 추수하는 자) **말하기를 가**

* 6주 동안 머무신 사건에 대해서는 '5월 13일'(주일) 사건에서 살펴본다.

라지는 먼저 거두어(쉴레고:모으다, 수집하다, 주워모으다) **불사르게 단으로 묶고 곡식은 모아 내 곳간에 넣으라 하리라**(마 13:30)

다음은 신천지예수교 총회장 이만희 씨가 직강한 내용입니다. 먼저 읽어 봅시다.

예수께서 씨 뿌린 밭에는 두 가지 씨가 추수 때까지 함께 자랐고, 추수 때는 가라지를 불사르기 위해 먼저 묶고 알곡을 추수해 천국으로 가져간다,
이때 밭에 남아 있는 자가 알곡 성도인가?
추수되어 가는 자가 알곡 성도인가?
밭에 남아 있는 자가 가라지인가?
추수되어 가는 자가 가라지인가?
밭은 교회요, 추수할 곡물은 교인들이다,
추수되어 가지 못 하고 그 밭에 묶여 있는 자가 가라지요,
가라지 단을 묶는 자는 그 교회 목자이다(마 23:13 참고),
이때 추수되어 가지 못한 밭과 목자와 가라지의 결과는 기록된 대로 불살라지게 된다.

신천지는 위 내용을 근거르 자신들에게 교육을 받아 자신들을 따르게 하려고 기존 교회에 보내어진 사람을 추수꾼이라고 부릅니다. 그리고 기존 교회에 추수꾼을 보내어 알곡을 거두어 오라고 하는데 이들의 주장은 잘못된 것입니다. 이만희 씨의 가르침을 보면 먼저 가라지를 묶어 두고 알곡을 골라낸다고 말합니다. 그리고 추수할 때 가라지를 묶어 두는 사람이 교회의

목자(목사)라고 합니다. 그리고 자신들은 알곡을 추수해 간다고 말합니다. 하지만 이것은 예수님의 말씀도 이해하지 못한 것이고 이스라엘의 풍습도 알지 못하는 허무맹랑한 주장입니다. 잘못된 몇 가지 주장을 살펴보겠습니다.

첫째, 예수님께서는 **"먼저 가라지를 거두어 불에 태울 수 있도록 묶으라."**고 말씀하셨습니다. 그리고 이스라엘의 농사법도 먼저 가라지를 골라내 잘라내어 묶은 다음 알곡을 추수합니다. 이것은 신천지에서 말하는 것처럼 추수꾼이 기존 교회의 성도를 미혹해 알곡이라고 데려가지만 어쩌면 잘못된 가르침을 받아 먼저 거두어지는 가라지 임을 알 수 있습니다.

둘째, 예수님의 천국비유에서 추수꾼은 천사들이라고 말씀하셨습니다(마 13:39). 이것은 신천지에서 자신들이 추수꾼이라고 말하는 것과 또한 다릅니다. 그리고 예수님께서는 **"천사들이 세상 끝날 의인 중에서 악인을 갈라 낸다."**고 말씀하셨습니다(마 13:49-50). 이 말씀에 비추어 보면 신천지에서 가르치는 추수법인 알곡(의인)을 먼저 골라낸 나머지가 가라지(악인)라는 주장과 전혀 다릅니다. 신천지는 예수님의 말씀을 오해하고 있습니다. 예수님께서는 믿는다고 하는 사람들, 곧 의인이라고 생각하는 사람들 가운데 악인을 갈라내어 풀무불에 던져 넣으리라고 말씀하고 있습니다.

> **가라지를 뿌린 원수는 마귀요 추수 때는 세상 끝이요 추수꾼은 천사들이니**(마 13:39)
> **세상 끝에도 이러하리라 천사들이 와서 의인 중에서 악인을 갈라 내어**(마 13:49) **풀무 불에 던져 넣으리니 거기서 울며 이를 갈리라**(마 13:50)

❷ 예수님의 알곡과 가라지 비유에 대한 의미

비유에 등장하는 주인은 열매를 맺을 때가 되어 가라지가 보인다고 보고하며 **"우리가 가서 가라지 뽑는 것을 원하시나이까?"**라고 물었습니다. 하지만 주인은 **"가만 두라. 가라지를 뽑다가 곡식까지 뽑을까 염려하노라. 둘 다 추수 때까지 함께 자라게 두라."**

고 말씀하셨습니다(마 13:26-30a). 이 말씀의 뜻을 정확히 이해하려면 1세기 지중해 지역의 풍습과 문화에 대한 이해가 필요합니다.

1세기 지중해 세계의 문화를 연구해보면 "둘 다 추수 때까지 함께 자라게 두라"는 주인의 명령은 있을 수 없는 지시임을 알 수 있습니다. 1세기 지중해 세계에서 모든 것 중 가장 중요하게 생각한 가치는 명예입니다. 이 시대의 최고의 가치가 돈이라면 당시는 **명예**였고, 명예의 반대는 **수치**였습니다. 명예를 위해서는 돈이나, 생명까지도 아끼지 않는 것이 당시의 상황이었습니다. 그렇다면 명예는 어떻게 얻어집니까?

정치가는 정치를 잘 함으로 명예를 얻었습니다. 종교지도자들은 종교성으로 명예를 얻었습니다. 예수님께서는 명예를 얻기 위해 외식하는 종교지도자들을 책망하셨습니다(마 6:16, 막 12:38-40). 모든 분야에서 최고가 되는 것이 명예를 얻는 방법이었습니다. 그렇다면 농부는 어떻게 명예를 얻었을까요? 농부의 명예는 자신의 밭에 가라지가 없이 알곡만 잘 자라는 것이 명예였습니다. 가라지가 있는 밭은 농부가 게으르다는 증표로 여겼고 수치스럽게 생각했습니다.

> **금식할 때에 너희는 외식하는 자들과 같이 슬픈 기색을 보이지 말라 그들은 금식하는 것을 사람에게 보이려고 얼굴을 흉하게 하느니라 내가 진실로 너희에게 이르노니 그들은 자기 상을 이미 받았느니라**(마 6:16)
> **예수께서 가르치실 때에 이르시되 긴 옷을 입고 다니는 것과 시장에서 문안받는 것과**(막 12:38) **회당의 높은 자리와 잔치의 윗자리를 원하는 서기관들을 삼가라**(막 12:39) **그들은 과부의 가산을 삼키며 외식으로 길게 기도하는 자니 그 받는 판결이 더욱 중하리라 하시니라**(막 12:40)

예수님의 비유에 등장하는 주인의 밭에 가라지가 있다는 것은 농부로서, 전문가로서 명예를 지키지 못 하고 수치를 얻는 행동이었습니다. 지나가던 사람들이 "이 밭은 누구 밭이야? 뭐 이리 게을러… 밭이 왜 이 모양이야?" 라고 말했을 것인데 이것이 주인을 평가하는 데 수치가 되었습니다. 비유에 등장하는 주인, 곧 하나님께서는 당시 세상의 가치인 명예에 대해 전혀 의미를 두지 않습니다. 왜냐하면 주인은(하나님께서는) 명예보다 생명이 우선이었기 때문입니다. 주인이 추수 때까지 가라지를 그냥 두라고 한 것은 가라지를 뽑다가 알곡도 뽑혀 죽을 수 있기 때문이었습니다.

명예를 생각하지 않고 생명을 우선하여 가라지와 알곡을 추수 때까지 함께 자라게 두면 어떤 현상이 벌어질까요? 알곡과 가라지는 처음에는 엇비슷하게 자라기 때문에 쉽게 구별하지도 못 하고 뽑기에 불편합니다. 일정한 때까지는 가라지나 알곡이나 성장하기 위해 둘 다 영양분을 성장하는 데 쓰기 때문입니다. 그런데 알곡은 어느 정도 성장이 끝나면 열매를 맺기 위해 영양분을 저축합니다. 하지만 가라지는 계속해서 더 성장하게 되고 알곡보다 더 크게 자라 추수 때에는 확실히 구별할 수 있게 됩니다. 당시 유대인들의 추수 방법도 웃자란 가라지를 먼저 거둬 내고 낫을 대 알곡이 있는 보리와 밀을 추수했습니다. 가라지는 먼저 골라내어 불에 태워지기 위해 묶이게 됩니다. 그리고 추수할 때가 되면 혹시 알곡이 열린 보리나 밀이 가라지와 함께 뽑히더라도 열매는 얻을 수 있습니다. 주인은 종들에게 생명의 소중함에 대해 아주 명쾌한 답을 내렸던 것입니다. 예수님의 비유와 말씀은 당시의 모든 풍습을 반영하는 내용으로 당시 예수님의 말씀을 듣는 사람들은 정확하게 알 수 있었습니다.

헬라어 원문으로 보면 **'먼저 거두어라 그리고 그것들을 불사르기 위해 단으로 묶어라'** 고 되어 있습니다. '거두는' 행동과 '묶는' 행동이 접속사로 연결된 문장입니다. 신천지에서 가르치는 것처럼 만약 가라지를 묶어 두고 알곡을 추수하려면 꽤 힘듭니다. 간간이 자란 가라지는 서로 묶어 둘 수도 없을뿐더러 그것을 밭에 남겨두기 위해 낫질을 하다가는 날이 샐지도 모릅니다. 농부는 절대로 가라지가 다치지 않게 조심해서 낫질을 하지 않습니다. 그저 웃자란 것을 뽑아내 불에 태울 수 있도록 묶었습니다.

예수님의 비유에 의하면 하나님께서는 추수 때까지 알곡과 가라지가 함께 자라게 하십니다. 이것은 세상 끝날까지 천국의 아들들과 악한 자의 아들들은 함께 있을 것을 의미합니다. 그렇다면 하나님께서 악한 자의 아들들을 계속해서 남겨 두시는 이유는 무엇입니까? 그것은 가라지를 뽑다가 알곡을 뿌리째 뽑아 열매를 맺지 못하게 하는 것을 방지하는 것입니다. 그 뜻은 예수를 그리스도라 고백하는 하나님의 아들들이 다른 복음 때문에 신앙을 뿌리째 뽑히지 않도록 하기 위함입니다.

성도 여러분!

의인이 되어 열매를 맺어 아버지 나라에서 해와 같이 빛나기 위해서는 가라지와의 경쟁에서 이겨야 합니다. 명예에 치명적인 타격을 입더라도 하나의 생명도 잃어버리지 않겠다는 하나님 아버지의 심정을 생각해 봅시다. 당시의 가장 중요하게 생각했던 명예를 버리고 수치를 당하시면서도 생명을 얻기를 원하셨던 분이 하나님 아버지셨습니다.

말씀이 육신이 되어 하늘 영광 버리고 이 땅에 오시어 생명을 구원하신 분이 예수 그리스도이십니다. 끝까지 참으시며 한 영혼도 알곡을 맺지 못 하고 잃지 않게 하기 위해 가라지를 추수 때까지 두시는 것이 하나님과 예수 그리스도의 심정이십니다. 하나님께서는, 예수 그리스도께서는 지금도 보잘것없는 나의 한 영혼을 구원하시기 위해 일하셨던 것처럼 또 다른 작정된 사람을 구원하시기 위해 우리의 사용하고 계십니다. 오늘도 명예보다는 생명을 위해 전도하는 하루가 되시길 기도합니다.

아마도 신천지나 다른 이단들은 추수 때, 심판 때까지 계속 여러분들의 주변에서 여러분들의 마음을 빼앗기 위해 함께 할 것입니다. 자신이 속한 공동체(교회)에서 성경 말씀을 잘 배워 이단들의 소리에 미혹되지 말고 끝까지 가라지와 겨루어 이겨 열매 맺는 성도들이 되시길 기도합니다.

5일

에스겔 선지자에게 첫 번째 계시가 임함

(겔 1:3-28)

오늘 날짜가 언급된 성경 사건은 에스겔 선지자에게 첫 번째 계시가 임한 사건이 있습니다. 오늘 날짜가 포함된 사건은 다음과 같습니다.

사건 1 제2월 10일부터 방주에 들어가 하나님의 명령을 감당하는 56일째로(노아시대 월력 체계는 한 달을 30일로 계산함) 하나님께서 말씀하신 대로 40일 동안 비가 내린 49일째

사건 2 라암셋을 떠난 지 80일째(제1월을 30일, 제2월을 29일로 계산함)로 시내산 밑 시내광야에 도착하여(제3월 1일) 거한지 35일째(출 19:1-2)

사건 3 "너는 산에 올라 내게로 와서 거기 있으라"는 하나님의 명령을 받고 모세가 시내산에 올라 첫 번째 40일 금식기도를 시작한 28일째

사건 4 시내광야에 11개월 20일 머물던 이스라엘 백성이 하나님의 명령에 따라 약속의 땅을 향해 떠난 지 45일째

사건 5 모르드개가 조서를 써 전국 127도에 보낸 후 13일째(더 8:1-17)

사건 6 주전 458년 2차 포로 귀환 시 제1월 1일 바벨론을 떠난 후 94일째로 아하와 강을 떠난 지 83일째(스 7:6-9, 8:15-36)

사건 7 2018년 예수님께서 부활하신 후 5일째

에스겔 선지자는 남 유다의 왕이었던 여호야긴이 느부갓네살에게 패하여 제2차 포로로 바벨론으로 끌려갈 때(주전 597년 4월) 함께 잡혀갔고 유다 백성들과 함께 그발 강가에 거했습니다. 에스겔 선지자는 사로잡힌 지 5년 제4

월 5일(주전 593년 7월 31일), 예루살렘에 있었으면 제사장을 맡을 나이인 30세에 여호와의 말씀을 받았고 여호와의 권능이 그 위에 머물렀습니다. 그는 30세에 처음으로 여호와의 계시를 받은 후 사로잡힌 지 25년 제1월 10일까지 계시를 받습니다. 오늘은 에스겔 선지자에게 첫 번째 계시가 임한 사건에 대해 살펴보겠습니다.

❶ 에스겔 선지자에게 임한 계시

에스겔 선지자는 갈대아 땅 그발 강가에 있을 때 하늘이 열리며 하나님의 이상이 보였다고 기록하고 있는데(겔 1:1) 신의 명령에 따라 어디로든 움직이는 네 생물을 형상을 보게 됩니다. 그 형상은 앞은 사람, 우편은 사자, 좌편의 소, 뒤는 독수리 형상을 했고 각각 날개 둘씩을 가진 모습이었습니다(겔 1:3-28).

예루살렘 성과 성전이 파괴되고 바벨론으로 끌려가는 백성들

에스겔 선지자는 **"인자야 일어서라! 내가 네게 말하리라."**(겔 2:1)는 하나님의 음성을 들었습니다. 영이 들어가 에스겔을 일으켜 세웠고 계속해서 신의 음성을 들었습니다. 에스겔 선지자는 **"인자야, 내가 너를 이스라엘 자손 곧 패역한 백성 나를 배반하는 자에게 보내노라. 그들과 그 열조가 내게 범죄하여 오늘날까지 이르렀나니…"**(겔 2:3-7)로 시작하는 여호와 하나님의 메시지를 듣고 포로로 잡힌 백성에게 전해야 했는데 좋지 않은 메시지를 전해야 하는 상황이 매우 고통스러웠을 것입니다.

내게 이르시되 인자야 내가 너를 이스라엘 자손 곧 패역한 백성, 나를 배반하는 자에게 보내노라 그들과 그 조상들이 내게 범죄하여 오늘까지 이르렀나니(겔 2:3) **이 자손은 얼굴이 뻔뻔하고 마음이 굳은 자니라 내가 너를 그들에게 보내노니 너는 그들에게 이르기를**

주 여호와의 말씀이 이러하시다 하라(겔 2:4) 그들은 패역한 족속이라 그들이 듣든지 아니 듣든지 그들 가운데에 선지자가 있음을 알지니라(겔 2:5) 인자야 너는 비록 가시와 찔레와 함께 있으며 전갈 가운데에 거주할지라도 그들을 두려워하지 말고 그들의 말을 두려워하지 말지어다 그들은 패역한 족속이라도 그 말을 두려워하지 말며 그 얼굴을 무서워하지 말지어다(겔 2:6) 그들은 심히 패역한 자라 그들이 듣든지 아니 듣든지 너는 내 말로 고할지어다(겔 2:7)

에스겔 선지자는 안팎으로 애가와 애곡과 재앙의 말이 기록되어 있는 한 책이 펴지는 것을 보게 되는데 후에 "너는 받는 것을 먹으라! 너는 이 두루마리를 먹고 가서 이스라엘 족속에게 고하라."는 명을 받습니다. 에스겔은 입을 벌렸고 하나님께서는 그 두루마리는 먹이신 후 "이 두루마리를 네 배에 넣으며 네 창자에 채우라."고 하셨는데 에스겔은 그것을 받아먹고 보니 꿀과 같이 달았습니다.

너 인자야 내가 네게 이르는 말을 듣고 그 패역한 족속같이 패역 하지 말고 네 입을 벌리고 내가 네게 주는 것을 먹으라 하시기로(겔 2:8) 내가 보니 보라 한 손이 나를 향하여 펴지고 보라 그 안에 두루마리 책이 있더라(겔 2:9) 그가 그것을 내 앞에 펴시니 그 안팎에 글이 있는데 그 위에 애가와 애곡과 재앙의 말이 기록되었더라(겔 2:10)
또 그가 내게 이르시되 인자야 너는 발견한 것을 먹으라 너는 이 두루마리를 먹고 가서 이스라엘 족속에게 말하라 하시기로(겔 3:1) 내가 입을 벌리니 그가 그 두루마리를 내게 먹이시며(겔 3:2) 내게 이르시되 인자야 내가 네게 주는 이 두루마리를 네 배에 넣으며 네 창자에 채우라 하시기에 내가 먹으니 그것이 내 입에서 달기가 꿀 같더라(겔 3:3)

에스겔 선지자는 하나님께서 말씀하신 메시지를 패역한 백성들이 듣든지 아니 듣든지 전해야 했습니다. 하나님께서는 "사로잡힌 네 민족에게로 가서 그들이 듣든지 아니 듣든지 그들에게 고하여 이르기를 '주 여호와의 말씀이 이러하시다.'"하라는 명을 받습니다.

또 내게 이르시되 인자야 내가 네게 이를 모든 말을 너는 마음으로 받으며 귀로 듣고(겔 3:10) 사로잡힌 네 민족에게로 가서 그들이 듣든지 아니 듣든지 그들에게 고하여 이르기를 주 여호와의 말씀이 이러하시다 하라(겔 3:11)

[에스겔 선지자에게 임한 계시의 일자와 내용]

기록 순서	나이	2차포로 기준	서기력	구절	비고
	26	1	597. 3	왕하 24:12	바벨론 왕 8년 여호야긴이 잡힘
		30년 4. 5		겔 1:1	30년은 에스겔의 나이로 생각됨
1	30	5. 4. 5	593. 7. 1	겔 1:2	에스겔의 소명 환상(제 30년 4월 5일)
2	30	5. 4. 12	593. 7. 8	겔 3:16	파수꾼의 임무, 우상 숭배 지적
3	31	6. 6. 5	592. 8. 19	겔 8:1	다가올 심판에 대한 환상
4	32	7. 5. 10	591. 8. 12	겔 20:1	과거 반역과 회복에 대한 메시지
5	34	9. 10. 10	588. 1. 16	겔 24:1	바벨론이 예루살렘을 포위함
7	35	10. 10. 12	587. 1. 7	겔 29:1	애굽에 대한 심판
	시드기야 10년		587	렘 32:1-2	예레미야가 옥에 갇힘
6	36	11. ?. 1	587-586	겔 26:1	두로에 대한 심판
9	36	11. 정월. 7	586. 4. 18	겔 30:20	애굽의 흩어짐 예언
10	36	11. 3. 1	586. 6. 10	겔 31:1	애굽과 앗수르의 유사점
		11. 4. 9	586. 7. 18	왕하 25:2 렘 39:2	예루살렘이 함락됨
		11. 5. 7	586. 8. 14		성전이 불탐(느부갓네살 19.5.7)
13	37	12. 10. 5	585. 1. 8	겔 33:21	벙어리에서 풀림
11	37	12. 12. 1	585. 3. 3	겔 32:1	바로를 위한 애가
12	37	12. 12. 15	585. 3. 17	겔 32:17	애굽이 구덩이로 내려감
14		25. 정월. 10	573. 4. 28	겔 40:1	새 성전에 대한 환상 (예루살렘 함락 후 14년)
8	52	27. 정월. 1	571. 3. 27	겔 29:17	바벨론에 의한 애굽의 패배 예언

에스겔 선지자는 이스라엘 백성(남 유다)이 바벨론으로 끌려오게 된 사실에 대한 이상을 받게 되었고 그것을 백성들에게 전해야 할 사명을 가진 에스겔은 그발 강가에 거하는 자들과 함께 '놀란 채로'('샤멤': שָׁמֵם, 황폐하다, 오싹하게 하다,

그발 강(Chebar river) 많은 학자들은 그발 강가 델아빕이 바벨론의 북서쪽 90Km에 위치하는 것으로 생각한다. 이곳에는 대운하가 있었을 것으로 추정된다.

깜짝 놀라게 하다) 칠일을 지냅니다(겔 3:14-15). 에스겔 선지자는 심히 놀란 상태로 꼼짝도 하지 않고 아무 말 없이 칠일을 지내게 됩니다.

주의 영이 나를 들어 올려 데리고 가시는데 내가 근심하고 분한 마음으로 가니 여호와의 권능이 힘 있게 나를 감동시키시더라(겔 3:14) **이에 내가 델아빕에 이르러 그 사로잡힌 백성 곧 그발 강가에 거주하는 자들에게 나아가 그중에서 두려워 떨며 칠 일을 지내니라**(겔 3:15)

남유다는 1, 2차 포로가 되어 바벨론에 끌려왔지만 아직 완전히 망한 상태는 아닙니다. 에스겔 선지자가 계시를 받는 즈음에도 본토 유대 땅에서는 예레미야 선지자의 간절한 외침이 본토 백성들에게 전해지고 있었습니다. 아모스 선지자도 **"하나님께서는 자기의 비밀을 그 종 선지자들에게 보이지 아니하시고는 결코 행함이 없으시리라."**(암 3:7)고 언급하며 하나님의 말씀을 전했지만 북이스라엘 백성들이 하나님의 말씀을 듣고 돌아서기를 거절했는데 남유다 백성 또한 마찬가지였습니다. 예레미야 선지자가 전하는, 하나님의 정하셨던 '바벨론 포로로 70년'에 대해 백성들은 인정하지 않았습니다. 왜냐하면 백성들은 자신들이 고난당해야 하는 하나님의 징계가 싫었기 때문입니다. 이들은 오히려 거짓 선지자들이 외치는 다윗에게 약속하신 영원한 나라를 주장했습니다. 1, 2차 포로로 잡혀간 상황에서, 곧 여호와의 말씀대로 이루어지고 있는 상황에서도 자신들에게 이로울 것이 없는 예레미야 선지자의 외침을 듣지 않고 모든 상황을 자신들에게 좋은 대로 해석했습니다. 왕에서부터 백성에 이르기까지 예레미야 선지자의 외침을 듣지 않고 결국 패망의 길로 가게 됩니다. 마침내 패역한 남유다는 여호와 하나님의 메시지를 듣지 않고 애굽을 섬기다 586년 제4월 9일 바벨론에 의해 완전히 망하게 되고 3차 포로로 잡혀가게 됩니다.

성도 여러분!

각자 자신의 앞일에 대해 알고 싶으십니까? 만약 하나님께서 나의 앞길에 대해 알려주신다면 순종할 수 있습니까? 좋은 것을 말해주시면 가고 좋지 않은 것을 말해주시면 떼를 쓰며 순종하지 않는 것은 하나님을 믿는 성숙한 신앙이 아닐 것입니다. 잊지 말아야 할 것은 잘못해서 징계를 받을 때는 회개하고 징계를 받아야 한다는 것입니다. 하나님께서 정하신 것은 사람이 바꿀 수 없습니다.

오늘도 하나님께서 나에게 주어진 사명이 무엇인지? 기도하며 어떤 길을 주실지라도 감사하며 순종하겠다는 신앙의 각오를 다짐하는 하루가 되시길 기도합니다.

6일

바벨론 포로 전
요시야 시대의 상황

오늘 날짜가 언급된 성경 사건은 없습니다. 오늘 날짜가 포함된 사건은 다음과 같습니다.

사건 1 제2월 10일부터 방주에 들어가 하나님의 명령을 감당하는 57일째로(노아시대 월력 체계는 한 달을 30일로 계산함) 하나님께서 말씀하신 대로 40일 동안 비가 내린 50일째

사건 2 라암셋을 떠난 지 81일째(제1월을 30일, 제2월을 29일로 계산함)로 시내산 밑 시내광야에 도착하여(제3월 1일) 거한지 36일째(출 19:1-2)

사건 3 "너는 산에 올라 내게로 와서 거기 있으라"는 하나님의 명령을 받고 모세가 시내산에 올라 첫 번째 40일 금식기도를 시작한 29일째

사건 4 시내광야에 11개월 20일 머물던 이스라엘 백성이 하나님의 명령에 따라 약속의 땅을 향해 떠난 지 46일째

사건 5 모르드개가 조서를 써 전국 127도에 보낸 후 14일째(더 8:1-17)

사건 6 주전 458년 2차 포로 귀환 시 제1월 1일 바벨론을 떠난 후 95일째로 아하와 강을 떠난 지 84일째(스 7:6-9, 8:15-36)

사건 7 2018년 예수님께서 부활하신 후 6일째

남유다 마지막 왕인 시드기야 11년 제4월 9일(주전 586년 7월 18일) 바벨론의 느부갓네살 왕에게 30개월 동안 포위되었던 예루살렘 성이 무너지며 남유다는 완전히 망했습니다. 포위되었던 예루살렘 성이 무너지고 성전은 파괴

되고 백성들은 3번째로 포로가 되어 바벨론으로 끌려가게 됩니다. 오늘부터 4일 동안 세 번에 걸쳐 바벨론으로 끌려가는 사건에 대해 살펴보겠습니다.

❶ 요시야의 종교개혁

애굽, 앗수르, 신바벨론 등, 열강의 전쟁 길목에 위치한 남유다는 3번의 바벨론(계속해서 신바벨론을 바벨론으로 기술함) 침공 때문에 무너집니다. 첫 번째는 애굽을 따르지 말고 바벨론을 섬기라는 여호와의 말씀을 전한 예레미야의 말을 듣지 않고 바벨론을 배반하였던 여호야김 때(주전 605년), 두 번째는 여호야김의 행위를 본받아 악을 행하던 여호야긴 때(주전 597년), 세 번째는 요시야의 아들, 곧 여호야김의 동생 시드기야가 여호야김의 모든 행위를 본받아 여호와 보시기에 악을 행할 때(주전 586년)입니다. 각 시기마다 바벨론은 유다 백성을 포로로 잡아갔으므로 유다 백성은 세 차례에 걸쳐 포로가 되어 바벨론으

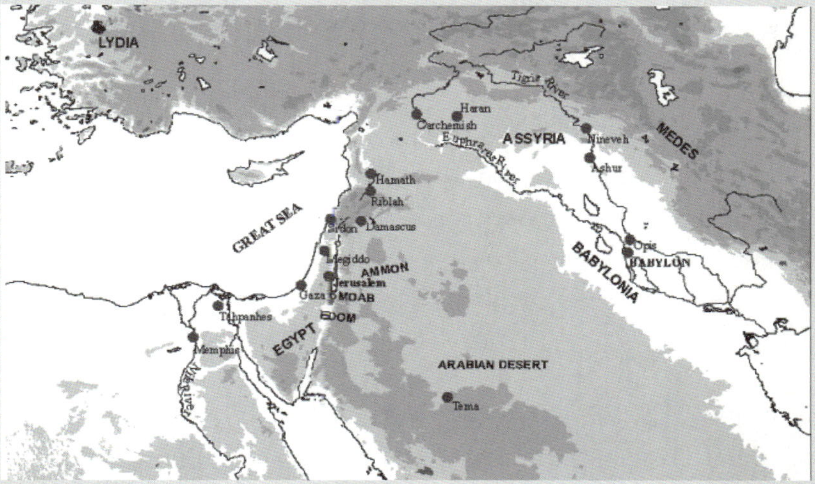

신바벨론과 당시 팔레스타인 주변의 나라들 by biblicalstudies.org.uk/article_exile.html

로 끌려가게 되었던 것입니다.

유다의 마지막 선한 왕으로(요시야 이후 선한 왕이 없음) 여호와 보시기에 정직히 행하여 그 조상 다윗의 모든 길로 행하고 좌우로 치우치지 아니했던 요시야 왕은 종교개혁을 단행합니다. 요시야는 이미 360년 전 무명의 한 선지자에 의해 예언된 왕으로 북 이스라엘 왕국의 우상들까지 멸할 것(왕상 13:1-2)이라고 예언되었습니다.

보라 그때에 하나님의 사람이 여호와의 말씀으로 말미암아 유다에서부터 벧엘에 이르니 마침 여로보암이 제단 곁에 서서 분향하는지라(왕상 13:1) **하나님의 사람이 제단을 향하여 여호와의 말씀으로 외쳐 이르되 제단아 제단아 여호와께서 이와 같이 말씀하시기를 다윗의 집에 요시야라 이름하는 아들을 낳으리니 그가 네 위에 분향하는 산당 제사장을 네 위에서 제물로 바칠 것이요 또 사람의 뼈를 네 위에서 사르리라 하셨느니라 하고**(왕상 13:2)

요시야는 나이 8세에 등극하여 31년 동안 다스렸는데 왕이 된 지 8년 되는 해(16세) 여호와를 찾은 후(대하 34:3) 12년에 예루살렘과 유다를 정결케 했고 우상들을 제거하는 등 여호와 보시기에 올바르게 행했습니다(왕하 22:1-2).

아직도 어렸을 때 곧 왕위에 있은 지 팔 년에 그의 조상 다윗의 하나님을 비로소 찾고 제십이년에 유다와 예루살렘을 비로소 정결하게 하여 그 산당들과 아세라 목상들과 아로새긴 우상들과 부어 만든 우상들을 제거하여 버리매(대하 34:3)
요시야가 왕위에 오를 때에 나이가 팔 세라 예루살렘에서 삼십일 년간 다스리니라 그의 어머니의 이름은 여디다요 보스갓 아다야의 딸이더라(왕하 22:1) **요시야가 여호와 보시기에 정직히 행하여 그의 조상 다윗의 모든 길로 행하고 좌우로 치우치지 아니하였더라**(왕하 22:2)

요시야는 12년째부터 6년 동안 종교개혁을 단행했는데 성전이 있고 자신이 머무는 예루살렘부터 시작하여 남유다 전체와 약속의 땅 전체에서(므낫세, 에브라임, 시므온, 납달리) 종교개혁을 단행했습니다(대하 34:3-7, 왕하 23:4-20). 요시야는 종교개혁을 행하라고 명령만 내리지 않고 직접 전국을 순회하며 자신 앞에서 우상들을 제거하게 했습니다(대하 34:4, 7). 아세라 목상을 찍어 태웠고, 아로새긴 우상과 부어 만든 우상을 제거했으며, 바알의 제단들을 헐고, 제단 위에 높이 달린 태양상들을 찍고 빻아 가루로 만들어 제사하던 자들의 무덤에 뿌리고, 제사장들의 뼈를 제단 위에서 불살라 약속의 땅을 정결케 했습니다.

> **아직도 어렸을 때 곧 왕위에 있은 지 팔 년에 그의 조상 다윗의 하나님을 비로소 찾고 제십이년에 유다와 예루살렘을 비로소 정결하게 하여 그 산당들과 아세라 목상들과 아로새긴 우상들과 부어 만든 우상들을 제거하여 버리매**(대하 34:3) **무리가 왕 앞에서 바알의 제단들을 헐었으며 왕이 또 그 제단 위에 높이 달린 태양상들을 찍고 또 아세라 목상들과 아로새긴 우상들과 부어 만든 우상들을 빻아 가루를 만들어 제사하던 자들의 무덤에 뿌리고**(대하 34:4) **제사장들의 뼈를 제단 위에서 불살라 유다와 예루살렘을 정결하게 하였으며**(대하 34:5) **또 므낫세와 에브라임과 시므온과 납달리까지 사면 황폐한 성읍들에도 그렇게 행하여**(대하 34:6) **제단들을 허물며 아세라 목상들과 아로새긴 우상들을 빻아 가루를 만들며 온 이스라엘 땅에 있는 모든 태양상을 찍고 예루살렘으로 돌아왔더라**(대하 34:7)

요시야의 종교개혁 장면을 히브리어 원어로 살펴보면 이야기체의 시제인 '와우계속법-미완료'가 쓰인 대하 34:4a와 34:5b 사이에 '3인칭 단수'로 표현된 요시야가 직접 종교개혁을 행하고 있음을 보여줍니다. 34:4b, 4c, 4d, 4e, 5a의 다섯 문장을 통해 더욱 정확하게 기록하고 있는 것을 발견할 수 있습니다. 요시야의 종교개혁을 설명하며 어순도치하여 '목적어'(각종 우상)를 강조하고 동사의 피엘형〈강조〉이나 히필형〈사역〉을 써서 요시야의 행함을 강조합니다.

예루살렘과 유다의 종교개혁을 마친 요시야가 북이스라엘 지역과 유다 남쪽의 시므온지파가 살던 지역까지 확장해 종교개혁을 하는 것 또한 같은 상황을 반복해서(3인칭 단수 표현과 어순도치 및 피엘형〈강조〉으로 목적어인 파괴되는 우상들을 강조하는 등) 기술하고 있습니다. 역대기 저자는 약속의 땅 전체지역에 대한 종교개혁을 마친 요시야가 마침내 예루살렘으로 돌아왔음을 '그리고 그가 예루살렘으로 돌아왔다'(대하 34:7d, '바야샤브 리예루샬람', וַיָּשָׁב לִירוּשָׁלָֽם׃)고 정확히 기록하여 왕이 솔선하여 진두지휘하며 앞장서서 종교개혁을 진행했음을 보여 줍니다(대하 34:6-7).

요시야는 왕이 된 지 18년이 되는 해 서기관 사반을 대제사장 힐기야에게 보내 여호와의 전으로 보내며 성전을 수리하게 했습니다(왕하 22:3-7). 아마도 예루살렘과 유다를 넘어 전 이스라엘 지역을 청결케 한 후 계속해서 진행된 성전청결 사건이었을 것입니다. 대제사장 힐기야는 성전에서 발견한 율법책을 요시야 왕에게 보냈고 요시야는 낭독되는 율법책의 말씀을 들은 후 회개하는 마음으로 옷을 찢었습니다(왕하 22:8-11).

> **또 서기관 사반이 왕에게 말하여 이르되 제사장 힐기야가 내게 책을 주더이다 하고 사반이 왕의 앞에서 읽으매**(왕하 22:10) **왕이 율법책의 말을 듣자 곧 그의 옷을 찢으니라**(왕하 22:11)

요시야는 여호와께 여쭙기 위해 사람들을 보냈고 여선지자 훌다를 통해 열조가 율법에 기록한 대로 준행치 아니함으로 여호와께서 발하신 진노가 크심을 깨달았습니다(왕하 22:12-20).

> **훌다가 그들에게 이르되 이스라엘 하나님 여호와의 말씀이 너희는 너희를 내게 보낸 사람에게 말하기를**(왕하 22:15) **여호와의 말씀이 내가 이곳과 그 주민에게 재앙을 내리되 곧 유다 왕이 읽은 책의 모든 말대로 하리니**(왕하 22:16) **이는 이 백성이 나를 버리고 다른 신에게 분향하며 그들의 손의 모든 행위로 나를 격노하게 하였음이라 그러므로 내가 이곳을 향하여 내린 진노가 꺼지지 아니하리라 하라 하셨느니라**(왕하 22:17)

요시야는 유다와 예루살렘의 모든 장로와 백성을 모으고 여호와의 율법책을 읽어 무리의 귀에 들린 후 책에 기록된 언약의 말씀을 이루게 하리라 하며 그 계명과 법도와 율례를 지켜 백성이 다 그 언약을 좇기로 약속하게 합니다(왕하 23:1-3).

왕이 보내 유다와 예루살렘의 모든 장로를 자기에게로 모으고(왕하 23:1) **이에 왕이 여호와의 성전에 올라가매 유다 모든 사람과 예루살렘 주민과 제사장들과 선지자들과 모든 백성이 노소를 막론하고 다 왕과 함께 한지라 왕이 여호와의 성전 안에서 발견한 언약책의 모든 말씀을 읽어 무리의 귀에 들리고**(왕하 23:2) **왕이 단 위에 서서 여호와 앞에서 언약을 세우되 마음을 다하고 뜻을 다하여 여호와께 순종하고 그의 계명과 법도와 율례를 지켜 이 책에 기록된 이 언약의 말씀을 이루게 하리라 하매 백성이 다 그 언약을 따르기로 하니라**(왕하 23:3)

❷ 요시야의 죽음

성전을 청결케 한 요시야는 온 백성과 함께 예루살렘에 모여 여호와 앞에서 유월절을 지켰습니다(왕하 23:23). 열왕기 저자는 '**요시야와 같이 마음을 다하며 성품을 다하며 힘을 다하여 여호와를 향하여 모세의 모든 율법을 온전히 준행한 임금은 요시야 전에도 없었고 후에도 그와 같은 자가 없었다**'고 기록하고 있지만 요시야의 종교 개혁이 선조 므낫세 왕이 여호와를 격노케 하여 내리신 진노를 돌이킬 수는 없었습니다(왕하 23:21-26). 결국 여호와께서는 이스라엘을 물리친 것 같이 유다도 내 앞에서 물리치며 내가 뺀 이 서 예루살렘과 내 이름을 거기 두리라 한 성전도 버리리라고 말씀하셨습니다(왕하 23:27). 이 말씀은 당시 주변 열강의 패권 장악을 위한 전쟁에 요시야가 가담하여 죽게 됨으로 이루어집니다.

요시야가 또 유다 땅과 예루살렘에 보이는 신접한 자와 점쟁이와 드라빔과 우상과 모든 가증한 것을 다 제거하였으니 이는 대제사장 힐기야가 여호와의 성전에서 발견한 책에 기록된 율법의 말씀을 이루려 함이라(왕하 23:24) **요시야와 같이 마음을 다하며 뜻을 다하며 힘을 다하여 모세의 모든 율법을 따라 여호와께로 돌이킨 왕은 요시야 전에도 없었고 후에도 그와 같은 자가 없었더라**(왕하 23:25) **그러나 여호와께서 유다를 향하여 내리신 그 크게 타오르는 진노를 돌이키지 아니하셨으니 이는 므낫세가 여호와를 격노하게 한 그 모**

든 격노 때문이라(왕하 23:26)

여호와께서 이르시되 내가 이스라엘을 물리친 것 같이 유다도 내 앞에서 물리치며 내가 택한 이 성 예루살렘과 내 이름을 거기에 두리라 한 이 성전을 버리리라 하셨더라(왕하 23:27)

요시야 왕은 반 앗수르 정책과 친 바벨론 정책을 통하여 안정 속에서 발전을 이루었습니다. 당시 주변 열강의 상황을 살펴보면 북 이스라엘을 멸한 앗수르가 약화되고 신흥 바벨론이 강성해지고 있었는데 바벨론의 강성을 두려워한 애굽은 앗수르를 돕기 위해 북쪽으로 군대를 파견합니다. 이 군대는 팔레스타인의 해변 길을 통해 진군하였는데 앗수르의 멸망이 유다가 독립할 수 있는 길이라고 생각한 요시야는 므깃도에서 애굽 군대와 전쟁을 합니다(왕하 23:29).

이 지연 전쟁을 통해 앗수르의 하란은 바벨론에게 함락되었지만 요시야는 므깃도에서 전사하고 팔레스타인은 애굽의 통치를 받게 됩니다. 요시야의 뒤를 이어 왕이 된 여호아하스는 애굽왕 바로느고에 의해 3개월 만에 폐위하고 애굽으로 끌려가 죽게 됩니다(왕하 23:30). 이후 유다는 애굽의 통치를 받게 되고 바로느고는 요시야의 아들 엘리야김을 여호야김이라고 개명한 후 왕으로 삼았습니다.

요시야 당시에 애굽의 왕 바로 느고가 앗수르 왕을 치고자 하여 유브라데 강으로 올라가므로 요시야 왕이 맞서 나갔더니 애굽 왕이 요시야를 므깃도에서 만났을 때에 죽인지라(왕하 23:29)

신복들이 그의 시체를 병거에 싣고 므깃도에서 예루살렘으로 돌아와 그의 무덤에 장사하니 백성들이 요시야의 아들 여호아하스를 데려다가 그에게 기름을 붓고 그의 아버지를 대신하여 왕으로 삼았더라(왕하 23:30)

여호야김은 열조의 모든 악한 행실을 본받았고 예레미야를 통해 하나님께서 전한 두루마리를 태우는 등 여호와의 보시기에 악을 행합니다. 이것이 여호와의 진노를 통한 바벨론의 침공으로 이어졌고 여호야김은 삼년을 바벨론을 섬기다 배반하여 바벨론왕 느부갓네살의 침략으로 마침내 죽게 되고 성전은 약탈당합니다. 이후 유다의 백성들은 바벨론으로 끌려가게 되는데 이것이 바벨론 1차 포로입니다. 많은 귀족이 잡혀갔는데 이 속에 어린 다니엘이 포함되어 있었습니다(주전 605년).

성도 여러분!

공동체가 하나님 앞에 잘하는 것보다(요시야의 종교개혁) 잘못한 것으로(므낫세의 우상숭배) 인해 책망받는 것을 살펴보았습니다. 또한 왕이었던 요시야의 솔선수범하는 종교개혁을 살펴보았습니다. 나는 우상 숭배하지 않고 하나님 앞에 바른 신앙을 하고 있는지 돌아봅시다. 또한 나는 교회 공동체에서 무엇인가 행할 때 직분을 맡았다고 말로만 지시하고 있지는 않은지 돌아봅시다. 왕이었던 요시야는 하나님의 말씀을 깨닫고 옷을 찢으며 회개한 후 자신이 직접 하나님 앞에 잘못된 것을 고쳐나갔습니다.

오늘도 내 주변, 나의 공동체가 하나님의 말씀을 중심으로 바른 신앙을 하고 있는지, 잘못된 것이 있다면 무엇이 있는지 살펴보시기 바랍니다. 그리고 먼저는 나와 내 주변을 바로잡은 후 더 넓은 범위의 잘못된 것을 바로잡을 수 있는 신앙을 갖기 위해 하나님께 도움을 구하는 하루가 되시길 기도합니다.

7일

주전 605년 바벨론 1차 포로

오늘 날짜가 언급된 성경 사건은 없습니다. 오늘 날짜가 포함된 사건은 다음과 같습니다.

사건 1 제2월 10일부터 방주에 들어가 하나님의 명령을 감당하는 58일째로(노아시대 월력 체계는 한 달을 30일로 계산함) 하나님께서 말씀하신 대로 40일 동안 비가 내린 51일째

사건 2 라암셋을 떠난 지 82일째(제1월을 30일, 제2월을 29일로 계산함)로 시내산 밑 시내광야에 도착하여(제3월 1일) 거한지 37일째(출 19:1-2)

사건 3 "너는 산에 올라 내게로 와서 거기 있으라"는 하나님의 명령을 받고 모세가 시내산에 올라 첫 번째 40일 금식기도를 시작한 30일째

사건 4 시내광야에 11개월 20일 머물던 이스라엘 백성이 하나님의 명령에 따라 약속의 땅을 향해 떠난 지 47일째

사건 5 모르드개가 조서를 써 전국 127도에 보낸 후 15일째(더 8:1-17)

사건 6 주전 458년 2차 포로 귀환 시 제1월 1일 바벨론을 떠난 후 96일째로 아하와 강을 떠난 지 85일째(스 7:6-9, 8:15-36)

사건 7 2018년 예수님께서 부활하신 후 7일째

어제 요시야 시대의 종교개혁과 남유다의 부흥을 살펴보았습니다. 그러나 요시야 왕이 죽은 후 남유다는 선지자들을 통해 전하는 하나님의 말씀을 듣지 않고 애굽과 바벨론(이후 신바벨론을 바벨론으로 씀) 사이에서 정치적 줄타기를

하다 바벨론에 패해 1차, 2차, 3차에 걸쳐 포로로 잡혀갑니다. 오늘은 1차로 바벨론에 포로로 잡혀가는 상황을 살펴보겠습니다.

❶ 바벨론이 제국으로 성장

앗수르 제국을 무너뜨리려는 바벨론은 해마다 계속해서 서쪽으로 세력을 확장했고 앗수르를 도와 바벨론이 성장하지 못하도록 하려는 애굽은 앗수르를 돕기 위해 팔레스타인을 통과하는 해변 길을 따라 갈그미스로 향합니다. 이때 종교개혁을 단행하며 여호와 신앙을 회복했던 요시야 왕은 무너져가는 앗수르를 도와 신흥 강국으로 부상하는 신바벨론을 견제하기 위해 북상하는 애굽 왕 바로 느고의 군대와 므깃도에서 싸우다 죽습니다(왕하 23:29, 주전 609년). 백성들은 요시야를 예루살렘에 장사하고 그의 네 번째 아들 여호아하스를 왕으로 삼았고 여호아하스는 3개월을 통치했습니다(왕하 23:30-31).

요시야 당시에 애굽의 왕 바로 느고가 앗수르 왕을 치고자 하여 유브라데 강으로 올라가므로 요시야 왕이 맞서 나갔더니 애굽 왕이 요시야를 므깃도에서 만났을 때에 죽인지라 (왕하 23:29)

신복들이 그의 시체를 병거에 싣고 므깃도에서 예루살렘으로 돌아와 그의 무덤에 장사하니 백성들이 요시야의 아들 여호아하스를 데려다가 그에게 기름을 붓고 그의 아버지를 대신하여 왕으로 삼았더라(왕하 23:30) **여호아하스가 왕이 될 때에 나이가 이십삼 세라 예루살렘에서 석 달간 다스리니라 그의 어머니의 이름은 하무달이라 립나 예레미야의 딸이더라**(왕하 23:31)

므깃도에서 승리한 애굽의 바로 군대는 계속 북상했고 갈그미스에서 앗수르의 영토를 놓고 바벨론과 전쟁을 벌입니다. 그러나 애굽과 바벨론의 1차 갈그미스 전투는 승패가 나지 않았고 애굽으로 돌아가던 바로 느고는 예루살렘에 돌아와 여호아하스를 폐위시킨 후 애굽으로 끌고 갔고 엘리야김의 이름을 여호야김으로 바꾼 후 그의 아버지 요시야를 대신해 왕으로 삼았

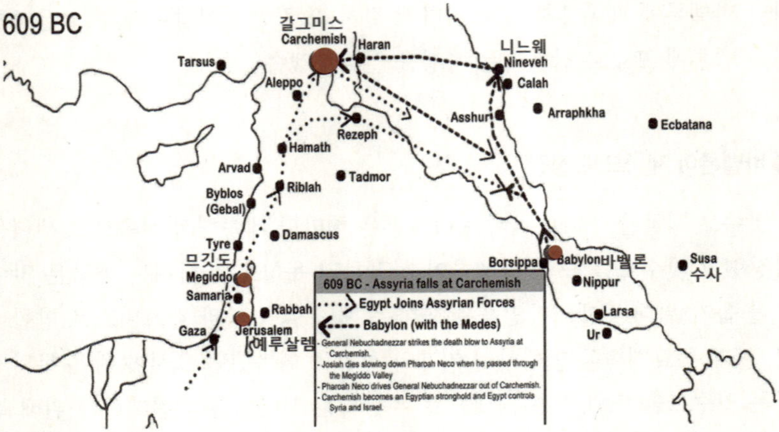

주전 609년 제1차 갈그미스 전투 1차 전투는 애굽과 신바벨론과의 전투는 무승부로 끝난다.
by generationword.com

습니다(왕하 23:33-34, 주전 609년).

> **여호아하스가 그의 조상들의 모든 행위대로 여호와 보시기에 악을 행하였더니**(왕하 23:32) **바로 느고가 그를 하맛 땅 립나에 가두어 예루살렘에서 왕이 되지 못하게 하고 또 그 나라로 은 백 달란트와 금 한 달란트를 벌금으로 내게 하고**(왕하 23:33) **바로 느고가 요시야의 아들 엘리아김을 그의 아버지 요시야를 대신하여 왕으로 삼고 그의 이름을 고쳐 여호야김이라 하고 여호아하스는 애굽으로 잡아갔더니 그가 거기서 죽으니라**(왕하 23:34)

애굽과 신흥 강국 바벨론의 2차 갈그미스 전투는 주전 605년에 벌어집니다. 이 전투에서 바벨론이 승리했고 바벨론의 느부갓네살은 남하하여 예루살렘을 점령했고 여호야김은 바벨론에게 충성을 맹세했고 이때 제1차 바벨론 포로가 발생합니다.

❷ 제1차 바벨론 포로

제1차 바벨론 포로는 유다 왕 여호야김 3년(단 1:1, 예레미야는 4년이라 표기함:렘

25:1)* 주전 605년 일어났는데 이때 다니엘과 세친구가 포함된 청년들과 남유다의 고위직(왕족, 귀족)들이 잡혀갑니다(단 1:1-4).

제4月

유다 왕 여호야김이 다스린 지 삼 년이 되는 해에 바벨론 왕 느부갓네살이 예루살렘에 이르러 성을 에워쌌더니(단 1:1) **주께서 유다 왕 여호야김과 하나님의 전 그릇 얼마를 그의 손에 넘기시매 그가 그것을 가지고 시날 땅 자기 신들의 신전에 가져다가 그 신들의 보물 창고에 두었더라**(단 1:2) **왕이 환관장 아스부나스에게 말하여 이스라엘 자손 중에서 왕족과 귀족 몇 사람**(단 1:3) **곧 흠이 없고 용모가 아름다우며 모든 지혜를 통찰하며 지식에 통달하며 학문에 익숙하여 왕궁에 설 만한 소년을 데려오게 하였고 그들에게 갈대아 사람의 학문과 언어를 가르치게 하였고**(단 1:4)
유다의 왕 요시야의 아들 여호야김 넷째 해 곧 바벨론의 왕 느부갓네살 원년에 유다의 모든 백성에 관한 말씀이 예레미야에게 임하니라(렘 25:1)

바벨론 1차 포로가 발생하기 전 하나님께서는 예레미야 선지자를 통해 남유다의 미래에 대해 말씀하셨습니다. 요시야 왕 13년부터 23년 동안 예레미야 선지자는 하나님의 말씀을 전했지만 여호야김과 백성들은 하나님께서 정하신 말씀을 따르지 않았습니다(렘 25:2-3). 하나님께서는 그의 모든 종 선지자들을 끊임없이 보내셔서 말씀하셨지만 백성들은 귀 기울여 듣지 않았습니다(렘 25:4).

선지자 예레미야가 유다의 모든 백성과 예루살렘의 모든 주민에게 말하여 이르되(렘 25:2) **유다의 왕 아몬의 아들 요시야 왕 열셋째 해부터 오늘까지 이십삼 년 동안 여호와의 말씀이 내게 임하기로 내가 너희에게 꾸준히 일렀으나 너희가 순종하지 아니하였느니라**(렘 25:3) **그러므로 여호와께서 그의 모든 종 선지자를 너희에게 끊임없이 보내셨으나 너희가 순종하지 아니하였으며 귀를 기울여 듣지도 아니하였도다**(렘 25:4)

---

* 제1차 바벨론 포로는 주전 605년 6번째 달(서기력으로 주전 605년 9월 7일~10월 5일 사이)에 발생한다. 월력체계에 따른 왕의 연도 표기가 다르기 때문인데 다니엘은 티쉬리 월력을 따르고 예레미야는 니산 월력을 따랐다. 니산월 기준으로 여호야김은 ~608N이 즉위 년이고 제4년은 605N~604N까지이다. 티쉬리월 기준으로 여호야김은 ~608T이 즉위 년이고 제3년은 606T-605T까지이다.

하나님께서는 백성들에게 기회를 주셨습니다. 다른 신을 따라다니며 섬기고 경배하는 악한 길과 악행을 버리고 돌이키면 약속의 땅에서 영원토록 살 수 있다고 말씀하셨습니다. 하지만 백성들은 하나님의 말씀에 순종하지 않았고 오히려 손으로 만든 우상을 섬기며 여호와의 노여움을 일으켰습니다(렘 25:5-7). 마침내 하나님께서는 당신의 종 바벨론 왕 느부갓네살을 불러 약속의 땅을 쳐서 진멸하며 폐허를 만들 것이며 백성들은 바벨론으로 끌려가 70년 동안 바벨론 왕을 섬길 것이라고 선언하셨습니다(렘 25:8-11).

> **그러므로 만군의 여호와께서 이와 같이 말씀하시니라 너희가 내 말을 듣지 아니하였느니라**(렘 25:8) **보라 내가 북쪽 모든 종족과 내 종 바벨론의 왕 느부갓네살을 불러다가 이 땅과 그 주민과 사방 모든 나라를 쳐서 진멸하여 그들을 놀램과 비웃음거리가 되게 하며 땅으로 영원한 폐허가 되게 할 것이라 여호와의 말씀이니라**(렘 25:9) **내가 그들 중에서 기뻐하는 소리와 즐거워하는 소리와 신랑의 소리와 신부의 소리와 맷돌 소리와 등불 빛이 끊어지게 하리니**(렘 25:10) **이 모든 땅이 폐허가 되어 놀랄 일이 될 것이며 이 민족들은 칠십 년 동안 바벨론의 왕을 섬기리라**(렘 25:11) **여호와의 말씀이니라 칠십 년이 끝나면 내가 바벨론의 왕과 그의 나라와 갈대아인의 땅을 그 죄악으로 말미암아 벌하여 영원히 폐허가 되게 하되**(렘 25:12)

예레미야 선지자는 하나님의 말씀을 예언하고 책에 기록했고 하나님께서는 당신의 모든 말씀을 그 땅에 임하게 하겠다고 말씀하셨습니다(렘 25:13).

> **내가 그 땅을 향하여 선언한바 곧 예레미야가 모든 민족을 향하여 예언하고 이 책에 기록한 나의 모든 말을 그 땅에 임하게 하리라**(렘 25:13) **그리하여 여러 민족과 큰 왕들이 그들로 자기들을 섬기게 할 것이나 나는 그들의 행위와 그들의 손이 행한 대로 갚으리라**(렘 25:14) **이스라엘의 하나님 여호와께서 이같이 내게 이르시되 너는 내 손에서 이 진노의 술잔을 받아가지고 내가 너를 보내는바 그 모든 나라로 하여금 마시게 하라**(렘 25:15) **그들이 마시고 비틀거리며 미친 듯이 행동하리니 이는 내가 그들 중에 칼을 보냈기 때문이니라 하시기로**(렘 25:16) **내가 여호와의 손에서 그 잔을 받아서 여호와께서 나를 보내신바 그 모든 나라로 마시게 하되**(렘 25:17) **예루살렘과 유다 성읍들과 그 왕들과 그 고관들로 마시게 하였더니 그들이 멸망과 놀램과 비웃음과 저주를 당함이 오늘과 같으니라**(렘 25:18)

요시야는 왕이 된 지 8년째부터 그의 조상 다윗의 하나님을 찾기 시작해서 12년째 되는 해부터 종교개혁을 단행했습니다(대하 34:3, 4월 6일 바벨론 포로 전 요시야 시대의 상황 참조). 6년 동안 종교개혁을 단행했고 18년째 되는 해에는 성전도 청결케 하고 유월절도 회복했습니다. 요시야가 종교개혁을 하는 가운데 그의 통치 13년째부터 하나님께서는 백성들의 죄악을 예레미야 선지자뿐 아니라 여러 선지자를 통해 선포하시며 요시야의 종교개혁을 도우셨던 것입니다. 요시야의 6년 이상의 종교개혁과 성전청결, 여호와의 유월절 회복이 있었던 때 하나님께서 정하신 계획에 대한 선지자들의 외침을 듣고 백성들의 여호와 신앙이 완전히 회복되었다면 바벨론 포로는 없었을 것입니다. 그러나 나라의 지도자인 요시야 왕의 여호와 하나님에 대한 깨달음과 종교개혁이 백성들의 생활 깊숙이 뿌리 내린 이방신에 대한 사상을 완전히 제거하지는 못했었던 것을 알 수 있습니다. 종교개혁이 단행되는 과정에서도 돌이키지 않고 이방신을 섬기는 백성들이 있었고, 잠시 신앙이 회복되었지만 다시 하나님을 떠나 우상을 섬기며 하나님의 통치보다는 세상의 힘을 믿거나 보이는 것을 따라간 남유다 백성의 신앙 모습이 눈에 선합니다.

성도 여러분!

말씀을 듣고 깨닫는 것은 중요합니다. 그런데 깨달은 후 이전의 삶을 정리하고 완전히 돌아서서 다시는 그 자리로 가지 않는 것은 더욱 중요합니다. 또한 하나님의 언약공동체(교회)에서 먼저 깨닫고 이전의 삶에서 돌아선 지도자라면 더욱더 철저하게 공동체 내 잘못된 신앙을 고치려는 노력이 필요한 것임을 바벨론 1차 포로 사건을 통해 깨닫게 됩니다. 분명한 것은 작으나마 하나님께서는 각자 나를 통해 이루시려고 정하신 계획이 있습니다. 작은 것이라 할지라도 나를 통해 이루시기로 작정된 것은 내가 이루어야 한다는 것을 깨닫고 오늘 하루의 삶 속에서도 하나님의 구속사를 이루기 위해 나의 삶의 돌려드리는 한 날이 되시길 기도합니다.

8일

부활하신 지 8일 만에 도마에게도 보이신 예수님

오늘 날짜가 언급된 성경 사건은 없습니다. 오늘 날짜가 포함된 사건은 다음과 같습니다.

사건 1 제2월 10일부터 방주에 들어가 하나님의 명령을 감당하는 59일째로(노아시대 월력 체계는 한 달을 30일로 계산함) 하나님께서 말씀하신 대로 40일 동안 비가 내린 52일째

사건 2 라암셋을 떠난 지 83일째(제1월을 30일, 제2월을 29일로 계산함)로 시내산 밑 시내광야에 도착하여(제3월 1일) 거한지 38일째(출 19:1-2)

사건 3 "너는 산에 올라 내게로 와서 거기 있으라"는 하나님의 명령을 받고 모세가 시내산에 올라 첫 번째 40일 금식기도를 시작한 31일째

사건 4 시내광야에 11개월 20일 머물던 이스라엘 백성이 하나님의 명령에 따라 약속의 땅을 향해 떠난 지 48일째

사건 5 모르드개가 조서를 써 전국 127도에 보낸 후 16일째(더 8:1-17)

사건 6 주전 458년 2차 포로 귀환 시 제1월 1일 바벨론을 떠난 후 97일째로 아하와 강을 떠난 지 86일째(스 7:6-9, 8:15-36)

사건 7 2018년 예수님께서 부활하신 후 8일째

현대력으로 보면 오늘(2018년)은 예수님께서 부활하신 지 8일째 되는 날입니다. 오늘은 도마까지 참석한 '열한 사도'(제자)에게 예수님께서 보이셨던 사건을 살펴보겠습니다.

❶ 갈릴리 사람으로 어부였던 도마

도마는 고향이 갈릴리였고 직업은 어부였으며 열두 사도 중 한 사람으로 기록되어 있습니다(마 10:3, 막 3:18, 눅 6:15, 행 1:13). 도마가 어부였다는 것은 예수님께서 부활하신 후 갈릴리 호수에서 고기를 잡는 일곱 제자에게 나타나실 때 함께 고기 잡는 것으로 나타나는 것(요 21:1-2)으로 알 수 있습니다. 열두 사도는 예수님께서 십자가를 지시기 전에 **"내가 살아난 후에 너희보다 먼저 갈릴리로 가리라."**(마 26:32, 막 14:28)는 말을 직접 들었었고, 또한 천사들이 예수님의 무덤에 왔던 여인들에게 예수님의 부활 소식을 알리며 **"빨리 가서 그의(예수) 제자들에게 이르되 '그가(예수) 죽은 자 가운데서 살아나셨고 너희(사도들)보다 먼저 갈릴리로 가시나니 거기서 너희가 뵈오리라' 하라. 보라! 내가 너희에게 일렀느니라."**(마 28:7, 막 16:7)고 전하는 말을 들었습니다. 그리고 예루살렘에 머물며 부활하셨던 예수님을 체험했던 사도들이었기에 갈릴리로 들아와서는 무엇인가 예수님을 만난 준비를 해야 했을 것입니다. 그런데 도여 있던 일곱 사도는 원래의 직업인 어부생활을 하고 있습니다. 이 가운데 디두모라 하는 도마도 함께 있었습니다.

함께 있던 사도들은 시몬 베드로가 **"나는 물고기 잡으러 가노라."**고 말할 때 **"우리도 함께 가겠다."**고 말한 후 함께 배를 타고 갈릴리 바다로 나가 물고기를 잡았으나 그 날 밤 한 마리도 잡지 못했습니다. 그리고 날이 샐 때 예수님께서는 이들을 찾아와 만나 주셨습니다(요 21:4-14). 사도 요한은 이때 시몬 베드로와 함께 도마, 나다나엘, 세베대의 두 아들인 야고보와 요한 그리고 다른 두 제자가 함께 있었던 것으로 기록하고 있습니다.

> **그 후에 예수께서 디베랴 호수에서 또 제자들에게 자기를 나타내셨으니 나타내신 일은 이러하니라**(요 21:1) **시몬 베드로와 디두모라 하는 도마와 갈릴리 가나 사람 나다나엘과 세베대의 아들들과 또 다른 제자 둘이 함께 있더니**(요 21:2)

❷ 도마의 고백

도마가 한 말은 사도 요한만이 언급하는데 예수님의 공생애 후반기와 돌아가신 후에 한 말을 기록하고 있습니다. 첫 번째는 베다니의 죽은 나사로를 살리시러 예루살렘으로 다시 가시려는 예수님을 모든 제자가 "랍비여 방금도 유대인들이 돌로 치려 하였는데 또 그리로 가시려 하나이까?"(요 11:8)라고 말하며 말렸으나 예수님께서 예루살렘으로 가셔야 한다는 결정을 내렸을 때 "우리도 주와 함께 죽으러 가자."(요 11:16)라고 말했습니다.

> 이에 예수께서 밝히 이르시되 나사로가 죽었느니라(요 11:14) 내가 거기 있지 아니한 것을 너희를 위하여 기뻐하노니 이는 너희로 믿게 하려 함이라 그러나 그에게로 가자 하시니(요 11:15) 디두모라고도 하는 도마가 다른 제자들에게 말하되 우리도 주와 함께 죽으러 가자 하니라(요 11:16)

두 번째는 유월절 전날 최후의 만찬시 예수님과의 대화에서 "주여! 주께서 어디로 가시는지 우리가 알지 못하거늘 그 길을 어찌 알겠사옵나이까?"(요 14:5)라고 대답했고 이에 대해 예수님께서는 "나는 길이요 진리요 생명이니 나로 말미암지 않고는 아버지께로 올 자가 없느니라."고 대답해 주셨습니다. 도마는 예수님의 공생애 말기 결정적인 시기에 예수님께 묻고 대답했던 제자로 요한은 기록합니다.

> 너희는 마음에 근심하지 말라 하나님을 믿으니 또 나를 믿으라(요 14:1) 내 아버지 집에 거할 곳이 많도다 그렇지 않으면 너희에게 일렀으리라 내가 너희를 위하여 거처를 예비하러 가노니(요 14:2) 가서 너희를 위하여 거처를 예비하면 내가 다시 와서 너희를 내게로 영접하여 나 있는 곳에 너희도 있게 하리라(요 14:3) 내가 어디로 가는지 그 길을 너희가 아느니라(요 14:4) 도마가 이르되 주여 주께서 어디로 가시는지 우리가 알지 못하거늘 그 길을 어찌 알겠사옵나이까(요 14:5) 예수께서 이르시되 내가 곧 길이요 진리요 생명이니 나로 말미암지 않고는 아버지께로 올 자가 없느니라(요 14:6) 너희가 나를 알았더라면 내 아버지도 알았으리로다 이제부터는 너희가 그를 알았고 또 보았느니라(요 14:7)

사도 요한은 부활하신 첫날 주일 저녁 예수님께서 열 한 제자(사도)에서 보이셨음을 기록합니다. 그리고 이어서 부활하신 지 8일째 일어난 사건을 기록합니다. 이때 앞 사건과 관련하여 **'열두 제자 중 하나인 디두모라는 도마는 예수께서 오셨을 때 그들과 함께 있지 않았다'**(요 20:24)고 정확히 기록하고 있습니다.

사도 요한은 계속해서 예수님께서 주일 저녁 열 한 사도에게 나타나신 후 8일째 다시 나타나시기 전 도마를 만난 제자들은 **"우리가 주를 보았노라"**고 말했지만 도마는 **"내가 그의 손의 못 자국을 보며 내 손가락을 그 못 자국에 넣으며 내 손을 그 옆구리에 넣어 보지 않고는 믿지 아니하겠노라."**라고 기록했습니다(요 20:25). 도마는 일주일 동안 믿지 못한다고 하여 다른 제자들에게 시달림을 받았는지도 모릅니다. 그리고 자신에게도 나타나 달라고 기도했을지도 모릅니다. 아마 부활하신 예수님을 만났던 열 명의(가롯 유다 제외) 사도는 힘써 증거 했을 것입니다. 그리고 무교절 기간 동안 예루살렘을 떠나지 않았습니다.

열두 제자 중의 하나로서 디두모라 불리는 도마는 예수께서 오셨을 때에 함께 있지 아니한지라(요 20:24) **다른 제자들이 그에게 이르되 우리가 주를 보았노라 하니 도마가 이르되 내가 그의 손의 못 자국을 보며 내 손가락을 그 못 자국에 넣으며 내 손을 그 옆구리에 넣어 보지 않고는 믿지 아니하겠노라 하니라**(요 20:25)

❸ 도마가 포함된 '열한 사도'(제자)에게 나타나신 예수님

이번 무교절 안식일은 첫날은 '큰 날' 곧 절기안식일과 일반 7일째 안식일이 겹치는 '큰 안식일'이었고, 무교절 7일째 절기안식일 다음 날 연하여 7일째에 지키는 정규 안식일을 지내야 했기에 많은 순례객은 이동하지 않고 예루살렘에 머물렀을 것입니다. 무교절이 끝나고 안식일이 지난 후 첫날 각처에서 왔던 많은 순례객들은 각자의 고향으로 떠났을 것이며 예수님의 제자들도 아마 고향으로 돌아가기 위해 준비하고 있었을 것입니다. 죄 없으신 예수님을 포함해 십자가형으르 죄인들을 처형하고 이어서 큰 안식일이 겹치는 유월절과 무교절을 보내겨 다른 때와 달랐던 시끌벅적하고 많은 일이 있었던 예루살렘은 평온을 찾아가고 있었을 것입니다. 예루살렘에 머물며 무교절 기간을 하나님 앞에 거룩히 보낸 제자들에게 무교절이 끝나고 안식일이 지난 다음 예수님께서는 다시 나타나셨습니다.

		금	토	주일	월	화	수	목	금	토	주일
무교절			1일	2일	3일	4일	5일	6일	7일 **절기 안식일**	**안식일**	7일
	해질 때	1일	2일	3일	4일	5일	6일	**절기 안식일**	**안식일**		
예수님의 부활			**큰 안식일**	부활 1일	2일	3일	4일	5일	6일	7일	8일
	해질 때	**큰 안식일**		**보이심**							**보이심**

사도 요한은 여드레를 지나 제자들이 다시 집 안에 있을 때에 도마도 함께 있고 문들이 닫혔는데 예수님께서 오사 가운데 서서 **"너희에게 평강이 있을지어다."**고 기록하고 있습니다. 항상 먼저 평강을 말씀하시며 두려움을 없애주신 예수님께서는 도마에게 **"손가락을 이리 내밀어 내 손을 보고 네 손을 내밀어 내 옆구리에 넣어 보라. 그리하고 믿음 없는 자가 되지 말고 믿는 자가 되라."**고 말씀하셨습니다. 이에 도마는 **"나의 주시며 나의 하나님이시니이다."**라고 고백합니다. 예수님께서는 **"너는 나를 본 고로 믿느냐. 보지 못 하고 믿는 자들은 복되도다."**라고 말씀하셨습니다.

> **여드레를 지나서 제자들이 다시 집 안에 있을 때에 도마도 함께 있고 문들이 닫혔는데 예수께서 오사 가운데 서서 이르시되 너희에게 평강이 있을지어다 하시고**(요 20:26) **도마에게 이르시되 네 손가락을 이리 내밀어 내 손을 보고 네 손을 내밀어 내 옆구리에 넣어 보라 그리하여 믿음 없는 자가 되지 말고 믿는 자가 되라**(요 20:27) **도마가 대답하여 이르되 나의 주님이시요 나의 하나님이시니이다**(요 20:28) **예수께서 이르시되 너는 나를 본 고로**

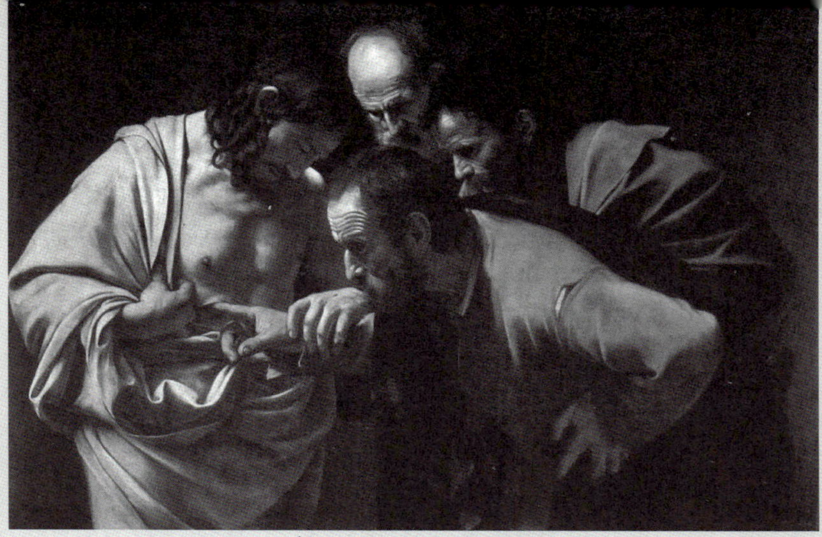

카라바조(Caravaggio, 1573~1610)의 의심하는 성 토마스 (1601~2)

제
4
月

믿느냐 보지 못 하고 믿는 자들은 복되도다 하시니라(요 20:29)

사도 요한은 디두모라 하는 도마가 예수님을 만나 **"나의 주시며 나의 하나님이시니이다."**라고 고백하는 체험을 마지막으로 언급하며 **'예수께서 제자들 앞에서 이 책에 기록되지 아니한 다른 표적도 많이 행하셨으나**(30) **오직 이것을 기록함은 너희로 예수께서 하나님의 아들 그리스도이심을 믿게 하려 함이요 또 너희로 믿고 그 이름을 힘입어 생명을 얻게 하려 함이니라'**(요 20:31)고 기록하고 있습니다.

성도 여러분!

현재의 성도들은 예수님의 말씀처럼 보지 못 하고 믿는 복된 자들입니다. 이런 복된 신앙생활을 하는 나는 현재(부활하신 후 한 주가 지나는 동안) 내가 있어야 할 자리에 있었습니까? 아니면 도마처럼 다른 곳을 헤매고 다니지는 않았습니까? 늦게 만났지만 체험하여 믿고 정확하게 고백한 도마처럼 예수 그리스도에 대한 나의 고백이 정확한지 돌아보는 하루가 되시길 기도합니다. 오늘도 늦게 깨달았다면 더욱더 주의 일에 힘쓰는 성도가 되시길 기도합니다.

9일

주전 586년
바벨론 3차 포로

오늘 날짜가 언급된 성경 사건은 시드기야 11년 제4월 9일 예루살렘 성이 함락된 사건이 있습니다. 오늘 날짜가 포함된 사건은 다음과 같습니다.

사건 1 제2월 10일부터 방주에 들어가 하나님의 명령을 감당하는 60일째로(노아시대 월력 체계는 한 달을 30일로 계산함) 하나님께서 말씀하신 대로 40일 동안 비가 내린 53일째

사건 2 라암셋을 떠난 지 84일째(제1월을 30일, 제2월을 29일로 계산함)로 시내산 밑 시내광야에 도착하여(제3월 1일) 거한지 39일째(출 19:1-2)

사건 3 "너는 산에 올라 내게로 와서 거기 있으라"는 하나님의 명령을 받고 모세가 시내산에 올라 첫 번째 40일 금식기도를 시작한 32일째

사건 4 시내광야에 11개월 20일 머물던 이스라엘 백성이 하나님의 명령에 따라 약속의 땅을 향해 떠난 지 49일째

사건 5 시드기야 11년 제4월 9일 예루살렘 성이 바벨론에 의해 함락

사건 6 모르드개가 조서를 써 전국 127도에 보낸 후 17일째(더 8:1-17)

사건 7 주전 458년 2차 포로 귀환 시 제1월 1일 바벨론을 떠난 후 98일째로 아하와 강을 떠난 지 87일째(스 7:6-9, 8:15-36)

사건 8 2018년 예수님께서 부활하신 후 9일째

주전 597년 제2차 바벨론 포로 후 시드기야는 바벨론에 의해 세워진 왕으로 11년을 통치하게 되는데 결국은 바벨론에 대항하여 싸우다 죽습니

다. 시드기야가 죽은 주전 586년 제3차 바벨론 포로가 발생했고 이후 더 이상 남유다를 다스리는 왕은 없었습니다. 오늘은 남유다 마지막 왕 시드기야의 잘못된 선택과 제3차 바벨론 포로 사건이 발생하는 과정에 대해 살펴보겠습니다.

❶ 예레미야 선지자를 통해 전해진 하나님의 말씀을 듣지 않고 바벨론에게 대항하는 시드기야

바벨론에 반대하여 대항한 여호야김이 죽고 여호야김의 아들 여호야긴은 18세의 나이로 왕이 되지만 그도 3개월 10일을 통치하고 바벨론으로 끌려갑니다. 이때 에스겔을 포함한 1만여 명이 끌려갔는데(대하 36:9-10) 이것이 제2차 바벨론 포로입니다. 바벨론은 요시야의 아들이고 여호야긴의 삼촌인 시드기야를 왕으로 세워 남유다를 통치하게 했습니다. 시드기야가 통치를 시작할 때 하나님께서는 예레미야 선지자에게 **"너는 줄과 멍에를 만들어 목에 걸라."** 고 말씀하신 후 유다 왕 시드기야를 보러 예루살렘에 온 사신들을 통해 에돔, 모압, 암몬, 두로, 시돈 왕에게도 보내라고 말씀하셨습니다(렘 27:1-22). 이렇게 말씀하신 이유는 바벨론 왕을 통해 하나님께서 일하고 계시기에 바벨

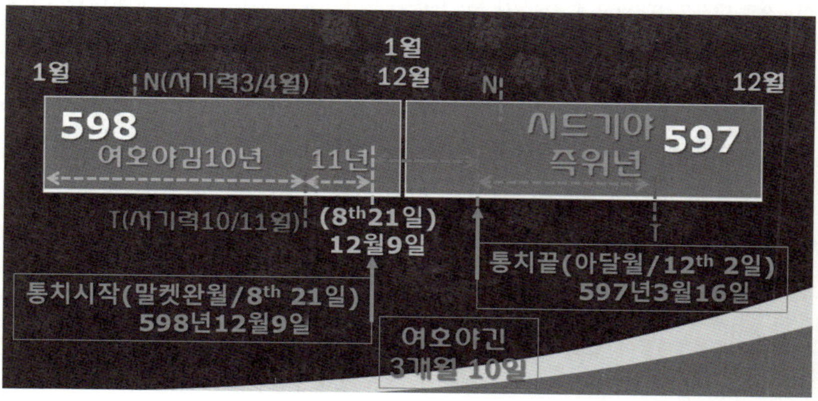

론 왕에게 반역하지 말고 하나님께서 정하신 기간 동안 그의 통치를 받으라는 것이었습니다. 하지만 시드기야는 반 바벨론 정책을 썼고 얼마 가지 않아 주변국들과 동맹하여 바벨론에 대항했습니다.

유다의 왕 요시야의 아들 여호야김이 다스리기 시작할 때에 여호와께서 말씀으로 예레미야에게 임하시니라(렘 27:1) **여호와께서 이와 같이 내게 말씀하시되 너는 줄과 멍에를 만들어 네 목에 걸고**(렘 27:2) **유다의 왕 시드기야를 보러 예루살렘에 온 사신들의 손에도 그것을 주어 에돔의 왕과 모압의 왕과 암몬 자손의 왕과 두로의 왕과 시돈의 왕에게 보내며**(렘 27:3) **그들에게 명령하여 그들의 주에게 말하게 하기를 만군의 여호와 이스라엘의 하나님께서 이와 같이 말씀하시되 너희는 너희의 주에게 이같이 전하라**(렘 27:4)

❷ 거짓선지자 하나냐의 거짓 예언

시드기야가 왕이 된 지 4년 다섯째 달에 거짓 선지자 하나냐는 성전에서 제사장들과 백성들을 모아놓고 **"이스라엘의 하나님 만군의 여호와께서 '내가 바벨론 왕의 멍에를 부수어 버리겠다. 두 해가 가기 전에 내가 바벨론 왕 느부갓네살이 이 장소에서부터 취해서 그것들을 바벨론으로 가져갔던 여호와의 집의 모든 기구들을 이 장소로 다시 가져오겠다. 그리고 유다 왕 여호야김의 아들 여고냐와 바벨론으로 갔던 유다의 모든 사라잡힌 자들을 내가 다시 이곳으로 데려오겠다'라고 말씀하셨다."**고 예언합니다(렘 28:1-4). 이에 예레미야 선지자는 여호와의 성전에 서 있는 제사장들과 모든 백성이 보는 앞에서 **"아멘, 여호와께서 그렇게 하시기를 원한다…"**라고 말하며 자신도 바벨론 포로로부터 되돌려지기를 원한다고 말합니다. 덧붙여 예언자들의 말은 그 말이 응한 후에 여호와께서 보내신 선지자로 인정받게 된다고 말하며 누가 진실한 선지자인지 밝혀질 것이라고 말합니다(렘 28:7-9).

그러나 너는 내가 네 귀와 모든 백성의 귀에 이르는 이 말을 잘 들으라(렘 28:7) **나와 너 이전의 선지자들이 예로부터 많은 땅들과 큰 나라들에 대하여 전쟁과 재앙과 전염병을 예언하였느니라**(렘 28:8) **평화를 예언하는 선지자는 그 예언자의 말이 응한 후에야 그가 진**

실로 여호와께서 보내신 선지자로 인정받게 되리라(렘 28:9)

예레미야 선지자의 말에 하나냐는 기세등등하게 예레미야 선지자의 목에서 바벨론 포로의 상징이었던 멍에를 빼앗아 꺾었습니다. 그리고 하나님께서 2년 안에 바벨론 왕 느부갓네살의 멍에를 꺾을 것이라고 말합니다. 이후 선지자 예레미야는 더 이상 말을 하지 않고 자기 길을 갔다고 성경은 기록합니다(렘 28:10-11).

거짓 선지자 하나냐의 말은 모든 백성의 마음을 시원케 하였을 것입니다. 왜냐하면 예레미야 선지자가 전하는 바벨론 포로 70년이 아니라 하나님께서 2년 안에 바벨론 포로를 끝내고 돌아오게 하실 것이라는 하나냐의 거짓 예언이 더 믿고 싶은 이야기였기 때문이었고 하나냐의 자신 있는 말에 예레미야 선지자가 더 이상 말을 하지 않고 갈 길을 갔기 때문입니다. 아마도 거짓 선지자 하나냐와 백성들은 거짓 메시지를 믿고 싶은 마음에 잠시 동안 의기양양했을 것입니다. 그러나 하나냐의 거짓 예언을 통한 평화는 잠시뿐이었습니다.

❸ 하나님의 말씀을 전하는 예레미야 선지자

하나님께서는 예레미야 선지자에게 하나냐에게 다시 가서 **"네가 나무 멍에를 꺾었으나 그 대신 쇠 멍에들을 만들었느니라.", "내가 쇠 멍에로 이 모든 나라의 목에 메워 바벨론 왕 느부갓네살을 섬기게 하였으니 그들이 그를 섬기리라. 내가 들짐승도 그에게 주었느니라."**는 하나님의 말씀을 전하게 하셨습니다(렘 28:12-14). 하나님의 말씀을 받은 예레미야 선지자는 하나냐에게 정확하게 전달했습니다. 그리고 여호와께서 보내지 않으셨는데 거짓 예언으로 백성들을 믿게 했기에 금년에 죽을 것이라고 선포했습니다. 하나님께서 정하신 것은 분명하게 이루어지기에 거짓 선지자 하나냐는 그해 일곱 번째 달에 죽었습니다(렘 28:15-17).

다섯째 달에 거짓 선지자 하나냐가 하나님의 말씀을 전한다고 선포했지만 그의 예언은 이루어지지 않았고 예레미야 선지자의 예언대로 하나냐는 일곱째 달에 죽었습니다. 두 예언을 들은 백성들은 두 달 동안 무슨 생각을 했을까요? 심증적으로는 하나냐의 달콤한 예언이 마음에 들었을 것입니다. 그리고 그것이 이루어지기를 기도했을 것입니다. 하지만 하나냐가 죽는 것을 보며 백성들은 자신들이 거짓 예언에 마음을 두었고 그것이 이루어지기를 기도한 것이 잘못되었음을 깨달아야 했습니다.

④ 바벨론으로 잡혀갔던 유대인들에게 전하는 편지

아마도 예루살렘에서 일어난 하나냐의 거짓 예언은 바벨론 포로로 잡혀갔던 사람들에게도 전해졌던 것 같습니다. 하나님께서는 예레미야 선지자의 편지로 바벨론으로 잡혀간 백성들에게 다시 말씀하셨습니다(렘 29:1-4). 그 내용은 바벨론 70년이 정해진 것이기에 바벨론에서 정착하여 살고 그곳에서 번성하며 그 나라가 평안하기를 여호와께 기도하며 거짓 선지자의 말에 현혹되지 말고 바벨론 포로 70년이 차면 돌아오게 할 것이니 때가 되어 돌아오기 위해 하나님께 기도하라는 내용이었습니다. 바벨론 포로로 잡혀갔지만 그것은 재앙이 아니고 평안이며 미래와 희망을 주는 것이라고 말씀하셨습니다.

하나님께서 예레미야 선지자를 통해 바벨론에 보낸 편지

너희는 집을 짓고 거기에 살며 텃밭을 만들고 그 열매를 먹으라(렘 29:5) **아내를 맞이하여 자녀를 낳으며 너희 아들이 아내를 맞이하며 너희 딸이 남편을 맞아 그들로 자녀를 낳게 하여 너희가 거기에서 번성하고 줄어들지 아니하게 하라**(렘 29:6) **너희는 내가 사로잡혀 가게 한 그 성읍의 평안을 구하고 그를 위하여 여호와께 기도하라 이는 그 성읍이 평안함으로 너희도 평안할 것임이라**(렘 29:7) **만군의 여호와 이스라엘의 하나님께서 이와 같이 말하노라 너희 중에 있는 선지자들에게와 점쟁이에게 미혹되지 말**

며 너희가 꾼 꿈도 곧이듣고 믿지 말라(렘 29:8) 내가 그들을 보내지 아니하였어도 그들이 내 이름으로 거짓을 예언함이라 여호와의 말씀이니라(렘 29:9) 여호와께서 이와 같이 말씀 하시니라 바벨론에서 칠십 년이 차면 내가 너희를 돌보고 나의 선한 말을 너희에게 성취하여 너희를 이곳으로 돌아오게 하리라(렘 29:10) 여호와의 말씀이니라 너희를 향한 나의 생각을 내가 아나니 평안이요 재앙이 아니니라 너희에게 미래와 희망을 주는 것이니라(렘 29:11)

너희가 내게 부르짖으며 내게 와서 기도하면 내가 너희들의 기도를 들을 것이요(렘 29:12) 너희가 온 마음으로 나를 구하면 나를 찾을 것이요 나를 만나리라(렘 29:13) 이것은 여호와의 말씀이니라 나는 너희들을 만날 것이며 너희를 포로된 중에서 다시 돌아오게 하되 내가 쫓아 보내었던 나라들과 모든 곳에서 모아 사로잡혀 떠났던 그곳으로 돌아오게 하리라 이것은 여호와의 말씀이니라(렘 29:14) ...

여호와의 말씀이니라 너희들이 내 말을 듣지 않았기 때문이니라 내가 내 종 선지자들을 너희들에게 꾸준히 보냈으나 너희는 그들의 말을 듣지 않았느니라 여호와의 말씀이니라(렘 29:19) 그런즉 내가 예루살렘에서 바벨론으로 보낸 너희 모든 포로여 여호와의 말씀을 들을지니라(렘 29:20)

예루살렘에서 바벨론에 전해진 거짓 선지자 하나냐의 소문은 바벨론으로 잡혀 간 지 4년 밖에 되지 않은 많은 사람을 혼란하게 만들었을 것입니다. 이들 가운데에는 바벨론에 머물며 하나님의 백성으로서의 정체성도 지키지 못 하고, 바벨론의 생활에 적응하지도 못하며, 고향 유대 땅과 예루살렘을 그리워하는 사람들이 많았을 것입니다. 이들에게 거짓 선지자를 통한 거짓 예언은 달콤한 유혹이었고 그것을 믿고 잠시나마 꿈꿨던 행복은 이후 백성들의 삶을 더 고단하게 만들었을 것입니다.

거짓 선지자 하나냐의 예언은 해프닝으로 끝났지만 많은 사람에게 상처를 주었고 헛된 마음을 갖게 했습니다. 시드기야와 그의 신하와 백성들이 예레미야 선지자가 전하는 하나님의 말씀을 듣지 않았습니다(렘 37:1-2).

⑤ 바벨론에 소환되었던 시드기야가 계속해서 하나님의 말씀을 따르지 않음

시드기야 왕은 하나냐의 예언이 있었던 해에 바벨론으로 갔습니다. 아마도 바벨론 왕의 소환으로 가게 된 것으로 생각됩니다. 어떤 사건이 먼저인지 알 수 없지만 하나냐의 거짓 예언(4년 제5월)과 바벨론 왕의 시드기야 소환(4년)은 같은 해인 시드기야가 왕이 된 지 4년째 해에 일어났습니다(렘 51:59). 이때 예레미야 선지자는 하나님께서 정하신 바벨론 포로 70년이 차는 때가 되면 하나님께서 바벨론에 재난을 쏟을 것이란 사실을 기록한 책을 스라야에게 주어 바벨론에서 읽고 책을 유브라데 강에 던지라고 말하며 바벨론도 하나님의 섭리 속에 흥하고 망한다는 것을 깨닫게 했습니다(렘 51:60-64).

> **예레미야가 바벨론에 닥칠 모든 재난 곧 바벨론에 대하여 기록한 이 모든 말씀을 한 책에 기록하고**(렘 51:60) **스라야에게 말하기를 너는 바벨론에 이르거든 삼가 이 모든 말씀을 읽고**(렘 51:61) **말하기를 여호와여 주께서 이곳에 대하여 말씀하시기를 이 땅을 멸하여 사람이나 짐승이 거기에 살지 못하게 하고 영원한 폐허가 되리라 하셨나이다 하라 하니라**(렘 51:62) **너는 이 책 읽기를 다한 후에 책에 돌을 매어 유브라데 강 속에 던지며**(렘 51:63) **말하기를 바벨론이 나의 재난 때문에 이같이 몰락하여 다시 일어서지 못하리니 그들이 피폐하리라 하라 하니라 예레미야의 말이 이에 끝나니라**(렘 51:64)

예레미야 선지자는 계속해서 하나님의 메시지를 왕과 백성들에게 분명하게 전했습니다. 그는 때가 차면 하나님께서 바벨론을 무너지게 할 것이며 포로된 자들이 약속의 땅으로 돌아올 것인데 지금은 바벨론을 섬겨야 하는 때임을 선포했습니다. 하지만 시드기야 왕과 아직 유대 땅에 사는 백성들은 듣지 않았습니다.

바벨론에서 돌아온 시드기야 왕은 예레미야 선지자의 메시지를 듣지 않고 그를 불러 자신들이 듣기에 좋은 선한 예언을 하라고 했습니다. 이때의 국제 정세는 애굽의 바로 군대가 힘을 키워 바벨론과 대항하려 했기에 바벨론의 군대가 예루살렘을 잠시 떠난 상태였습니다. 이 상황은 예레미야 선지자의 예언이 잘못되었고 혹시 하나냐의 2년 안에 바벨론 포로에서 돌아온다는 거짓 예언이 맞을 수 있다는 생각을 하기에 충분했습니다. 거짓 선지자들이 외치는 다윗의 나라가 영원할 것이라는 거짓 예언이 시드기야 왕과 백성들의 마음속에 다시 헛된 꿈을 꾸게 했을 것입니다(렘 37:3-5). 하지만 예레미야 선지자는 하나님께서 정하신 말씀만 예언했습니다. 그는 애굽 왕은 얼마 후에 애굽 땅으로 돌아갈 것이며 바벨론 군대는 다시 와서 예루살렘 성을 쳐서 빼앗고 불사를 것이라는 여호와의 말씀을 선포했습니다(렘 37:6-10).

"바벨론 군대는 잠시 떠난 것이며 애굽 왕은 영원히 도움을 주지 못한다. 바벨론 군대는 다시 돌아올 것이며 하나님께서 정하신 바벨론 포로 70년은 분명히 있을 것이다."라는 예레미야 선지자의 선포를 현실에서 바벨론으로부터의 해방을 잠시 누리고 있는 왕과 그의 신하들과 백성들은 받아들이려 하지 않았습니다. 오히려 예레미야 선지자는 더욱 미움을 받는 대상이 되었고 토굴에 가두어지는 상황이 되었습니다(렘 37:15-16).

애굽 군대로 인해 주어진 바벨론으로부터 잠시의 해방은 시드기야 왕에게 완전한 평안을 주지 못했습니다. 왜냐하면 예레미야 선지자의 예언이 그의 마음을 불안하게 했기 때문입니다. 시드기야는 몰래 사람을 갇혀 있는 예레미야 선지자에게 보내 여호와께서 다시 주신 메시지가 있는지 물었습니다. 이것은 현재 누리는 '바벨론으로부터의 잠시의 해방이 계속될 것이다'라는 예언이 있느냐? 는 기대감에서였을 것입니다. 하지만 예레미야 선지자는 하나님께서 정하신 말씀에서 한 치도 벗어난 말을 하지 않았고 **"왕이 바벨론 왕의 손에 넘겨지리이다."**라고 말했습니다.

결국 바벨론 왕 느부갓네살은 시드기야 9년 제10월 10일 그의 모든 군대를 거느리고 예루살렘을 치러 올라와 진을 치고 주위에 토성을 쌓고 예루살렘 성을 포위했습니다. 이 포위는 시드기야 11년까지 30개월 동안 계속되었는데 백성들은 성안에 먹을 것이 없어 자기 아들까지 잡아먹으며 버텼습니다. 하지만 하나님의 도우심은 없었고 하나님께서 정하신 대로 시드기야 11년 제4월 9일 오늘 날짜에 성은 바벨론 군대에 의해 짓밟혔습니다(렘 52:4-6).

예루살렘 성벽이 파괴되고 바벨론 군대가 들이닥치기 전날 밤 시드기야 왕은 성을 빠져나가 아라바 길로 도망쳤지만 바벨론 군대가 쫓아가 여리고 평지에서 시드기야 왕을 사로잡았습니다. 그리고 그들은 시드기야 왕을 하맛 땅 리블라에 있는 바벨론 왕에게 끌고 갔습니다(렘 52:7-9). 바벨론 왕 느부갓네살은 시드기야의 아들들과 고위 신하들을 그의 눈앞에서 죽였고 시드기야의 두 눈을 빼고 놋사슬로 결박하여 바벨론으로 끌고 가 죽는 날까지 옥에 가두었습니다(렘 52:10-11). 이것이 제3차 바벨론 포로였습니다.

성도 여러분!

제3차 바벨론 포로가 어떻게 발생했는지 살펴보았습니다. 하나님께서는 이스라엘 백성 조상들의 잘못으로 인해 바벨론 포로 70년을 정하셨고 그대로 행하고 계셨습니다. 그런데 하나님의 말씀이 진행되는 때에 살면서도 그 말씀을 믿으려 하지 않고 회개하지 않는 사람들은 하나님의 말씀에 대항했습니다. 현재의 나는 하나님께서 정하신 계획에 순종하는 삶을 살고 있는지 돌아보는 하루가 되시길 소망합니다. 또한 신천지처럼 자신들이 참이라고 거짓을 외치는 사람들이 많은 이때 여호와 하나님의 말씀을 전하는 참 선지자가 누구인지를 구별하고 참선지자를 통한 여호와 하나님의 메시지가 들을 수 있는 신앙생활이 되시길 기도합니다. 하나님의 계획이 나의 생활을 힘들게 하는 것일지라도 믿고 순종해야 하는 것이 하나님 백성으로서의 삶이라는 것을 잊지 않는 하루가 되시길 기도합니다.

10일

바벨론 포로 70년에 대한 예언과 성취 ①
예레미야 선지자를 통해 선포된 '정해진 바벨론 포로 70년'

오늘 날짜가 언급된 성경 사건은 없습니다. 오늘 날짜가 포함된 사건은 다음과 같습니다.

사건 1 제2월 10일부터 방주에 들어가 하나님의 명령을 감당하는 61일째로(노아시대 월력 체계는 한 달을 30일로 계산함) 하나님께서 말씀하신 대로 40일 동안 비가 내린 54일째

사건 2 라암셋을 떠난 지 85일째(제1월을 30일, 제2월을 29일로 계산함)로 시내산 밑 시내광야에 도착하여(제3월 1일) 거한지 40일째(출 19:1-2)

사건 3 "너는 산에 올라 내게로 와서 거기 있으라"는 하나님의 명령을 받고 모세가 시내산에 올라 첫 번째 40일 금식기도를 시작한 33일째

사건 4 시내광야에 11개월 20일 머물던 이스라엘 백성이 하나님의 명령에 따라 약속의 땅을 향해 떠난 지 50일째

사건 5 시드기야 11년 제4월 9일 예루살렘 성이 바벨론에 의해 함락 후 2일째

사건 6 모르드개가 조서를 써 전국 127도에 보낸 후 18일째(더 8:1-17)

사건 7 주전 458년 2차 포로 귀환 시 제1월 1일 바벨론을 떠난 후 99일째로 아하와 강을 떠난 지 88일째(스 7:6-9, 8:15-36)

사건 8 2018년 예수님께서 부활하신 후 10일째

제4월 9일은 느부갓네살 왕이 이끄는 바벨론 군대에 의해 30개월 동안 포위되었던 예루살렘 성이 함락되는 날입니다. 그리고 예루살렘 성전은 제

5월 10일 마침내 파괴되는데 지금은 성이 함락된 후 성안의 집과 건물들이 파괴되는 때입니다. 오늘과 내일은 이미 선포되었던 '바벨론 포로 70년에 대한 예언과 성취'에 대해 살펴보겠습니다.

❶ 하나님께서 정하신 바벨론 포로 70년과 예레미야 선지자의 애가

하나님께서는 요시야 왕 13년(주전 627년) 예레미야 선지자를 통해 당신의 종 바벨론 왕 느부갓네살을 불러 약속의 땅을 쳐서 진멸하며 폐허를 만들 것이며 백성들은 바벨론으로 끌려가 70년 동안 바벨론 왕을 섬길 것이라고 선언하셨습니다(렘 25:8-11). 하나님의 말씀이 예레미야 선지자를 통해 선포되었을 때 요시야 왕은 종교개혁을 하고 백성들에게 율법을 가르치며 앞선 왕들이 저질렀던 잘못을 돌이키려 했습니다. 요시야 왕은 예레미야 선지자의 선포가 있었던 그의 통치 13년부터 18년 동안 여호와 하나님 신앙을 회복시키려 했지만 하나님께서 정하시고 선포하게 하셨던 바벨론 70년 포로는 계획대로 진행되었습니다. 그리고 예레미야 선지자의 외침이 있고 난 뒤 41년이 지난 시드기야 11년 제4월 9일 예루살렘 성이 함락되었습니다.

예레미야 선지자는 시드기야 9년 제10월 10일부터 11년 제4월 9일까지 30개월 동안 포위되었던 때 예루살렘 성안의 처참한 상황을 애가로 기록하고 있습니다. 그는 **'여인들이 자신의 아이들을 잡아먹고 제사장과 선지자들이 성소에서 살육을 당하며 젊은이와 늙은이가 길바닥에 엎드러졌고 처녀들과 소년들이 칼에 죽었으며'**(애 2:20-21), **'젖 먹는 어린아이는 목말라서 혀가 입천장에 붙고 어린아이가 떡을 구하나 떼어 줄 사람이 없고'**(애 4:3), **'자비한 부녀가 손으로 자기 자녀를 삶아 식물을 삼음'**(애 4:10)을 보고 자신이 예언한 것이 현실로 나타난 것에 대한 애통을 예레미야 애가를 통해 전합니다. 이것은 **"내가 너희 앞에 생명의 길과 사망의 길을 두었노니 이 성에 거주하는 자는 칼과 기근과 염병에 죽으려니와 너희를 에운 갈대아인에게 나가서 항복하는 자는 살리니 그의 생명은 노략한 것같이 얻으리라 나 여호와가 말하노라 내가 나의 얼굴을 이 성으로 향함은 복을 위**

함이 아니요 화를 위함이라 이 성이 바벨론 왕의 손에 붙임이 될 것이요 그는 그것을 불로 사르리라"(렘 21:8-10)하신 여호와께 말씀을 전하는 예레미야의 외침을 무시한 시드기야 왕이 항복을 기다리며 30개월 동안 포위한 바벨론 왕 느부갓네살과 대항한 결과였습니다.

❷ 하나님 앞에 패역한 남유다

남유다 백성들은 하나님이 거하시는 성전이 있는 예루살렘은 자신들의 조상에게 주신 것으로 영원무궁할 것이라고 믿으며 예레미야 선지자를 통해 주신 하나님의 말씀을 무시했습니다. 하나님께서는 그들이 하나님 여호와의 언약을 버리고 다른 신들에게 절하며, 공평과 정의를 행치 아니하고, 이방인과 고아와 과부를 압제하며 학대하고 무죄한 자의 피를 흘리게 하는 죄를 범하였기에 벌하시기로 이미 작정하셨는데 왕과 백성들은 믿지 않았습니다. 시대마다 전한 여호와 하나님의 메시지를 듣고도 깨닫지 못 하고 믿지 않으려 한 결과는 남유다의 멸망이었습니다.

하나님께서는 유다의 죄악을 패역이라고 말씀하십니다. 이것은 북이스라엘이 하나님을 버리고 다른 신을 섬김으로 배역하였던 것보다 더 악한 죄라고 말씀하고 계십니다. 믿는다고 하면서 실제로는 믿지 못 하고, 하나님을 따르지 않으면서도 따르는 것처럼 행동한 유다의 패역을 고발하고 있습니다.

여호와께서 내게 이르시되 배역한 이스라엘은 반역한 유다보다 자신이 더 의로움이 나타났나니(렘 3:11)

남유다의 패역을 잠시 살펴보면 다음과 같습니다(렘 5:1-31).

예루살렘 거리에 공의를 찾는 자 한 사람도 없고(1),

여호와의 사심으로 맹세할지라도 실상은 거짓 맹세며(2)

여호와께서 성실로 징계하실지라도 회개하지 않고 오히려 얼굴을 반석보다 굳게 하여 돌아오기를 싫어함(3)

여호와의 길, 자기 하나님의 법을 알지 못함(4-5)

백성의 자녀가 하나님을 버리고 신이 아닌 것들로 맹세함(7)

여호와를 인정치 아니하며 여호와는 계신 것이 아닌즉 재앙이 우리에게 임하지 않을 것이요 우리가 칼과 기근을 보지 아니할 것이라고 말함(12)

선지자들은 바람이었다. 그 속에 여호와 하나님의 말씀이 없었다(13)

우리에게 이른 비와 늦은 비를 때를 따라 주시며 우리를 위하여 추수 기한을 정하시는 우리 하나님 여호와를 경외하자 말하지도 아니함(24)

선지자들은 거짓을 예언하며 제사장들은 자기 권력으로 다스리며 백성은 그것을 좋게 여김(31)

❸ 예루살렘 성의 포위와 함락

마침내 시드기야 9년 제10월 10일에 바벨론 왕 느부갓네살이 그 모든 군대를 거느리고 예루살렘을 치러 올라와 성을 포위한 상태로 30개월 동안 성에 가두었습니다. 남유다와 바벨론의 전쟁이라고는 하지만 칼과 창에 죽는 전쟁이라기보다는 하나님께서 보내신 기근이 성중에 있었기에 남유다는 30개월 동안 견디기에 역부족이었습니다. 성내의 양식이 진하여 자식을 잡아먹는 처참한 상황이 되었는데 전쟁이라기보다는 재앙이라고 해야 할 것입니다.

30개월 동안 포위되었던 예루살렘 성의 참혹상은 실로 엄청났을 것입니다. 포위된 성에 처음에는 먹을 것이 있었기에 백성들은 '하나님께서 함께 하시는 성전과 성이 어떻게 무너지랴'라고 생각하며 버텼을 것입니다. 그러나 이것은 이미 하나님께서 자기 이름을 두셨던 성전과 성을 이미 버리셨음을 알지 못한 헛된 버팀이었습니다.

여호와께서 이르시되 내가 이스라엘을 물리친 것 같이 유다도 내 앞에서 물리치며 내가 택한 이 성 예루살렘과 내 이름을 거기에 두리라 한 이 성전을 버리리라 하셨더라(왕하 23:27)

마침내 예루살렘 성이 함락되는 날 백성들은 성에 구멍을 뚫고 들어오는 바벨론 군사들을 피해 사방으로 도망 다니며 생명을 보전하려고 했을 것입니다. 그러나 이것은 이미 하나님과의 약속을 깨뜨린 백성으로서는 도저히 피할 수 없는 길이었습니다. 그들은 대항하지 않고 순순히 잡혀 바벨론으로 끌려가는 것이 상책이었습니다. 이렇게 예루살렘 성 안의 백성들은 죽거나 잡혔고 성은 훼파되기 시작했습니다. 다윗이 여부스 족속의 성이었던 예루살렘을 정복한 지 420여 년 만에 성전과 성은 파괴되었습니다.

성도 여러분!

오늘부터 바벨론 포로 70년이 진행되는 과정을 살펴보고 있습니다. 하나님께서는 선지자를 통해 선포하게 하시고 왕과 지도자와 백성들이 깨닫고 회개하고 돌아오기를 기다리시는 분이시지만 정하신 기간까지 돌이켜 회개하지 않을 때 반드시 정하신 것을 이루시는 분입니다. 이스라엘 백성들의 범죄로 하나님께서는 바벨론 포로 70년을 정하셨고 요시야, 여호아하스, 여호야김, 여호야긴, 시드기야 왕의 시대를 지나며 정확하게 이루어지게 하셨습니다. 오늘도 각자 나의 신앙생활 속에 경고의 말씀을 듣고도 회개하지 못하고 있지는 않은지 돌아보고 하나님의 말씀이 선포될 때 순종으로 이루어지게 하는 하루가 되시길 기도합니다.

11일

바벨론 포로 70년에 대한 예언과 성취 ②
히스기야 때 이사야 선지자를 통해 선포된 바벨론 포로

오늘 날짜가 언급된 성경 사건은 없습니다. 오늘 날짜가 포함된 사건은 다음과 같습니다.

사건 1 제2월 10일부터 방주에 들어가 하나님의 명령을 감당하는 62일째로(노아시대 월력 체계는 한 달을 30일로 계산함) 하나님께서 말씀하신 대로 40일 동안 비가 내린 55일째

사건 2 라암셋을 떠난 지 86일째(제1월을 30일, 제2월을 29일로 계산함)로 시내산 밑 시내광야에 도착하여(제3월 1일) 거한지 41일째(출 19:1-2)

사건 3 "너는 산에 올라 내게로 와서 거기 있으라"는 하나님의 명령을 받고 모세가 시내산에 올라 첫 번째 40일 금식기도를 시작한 34일째

사건 4 시내광야에 11개월 20일 머물던 이스라엘 백성이 하나님의 명령에 따라 약속의 땅을 향해 떠난 지 51일째

사건 5 시드기야 11년 제4월 9일 예루살렘 성이 바벨론에 의해 함락 후 3일째

사건 6 모르드개가 조서를 써 전국 127도에 보낸 후 19일째(더 8:1-17)

사건 7 주전 458년 2차 포로 귀환 시 제1월 1일 바벨론을 떠난 후 100일째로 아하와강을 떠난 지 89일째(스 7:6-9, 8:15-36)

사건 8 2018년 예수님께서 부활하신 후 11일째

하나님께서는 남유다의 왕과 백성들이 하나님을 떠나 다른 신을 섬기고 악한 길을 가며 범죄 할 때 바벨론 포로 70년을 정하셨습니다(렘 25:11). 그런

데 정확히 바벨론 포로 70년을 정하신 시기는 요시야 왕 시대입니다. 하나님께서 기간을 분명하게 정하신 때는 요시야 왕 때이지만 그 이전 회개하고 돌이키기를 바라시며 바벨론을 통한 심판을 말씀하신 것은 히스기야 왕 때입니다. 오늘은 히스기야 왕 때 이사야 선지자를 통해 선포된 바벨론 포로에 대해 살펴보겠습니다.

❶ 앗수르의 포위와 죽을병을 기도로 해결한 히스기야

북이스라엘은 앗수르에 의해 무너졌습니다(주전 722년). 이후 앗수르의 산헤립은 히스기야 왕 14년(주전 701년) 남유다를 공격하여 유다의 모든 견고한 성읍을 쳐서 취한 후 예루살렘을 포위했습니다. 이때 이사야 선지자는 히스기야 왕에게 하나님의 말씀을 전했고 히스기야 왕은 즉시 회개하며 하나님께 기도했고 하나님께서는 여호와의 사자를 보내 앗수르 군대 185,000명을 치심으로 구원하셨습니다(왕하 18:13-19:35, 대하 32:1-23, 사 36:1-37:36).

여호와의 사자가 나가서 앗수르 진중에서 십팔만 오천인을 쳤으므로 아침에 일찍이 일어나 본즉 시체뿐이라(사 37:36)

그런데 앗수르와의 전쟁이 끝났을 때 히스기야 왕은 병들어 죽게 되었습니다. 하나님께서는 이사야 선지자를 보내 **"네 집을 정리하라. 이제 너는 죽을 것이고 회복하지 못할 것이다."**(사 38:1)라고 말씀하셨습니다. 히스기야는 얼굴을 벽으로 향하고 여호와께 **"여호와여 구합니다. 제가 주님 앞에서 진실하고 온전한 마음으로 행한 것과 주님 앞에서 선하게 행한 것을 기억하소서"**라고 기도했습니다. 하나님께서는 히스기야의 기도를 들으시고 **"내가 네 기도를 들었고 네 눈물을 보았다. 보라! 내가 네 수명에 15년을 더하고 너와 이 성읍을 앗수르 왕에게서 건져내고 이 성읍을 보호할 것이다"**(사 38:5-6)라고 말씀하셨습니다.

히스기야는 위기의 때 하나님 앞에 매달려 기도함으로 앗수르와의 전쟁에 승리했고 죽을병에서 놓였습니다. 문제는 앗수르의 포위에서 벗어난 후 그리고 병 고침 받고 15년 동안 더 살게 될 것이라는 말씀을 들은 후에 발생합니다. 하나님께 매달려 기도함으로 모든 일이 잘 풀릴 때 히스기야는 마음을 놓았고 정확한 판단을 하지 못했습니다. 히스기야는 앗수르의 포위 문제를 기도로 해결한 후 그리고 병들어 죽게 된 것이 고쳐졌을 때 더욱 하나님께 매달리고 실수하지 않도록 조심했어야 합니다.

❷ 히스기야의 통치 때 이미 선포된 바벨론 포로

바벨론 포로 이후 시대에 기록된 역대기 저자의 평가에 의하면 히스기야는 여호와께서 이적을 보이셨지만 마음이 교만('가바', גָּבַהּ, 높다, 고귀하다)하여 그 받은 은혜를 보답하지 않았고 이에 하나님께서 정하신 진노가 유다와 예루살렘에 내렸다고 언급합니다(대하 32:24-25). 그리고 하나님께서 이사야 선지자를 통해 히스기야의 교만한 마음을 깨닫게 하셨을 때 히스기야는 교만함을 뉘우쳤고 예루살렘 주민들도 함께 뉘우쳤습니다(대하 32:26a).

> **그때에 히스기야가 병들어 죽게 되었으므로 여호와께 기도하매 여호와께서 그에게 대답하시고 또 이적을 보이셨으나**(대하 32:24) **히스기야가 마음이 교만하여 그 받은 은혜를 보답하지 아니하므로 진노가 그와 유다와 예루살렘에 내리게 되었더니**(대하 32:25)
> **히스기야가 마음의 교만함을 뉘우치고 예루살렘 주민들도 그와 같이하였으므로 여호와의 진노가 히스기야의 생전에는 그들에게 내리지 아니하니라**(대하 32:26)

하나님께서 앗수르에게서 구원하셨고 히스기야 왕의 병을 고쳐주신 즈음 병 나은 히스기야에게 바벨론 사절단이 방문한 사건이 있습니다(왕하 20:12-19, 사 39:1-8). 이때 히스기야는 바벨론 사신들에게 보물 창고에 있는 모든 은과 금, 향유와 좋은 기름, 무기고와 창고 안에 있는 모든 것들 그리고 자기 궁궐과 나라 안 모든 곳을 다 보여 보여주었습니다(왕하 20:13). 역대기 저자는 이때 하나님께서 히스기야를 떠나시고 그의 심중에 있는 것을 다 알고자 하여 시험하셨다(대하 32:31)고 기록하는데 바벨론 사절단에게 한 히스기야의 대응이 하나님 앞에 범죄를 저지르는 것이 되었습니다.

그때에 발라단의 아들 바벨론의 왕 브로닥발라단이 히스기야가 병 들었다 함을 듣고 편지와 예물을 그에게 보낸지라(왕하 20:12)

그러나 바벨론 방백들이 히스기야에게 사신을 보내어 그 땅에서 나타난 이적을 물을 때에 하나님이 히스기야를 떠나시고 그의 심중에 있는 것을 다 알고자 하사 시험하셨더라 (대하 32:31)

히스기야를 방문한 이사야 선지자는 **"그들이 왕의 궁궐에서 무엇을 보았습니까?"** 물었고 히스기야 왕은 **"그들이 내 궁궐에 있는 모든 것을 보았으며, 내가 내 창고에서 그들에게 보여 주지 않은 것이 없습니다"**라고 대답했습니다(왕하 20:15). 이에 이사야 선지자는 **"여호와의 말씀을 들으소서! '보라! 그 날이 올 것이니, 네 궁궐에 있는 모든 것과 네 조상들이 오늘날까지 쌓아 둔 모든 것이 바벨론으로 옮겨가고 남은 것이 하나도 없을 것이다.' 여호와께서 말씀하십니다 '네게서 나올 네 자손들 중에서 더러는 잡혀가 바벨론 왕궁에서 환관이 될 것이다'"**라고(왕하 20:16-18) 선포했습니다. 이사야 선지자와 히스기야의 대화를 살펴보면 히스기야 왕이 무엇을 잘못했는지 정확히 알 수 없지만 남유다는 바벨론의 포로가 될 것이라는 말씀을 들은 것은 정확합니다.

여기서 잠시 히스기야 왕의 잘못이 무엇인지 생각해 봅시다. 당시 바벨론은 앗수르 제국 변방에 있는 하나의 도시국가였습니다. 히스기야가 병들었다 나았다는 것을 알고 사절단을 보낸 므로닥 발라단(도시국가 바벨론의 통치자)은 앗수르 제국의 통치자 산헤립과는 상대가 될 정도가 아니었습니다. 그랬기에 자신들보다 더 처지가 좋지 않은 예루살렘이 185,000명의 앗수르 군대의 포위를 뚫고 전쟁에서 승리했는지가 궁금했을 것입니다. 앗수르 제국의 산헤립과 대항하며 도시국가 바벨론을 이끌던 므로닥 발라단은 히스기야 왕이 병들었다가 나았다는 소식을 듣고 사신들을 보내 앗수르에게 승리한 요인을 알아보려고 했을 것입니다. 이때 히스기야는 하나님의 도우심을 통해 승리했다고 말했어야 하는데 오히려 자신의 능력과 힘의 상징인 왕궁과 창고를 보여주며 교만하지 않았나 생각합니다.

히스기야 왕의 잘못이 무엇이었든 하나님께서 바벨론을 사용하여 남유다가 징계를 받게 될 것이라고 말씀하실 때 히스기야는 믿었던 것 같습니다. 앞에서 설명했지만 당시 바벨론은 하나의 도시국가였고 앗수르 제국과는 상대도 안 되었지만 큰 제국 앗수르의 군대 185,000명도 하룻밤에 죽이시는 하나님의 능력을 히스기야는 믿었을 것입니다. 이제 남유다는 앗수르 제국이 아닌 바벨론을 통해 징계를 받을 것입니다. 그렇다면 히스기야 왕은 하나님의 말씀을 듣고 믿은 상태에서 어떤 반응을 보였어야 할까요? 15년간의 생명을 연장받은 상태에서 히스기야 왕은 하나님 앞에 잘못한 것을 뉘우치고 회개해야 했고 아들인 므낫세가 하나님 앞에 믿음으로 통치할 수 있도록 잘 가르쳐야 했을 것입니다. 히스기야는 므낫세와 11년 동안 공동통치를 하게 되는데 이때 므낫세에게 하나님의 말씀을 듣고 믿고 순종하는 삶을 살며 신앙으로 통치하도록 가르쳐야 했습니다. 하지만 히스기야가 죽은 후 므낫세의 통치할 때 하나님 앞에 가장 악행을 한 시기였다는 것을 생각할 때 히스기야가 므낫세에게 전해준 믿음의 한계가 있었다고 생각됩니다.

성도 여러분!

기도를 통해 앗수르로부터 구원받고 또한 기도를 통해 죽을병에서 놓이는 체험을 했던 신앙인 히스기야 왕의 통치 때 하나님께서 이사야 선지자를 통해 바벨론 포로가 있을 것이라는 선포를 하셨음을 기억합시다. 이것은 가장 은혜받고 믿음이 크다고 자랑할 때가 교만해 짐으로 하나님 앞에 범죄할 수 있는 가장 위험한 순간이라는 것을 늘 생각합시다. 오늘도 하나님 믿는 언약공동체(교회)의 구성원으로서 말씀을 깨닫고 은혜를 받아 지극히 낮아지는 겸손에 겸손을 더함으로 교만해지지 않는 하루가 되시길 기도합니다.

12일

에스겔 선지자가 두 번째 계시를 받고 벙어리가 됨

오늘 날짜가 언급된 성경 사건은 에스겔이 두 번째 계시를 받는 사건이 있습니다. 오늘 날짜가 포함된 사건은 다음과 같습니다.

사건 1 제2월 10일부터 방주에 들어가 하나님의 명령을 감당하는 63일째로(노아시대 월력 체계는 한 달을 30일로 계산함) 하나님께서 말씀하신 대로 40일 동안 비가 내린 56일째

사건 2 라암셋을 떠난 지 87일째(제1월을 30일, 제2월을 29일로 계산함)로 시내산 밑 시내광야에 도착하여(제3월 1일) 거한지 42일째(출 19:1-2)

사건 3 "너는 산에 올라 내게로 와서 거기 있으라"는 하나님의 명령을 받고 모세가 시내산에 올라 첫 번째 40일 금식기도를 시작한 35일째

사건 4 시내광야에 11개월 20일 머물던 이스라엘 백성이 하나님의 명령에 따라 약속의 땅을 향해 떠난 지 52일째

사건 5 에스겔 선지자가 그발 강가에서 꼼짝도 못 하고 두려워 떨며 포로된 백성과 함께 지내는 8일째〈7일 후〉(겔 1:1-2, 3:14-15) 두 번째 계시가 임함

사건 6 시드기야 11년 제4월 9일 예루살렘 성이 바벨론에 의해 함락 후 4일째

사건 7 모르드개가 조서를 써 전국 127도에 보낸 후 20일째(더 8:1-17)

사건 8 주전 458년 2차 포로 귀환 시 제1월 1일 바벨론을 떠난 후 101일째로 아하와 강을 떠난 지 90일째(스 7:6-9, 8:15-36)

사건 9 2018년 예수님께서 부활하신 후 12일째

에스겔은 30년 제4월 5일에 바벨론 그발 강가에서 포로로 지낼 때 여호와 하나님의 환상을 보았습니다(제4월 5일 에스겔에게 계시가 임함 참조). 그로부터 7일 후에 하나님께서는 에스겔에게 다시 나타나셔서 백성들에게 경고의 나팔을 불 파수꾼의 사명을 주셨습니다. 오늘은 에스겔에게 임한 이스라엘을 향한 경고의 메시지에 대해 살펴보겠습니다.

하나님께서는 에스겔을 이스라엘 족속의 파수꾼('초페', צֹפֶה, 둘러보는 자, 지켜보는 자, 망보는 자)으로 세우셨습니다(겔 3:17). 그리고 **"너는 내 입의 말을 듣고 나를 대신하여 그들을 깨우치라"**고 명령하셨습니다. 에스겔 선지자는 하나님의 말씀을 백성에게 그대로 전해야 했는데 만약 백성들에게 전하지 않아 백성이 깨우치지 못하여 죽으면 그 피 값을 에스겔 선지자에게서 찾겠다고 말씀하셨습니다(겔 3:18). 그런데 에스겔이 하나님의 말씀대로 백성들에게 전했으나 백성들이 그 말씀을 듣고도 그 악한 마음과 악한 행위에서 돌이키지 않으면 그 악인들은 죄악 중에서 죽게 되고 에스겔은 자신의 생명을 보존할 수 있었습니다(겔 3:19).

> **인자야 내가 너를 이스라엘 족속의 파수꾼으로 세웠으니 너는 내 입의 말을 듣고 나를 대신하여 그들을 깨우치라**(겔 3:17)

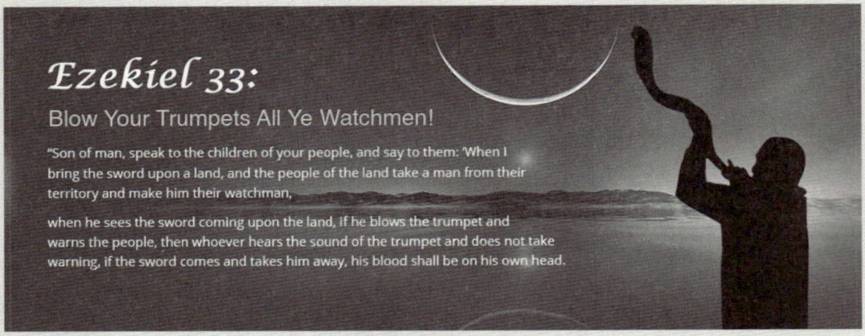

에스겔을 파수꾼으로 부르심 by savedbytruth.com

가령 내가 악인에게 말하기를 너는 꼭 죽으리라 할 때에 네가 깨우치지 아니하거나 말로 악인에게 일러서 그의 악한 길을 떠나 생명을 구원하게 하지 아니하면 그 악인은 그의 죄악 중에서 죽으려니와 내가 그의 피 값을 네 손에서 찾을 것이고(겔 3:18)
네가 악인을 깨우치되 그가 그의 악한 마음과 악한 행위에서 돌이키지 아니하면 그는 그의 죄악 중에서 죽으려니와 너는 네 생명을 보존하리라(겔 3:19)

한편 의인이 그 행위에서 돌이켜 악을 행할 때도 에스겔은 그들을 깨우칠 의무가 있습니다. 의인이 돌이켜 악을 행할 때는 그 이전에 행한 의에 대해서는 하나님께서 하나도 기억하시지 않으십니다. 이는 하나님께서는 현재의 믿음을 원하고 계시기 때문입니다. 그렇기에 의인이었던 자가 현재 악을 행한다면 에스겔에게는 그를 돌이키게 하는 의무가 있으며 그렇지 않을 때 그 피를 에스겔에게서 찾겠다고 선언하셨습니다(겔 3:20).

또 의인이 그의 공의에서 돌이켜 악을 행할 때에는 이미 행한 그의 공의는 기억할 바 아니라 내가 그 앞에 거치는 것을 두면 그가 죽을지니 이는 네가 그를 깨우치지 않음이니라 그는 그의 죄 중에서 죽으려니와 그의 피 값은 내가 네 손에서 찾으리라(겔 3:20)

에스겔이 행하는 파수꾼의 의무는 악인이나 의인으로 살다 돌이킨 악인에게나 하나님의 말씀을 전파하여 깨닫게 하고 그들의 삶에서 하나님을 고백함으로 구원을 얻게 하는 것이었습니다. 에스겔은 첫 번째 계시가 있고 난 뒤 7일이 지난 때에(30년 제4월 12일, 제2차 포로 5년째 제4월 12일, 주전 593년 7월 8일, 겔 1:1-2, 3:16) 찾아오셔서 말씀하시는 하나님을 만납니다.

	Hebrew 3168 - 3169							Roman year 593 B.C.							
(1) Nisan	4	5	6	7	8	9	10	2	3	4	5	6	7	8	
	11	12	13	14	15	16	17	9	10	11	12	13	14	15	
	18	19	20	21	22	23	24	16	17	18	19	20	21	22	
	25	26	27	28	29	30	1	23	24	25	26	27	28	29	
(2) Iyar	2	3	4	5	6	7	8	30	1	2	3	4	5	6	May
	9	10	11	12	13	14	15	7	8	9	10	11	12	13	
	16	17	18	19	20	21	22	14	15	16	17	18	19	20	
	23	24	25	26	27	28	29	21	22	23	24	25	26	27	
(3) Sivan	1	2	3	4	5	6	7	28	29	30	31	1	2	3	June
	8	9	10	11	12	13	14	4	5	6	7	8	9	10	
	15	16	17	18	19	20	21	11	12	13	14	15	16	17	
	22	23	24	25	26	27	28	18	19	20	21	22	23	24	
	29	30	1	2	3	4	5	25	26	27	28	29	30	1	July
(4) Tammuz	6	7	8	9	10	11	12	2	3	4	5	6	7	8	
	13	14	15	16	17	18	19	9	10	11	12	13	14	15	
	20	21	22	23	24	25	26	16	17	18	19	20	21	22	

에스겔 30년 제4월 12일=제2차 포로 5년째 제4월 12일=서기력 주전 593년 7월 8일

하나님께서는 그발 강가 델아빕에서 포로들과 함께 놀란채로 7일을 머물렀던 에스겔에게 여호와의 손이 임했고 **"너는 일어나라! 골짜기**('비카', בִּקְעָה, 골짜기, 평지, 평원)**로 나가라. 그리하면 내가 거기서 너에게 말하겠다."**고 말씀하셨습니다. 에스겔은 그발 강가에서 보았던 여호와의 영광이 머무른 것을 보고 땅에 엎드렸습니다. 여호와의 영이 에스겔 선지자 안에 들어가셨고 그를 자신의 발로 서게 하신 후 말씀하셨습니다(겔 3:22-27).

> **"너는 가서 네 집에 들어가 문을 닫으라**(겔 3:24b) **너 인자야 보라 무리가 네 위에 줄을 놓아 너를 동여매리니 네가 그들 가운데에서 나오지 못할 것이라**(겔 3:25) **내가 네 혀를 네 입천장에 붙게 하여 네가 말 못 하는 자가 되어 그들을 꾸짖는 자가 되지 못하게 하리니 그들은 패역한 족속임이니라**(겔 3:26) **그러나 내가 너와 말할 때에 네 입을 열리니 너는 그들에게 이르기를 주 여호와의 말씀이 이러하시다 하라 들을 자는 들을 것이요 듣기 싫은 자는 듣지 아니하리니 그들은 반역하는 족속임이니라"**(겔 3:27)

하나님께서는 에스겔에게 **"집에 들어가 문을 닫으라."**고 말씀하셨고, 무리가 에스겔 선지자를 묶어 나오지 못하게 하실 것이라 말씀하셨고, 마침내 에스겔 선지자의 혀를 움직이지 못하게 하시고 하나님께서 입을 열어주실 때만 선포하게 하실 것이라 말씀하셨습니다. 에스겔 선지자의 입은 예루살렘이 무너졌다는 소식을 듣기 하루 전날 저녁에(사로잡힌 지 12년 제10월 4일) 열렸습니다. 하나님께서 에스겔 선지자의 입이 풀어 주셔서 자유롭게 선포하기까지 사로잡힌 지 5년 제4월 12일부터 12년 제10월 4일까지 7년 6개월이 지나야 했습니다.

> **우리가 사로잡힌 지 열두째 해 열째 달 다섯째 날에 예루살렘에서부터 도망하여 온 자가 내게 나아와 말하기를 그 성이 함락되었다 하였는데**(겔 33:21)
> **그 도망한 자가 내게 나아오기 전날 저녁에 여호와의 손이 내게 임하여 내 입을 여시더니 다음 아침 그 사람이 내게 나아올 그때에 내 입이 열리기로 내가 다시는 잠잠하지 아니하였노라**(겔 33:22)
> **여호와의 말씀이 내게 임하여 이르시되**(겔 33:23)

하나냐의 거짓 예언과 시기를 비교해 보면 비슷한 시기임을 알 수 있습니다. 거짓 선지자 하나냐가 **"이스라엘의 하나님 만군의 여호와께서 '내가 바벨론 왕의 멍에를 부수어 버리겠다. 두 해가 가기 전에 내가 바벨론 왕 느부갓네살이 이 장소에서부터 취해서 그것들을 바벨론으로 가져갔던 여호와의 집의 모든 기구들을 이 장소로 다시 가져오겠다. 그리고 유다 왕 여호야김의 아들 여고냐와 바벨론으로 갔던 유다의 모든 사로잡힌 자들을 내가 다시 이곳으로 데려오겠다'라고 말씀하셨다."**(렘 28:1-4)고 거짓 예언을 한 때는 시드기야가 왕이 된 지 4년 다섯째 달 곧 사로잡힌 지 제5월입니다(제4월 9일 주전 586년 바벨론 3차 포로 참조). 거짓 예언을 한 하나냐는 하나님께서 4년째 해, 그해에 죽이셨지만 그가 거짓으로 예언했던 것은 백성들의 마음에 남아 있었습니다. 이 영향은 아마도 바벨론에 머무는 백성들에게도 영향을 주었을 것입니다. 이러한 시기에 하나님께서는 에스겔에게 찾아오셨습니다. 사로잡힌 지 5년 제4월 5일(서기력 주전 593년 7월 1일)에 첫 번째로 찾아오셨고 7일이 지난 5년 제4월 12일(서기력 주전 593년 7월 8일)에는 에스겔이 벙어리가 되고 행동으로 징조를 보이심으로 주변 사람들이 깨닫게 하셨습니다.

예레미야 선지자를 통해 전해진 하나님께서 정하신 예언을 들었고 1차, 2

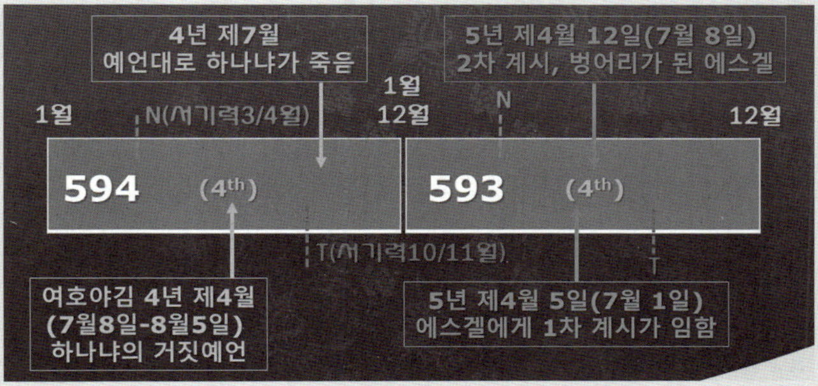

하나냐의 거짓 예언과 죽음, 에스겔에게 임한 1, 2차 계시의 시기 비교

차 바벨론 포로로 잡혀가는 과정에서 하나님의 징계를 깨달을 수 있었음에도 백성들의 귀와 마음은 달콤하게 들었던 하나냐의 거짓 예언의 영향을 받았습니다. 거짓 예언을 한 하나냐를 죽이시겠다고 선언하셨고, 그 말씀대로 그 해에 하나냐가 죽었음에도 그 이후 하나냐의 거짓말은 영향이 있었습니다. 이 영향은 예루살렘과 유대 땅뿐 아니라 바벨론으로 잡혀간 포로들에게도 영향을 주었을 것입니다. 하나님께서는 에스겔 선지자에게 말씀하실 때 이스라엘 족속이 반역의 족속이기 때문에 듣지 않을 자가 분명히 있을 것이라고 말씀하셨습니다. 하지만 들을 자가 있기에 하나님께서는 정하신 때 에스겔의 입을 열어 말씀하시겠다고 선언하셨습니다(겔 3:27). 하나님께서는 징계를 받는 장소로 정해진 바벨론에서 2차 포로로 끌려갔던 에스겔 선지자를 벙어리로 만드시고 그의 행동을 통해 반드시 예루살렘에 징계를 내리실 것이라는 징조를 보이게 하셨습니다.

성도 여러분!

신천지, 하나님의 교회, 여호와의 증인 등 잘못된 하나님의 말씀을 잘못 해석해서 전하는 사람들이 많은 이때 어떤 소리에 귀 기울이고 어떤 소리에 마음을 두고 계십니까? 아니면 잘못된 사상이나 말들이 너무 많기에 귀와 마음을 닫고 아무것도 듣지 않고 사십니까?

내 신앙의 현재 모습은 나 자신이 제일 잘 알고 있을 것입니다. 현재 나의 신앙은 하나님 앞에 회개할 때인 줄 알면서 내 귀에 내 마음에 좋게 들리는 소리를 위해 거짓 예언을 따라가고 있지 않습니까? 나와 내 공동체가 하나님 앞에 잘못한 것이 있다면 깨닫고 회개하고 하나님께서 정하신 징계를 받은 후 다시 시작해야 함을 잊지 맙시다. 하나님의 약속이 머무는 백성이라도 잘못하여 반드시 징계를 받는 시기가 있어야 함을 바벨론 1, 2, 3파 포로를 통해 깨닫고 하나님의 말씀을 '듣는 자'의 편에 서서 하나님 앞에 정확한 신앙을 보이는 하루가 되시길 기도합니다.

13일

총독 그달랴를 죽이고 반역한 왕족 이스마엘

오늘 날짜가 언급된 성경 사건은 없습니다. 오늘 날짜가 포함된 사건은 다음과 같습니다.

사건 1 제2월 10일부터 방주에 들어가 하나님의 명령을 감당하는 64일째로(노아시대 월력 체계는 한 달을 30일로 계산함) 하나님께서 말씀하신 대로 40일 동안 비가 내린 57일째

사건 2 라암셋을 떠난 지 88일째(제1월을 30일, 제2월을 29일로 계산함)로 시내산 밑 시내광야에 도착하여(제3월 1일) 거한지 43일째(출 19:1-2)

사건 3 "너는 산에 올라 내게로 와서 거기 있으라"는 하나님의 명령을 받고 모세가 시내산에 올라 첫 번째 40일 금식기도를 시작한 36일째

사건 4 시내광야에 11개월 20일 머물던 이스라엘 백성이 하나님의 명령에 따라 약속의 땅을 향해 떠난 지 53일째

사건 5 에스겔 선지자가 그발 강가에서 꼼짝도 못 하고 두려워 떨며 포로된 백성과 함께 지내는 9일째이고(겔 1:1-2 3:14-15) 두 번째 계시 받은지 2일째

사건 6 시드기야 11년 제4월 9일 예루살렘 성이 바벨론에 의해 함락 후 5일째

사건 7 모르드개가 조서를 써 전국 127도에 보낸 후 21일째(더 8:1-17)

사건 8 주전 458년 2차 포로 귀환 시 제1월 1일 바벨론을 떠난 후 102일째로 아하와 강을 떠난 지 91일째(스 7:6-9, 8:15-36)

사건 9 2018년 예수님께서 부활하신 후 13일째

예루살렘 사면 성벽을 헐고 성안으로 들어온 바벨론 군대는 성안에 남아 있는 백성과 바벨론 왕에게 항복한 자를 바벨론으로 끌고 간 후 그달랴를 총독으로 세워 남아 있는 자들을 통치하게 했습니다. 오늘은 이미 하나님께서 정하신 대로 바벨론 포로 70년이 시작된 상태이지만 하나님 말씀에 순종하지 않고 반 바벨론 정서로 살며 하나님의 징계에 반대했던 유대 땅에서 일어난 사건에 대해 살펴보겠습니다.

❶ 약속의 땅에 남아 있는 백성을 통치하는 총독 그달랴

느부갓네살 왕은 유대 땅에 빈천한 자들만 남겨 두어 포도원을 다스리는 농부가 되게 했습니다. 열왕기하 25:12은 어순 도치되어 주어인 '그 땅 가장 가난한 자'가 강조되어 남유다의 마지막 왕 시드기야가 죽고 고위 관리들을 바벨론으로 잡혀간 상태에서 남유다에 빈천한 자들만 남았음을 강조하고 있습니다. 느부갓네살 왕은 유대 땅에 남아있는 빈천한 백성을 다스리도록 사반의 손자 아히감의 아들 그달랴(그달리야, 그다랴)를 세웠습니다(왕하 25:12, 22).

> **시위대장이 그 땅의 비천한 자를 남겨 두어 포도원을 다스리는 자와 농부가 되게 하였더라**(왕하 25:12)
> **유다 땅에 머물러 있는 백성은 곧 바벨론 왕 느부갓네살이 남긴 자라 왕이 사반의 손자 아히감의 아들 그달리야가 관할하게 하였더라**(왕하 25:22)

그달랴는 3개월 정도 통치를 했는데(제7월에 죽음, 왕하 25:25) 미스바에서 통치를 했습니다. 그달랴가 유대의 총독이 되어 통치한다는 소식을 들은 흩어졌던 백성들이 미스바로 모여들었습니다. 바벨론 군대가 침략할 때 모압과 암몬, 에돔으로 피난하였던 백성들이 각각 쫓겨났던 그 거처로 돌아왔던 것입니다(왕하 25:23, 렘 40:11-12). 그달랴는 자기에게 모인 백성들을 향해 '너희는 갈대아 신복을 인하여 두려워 말라 이 땅에 거하라!(명령) 바벨론 왕을 섬기라!

(명령) 그리하면 너희가 평안하리라' 고 말하며 이들을 통치했습니다(왕하 25:24). 그달랴는 남유다에 남은 빈천한 사람들과 주변 나라도 도망갔다 다시 황폐해진 유대 땅으로 돌아온 나그네들에게 그동안 예레미야 선지자가 예언한 대로 바벨론을 섬기는 것이 하나님께서 정하신 일이기에 순종하라고 말했습니다. 그달랴는 바벨론 왕 느부갓네살에 의해 세워지긴 했지만 현실로 나타난 바벨론 통치가 하나님께서 정하신 것이었음을 인정했고 빈천한 남은 자들을 돌보는 자가 되었습니다.

> **그달리야가 그들과 그를 따르는 군사들에게 맹세하여 이르되 너희는 갈대아 인을 섬기기를 두려워하지 말고 이 땅에 살며 바벨론 왕을 섬기라 그리하면 너희가 평안하리라 하니라**(왕하 25:24)

❷ 총독 그달랴를 죽이고 반역한 왕족 이스마엘

그달랴에게 모였던 사람 중에는 왕족 이스마엘과 가레아의 아들 요하난과 느도바 사람 단후멧의 아들 스라야와 마아가 사람의 아들 야아사니야가 있었습니다. 이들 중 유대의 수구세력인 왕족 엘리사마의 손자 느다니야의 아들 이스마엘은 제7월에 바벨론 왕 느부갓네살에 의해 세워진 그달랴를 죽였습니다(왕하 25:25).

> **칠월에 왕족 엘리사마의 손자 느다니야의 아들 이스마엘이 부하 열 명을 거느리고 와서 그달리야를 쳐서 죽이고 또 그와 함께 미스바에 있는 유다 사람과 갈대아 사람을 죽인지라**(왕하 25:25)

하나님을 섬긴다 하면서 거짓을 일삼은 패역한 백성들의 살길은 바벨론에 포로가 되어 그들을 섬기는 것이었습니다. 이것은 하나님께서 정하신 것으로 이미 진행되는 상태였고 지도자들은 3차 바벨론 포로가 되어 끌려갔기에 남유다 땅에는 더 이상 바벨론을 대항할 힘이 없었습니다. 그런데 이것을 인정하지 않고 사람의 생각으로 바벨론에 대항하려는 사람이 있었습니다. 그는 왕족이었던 이스마엘입니다. 이미 예루살렘 성이 정복되고 많은 백성이 포로로 잡혀간 상태에서도 자신들의 처지와 상황을 인정하지 않으려는 수구세력인 이스마엘이 바벨론에 대항하는 의미로 유대 총독 그달랴를 죽였던 것입니다. 이들은 예루살렘과 남유다가 3차에 걸쳐 파괴당하고 당시의 왕과 백성들이 죽거나 포로로 잡혀가는 하나님의 징계를 당했음에도 하나님께서 정하신 계획을 인정하지 않으려 했습니다.

성도 여러분!

하나님께서 정하신 일이 진행되고 있고 세 번씩이나 포로가 되는 상황으로 계획이 진행되고 있음을 보여 주심에도 불구하고 하나님께서 정하신 것을 순종하지 않는 이스마엘이 반역한 것을 살펴보았습니다. 이 시대 하나님께서 정하신 일이 무엇인지 정확하게 알 수 없지만 공동체에서 결정한 사항이(어떤 면에서 하나님의 뜻대로 정해진 것) 있다면 협조하여 잘 이루시길 소망합니다. 혹시 자기 생각과는 다른 공동체의 결정에 동의하지 못 하고 반대하고 있다면 사람의 생각을 내려놓고 공동체의 결정에 협조하고 순종하는 첫날이 되시길 소망합니다.

14일

예루살렘이 포위되는 징조를 보이시는 하나님

(겔 4:1-3)

오늘 날짜가 언급된 성경 사건은 없습니다. 오늘 날짜가 포함된 사건은 다음과 같습니다.

사건 1 제2월 10일부터 방주에 들어가 하나님의 명령을 감당하는 65일째로(노아시대 월력 체계는 한 달을 30일로 계산함) 하나님께서 말씀하신 대로 40일 동안 비가 내린 58일째

사건 2 라암셋을 떠난 지 89일째(제1월을 30일, 제2월을 29일로 계산함)로 시내산 밑 시내광야에 도착하여(제3월 1일) 거한지 44일째(출 19:1-2)

사건 3 "너는 산에 올라 내게로 와서 거기 있으라"는 하나님의 명령을 받고 모세가 시내산에 올라 첫 번째 40일 금식기도를 시작한 37일째

사건 4 시내광야에 11개월 20일 머물던 이스라엘 백성이 하나님의 명령에 따라 약속의 땅을 향해 떠난 지 54일째

사건 5 에스겔 선지자가 그발 강가에서 꼼짝도 못 하고 두려워 떨며 포로된 백성과 함께 지내는 10일째이고(겔 1:1-2, 3:14-15) 두 번째 계시 받은지 3일째

사건 6 시드기야 11년 제4월 9일 예루살렘 성이 바벨론에 의해 함락 후 6일째

사건 7 모르드개가 조서를 써 전국 127도에 보낸 후 22일째(더 8:1-17)

사건 8 주전 458년 2차 포로 귀환 시 제1월 1일 바벨론을 떠난 후 103일째로 아하와 강을 떠난 지 92일째(스 7:6-9, 8:15-36)

사건 9 2018년 예수님께서 부활하신 후 14일째

에스겔 선지자를 벙어리('알람', אָלַם, 묶다, 벙어리가 되다, 잠잠하다)로 만드신 하나님께서는 에스겔 선지자에게 행동으로 이스라엘 족속이 당할 징조를 나타내게 하셨습니다(겔 4:3). 오늘은 하나님께서 말씀하시는 대로 순종하여 예루살렘 성이 포위되는 징조를 행동으로 나타내는 에스겔 선지자에 대해 살펴보겠습니다(겔 4:1-3).

❶ 에스겔 선지자에게 주어진 하나님의 명령

하나님께서는 에스겔 선지자에게 벽돌('레베나', לְבֵנָה은 '토판', 개역은 '박석'으로 번역함)을 취하라고 명령하셨습니다. 보통의 명령은 '주어'를 나타내는 인칭대명사 없이 동사로 표현합니다. 그런데 여기서는 2인칭 남성 단수 대명사 '아타'(너는)와 사람을 표현하는 '벤-아담'(인자)을 써서 취하는(행하는) 주체가 사람(에스겔 선지자)임을 강조하고 있습니다. 하나님 그 벽돌에 한 성읍, 예루살렘을 새기게('하카크', qq'j;, 파다, 새기다, 제정하다, 기입하다, 통치하다) 하셨습니다(겔 4:1). 토판을 놓고 그렸다기보다는 파거나 새기는 것으로 생각됩니다.

하나님께서는 전쟁이 시작되면 정복할 성을 포위하는 과정을 아주 자세

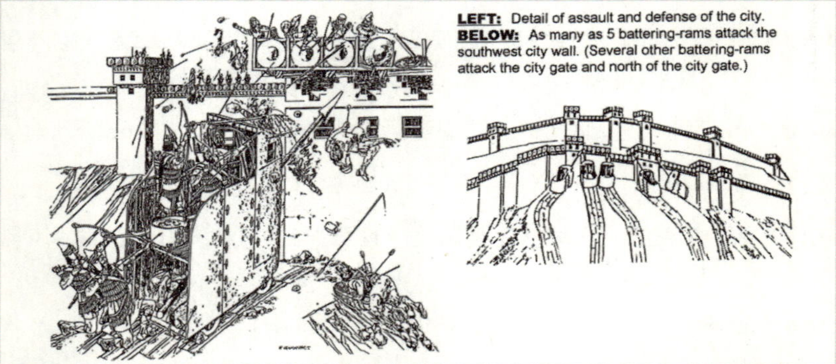

라기스의 공성전 바벨론 군대가 경사로를 만들고 성벽에 접근하여 전투하는 공성전 모습

로마군에게 포위 전쟁으로 점령된 마사다 요새 주변에 여러 개의 로마군 진지가 있고 성벽에 접근하기 위해 유대인들을 동원해 쌓은 경사로가 보인다.

히 설명하시며 만들라고 말씀하셨습니다. 성을 공격할 수 있게 성의 높이까지 공성 벽을 세우고, 공격하기 좋은 방향으로 성에 접근할 수 있는 경사로를 만들고, 성 둘레에 군사들이 더무르는 진을 만들고, 모든 것이 갖추어지면 성문이나 성벽을 파괴할 공성퇴를 세우라고 말씀하셨습니다. 이렇게 자세하게 말씀하시는 것은 예루살렘 성이 이와같이 무너지고 파괴될 것이 정해졌다는 것을 에스겔의 행동으로 보여주기 위함입니다.

하나님께서는 계속해서 소제물을 준비하는데 쓰였던(레 2:5, 6:21, 7:9, 대상 23:29) 번철(납작한 접시나 냄비)을 취하여 성과 에스겔 사이에 세우고 에스겔의 얼굴을 성을 향해 고정하라고 말씀하셨습니다. 여기서도 2인칭 남성 단수 대명사 '아타'(너는)를 써서 취하는(행하는) 주체가 사람(에스겔 선지자)임을 강조하고 있습니다. 그런데 계속해서 2인칭 남성 단수를 주어로 사용되던 문장이 '3인칭 여성 단수'로 **'그리고 그것이**(3인칭 여성 단수) **포위되었다'**로 표현됩니다. 마침내 성을 포위하는 과정이 완료되고 완전히 성이 포위되었음을 강조합니다. 에스겔 4:3f에서는 명사문장을 사용하여 **'이것은 이스라엘 족속을 향한 징조이다'**라고 선언됩니다. 그런데 문장의 어순을 도치시켜 술어인 '징조'를 강조하고 있습니다.

❷ 하나님의 말씀대로 이루어짐

하나님께서 말씀하신 대로 시드기야 9년 제10월 10일 예루살렘 성은 바벨론 군대에 의해 포위됩니다. 느부갓네살 왕은 군대를 거느리고 예루살렘으로 올라와 진을 치고 성 주위에 토성을 쌓아 포위했습니다.

시드기야 제구 년 열째 달 십 일에 바벨론의 왕 느부갓네살이 그의 모든 군대를 거느리고 예루살렘을 치러 올라와서 그 성에 대하여 진을 치고 주위에 토성을 쌓으매(왕하 25:1) **그 성이 시드기야 왕 제십일 년까지 포위되었더라**(왕하 25:2)

로마군에 의해 포위된 예루살렘의 상상도

고대에 행해진 전쟁의 특징 중 하나가 성을 포위하고 기다리는 전쟁입니다(왕상 20:1, 왕하 6:24, 사 29:3, 겔 4:2). 도시는 방어하기에 좋은 높은 곳에 튼튼한 성을 쌓고 만들었습니다. 평상시에는 성 안에서 살거나 성 밖에 살면서 농사를 짓지만 전쟁이 일어나면 모두 성안으로 피신했습니다. 높은 곳에 튼튼한 성벽을 가진 성은 성문을 닫으면 난공불락의 요새였습니다. 성벽을 뚫거나 성문을 부수고 성으로 들어가는 것은 힘들었는데 앗수르나 바벨론 등 대제국만이 가능한 방법이었습니다. 이처럼 굳게 닫은 성을 공격하는 최선의 전술이 성을 포위하고 물이나 식량이 떨어지기를 기다리면서 왕의 사자를 보내어 말로 설득하며 항복하게 하는 것이었습니다. 예루살렘 성은 바벨론 군대에 포위되어 30개월을 버텼지만 정복되었습니다.

아람의 벤하닷 왕이 그의 군대를 다 모으니 왕 삼십이 명이 그와 함께 있고 또 말과 병거들이 있더라 이에 올라가서 사마리아를 에워싸고 그곳을 치며(왕상 20:1)
이후에 아람 왕 벤하닷이 그의 온 군대를 모아 올라와서 사마리아를 에워싸니(왕하 6:24)

내가 너를 사면으로 둘러 진을 치며 너를 에워 대를 쌓아 너를 치리니(사 29:3)

제4月

성도 여러분!

하나님께서는 당신의 백성들을 통해 구속 역사를 행하시는 과정에서 범죄하면 징계를 내리십니다. 그리고 하나님께서는 분명히 정하시고 정해진 일을 행하시는데 누군가는 그것을 외쳐야 합니다. 당시에는 에스겔 선지자를 통해 외치게 하셨다면 이 시대에는 누구를 통해 하나님의 구속 역사를 이루시며 외치고 계십니까?

하나님의 구속 역사를 이루기 위해 하나님의 백성 중 누군가는 해야 할 일이라면 하나님의 말씀을 먼저 듣고 깨달은 각자 '내가' 감당하는 것이 좋을 것입니다. 싫지만 외쳐야 했던 에스겔 선지자처럼 장차 없어질 이 땅에서 예수를 그리스도라 고백하며 하나님의 뜻을 깨달아 구원받을 사람들을 위해 복음을 전하는 하루가 되시길 기도합니다.

15일

예루살렘 성에 기근이 있을 징조를 보이신 하나님

(겔 4:9-17)

오늘 날짜가 언급된 성경 사건은 없습니다. 오늘 날짜가 포함된 사건은 다음과 같습니다.

사건 1 제2월 10일부터 방주에 들어가 하나님의 명령을 감당하는 66일째로(노아시대 월력 체계는 한 달을 30일로 계산함) 하나님께서 말씀하신 대로 40일 동안 비가 내린 59일째

사건 2 라암셋을 떠난 지 90일째(제1월을 30일, 제2월을 29일로 계산함)로 시내산 밑 시내광야에 도착하여(제3월 1일) 거한지 45일째(출 19:1-2)

사건 3 "너는 산에 올라 내게로 와서 거기 있으라"는 하나님의 명령을 받고 모세가 시내산에 올라 첫 번째 40일 금식기도를 시작한 38일째

사건 4 시내광야에 11개월 20일 머물던 이스라엘 백성이 하나님의 명령에 따라 약속의 땅을 향해 떠난 지 55일째

사건 5 에스겔 선지자가 그발 강가에서 꼼짝도 못 하고 두려워 떨며 포로된 백성과 함께 지내는 11일째이고(겔 1:1-2, 3:14-15) 두 번째 계시 받은지 4일째

사건 6 시드기야 11년 제4월 9일 예루살렘 성이 바벨론에 의해 함락 후 7일째

사건 7 모르드개가 조서를 써 전국 127도에 보낸 후 23일째(더 8:1-17)

사건 8 주전 458년 2차 포로 귀환 시 제1월 1일 바벨론을 떠난 후 104일째로 아하와 강을 떠난 지 93일째(스 7:6-9, 8:15-36)

사건 9 2018년 예수님께서 부활하신 후 15일째

에스겔 선지자를 벙어리('알람', אָלַם, 묶다, 벙어리가 되다, 잠잠하다)로 만드신 하나님께서는 에스겔 선지자에게 행동으로 이스라엘 족속이 당할 징조를 나타내게 하셨습니다(겔 4:3). 오늘은 에스겔 선지자가 하나님께서 말씀하시는 대로 순종하여 포위된 예루살렘에 기근이 임하는 징조를 행동으로 보여주는 사건에 대해 살펴보겠습니다(겔 4:9-17).

❶ '여러 가지 곡물을 취하라!'는 하나님의 명령

하나님께서는 포위될 예루살렘 성 내에 식량이 없을 것을 에스겔 4:9-12, 14-17로 두 번에 나누어 말씀하셨습니다. 먼저 하나님께서는 **"너는 밀과 보리와 콩과 팥과 조와 귀리를 취하라!**(명령) **그리고 한 그릇에 담으라."**(겔 4:9ab)고 말씀하셨습니다. 보통 명령은 '주어'를 나타내는 인칭대명사 없이 동사로 표현합니다. 그런데 에스겔 4:9a에서는 2인칭 남성 단수 대명사 '아타'(너는)를 써서 취하는(행하는) 주체가 사람(에스겔 선지자)임을 강조하고 있습니다. 하나님께서 '여러 가지 곡물을 취하라!'고 하신 것은 여러 가지를 풍성하게 취하라는 것이 아닙니다. 하나님께서는 에스겔 선지자에게 **'구할 수 있는 모든 곡물을 모아 한 항아리에 섞어 두고 자신이 깎아 만든 모형을 마주 보고 누워 먹어야 하는 음식을 준비하라'**고 말씀하셨던 것입니다.

> **너는 밀과 보리와 콩과 팥과 조와 귀리를 가져다가 한 그릇에 담고 너를 위하여 떡을 만들어 네가 옆으로 눕는 날수 곧 삼백구십 일 동안 먹되**(겔 4:9)

현대인들은 세 끼를 먹고, 로마 시대에는 네 끼도 먹었지만 당시 정상적으로 생활하는 백성들은 아침과 저녁 두 끼를 먹었습니다. 그런데 에스겔 선지자는 하루에 한 끼를 먹어야 했습니다. 그 양도 하루에 20세겔로 정해 주셨는데 일반 세겔이 11.5~12g 정도이기에 하루에 먹을 식량은 230~240g으로 아주 적은 양이었습니다(겔 4:10).

건기의 유대 광야 모습 건기와 우기가 나타나는 성경의 땅은 건기 때 물이 아주 절실하고 물이 생명임을 체험하게 하는 땅이다.

물 또한 정해진 때에 마셔야 했는데 그 양은 1/6힌으로 0.6ℓ 정도입니다. 건조한 성경의 땅을 답사하다 보면 덥지만 땀이 흐르지 않는 것을 알 수 있습니다. 너무 건조해서 땀이 되어 흐르지 않고 피부표면에서 증발하기 때문입니다. 성지를 답사하는 분들은 땀이 흐르지 않기에 몸에 물이 부족하다는 것을 느끼지 못하다 물이 부족하여 어지럼 증상을 보이는 사람들이 많이 있습니다. 그래서 건기 때 하루 권장량의 물을 조금씩 자주 2ℓ 정도 마시라고 합니다. 이것과 비교하면 하루 0.6ℓ의 물은 아주 적은 양입니다.

> **너는 음식물을 달아서 하루 이십 세겔씩 때를 따라 먹고**(겔 4:10) **물도 육분의 일 힌씩 되어서 때를 따라 마시라**(겔 4:11)

이처럼 적은 양의 식량을 390일과 40일 동안 먹도록 하신 것은 30개월 동안 포위될 예루살렘 성에 식량이 부족할 것임을 보여줍니다. 또한 적은 양의 물을 정해진 시간에 먹도록 한 것은 마르지 않고 솟아나는 기혼 샘물도 예루살렘 성안으로 피신한 많은 백성으로 인해 기록은 없지만 포위되었을 당시 하루에 먹을 물의 양을 제한하는 것으로 생각할 수 있습니다.

제4月

❷ '인분 불을 피워 구우라!'는 하나님의 명령

하나님께서는 빵(떡)을 구울 때 인분을 사용하라고 말씀하셨습니다(겔 4:12). 고대 성경 시대에는 동물의 마른 똥을 바짝 말려 불을 피우는 연료로 사용했습니다. 하나님께서 인분을 사용하라는 것은 성이 포위되어 오랜 세월이 지나면 짐승의 똥을 연료로 사용할 수 없을 것을 생각하게 합니다. 사람이 먹을 양식도 없는데 짐승을 키운다는 것도 문제이지만 포위된 상태라면 다른 무엇보다도 먼저 짐승을 잡아먹었을 것입니다.

> **너는 그것을 보리 떡처럼 만들어 먹되 그들의 목전에서 인분 불을 피워 구울지니라**(겔 4:12)

빵과 소스 과거부터 현재까지 먹고 있는 빵과 소스들

하나님께서 부정한 인분을 사용하라고 하신 이유는 하나님께서 여러 나라로 쫓아 흩어 버릴 이스라엘 자손이 그 땅에서 부정한 빵(떡)을 먹을 것이기 때문입니다(겔 4:13). 하지만 에스겔 선지자는 인분이 부정하다는 것을 알았기에(신 23:13-15) 부정한 방법으로 음식을 만들 수 없다고 하나님께 항변했습니다. 에스겔 선지자는 어려서부터 부정한 음식을 먹지 않았음을 말합니다. 자신은 또한 백성들에게까지 먹는 것이 금지된 죽은 짐승의 사체를 먹지 않았다(출 22:31, 레 22:8)고 말합니다. 사체는 피가 빠지지 않아 피째 먹게 되어 하나님의 율법을 어기게 되기 때문입니다(레 3:17, 7:26, 17:12, 14, 19:26, 신 12:16, 23, 25, 15:23). 하나님께서는 에스겔 선지자의 말을 들으시고 에스겔이 머무는 곳에서는 소똥을 구할 수 있었기에 마른 소똥을 사용하라고 말씀하셨습니다(겔 4:15).

하나님께서 식량과 물에 대해 말씀하시고 에스겔 선지자가 행동으로 순종하게 하신 것은 이미 예루살렘 성이 포위될 것이 정해졌기 때문입니다. 마침내 하나님께서는 예루살렘 성에 양식을 끊고 백성들이 두려워 떨며 물을 마실 것이라고 선언하셨습니다(겔 4:16). 에스겔 4:16d에서는 어순 도치되어 백성들이 '제한된(측정된, 정해진) 양의 물을' '떨며' 마시는 상황이 강조되었습니다. 하나님께서는 포위된 예루살렘 성이 **"빵(떡)과 물이 부족하여 피차 두려워하여 떨며 그 죄악 중에서 쇠패하리라."**(겔 4:17)고 말씀하셨습니다.

> **또 내게 이르시되 인자야 내가 예루살렘에서 의뢰하는 양식을 끊으리니 백성이 근심 중에 떡을 달아 먹고 두려워 떨며 물을 되어 마시다가**(겔 4:16)

❸ 하나님 말씀이 성취됨

히스기야 왕 때 앗수르의 군대에 예루살렘 성이 포위된 때가 있었습니다. 이때 포위된 예루살렘이 시간이 지나면 식량이 없는 상태에서 대변을 먹고 소변을 마실 것이라는 랍사게의 말에서 보듯(왕하 18:27, 사 36:12) 포위된 성에 먹을 식량과 물이 없을 때 그 처참함이 어느 정도인지를 알 수 있습니다. 하지만 히스기야의 철저한 회개를 통해 하나님께서 앗수르의 손에서 구원하심으로 대변과 소변을 먹은 일은 없었습니다.

> **랍사게가 그에게 이르되 내 주께서 네 주와 네게만 이 말을 하라고 나를 보내신 것이냐 성 위에 앉은 사람들도 너희와 함께 자기의 대변을 먹게 하고 자기의 소변을 마시게 하신 것이 아니냐 하고**(왕하 18:27, 사 36:12)

하지만 시드기야 왕 때 바벨론에 의해 30개월 동안 포위되었을 때는 달랐습니다. 실제로 시드기야 왕의 명령으로 옥에 갇힌 예레미야 선지자는 당시 에스겔의 예언처럼 감옥에서 예루살렘 성에 빵(떡)이 떨어질 때까지 매일 빵(떡) 한 개씩만 먹었습니다(렘 37:21). 또한 예레미야를 가둔 말기야의 구덩이는 물을 저장하는 웅덩이(물 저장소)였는데 물이 없는 웅덩이였습니다(렘 38:6). 당시 물이 없는 웅덩이는 혼자서는 빠져나올 수 없는 감옥으로 사용되었습니다.

파괴되어 단면을 보이는 웅덩이(물 저장소)
집 안 마당에 깊에 파 우기 때 물을 저장했다.

이에 시드기야 왕이 명령하여 예레미야를 감옥 뜰에 두고 떡 만드는 자의 거리에서 매일 떡 한 개씩 그에게 주게 하매 성중에 떡이 떨어질 때까지 이르니라 예레미야가 감옥 뜰에 머무니라(렘 37:21)

그들이 예레미야를 끌어다가 감옥 뜰에 있는 왕의 아들 말기야의 구덩이에 던져 넣을 때에 예레미야를 줄로 달아 내렸는데 그 구덩이에는 물이 없고 진창뿐이므로 예레미야가 진창 속에 빠졌더라(렘 38:6)

더 나아가 더 이상 먹을 식량이 없었던 포위된 예루살렘 성안에서는 에스겔 선지자가 예언한 대로 아버지가 아들을 잡아먹고, 아들이 자기 아버지를 잡아먹는 일이 발생했습니다(겔 5 10). 이것은 하나님의 경고 메시지를 듣지 않고, 두 번씩이나 바벨론 1, 2차 포로로 끌려가는 상황을 경험했지만 잘못된 하나냐의 예언과 잘못된 믿음을 끝까지 견지해 하나님께서 정하신 징계를 받지 않겠다고 바벨론과 대항했던 결과입니다.

그리한즉 네 가운데에서 아버지가 아들을 잡아먹고 아들이 그 아버지를 잡아먹으리라 내가 벌을 네게 내리고 너희 중에 남은 자를 다 사방에 흩으리라(겔 5:10)

성도 여러분!

하나님께서는 당신의 백성들을 통해 구속 역사를 행하시는 과정에서 범죄하면 징계를 내리십니다. 그런데 징계를 내리시기 전 기회를 주시고 회개하기를 기다리십니다. 하나님께서는 에스겔 선지자를 통해 행동으로 표현하는 징조를 보이셨지만 잘못된 예언을 들은 사람들은 끝까지 하나님의 말씀을 외면했고 정하신 환란을 당했습니다.

혹시 현재 힘들고 어려운 상황에 부닥쳐 있지는 않습니까? 어려운 상황에 부닥친 것이 연단을 받아 큰일을 감당하게 하는 상황일 수 있지만, 내가 하나님 앞에 잘못한 상황이라면 돌아서야 합니다. 현재 만난 어려움은 더 큰 징계를 받기 전 깨닫고 돌아서기를 바라시는 하나님의 사랑일 수 있습니다. 오늘도 모든 힘든 일들을 이겨내고 하나님의 구속사를 감당하기 위해 믿음을 보이는 하루가 되시길 기도합니다.

제4月

16일

금송아지를 만든 아론과 백성들

(출 32:1-5)

오늘 날짜가 언급된 성경 사건은 없습니다. 오늘 날짜가 포함된 사건은 다음과 같습니다.

사건 1 제2월 10일부터 방주에 들어가 하나님의 명령을 감당하는 67일째로(노아시대 월력 체계는 한 달을 30일로 계산함) 하나님께서 말씀하신 대로 40일 동안 비가 내린 60일째

사건 2 라암셋을 떠난 지 91일째(제1월을 30일, 제2월을 29일로 계산함)로 시내산 밑 시내광야에 도착하여(제3월 1일) 거한지 46일째(출 19:1-2)

사건 3 "너는 산에 올라 내게로 와서 거기 있으라"는 하나님의 명령을 받고 모세가 시내산에 올라 첫 번째 40일 금식기도를 시작한 39일째

사건 4 시내광야에 11개월 20일 머물던 이스라엘 백성이 하나님의 명령에 따라 약속의 땅을 향해 떠난 지 56일째

사건 5 에스겔 선지자가 그발 강가에서 꼼짝도 못 하고 두려워 떨며 포로된 백성과 함께 지내는 12일째이고(겔 1:1-2, 3:14-15) 두 번째 계시 받은지 5일째

사건 6 시드기야 11년 제4월 9일 예루살렘 성이 바벨론에 의해 함락 후 8일째

사건 7 모르드개가 조서를 써 전국 127도에 보낸 후 24일째(더 8:1-17)

사건 8 주전 458년 2차 포로 귀환 시 제1월 1일 바벨론을 떠난 후 105일째로 아하와 강을 떠난 지 94일째(스 7:6-9, 8:15-36)

사건 9 2018년 예수님께서 부활하신 후 16일째

오늘은 모세가 시내산에 올라가 금식기도를 한 지 39일째 되는 날입니다. 백성들은 모세가 산에서 내려오는 것이 더딤을 보고 아론에게 자신들을 인도할 신을 만들라고 말했습니다. 성경은 정확히 언제 금송아지 우상을 만들었는지 언급하지 않습니다. 오늘은 금송아지 우상을 만드는 과정에 대해 살펴보겠습니다.

❶ 우리를 위하여 우리를 인도할 신을 만들라!

모세가 시내산에 올라 1차 40일 금식기도를 하던 중 백성들은 아론에게 와 **"일어나라! 우리를 위하여 우리를 인도할 신(엘로힘)을 만들라!(명령)"**고 말합니다(명령형, 출 32:1). 백성들은 자신들을 인도하고 계시는 여호와 하나님이 계시는데 다른 신(엘로힘)을 만들어 달라고 말하고 있습니다. 이것은 당시 일반적인 신개념에 바탕을 둔 생각으로 애굽, 가나안, 메소포타미아 지역에 사는 사람들은 여러 가지 신의 형상을 만들어 섬겼습니다. 애굽에 430년 동안 머물렀던 이스라엘 백성들도 애굽 사람들이 사람의 몸에 짐승의 머리를 가진 신들을 깎아 두고 그것을 섬겼던 것에 영향을 받았던 것입니다. 40여 일 전 이스라엘 백성들은 시내산에 큰 소리와 불과 지진을 동반하여 강림하셨지만 형상은 볼 수 없는 여호와 하나님을 체험했습니다. 하지만 지금은 그 여호와 하나님께서 자신들을 이끄신다는 생각을 하지 못 하고 애굽에 살며 경험했던 보이는 신에 대한 요구를 아론에게 하고 있습니다.

한편 백성들이 자신들을 인도할 신(엘로힘)을 요구한 이유는 산으로 올라간 모세가 내려오는 것이 '더딤을' 보았기 때문입니다(출 34:1). 개역성경이나 개역개정성경에서 '더딤'으로 번역된 히브리어의 기본형은 '부쉬'(בּוֹשׁ, 부끄러워하다)인데 기본적인 의미는 '대체로 실패로 인하여, 자기나 혹은 신뢰의 대상이 불명예를 당하다'는 뜻으로 쓰입니다. 이런 의미에서 출애굽기 32:1a를 직역하면 **'모세가 그 산으로부터 내려오는 것을, 부끄러워했음을 보았기 때문이다'**가 됩니다. 백성들은 산에 올라간 모세가 무엇인가 일이 지체되어 내려오는 것을 부끄러워한다고 생각한 것입니다.

백성이 모세가 산에서 내려옴이 더딤을 보고 모여 백성이 아론에게 이르러 말하되 일어나라 우리를 위하여 우리를 인도할 신을 만들라 이 모세 곧 우리를 애굽 땅에서 인도하여 낸 사람은 어찌 되었는지 알지 못함이니라(출 32:1)

이 상황을 모세는 출애굽기 34:1에서 백성들이 "보았다"('라아', רָאָה)라고 표현했습니다. 하나님께서 나타나셔서 말씀하실 때 백성들이 두려워했기 때문에 모세를 산으로 부르셨고 할 일을 말씀하고 계십니다. 그런데 시내산 밑에 머물던 이스라엘 백성들은 하나님께서 정하신 40일을 다 기다리지 못합니다. 백성들은 하나님께 올라간 모세에게 부끄러운 일이 발생하여 일이 지체되는 것으로 생각했습니다. 기다릴 수 있어야 하고 하나님께서 보여주시는 것을 보아야 하는데 백성들은 자신들의 생각으로 다른 것을 보고 있습니다.

모세오경에서, 특히 창세기에서 모세는 '무엇을 볼 것인가?'를 많이 생각하게 합니다. 아브람을 부르신 하나님께서는 **"내가 너에게 보여줄**('라아') **땅으로 가라!"**고 말씀하셨고 가나안 땅 세겜에 이르렀을 때 아브람에게 나타나셨습니다. 그런데 이때 '나타나다'로 번역된 단어는 '라아'(보다)의 니팔형〈수동〉이 쓰여 '보여지셨다'로 직역됩니다. 이후 아브람/아브라함에게 '라아'(보다)와 관련된 사건이 자주 일어나고 마침내 이삭을 번제로 바치는 상황에서 '여호와 이레'(여호와께서 보이실 것이다, 여호와께서 준비하실 것이다)로 고백 되는데 '이레'는 '라아'의 미래형의 '예라에'의 음역입니다. 모세는 창세기 22:14에서 **"아브라함이 그곳 이름을 여호와 이레라고 불렀으니, 오늘날도 사람들은 '여호와의 산에서 준비될 것이다**(보이실 것이다)**'라고 말한다."**고 서술하고 있습니다. '오늘날'이 출애굽 한 때라면 여호와 하나님께서 시내산에 머무는 이스라엘 자손들을 위하여 준비하고(보여주시고) 계시는데 이스라엘 자손들은 기다리지 못 하고 다른 것을 보았던(생각했던) 것입니다.

❷ 금송아지를 만든 아론과 이스라엘 백성들

금송아지 상상도
by capcoakland.files.wordpress.com

이스라엘 백성들의 요구에 대해 아론은 **"너희의 아내와 아들과 딸들의 귀에서 금 고리를 빼어 내게로 가져오라."**고 말했습니다(출 32:2). 모든 백성은 아론의 말대로 그들의 귀에서 금 고리를 빼 아론으로 가져갔습니다. 아론은 그들의 손에서 금 고리를 받아 부은 후 조각칼로 새겨 송아지 형상을 만들었습니다. 이에 백성들은 **"이스라엘아! 이는 너희를 애굽 땅에서 인도하여 낸 너희의 신이로다."**라고 말했습니다(출 34:3-4). 모세는 이 과정을 6개의 '와우계속법-미완료'를 써서(그리고 … 빼냈다, 그리고 … 가져왔다, 그리고 … 취했다, 그리고 … 부었다, 그리고 … 만들었다, 그리고 … 말했다) 모든 일이 계속해서 일사천리로 진행되었음을 표현합니다.

> **모든 백성이 그 귀에서 금 고리를 빼어 아론에게로 가져가매**(출 32:3) **아론이 그들의 손에서 금 고리를 받아 부어서 조각칼로 새겨 송아지 형상을 만드니 그들이 말하되 이스라엘아 이는 너희를 애굽 땅에서 인도하여 낸 너희의 신이로다 하는지라**(출 32:4)

아론은 출애굽기 32:4e에서 복수형 지시대명사 '엘레'(이것들)를 사용했습니다. 이것은 다신을 섬겼던 당시의 상황을 반영하는데 여러 개의 형상을 만들었을 가능성이 있습니다. 만들어진 금송아지를 본 아론은 그 앞에 제단을 쌓았습니다. 그리고 **"내일은 여호와의 절기이니라."**고 외쳤습니다. 모세는 이 또한 4개의 '와우계속법-미완료'로(그리고 … 보았다, 그리고 … 쌓았다, 그리고 … 부르짖었다, 그리고 … 말했다) 순차적이며 일사천리로 진행되었음을 알게 합니다.

아론은 백성들의 요구가 잘못된 것임을 알고 그들을 깨우치고 모세를 기다렸어야 합니다. 왜냐하면 모세가 산으로 올라가며 산 아래에서 일어나는 모든 것에 대해 아론과 훌에게 맡겼기 때문입니다(출 24:13-14). 아론은 모세를 부르셔서 이스라엘 자손들이 행해야 할 일들을 보여주고 계시다는 것을 확신했다면 백성들을 이해시키고 깨우쳐야 했습니다. 아론은 모세가 자신에게 맡긴 일을 감당하지 못했습니다. 그는 백성들의 말을 듣고 금송아지 우상을 만들고 그 앞에 단을 쌓는 잘못을 했습니다. 공동체가 어떤 지도자를 만나느냐? 뽑느냐? 가 얼마나 중요한지 깨닫게 됩니다.

모세가 그의 부하 여호수아와 함께 일어나 모세가 하나님의 산으로 올라가며(출 24:13)
장로들에게 이르되 너희는 여기서 우리가 너희에게로 돌아오기까지 기다리라 아론과 훌이 너희와 함께하리니 무릇 일이 있는 자는 그들에게로 나아갈지니라 하고(출 24:14)

성도 여러분!

하나님의 일을 맡아 순종하는 가운데에도 뜻을 알지 못한다면 자신보다 더 잘 아는 사람들이 하는 것을 도우며 기다릴 줄 알고 참을 줄 알아야 합니다. 뜻도 알지 못 하고 자기 생각대로 말하고 행할 때 하나님의 일은 어그러질 수 있습니다. 지도자라면 좀 더 하나님의 뜻을 정확히 깨달을 수 있도록 노력하며, 더 믿음이 좋고 하나님의 뜻을 더 잘 분별하는 멘토의 답이 있을 때까지 기다릴 줄 알아야 하는 것을 잊지 맙시다. 오늘도 하나님의 뜻에 맞는 결정을 하고 하나님께서 보여주시는 길을 가기 위해 기도하며 순종하는 하루가 되시길 소망합니다.

17일

금송아지를 섬긴 아론과 백성들의 행위를 심판하는 모세

(출 32:6-16)

오늘 날짜가 언급된 성경 사건은 없습니다. 오늘 날짜가 포함된 사건은 다음과 같습니다.

사건 1 제2월 10일부터 방주에 들어가 하나님의 명령을 감당하는 68일째로(노아시대 월력 체계는 한 달을 30일로 계산함) 하나님께서 말씀하신 대로 40일 동안 비가 내린 61일째

사건 2 라암셋을 떠난 지 92일째(제1월을 30일, 제2월을 29일로 계산함)로 시내산 밑 시내광야에 도착하여(제3월 1일) 거한지 47일째(출 19:1-2)

사건 3 "너는 산에 올라 내게로 와서 거기 있으라"는 하나님의 명령을 받고 모세가 시내산에 올라 첫 번째 40일 금식기도를 시작한 40일째

사건 4 시내광야에 11개월 20일 머물던 이스라엘 백성이 하나님의 명령에 따라 약속의 땅을 향해 떠난 지 57일째

사건 5 금송아지 만든 것이 잘못된 것임을 깨달은 레위 사람들이 형제들을 죽임으로 하나님께 헌신함

사건 6 에스겔 선지자가 그발 강가에서 꼼짝도 못 하고 두려워 떨며 포로된 백성과 함께 지내는 13일째이고(겔 1:1-2, 3:14-15) 두 번째 계시 받은지 6일째

사건 7 시드기야 11년 제4월 9일 예루살렘 성이 바벨론에 의해 함락 후 9일째

사건 8 모르드개가 조서를 써 전국 127도에 보낸 후 25일째(더 8:1-17)

사건 9 주전 458년 2차 포로 귀환 시 제1월 1일 바벨론을 떠난 후 106일째로 아하와 강을 떠난 지 95일째(스 7:6-9, 8:15-36)

오늘은 유대인의 전승에 따르면 모세가 시내산에 올라가 첫 번째 40일 금식기도를 마치며 여호와 하나님께서 직접 돌판을 만드시고 십계명을 쓰셨던 돌판을 가지고 산 아래로 내려오는 날입니다. 또한 산 아래 이스라엘 백성들이 아론이 만든 금송아지 앞에 제단을 쌓고 번제와 화목제를 드리며 뛰놀던 날입니다. 오늘부터 연속해서 이 과정을 살펴보겠습니다.

❶ 백성들의 요구로 금송아지를 만든 아론

오늘은 모세가 시내산에 올라가 금식기도를 한지 40째 되는 날입니다. 얼마 전부터 산 아래의 이스라엘 자손들은 모세가 산에서 내려오는 것이 더딤을 보고 아론에게 자신들을 인도할 신을 만들라고 요구했습니다. 그러나 성경은 정확히 언제 금송아지 우상을 만들었는지 언급하지 않습니다. 아론은 금송아지를 만들고 그 앞에 제단을 쌓고 **"내일은 여호와의 축제일이다."**(출 32:5)라고 공포하고 백성들이 준비하게 했습니다. 하지만 그것은 여호와를 위한 날이 아니라 금송아지 우상을 만들고 벌이는 축제로 잘못된 것이었고, 아론과 백성들은 이 행위가 여호와를 위한 것이라는 착각을 한 것입니다. 그리고 하루가 지난 오늘 백성들은 일찍 일어났고 번제와 화목제를 드린 후 먹고 마셨으며 부르짖었습니다. 모세는 이 과정을 5개의 '와우계속법-미완료'로(그리고 … 일어났다, 그리고 … 드렸다, 그리고 … 드렸다, 그리고 … 앉았다, 그리고 … 일어났다) 순차적이며 일사천리로 진행되었음을 알게 합니다.

> **이튿날에 그들이 일찍이 일어나 번제를 드리며 화목제를 드리고 백성이 앉아서 먹고 마시며 일어나서 뛰놀더라**(출 32:6)

❷ 산 아래의 상황을 보신 하나님께서 모세를 내려보내심

산 아래에서 아론과 백성들이 잘못된 지식에 근거한 잘못된 선택과 행동으로 '여호와의 축제일'을 보내는 때 하나님께서는 산 위의 있는 모세에게 40일째 되는 오늘 **"너는 내려가라! 왜냐하면 네가 애굽 땅에서 인도하여 낸 네 백성이 부패했기 때문이다."**라고 말씀하셨습니다(출 32:7). 계속해서 **"그들이 내가 그들에게 명한 그 길로부터 속히 떠났다. 그들이 자기를 위하여 송아지를 부어 만들었다. 그리고 그들은 그것에게 절했다. 그리고 그들은 그것에게 희생 제사를 드렸다. 그리고 그들이 말했다. '이것들은, 이스라엘아! 너희들을 애굽 땅에서 올라오게 한 너희들의 신들이다'."**라고 산 아래의 상황을 설명해 주셨습니다. 출애굽기 32:8a와 8b는 완료를 써서 백성들이 '내가(하나님) 그들에게 명한 길을' 속히 떠났고, '자기를 위한 송아지를' 부어 만들었음을 강조하셨습니다. 그리고 아론이 백성들에게 했던 말을 정확하게 그대로 **"이것들은, 이스라엘아! 너희들을 애굽 땅에서 올라오게 한 너희들의 신들이다."**라고 말씀하셨습니다. 하나님께서는 모세에게 **"내가 이 백성을 보았다. 그리고 보라! 그는**(이스라엘 백성) **목이 곧은 백성이다. 그런즉 이제 너는 나에게서 떠나라. 그리고 내가 그들에게 성났다**(노했다)**. 그리고 내가 그들을 끝낼 것이다. 그리고 내가 너를 큰 나라로 만들 것이다."**라고 말씀하셨습니다(출 32:9-10).

> **여호와께서 또 모세에게 이르시되 내가 이 백성을 보니 목이 뻣뻣한 백성이로다**(출 32:9)
> **그런즉 내가 하는 대로 두라 내가 그들에게 진노하여 그들을 진멸하고 너를 큰 나라가 되게 하리라**(출 32:10)

하나님의 말씀을 듣고 모세는 산 아래에서 일어난 상황을 알았고 하나님의 말씀대로 이스라엘 백성들이 잘못했음을 인정했습니다. 그런데 모세는 **"그런즉 이제 너는 나에게서 떠나라. 그리고 내가 그들에게 성났다**(노했다)**. 그리고 내가 그들을 끝낼 것이다. 그리고 내가 너를 큰 나라로 만들 것이다."**라는 하나님의 말씀을 듣고 하나님께 강하게 항의했습니다. 모세는 하나님께 **"어찌하여 여호와께서는 애굽 땅으로부터 큰 힘과 능력의 손으로 이끌어 나오신 당신의 백성을 향해서 당신의 화로 성내십니까? 어찌하여 애**

굽 사람들이 말하게 하십니까? 이르기를 "악으로, 그가 그들을(이스라엘 백성들) **산들에서 죽게 하기 위해 그리고 그들을 지면에서 진멸하기 위해 데리고 나왔다."라고 할 것입니다. 당신은 당신의 맹렬한 노로부터 돌리십시오! 그리고 당신의 백성에게 이 악을**(재앙) **돌이켜 주십시오! 당신의 종들, 아브라함과 이삭과 이스라엘을 기억하소서! 당신 자신이 그들에게 스스로 맹세하셨고, 그들에게 '내가 너희들의 자손들을 하늘의 별들과 같이 많게 해주겠다'고 말씀하셨고 그리고 '내가 말한 이 모든 땅을 너희들의 후손에게 주겠다. 그리고 그들이** (그것을) **영원히 상속받을 것이라.'고 말씀하셨습니다."**라고 말했습니다(출 32:11-13).

모세의 강력한 항의 곧 백성들에 대한 변호를 들으신 하나님께서는 돌이키셨습니다(출 32:14). 그리고 모세는 하나님으로부터 돌아섰고 산에서 내려왔습니다(출 32:15).

성도 여러분!

이 글을 읽는 분들은 아마도 교회공동체의 지도자들이 많을 것입니다. 작은 공동체이건 큰 공동체이건 하나님의 일을 하는 가운데 공동체(교회)의 구성원들이 잘못된 결정을 내리는 경우가 있습니다. 이때 지도자는 그 잘못을 듣는다면(깨달았을 때) 먼저 약한 공동체를 위해 하나님께 기도하며 간구하는 모습이 있어야 한다는 것을 잊지 맙시다.

또한 모세는 당당하게 하나님께 요구하는 모습을 보았습니다. 하나님 앞에 당당해지려면 지도자로서 그만큼 철저한 하나님 앞에 서는 신앙이 필요하다는 것에 동의할 것입니다. 오늘도 지도자로서 내게 맡기신 공동체가 하나님의 하시는 일에 참여하는 공동체가 되게 하기 위해 전력을 다하는 하루가 되시길 기도합니다.

18일

잘못을 깨닫고 헌신한 레위 사람들

(출 32:17-29)

오늘 날짜가 언급된 성경 사건은 없습니다. 오늘 날짜가 포함된 사건은 다음과 같습니다.

사건 1 제2월 10일부터 방주에 들어가 하나님의 명령을 감당하는 69일째로(노아시대 월력 체계는 한 달을 30일로 계산함) 하나님께서 말씀하신 대로 40일 동안 비가 내린 62일째

사건 2 라암셋을 떠난 지 93일째(제1월을 30일, 제2월을 29일로 계산함)로 시내산 밑 시내광야에 도착하여(제3월 1일) 거한지 48일째(출 19:1-2)

사건 3 모세가 백성들의 잘못을 위해 40일 회개 기도를 시작함

사건 4 시내광야에 11개월 20일 머물던 이스라엘 백성이 하나님의 명령에 따라 약속의 땅을 향해 떠난 지 58일째

사건 5 에스겔 선지자가 그발 강가에서 꼼짝도 못 하고 두려워 떨며 포로된 백성과 함께 지내는 14일째이고(겔 1:1-2, 3:14-15) 두 번째 계시 받은지 7일째

사건 6 시드기야 11년 제4월 9일 예루살렘 성이 바벨론에 의해 함락 후 10일째

사건 7 모르드개가 조서를 써 전국 127도에 보낸 후 26일째(더 8:1-17)

사건 8 주전 458년 2차 포로 귀환 시 제1월 1일 바벨론을 떠난 후 107일째로 아하와 강을 떠난 지 96일째(스 7:6-9, 8:15-36)

사건 9 2018년 예수님께서 부활하신 후 18일째

오늘은 어제에 이어 금송아지를 만들고 섬긴 아론과 백성들에게 일어난

사건을 살펴보겠습니다. 오늘 살펴볼 것은 어제 날짜에(제4월 18일) 일어난 사건입니다.

❶ 산에서 내려오다 하나님께서 주신 두 돌판을 던져 깨뜨린 모세

모세는 금식기도 40일째 되는 날(어제, 제4월 17일) 산 아래에서 아론과 백성들이 금송아지를 만든 후 그것에게 절하고 제물을 바치며 범죄를 저지르고 있다는 소식을 하나님께 듣고 산에서 내려왔습니다. 산에서 내려오는 모세에게는 하나님께서 친히 만드시고 돌판의 양면 이쪽저쪽에 십계명을 쓰셨던 두 돌판이 있었습니다(출 32:15). 모세와 함께 내려오던 여호수아는 **"진 가운데 싸우는 소리가 들립니다."**라고 말했고 모세는 **"이것은 승리를 외치는 소리도 아니고 패배를 부르짖는 소리도 아니다. 내가 듣기에 이것은 노래하는 소리이다."**라고 말했습니다(출 32:17-18).

여호수아와 함께 산에서 내려오던 모세는 진에 가까이 이르러 하나님 말씀대로 금송아지와 그 앞에서 춤추는 백성들을 보았고 크게 노하여 손에 든 하나님께서 친히 만드시고 친히 글을 써 주신 판들을 던져 깨뜨렸습니다(출 32:19).

❷ 변명하는 아론과 백성들의 잘못을 깨닫게 하는 모세

진에 돌아온 모세는 즉시 아론이 만든 금송아지를 취해 불살라 가루가 되기까지 간 후 물에 뿌려 이스라엘 자손들에게 마시게 했습니다. 잘못을 저지른 백성들이 더 이상 잘못을 저지르지 않도록 눈에 먼저 보이는 실체를 사라지게 했고 백성들이 금송아지 가루를 탄 물을 마시게 함으로 잘못을 몸으로 깨우칠 방법을 썼습니다. 이 과정이 '와우계속법-미완료' 형태의 5개 문장인 '그리고 … 취했다, 그리고 … 살랐다, 그리고 … 갈았다, 그리고 … 뿌렸다, 그리고 … 마시게 했다'로 표현되어 신속하게 처리되었음을 보여줍니다.

잘못된 것을 먼저 바로 잡은 모세는 이후 사건의 원인을 찾았습니다. 이미 하나님께 들어서 다 알고 있는 내용이었지만 아론을 불러 확인했습니다. 확인하는 과정에서 아론에게 **"당신은 그들로 죄 중에 빠지게 했다."**고 말하며 백성들의 요구가 있었지만 책임을 맡은 지도자의 잘못이었음을 먼저 이야기 했습니다(출 32:21). 어쩌면 백성들이 걱정하던 모세가 산에서 내려온 후 금송아지를 가루로 만들어 백성들이 마시게 하는 과정을 지켜보았을 아론이 자신의 먼저 자신의 잘못을 깨닫게 하기 위함이었을 것입니다.

> **모세가 아론에게 이르되 이 백성이 당신에게 어떻게 하였기에 당신이 그들을 큰 죄에 빠지게 하였느냐**(출 32:21)

하지만 아론은 변명했습니다. 먼저 **"이 백성의 악함을 당신이 아나이다."**라고 말하며 잘못을 백성들에게 돌렸습니다. 그리고 백성들이 먼저 **"우리를 위하여 우리를 인도한 신을 만들라. 이 모세 곧 우리를 애굽 땅에서 인도해 낸 사람은 어찌 되었는지 알 수 없노라."**라고 말했기에 **"금이 있는 자는 빼내라."**고 했고 **"그 금을 내가 불에 던졌더니 이 송아지가 나왔다."**고 변명했습니다(출 32:22-24). 아론은 금송아지를 만들 때 분명히 금을 녹여 덩어리를 만든 후 조각 연장을 사용하여 송아지 형상으로 깎았습니다(출 32:4). 그런데 그 과정을 생략하고 변명하고 있습니다.

> **아론이 이르되 내 주여 노하지 마소서 이 백성의 악함을 당신이 아나이다**(출 32:22) **그들이 내게 말하기를 우리를 위하여 우리를 인도할 신을 만들라 이 모세 곧 우리를 애굽 땅에서 인도하여 낸 사람은 어찌 되었는지 알 수 없노라 하기에**(출 32:23) **내가 그들에게 이르기를 금이 있는 자는 빼내라 한즉 그들이 그것을 내게로 가져왔기로 내가 불에 던졌더니 이 송아지가 나왔나이다**(출 32:24)
> **아론이 그들의 손에서 금 고리를 받아 부어서 조각칼로 새겨 송아지 형상을 만드니 그들이 말하되 이스라엘아 이는 너희를 애굽 땅에서 인도하여 낸 너희의 신이로다 하는지**

라(출 32:4)

모세는 백성이 잘못한 원인이 아론이 그들을 풀어주었기(방자하게 하여) 때문이라는 결론을 내렸습니다(출 32:25). 무지한 백성이 우상을 원했지만 그 말을 듣고 책임을 맡은 지도자가 그렇게 하도록 지시를 내렸기 때문입니다.

❸ 잘못을 깨닫고 헌신한 레위 사람들

모세는 진 문에 서서 **"누구든지 여호와의 편에 있는 자는 내게로 나아오라."**고 외쳤습니다. 모세의 말을 듣고 레위 자손이 다 모여 그에게로 갔습니다. 모세는 그들에게 **"여호와 하나님께서 이같이 말씀하셨다. 각자의 허리에 자기의 칼을 각각 차라!**(명령) **가라!**(명령) **그리고 와라! 진 이문에서 저 문까지**(명령)**. 그리고 각 사람은 자기의 형제를, 각 사람은 자기의 친구를, 그리고 각 사람은 자기의 이웃을 죽여라!**(명령)**"**고 명령했습니다(출 32:27). 모세의 말 속에는 개인으로 번역된 '이쉬'(vyai, 각자, 각가)가 4번 쓰였습니다. 이것은 하나님에 속한 자들이 모세에게로 금송아지 만든 것이 잘못되었다는 것을 본인(개인, 각자)이 깨닫고 형제를, 친구를, 이웃을 징계해야 했던 것임을 알 수 있습니다. 군중심리로 함께 행동하며 하나님을 대신하여 죄를 묻는 것이 아니라 각자 개인이 모세가 전하는 하나님의 명을 받아 자신의 의지로 하나님의 일을 행해야 함을 보여줍니다. 이것은 하나님 앞에 공동체로 묻어가는 것이 아니라 개인의 믿음으로 굳건히 서야 하는 것을 깨닫게 합니다.

하나님 편에 선 레위인들은 모세가 전한 하나님의 명령대로 3000명가량의 형제, 친구, 이웃을 죽였습니다(출 32:28). 이에 대해 모세는 **"가득 채워라! 너희들의 손을, 오늘 여호와께**(명령) **왜냐하면 각 사람이 그의 아들과 그의 형제를 반대했기 때문이다 그리고 그가**(하나님이) **너희들에게 오늘 복을 주시리라"**(출 32:29)고 선언했습니다. 이 과정에서 레위 지파가 '헌신하게 되었다'고 번역했는데 직역하면 '오늘 너희들의 손을 여호와께 가득 채워라!'입니다. 어쩌면 헌신은 손에 가진 모든 것 곧 믿음, 지식, 능력, 재산, 힘 등 자신이 가진 모든 것을 하나님께 드리는 것이라는 말입니다. 모세의 행동을 통해 지도자로서 잘못된 것을 보았을 때 먼저 잘못된 것을 바로잡고 그 이후 일이 그렇게 된 원인을 자세히 살핀 후 잘못된 것에 대한 징계를 정확히 내려 잘못한 백성들이 인정할 수 있게 일을 처리하는 모습을 볼 수 있습니다. 또한 레위인들 각자 한 사람 한 사람이 자신의 깨달음과 판단, 개인의 믿음의 터 위에 하나님의 일을 감당해야 하는 것을 살펴보았습니다.

성도 여러분!

내가 속한 언약공동체(교회)에서 작은 일이나마 맡은 것이 있다면 그 직분에 맡는 믿음과 판단 그리고 '내 손의 모든 것'을 드려 하나님의 일에 최선을 다하시기를 소망합니다. 오늘도 레위인들처럼 잘못된 것을 깨달았을 때 하나님 편에 서서 일하는 모세의 명령에 순종한 것처럼 나도 하나님 편이어야 한다는 것과 하나님 편에서 일하는 지도자를 따르고 도와야 한다는 것을 깨닫고 각 언약공동체(교회)에 세우신 지도자(목사, 장로, 권사, 집사, 리더 등)를 잘 따르는 하루가 되시길 기도합니다.

19일

백성들을 위해 40일 회개 기도를 시작한 모세

오늘 날짜가 언급된 성경 사건은 없습니다. 오늘 날짜가 포함된 사건은 다음과 같습니다.

사건 1 제2월 10일부터 방주에 들어가 하나님의 명령을 감당하는 70일째로(노아시대 월력 체계는 한 달을 30일로 계산함) 하나님께서 말씀하신 대로 40일 동안 비가 내린 63일째

사건 2 라암셋을 떠난 지 94일째(제1월을 30일, 제2월을 29일로 계산함)로 시내산 밑 시내광야에 도착하여(제3월 1일) 거한 지 49일째(출 19:1-2)

사건 3 모세가 백성들의 잘못을 위허 40일 회개 기도를 시작한 지 2일째

사건 4 시내광야에 11개월 20일 머물던 이스라엘 백성이 하나님의 명령에 따라 약속의 땅을 향해 떠난 지 59일째

사건 5 에스겔 선지자가 그발 강가에서 꼼짝도 못 하고 두려워 떨며 포로된 백성과 함께 지내는 15일째이고(겔 1:1-2, 3:14-15) 두 번째 계시 받은지 8일째

사건 6 시드기야 11년 제4월 9일 예루살렘 성이 바벨론에 의해 함락 후 11일째

사건 7 모르드개가 조서를 써 전국 127도에 보낸 후 27일째(더 8:1-17)

사건 8 주전 458년 2차 포로 귀환 시 제1월 1일 바벨론을 떠난 후 108일째로 아하와 강을 떠난 지 97일째(스 7:6-9, 8:15-36)

사건 9 2018년 예수님께서 부활하신 후 19일째

모세는 네 번째 달 17일에 40일 금식기도를 마치고 내려왔습니다. 그리

고 그날은 금송아지를 만들고 섬겼던 아론과 백성들의 잘못을 깨닫게 한 날입니다. 그리고 바로 다음 날(어제) 모세는 시내산으로 올라가 죄를 지은 백성들을 위해 40일 회개 기도를 시작했습니다. 오늘은 모세가 백성들을 위해 40일 회개 기도를 시작한 2일째 날인데 모세의 기도 내용과 그의 기도를 들으시고 용서하시는 하나님에 대해 살펴보겠습니다.

❶ 백성들을 위해 하나님께 40일 동안 회개 기도를 한 모세

모세가 40일 동안 기도한 것에 대한 자세한 내용이 나타나지는 않지만 모세가 40일 동안 백성들을 위해 회개 기도한 것은 분명합니다. 모세가 범죄한 아론과 이스라엘 백성들의 죄를 위해 40일 동안 기도했다는 언급은 출애굽기와 신명기 두 군데에 나타납니다(출 32:30-34, 신 9:25-29). 출애굽기 32:30은 정확하게 '이튿날'이라는 언급을 한 후 모세가 백성에게 **"너희가 큰 죄를 범하였도다 내가 이제 여호와께로 올라가노니 혹 너희를 위하여 속죄가 될까 하노라"**라고 말한 후 산으로 올라갔음을 보여주고 있습니다. 신명기 9:25에는 산으로 기도하러 올라간 모세가 40일 낮과 40일 밤 동안 여호와 앞에 엎드렸음을 보여줍니다.

> 이튿날('모호라트', מָחֳרָת, 내일, 다음 날, 이튿날) **모세가 백성에게 이르되 너희가 큰 죄를 범하였도다 내가 이제 여호와께로 올라가노니 혹 너희를 위하여 속죄가 될까 하노라 하고**(출 32:30)
>
> **그때에 여호와께서 너희를 멸하겠다 하셨으므로 내가 여전히 사십 주 사십 야를 여호와 앞에 엎드리고**(신 9:25)

산으로 올라온 모세는 여호와께 나아가 **"여짜오되 슬프도소이다. 이 백성이 자기들을 위하여 금 신을 만들었사오니 큰 죄를 범하였나이다. 그러나 이제 그들의 죄를 사하시옵소서. 그렇지 아니하시오면 원하건대 주께서 기록하신 책에서 내 이름을 지워 버려 주옵소서."**라고 기도하며 **"그렇지 아니하시려거든 주께서 기록하신 책에서 내 이름을 지워버려 주옵소서."**(출 32:31-

32)라고 간청하며 백성보다는 자신에게 징계를 내리시라고 항변했습니다.

제4月

신명기에는 모세의 기도 내용이 더 구체적으로 나타납니다. 모세는 **"주 여호와여 주께서 큰 위엄으로 속량하시고 강한 손으로 애굽에서 인도하여 내신 주의 백성 곧 주의 기업을 멸하지 마옵소서. 주의 종 아브라함과 이삭과 야곱을 생각하사 이 백성의 완악함과 악과 죄를 보지 마옵소서. 주께서 우리를 인도하여 내신 그 땅 백성이 말하기를 여호와께서 그들에게 허락하신 땅으로 그들을 인도하여 들일 만한 능력도 없고 그들을 미워하기도 하사 광야에서 죽이려고 인도하여 내셨다 할까 두려워하나이다. 그들은 주의 큰 능력과 펴신 팔로 인도하여 내신 주의 백성 곧 주의 기업이로소이다."**(신 9:26-29)라고 기도했습니다. 모세는 이스라엘 백성들의 조상 '아브라함과 이삭과 야곱'을 생각하시고, 백성들에게 징계를 내리시면 '애굽 사람들이 비웃을 것'이며, 잘못한 백성이지만 그들은 '주의 큰 능력과 펴신 팔로 인도해낸 주의 백성 곧 주의 기업'이라고 기도를 하며 이스라엘 백성들의 잘못에 대해 용서를 구했습니다.

❷ 모세의 기도를 들으시고 용서하신 하나님

1차 40일 금식기도를 마치는 날(제4월 17일) 하나님께서는 산 아래 백성들의 죄를 모세에게 알려주시며 **"네가**(모세) **애굽 땅에서 인도하여 낸 네 백성이**('암카', עַמְּךָ) **부패하였도다."**(출 32:7)라고 말씀하셨고 이에 대해 모세는 **"그들은 당신**(하나님)**의 백성**('베암메카', בְּעַמֶּךָ)**."**(출 32:11)이라고 말했습니다. 마침내 여호와께서는 뜻을 돌이키셨는데 모세는 **'자기 백성에게'**('리암모', לְעַמּוֹ:그의 백성에게) 내리시겠다고 말씀하신 재앙을 내리시지 않았다고 서술하고 있습니다(출 32:14). 그런데 백성들의 잘못에 대해 기도하는 지금도 모세는 **"그들은 주의 백성 곧 주의 기업입니다."**(신 9:29)라고 강력하게 주장하고 있습니다. 모세는 명사문장을 써서 '그들이'(범죄한 이스라엘 백성들) '당신(하나님)의 백성'이요 '당신(하나님)의 기업'임을 감히 '선언'이나 '정의'하듯 말하고 있습니다. 이것은 이스라엘 백성들이 하나님 앞에 범죄했지만 분명한 하나님의 백성이고 하나님의 구속사를 이어갈 민족이기에 돌아보시고 용서해 달라는 답을 알고 강력하게 요구하는 기도였습니다.

> **여호와께서 모세에게 이르시되 너는 내려가라 네가 애굽 땅에서 인도하여 낸 네 백성이 부패하였도다**(출 32:7)
> **모세가 그의 하나님 여호와께 구하여 이르되 여호와여 어찌하여 그 큰 권능과 강한 손으로 애굽 땅에서 인도하여 내신 주의 백성에게 진노하시나이까**(출 32:11)
> **여호와께서 뜻을 돌이키사 말씀하신 화를 그 백성에게 내리지 아니하시니라**(출 32:14)
> **그들은 주의 큰 능력과 펴신 팔로 인도하여 내신 주의 백성 곧 주의 기업이로소이다 하였노라**(신 9:29)

하나님께서는 이번 백성들을 위한 모세의 40일 회개 기도 때에도 모세의 정확한 고백과 요구를 들으시고 그의 기도를 들어주셨습니다. 그리고 하나님께서는 모세에게 **"누구든지 내게 범죄하면 내가 내 책에서 그를 지워 버리리라. 이제 가서 내가 네게 말한 곳으로 백성을 인도하라. 내 사자 네 앞서가리라. 그러나 내가 보응할 날에는 그들의 죄를 보응하리라."**라고 말씀하셨습니다(출 32:34). 아주 간단하게 기술되었지만 40일 동안 기도하며 간구했던 내용이 오직 한 가지 백성들의 죄를 용서해 달라고 한 것임을 알 수 있습니다.

성도 여러분!

모세는 지도자로서 자신이 이끄는 백성들의 잘못을 인정하고 회개하는 기도를 했습니다. 이때 하나님께서는 모세의 정확한 회개와 정당한 요구를 듣고 용서하셨다는 것을 기억합시다. 모세의 40일 회개 기도는 공동체의 지도자가 하나님 앞에 잘못을 범한 공동체를 위해 어떤 행동을 취해야 하는지도 잘 보여줍니다. 오늘도 '잘못된 것은 회개하고 바로잡겠다'는 마음을 가지고, 내가 아닌 다른 사람들의 잘못에 대해서도 지적하거나 질책으로만 끝나는 것이 아니라, '한 공동체의 일원이며 지도자로서 잘못을 깨닫게 하고 하나님께 강하게 요청하여 회개 기도하겠다'는 마음으로 지도자의 역할을 다짐하는 하루가 되시길 기도합니다.

20일

40일씩 세 번 기도한 모세

오늘 날짜가 언급된 성경 사건은 없습니다. 오늘 날짜가 포함된 사건은 다음과 같습니다.

사건 1 제2월 10일부터 방주에 들어가 하나님의 명령을 감당하는 71일째로(노아시대 월력 체계는 한 달을 30일로 계산함) 하나님께서 말씀하신 대로 40일 동안 비가 내린 64일째

사건 2 라암셋을 떠난 지 95일째(제1월을 30일, 제2월을 29일로 계산함)로 시내산 밑 시내광야에 도착하여(제3월 1일) 거한지 50일째(출 19:1-2)

사건 3 모세가 백성들의 잘못을 위해 40일 회개 기도를 시작한 지 3일째

사건 4 시내광야에 11개월 20일 머물던 이스라엘 백성이 하나님의 명령에 따라 약속의 땅을 향해 떠난 지 60일째

사건 5 에스겔 선지자가 그발 강가에서 꼼짝도 못 하고 두려워 떨며 포로된 백성과 함께 지내는 16일째이고(겔 1:1-2, 3:14-15) 두 번째 계시 받은지 9일째

사건 6 시드기야 11년 제4월 9일 예루살렘 성이 바벨론에 의해 함락 후 12일째

사건 7 모르드개가 조서를 써 전국 127도에 보낸 후 28일째(더 8:1-17)

사건 8 주전 458년 2차 포로 귀환 시 제1월 1일 바벨론을 떠난 후 109일째로 아하와 강을 떠난 지 98일째(스 7:6-9, 8:15-36)

사건 9 2018년 예수님께서 부활하신 후 20일째

오늘은 모세가 금송아지 만들고 섬긴 아론과 백성들을 위해 40일 회개

기도하는 3일째입니다. 모세는 하나님께서 십계명을 친히 쓰신 돌판을 받기 위해 40일 금식기도를 두 번 했고 그 중간에 아론과 백성들이 금송아지를 만들고 섬긴 죄를 회개를 위해 40일을 기도했습니다. 오늘은 모세가 40일씩 세 번 기도한 과정을 살펴보겠습니다.

❶ 첫 번째 40일 금식기도

출애굽 한 이스라엘 백성들은 제3월에(1일) 시내광야에 도착했습니다. 도착한 후 여러 가지 사건들이 있었는데 출애굽기 24:12에서 여호와께서는 모세에게 **"너는 산에 올라 내게로 와서 거기 머물러라. 내가 백성을 가르치려고 기록한 율법과 계명의 돌판을 네게 주겠다."**고 말씀하심으로 모세의 1차 40일 금식기도가 시작됩니다(제3월 8일 모세의 첫 번째 40일 금식기도 첫째 날 참조). 모세는 제4월 17일에 첫 번째 40일 금식기도를 마친 후 하나님께서 친히 만드신 돌판에 친히 써 주신 두 돌판을 받아 내려왔습니다(출 24:12-18, 신 9:8-12).

> **그때에 내가 돌판들 곧 여호와께서 너희와 세우신 언약의 돌판들을 받으려고 산에 올라가서 사십 주 사십 야를 산에 머물며 떡도 먹지 아니하고 물도 마시지 아니하였더니**(신 9:9) **여호와께서 두 돌판을 내게 주셨나니 그 돌판의 글은 하나님이 손으로 기록하신 것이요 너희의 총회 날에 여호와께서 산상 불 가운데서 너희에게 이르신 모든 말씀이니라**(신 9:10) **사십 주 사십 야를 지난 후에 여호와께서 내게 돌판 곧 언약의 두 돌판을 주시고**(신 9:11) **내게 이르시되 일어나 여기서 속히 내려가라 네가 애굽에서 인도하여 낸 네 백성이 스스로 부패하여 내가 그들에게 명령한 도를 속히 떠나 자기를 위하여 우상을 부어 만들었느니라**(신 9:12)

❷ 아론과 백성들을 위한 40일 회개 기도

첫 번째 40일 금식기도가 마치는 날(제4월 17일) 하나님의 말씀을 듣고 내려온 모세는 아론과 백성들이 금송아지를 만들고 축제를 벌이는 현장을 보았습니다. 모세는 아론과 백성들이 잘못하고 있는 것을 보았고 그에 맞는 정확한 명령을 내렸습니다. 모세의 명령을 듣고 자진하여 나온 레위 자손들은 잘못을 저지른 백성들 3000명을 죽였습니다. 아마도 이 사건으로 백성들은 자신들의 잘못을 깨달았을 것입니다. 모세는 이 사건의 결과를 **"'백성들이 제멋대로 행동했고 아론이 그들을 제멋대로 행동하게 하여 원수들에게 조롱거리가 되게 하였다'는 것을 정확하게 보았습니다**('라아')"(출 32:25)라고 말합니다.

'무엇을 보고(깨닫고) 어떻게 행동할 것인가?'는 아주 중요합니다. 모세는 아론과 백성들이 잘못한 것을 정확하게 보고 알 수 있었습니다. 그리고 하나님 앞에 잘못된 것을 바로잡기 위해 형제들을 죽이도록 하는 정확한 명령을 내렸습니다. 사람의 생각에는 너무나 잔인하고 말도 안 되는 명령을 내린 것 같지만 하나님의 백성으로 변화되고 하나님 중심으로 살아가기 위해서는 애굽에서 가졌던 이방신에 대한 개념 또는 생활 속 요소들을 다 제거해야 했습니다. 또한 하나님의 백성으로 살기로 약속한 후 하나님의 백성으로 사는 방법에 대해 하나님의 말씀을 듣고 내려오는 과정에서 벌어진 잘못된 행동은 처음부터 바로 잡혀야 했습니다.

이후 모세는 이튿날('모호라트', מָחֳרָת, 내일, 다음 날, 이튿날)인 제4월 18일에 백성들에게 **"너희가 큰 죄를 지었다. 혹시 너희 죄를 용서받을 수 있을까 하여 이제 내가 여호와께 올라간다."**(출 32:30)라고 선포한 후 시내산에 올라갔습니다. 모세는 여호와께 돌아가 **"슬픕니다. 이 백성들이 자신들을 위해 금 신을 만들어 큰 죄를 범하였습니다. 그러나 이제 그들의 죄를 용서하여 주소서 그렇게 하지 않으시려거든 주께서 기록하신 주님의 책에서 제 이름을 지워 주시기 바랍니다."**(출 32:31-32)라고 말씀드렸습니다. 모세는 시내산에 올라 40일 동안 아론과 백성들의 죄를 사해달라고 회개 기도를 했습니다(신 9:25-29).

이튿날('모호라트', מָחֳרָת, 내일, 다음 날, 이튿날) **모세가 백성에게 이르되 너희가 큰 죄를**

범하였도다 내가 이제 여호와께로 올라가노니 혹 너희를 위하여 속죄가 될까 하노라 하고(출 32:30)
그때에 여호와께서 너희를 멸하겠다 하셨으므로 내가 여전히 사십 주 사십 야를 여호와 앞에 엎드리고(신 9:25) 여호와께 간구하여 이르되 주 여호와여 주께서 큰 위엄으로 속량하시고 강한 손으로 애굽에서 인도하여 내신 주의 백성 곧 주의 기업을 멸하지 마옵소서(신 9:26) 주의 종 아브라함과 이삭과 야곱을 생각하사 이 백성의 완악함과 악과 죄를 보지 마옵소서(신 9:27) 주께서 우리를 인도하여 내신 그 땅 백성이 말하기를 여호와께서 그들에게 허락하신 땅으로 그들을 인도하여 들일 만한 능력도 없고 그들을 미워하기도 하사 광야에서 죽이려고 인도하여 내셨다 할까 두려워하나이다(신 9:28) 그들은 주의 큰 능력과 펴신 팔로 인도하여 내신 주의 백성 곧 주의 기업이로소이다 하였노라(신 9:29)

이처럼 범죄한 백성들을 위한 모세의 기도는 제4월 18일에 시작되었고 당시의 월력체계를 적용하면 제5월 28일에 끝났을 것입니다. 오늘 날짜의 사건은 잘못된 것을 정확하게 본('라아') 모세가 백성들로 하여금 잘못은 인정하게 한 후 하나님께 용서를 구하는 첫날이었습니다.

❸ 두 번째 40일 금식기도

아론과 백성들의 죄를 사하신 하나님께서는 모세에게 두 돌판에 만들어 산에 올라오라고 명령하셨고 모세는 두 번째 40일 금식기도를 했습니다. 기도를 마친 후 모세는 하나님께서 친히 써 주신 두 돌판을 받아 내려왔습니다(출 34:1-28, 신9:18, 10:1-4).

여호와께서 모세에게 이르시되 너는 돌판 둘을 처음 것과 같이 다듬어 만들라 네가 깨뜨린 처음 판에 있던 말을 내가 그 판에 쓰리니(출 34:1) 아침까지 준비하고 아침에 시내 산에 올라와 산꼭대기에서 내게 보이되(출 34:2) 아무도 너와 함께 오르지 말며 온 산에 아무도 나타나지 못하게 하고 양과 소도 산 앞에서 먹지 못하게 하라(출 34:3) 모세가 돌판 둘을 처음 것과 같이 깎아 만들고 아침에 일찍이 일어나 그 두 돌판을 손에 들고 여호와의 명령대로 시내 산에 올라가니(출 34:4) 여호와께서 구름 가운데에 강림하사 그와 함께 거

기 서서 여호와의 이름을 선포하실새(출 34:5)

그리고 내가 전과 같이 사십 주 사십 야를 여호와 앞에 엎드려서 떡도 먹지 아니하고 물도 마시지 아니하였으니 이는 너희가 여호와의 목전에 악을 행하여 그를 격노하게 하여 크게 죄를 지었음이라(신 9:18)

그때에 여호와께서 내게 이르시기를 너는 처음과 같은 두 돌판을 다듬어 가지고 산에 올라 내게로 나아오고 또 나무 궤 하나를 만들라(신 10:1) 네가 깨뜨린 처음 판에 쓴 말을 내가 그 판에 쓰리니 너는 그것을 그 궤에 넣으라 하시기로(신 10:2) 내가 조각목으로 궤를 만들고 처음 것과 같은 돌판 둘을 다듬어 손에 들고 산에 오르매(신 10:3) 여호와께서 그 총회 날에 산 위 불 가운데에서 너희에게 이르신 십계명을 처음과 같이 그 판에 쓰시고 그것을 내게 주시기로(신 10:4)

위에 언급한 대로 모세는 40일 금식기도를 두 번 했고 그 사이에 아론과 백성들의 죄를 위해 40일 기도를 한 번 더 했습니다. 그렇다면 하나님께서 모세에게 시내산에 올라오라고 명령하신 후 최소한 120일을 지나 십계명이 쓰여진 두 돌판을 받고 시내산에서 내려왔음을 알 수 있습니다.

주전 200년부터 주후 200년 사이 400년 동안 기록되고 전승된 유대인 전승에 의하면 모세는 두 번째 40일 금식기도를 제6월(바벨론 월력 엘룰월) 1일 저녁에 시내산에 올라가 시작했고 제7월(티쉬리월) 10일에 마친 후 십계명이 쓰여진 두 돌판 받아 내려온 것으로 알려져 있습니다. 그런데 이 두 날짜를 당시의 월력체계로 계산하면 39일에 해당합니다. 아마도 제5월 29일에 시내산에 올라가 두 번째 금식기도를 시작했고 제7월 10일에 두 돌판을 받아 산에서 내려왔던 것으로 생각됩니다. 모세가 하나님께서 친히 기록해 주신 십계명이 적힌 두 돌판을 가지고 산에서 내려온 제7월 10일은 이후 하나님께서 안식일로 지키는 절기인 속죄일로 지정하시는 날이 됩니다. 속죄일이 한 해 동안 있었던 백성들의 죄를 사하시는 날로 지정하신 날이기에 두 번째 금식기도가 마치는 날에 해당한다고 생각되고 의미도 충분합니다. 그렇다면 40일 금식기도가 마친 날은 고정되고 두 번째 금식기도 하기 위해 산

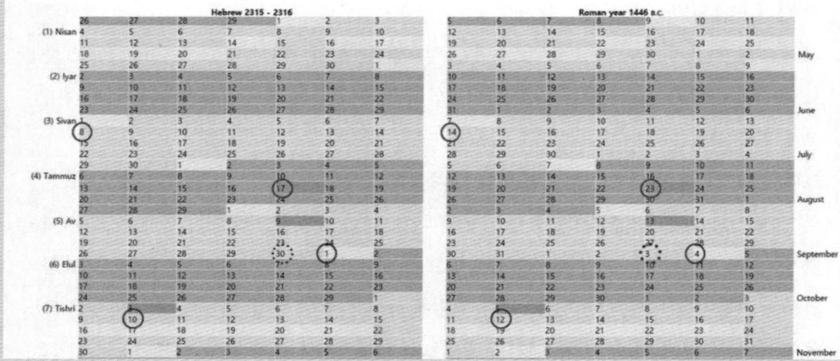

두 번의 40일 금식기도의 시작과 마침 두 번째 40일 금식일의 마침이 제7월 10일이라면 그 시작은 점선으로 표기된 것처럼 제5월 30일이어야 한다.

에 오르는 날은 유대인의 전승처럼 제6월 1일보다 하루 전이 제5월 30일이어야 합니다. 그렇지 않고 유대인의 전승처럼 제6월 1일에 두 번째 40일 금식기도를 시작했고 제7월 10일에 마쳤다면 이스라엘 백성들이 날짜 계산법이 다르거나 하루의 체계가 달랐을 수 있습니다.

성도 여러분!

매일 제공되는 '오늘의 성경 사건'을 읽는 분들은 아마도 언약공동체(교회)의 지도자들이 많을 것입니다. 하나님께서 세우신 지도자들은 하나님의 뜻과 계획을 정확하게 알아야 하고 공동체들의 잘못된 것을 정확하게 분별해주고 바르게 지도해 주어야 합니다. 오늘도 하나님의 백성으로 살고 있는 현재 나의 모습은 하나님 앞에 바른 신앙인의 모습인지 돌아보고, 하나님 앞에 바른 지도자, 신앙의 선배가 되도록 좀 더 힘쓰는 하루가 되시길 기도합니다.

21일

모세에게 보이신(나타나신) 하나님과의 대화

오늘 날짜가 언급된 성경 사건은 없습니다. 오늘 날짜가 포함된 사건은 다음과 같습니다.

사건 1 제2월 10일부터 방주에 들어가 하나님의 명령을 감당하는 72일째로(노아시대 월력 체계는 한 달을 30일로 계산함) 하나님께서 말씀하신 대로 40일 동안 비가 내린 65일째

사건 2 라암셋을 떠난 지 96일째(제1월을 30일, 제2월을 29일로 계산함)로 시내산 밑 시내광야에 도착하여(제3월 1일) 거한지 51일째(출 19:1-2)

사건 3 모세가 백성들의 잘못을 위해 40일 회개 기도를 시작한 지 4일째

사건 4 시내광야에 11개월 20일 머물던 이스라엘 백성이 하나님의 명령에 따라 약속의 땅을 향해 떠난 지 61일째

사건 5 에스겔 선지자가 그발 강가에서 꼼짝도 못 하고 두려워 떨며 포로된 백성과 함께 지내는 17일째이고(겔 1:1-2, 3:14-15) 두 번째 계시 받은지 10일째

사건 6 시드기야 11년 제4월 9일 예루살렘 성이 바벨론에 의해 함락 후 13일째

사건 7 모르드개가 조서를 써 전국 127도에 보낸 후 29일째(더 8:1-17)

사건 8 주전 458년 2차 포로 귀환 시 제1월 1일 바벨론을 떠난 후 110일째로 아하와 강을 떠난 지 99일째(스 7:6-9, 8:15-36)

사건 9 2018년 예수님께서 부활하신 후 21일째

백성들의 잘못을 위해 기도하는 모세를 보신 하나님께서는 백성들과 함

께 약속의 땅으로 갈 것이라고 선언하시며 모세의 기도를 들어주셨습니다(출 33:14). 기도를 들으신 하나님께 모세는 **"하나님께서 함께 가시지 않으신다면 시내산을 떠나지 않게 해주십시오."**라고 요청합니다. 이후 자신과 '당신의 백성'(이스라엘 백성)이 은혜를 입었다는 것을 알 수 있게 해달라고 요구합니다(출 33:15-16). 마침내 모세는 **"원컨대 제게 주님의 영광을 보여 주소서."**(출 33:18)라고 요구했고 하나님께서는 **"네가 내 앞에서 은혜를 입었고 내가 너의 이름을 알고 있으니 네게 말한 이 일도 내가 하겠다."**고 말씀하셨습니다. 이때 모세는 **"원컨대 제게 당신의 영광을 보여 주소서."**라고 요청했고 여호와 하나님께서는 당신의 얼굴이 아닌 뒷모습을 보여주셨습니다. 이 상황이 한 단락(출 33:17-23)으로 구분되는데 오늘은 모세의 요구에 여호와 하나님께서 당신의 뒷모습을 보여주신 의미에 대해 살펴보겠습니다.

❶ 하나님! 당신의 영광을 보이소서

출애굽기 33:17-23은 한 단락(한 사건)으로 구분되는데 여호와 하나님께서 네 번 말씀하셨고 모세가 한번 말하는 대화로 이어집니다. 그런데 모세는 이 상황을 설명하며 '여호와'를 주어로 언급한 문장으로 시작하고(출 33:17) '여호와'를 언급한 문장으로 마칩니다. 중간의 두 번은 '그가 말씀하셨다'('바요메르', וַיֹּאמֶר)를 사용합니다.

여호와 하나님께서는 먼저 모세가 요구한 것 곧 "당신의 영광을 보여달라."고 한 모세의 요구에 대해 "내가 '네가 말하는 이 일을' 행할 것이다."라고 말씀하셨는데 이 문장은 미완료를 써서 행하시는 주체인 '내가'(하나님)에 집중하게 하고 어순 도치된 목적어 '네가 말하는 이 일을'을 강조하여 기록되었습니다. 그리고 하나님께서 이렇게 행하시는 이유는 모세가 하나님께 은혜를 찾았기 때문이며 하나님께서 모세를 이름으로도 알고 있기 때문이라고 말씀하셨습니다(출 33:17).

여호와께서 모세에게 이르시되 네가 말하는 이 일도 내가 하리니 너는 내 목전에 은혜를 입었고 내가 이름으로도 너를 앎이니라(출 33:17)

하나님의 말씀에 대해 모세는 명령형을 사용하여 "이제(원컨대) 당신의 영광을 제발 나에게 보이소서!"(출 33:18)라고 감히 하나님께 요청했습니다.

הַרְאֵנִי נָא אֶת־ כְּבֹדֶךָ׃
'할에니 나 에트-케보데카' (이제 당신의 영광을 제발 나에게 보이소서!)

❷ 모세에게 말씀하시는 하나님

하나님께서는 모세에게 세 가지를 말씀하셨는데 모세는 하나님의 말씀을 '와우계속법+완료'('바요메르', וַיֹּאמֶר, 그가 말씀하셨다)를 사용해 3번 구분하여 기록하고 있습니다. 세 문장 모두가 '와우계속법-완료'가 사용되었는데 '와우계속법-완료'는 동작이 행하여질 것 또는 문장에서 "주어의 행위"가 그다음 행위로 어떻게 연결되는가를 제시하는데 쓰입니다.

첫 번째는 **"내가 나의 좋은 것, 모든 것을 네 앞에 지나가게 할 것이다. 그리고 내가 네 앞에 여호와의 이름을 선포할 것이다. 그리고 내가 은혜를 주려고 하는 자에게 은혜를 주겠다. 그리고 내가 긍휼을 주려고 하는 자에게 긍휼을 주겠다."**(출 33:19)고 말씀하셨습니다('와우계속법+완료'). 이때 인칭대명사 '아니'(אֲנִי, 나)를 쓰고 어순 도치하여 이중으로 '주어'인 '내가'를 강조하셨는데 하나님께서 분명히 행하실 것을 강조하고 있습니다.

두 번째는 **"너는 나의 얼굴을 볼 수 없을 것이다. 왜냐하면 사람이 나를 볼 수 없기 때문이다. 그리고 그가 살 수 없기 때문이다."**(출 33:20)고 말씀하셨습니다('와우계속법+완료'). 만약 모세가 하나님의 얼굴을 본다면 죽을 것이기에 모세가('너는') 하나님을 볼 수 없을 것을 강조하고 있습니다. 이렇게 행하심 또한 하나님께서 모세를 사랑하셨기 때문입니다.

세 번째는 **"보라! 내 곁에 한 곳이 있다. 그리고 너는 그 반석 위에 서라!"**(출 33:21)고 말씀하셨습니다('와우계속법+완료'). 이때 '나차브'(נָצַב, 서다, 놓다, 정하다, 세우다)의 '니팔'(수동, 재귀형)이 쓰였는데 '재귀형'의 의미인 '스스로 서라'고 말씀하고 계십니다. 모세가 스스로 반석 위에 서야 하는 이유는 모세가 요구한 대로 보여주실 것이기 때문입니다. 하나님께서는 **"그리고 내 영광이 지나갈 때 이것이**(이런 일이) **있을 것이다. 그때 내가 너를 반석 틈에 둘 것이다. 그리고 내가 내 손바닥으로 내가 지나갈 때까지 네 위를 덮을 것이다. 그리고 나의 손바닥을 거둘**(치울) **것이다 그리고 너는 나의 뒤**(들)**을 볼 것이다."**(출 33:22-23)라고 말씀하셨습니다. 모세가 스스로 반석 위에 선다면 그 이후 하나님께서 어떻게 행할 것인가에 대해 표현하고 있습니다.

하나님께서는 모세가 **"이제**(원컨대) **당신의 영광을 제발 나에게 보이소서!"**라고 요구한대로 행하셔서 당신을 보여주실 것입니다. 그런데 만약 모세가 하나님의 얼굴을 본다면 모세는 죽을 것이기에 하나님께서는 스스로 반석 위에 선 모세를 친히 당신의 손으로 덮으신 후 모세를 지나갈 것이며 지나가신 후에 손을 치우셔서 여호와 하나님의 뒤를 보게 하시겠다고 말씀하셨습니다.

영적인 지도자 모세도 보이는 것을 요구했습니다. 하나님께서 백성들에게 나타나실 때도 직접 보이게 나타나지는 않으셨습니다. 모세는 이전부터 이미 많은 체험을 한 상태임에도 보여주실 것을 요구한 것은 무슨 이유일까요? 이것은 모세가 하나님을 보기 위해서가 아니라, 범죄한 이스라엘 백성과 함께 하나님께서 이스라엘 백성들과 함께 약속의 땅으로 함께 가실 것이라고 말씀하셨던 것을 확증하는 차원에서 요구했던 것입니다. 하나님께서는 모세의 요구에 대해서 책망하지 않으시고 최선을 다해 그의 요구를 들어주셨고 그 과정에서 그가 다치지는 않게 하셨습니다.

성도 여러분!

제4月

나는 하나님께 지나친 요구를 하고 있지는 않습니까?

하나님께서 하시는 일에 도움이 되는 것을 요구하는 것은 당연하지만 나와 내 주변이 잘되기를 원하여 기도하는 것은 고려해야 할 것입니다. 하지만 하나님께서는 그것까지도 필요한 부분까지 요구자에게 해가 되지 않을 정도까지 들어주신다는 것을 깨닫게 합니다. 오늘도 나는 무엇을 요구하고 있으며, 앞으로 무엇을 요구할 것인지 묵상하며 기도하는 하루가 되시길 소망합니다.

22일

의심했던 도마(제자들)의 이후 행적

오늘 날짜가 언급된 성경 사건은 없습니다. 오늘 날짜가 포함된 사건은 다음과 같습니다.

사건 1 제2월 10일부터 방주에 들어가 하나님의 명령을 감당하는 73일째로(노아시대 월력 체계는 한 달을 30일로 계산함) 하나님께서 말씀하신 대로 40일 동안 비가 내린 66일째

사건 2 라암셋을 떠난 지 97일째(제1월을 30일, 제2월을 29일로 계산함)로 시내산 밑 시내광야에 도착하여(제3월 1일) 거한지 52일째(출 19:1-2)

사건 3 모세가 백성들의 잘못을 위해 40일 회개 기도를 시작한 지 5일째

사건 4 시내광야에 11개월 20일 머물던 이스라엘 백성이 하나님의 명령에 따라 약속의 땅을 향해 떠난 지 62일째

사건 5 에스겔 선지자가 그발 강가에서 꼼짝도 못 하고 두려워 떨며 포로된 백성과 함께 지내는 18일째이고(겔 1:1-2, 3:14-15) 두 번째 계시 받은지 11일째

사건 6 시드기야 11년 제4월 9일 예루살렘 성이 바벨론에 의해 함락 후 14일째

사건 7 모르드개가 조서를 써 전국 127도에 보낸 후 30일째(더 8:1-17)

사건 8 주전 458년 2차 포로 귀환 시 제1월 1일 바벨론을 떠난 후 111일째로 아하와 강을 떠난 지 100일째(스 7:6-9, 8:15-36)

사건 9 2018년 예수님께서 부활하신 후 22일째

오늘은 의심했던 도마가 부활하신 예수님을 만난 후의 행적에 대해 생각

해 보겠습니다. 도마에 대한 정보를 사도 요한만 기록하고 있음을 볼 때 '요한은 어린 시절부터 도마를 잘 알고 있었다'고 추측합니다(윌리암 맥버니의 열두 사도들의 발자취 참조). 그런데 요한이 도마와 관련된 언급을 하는 과정에서 '하나님의 아들이신 그리스도에게 초점을 맞추고 있다'는 것도 기억해야 할 것입니다.

제 4 月

❶ 사도 요한이 기록한 도마의 고백을 통한 깨달음

현대를 사는 성도들 대부분은 아마도 도마를 의심의 대명사 곧 '의심 많은 도마'로 기억하고 있을 것입니다. 예수님을 따르던 사람들과 다른 사도들이 다 부활하셨다고 하는데 도마 혼자만 8일이 지나기까지 인정하지 않은 사실이 성경에 기록되어 있고, 또한 도마가 의심한 사건을 많은 주석가들이 **"도마는 우리가 의심하지 않을 것까지도 의심하는 자"**라고 논평해 왔기 때문입니다(열두 사도들의 발자취, p.187). 그런데 잘 생각해 보면 예수님께서 부활하셨다는 정보를 들었던 모든 사람이(막달라 마리아, 베드로와 요한, 부활하신 첫날 저녁에 모인 사람들 등) 처음에는 모두 믿지 않았습니다. 다만 부활하신 예수님께서 직접 나타나신 것을 눈으로 보고 확인하고 깨닫은 후 믿었습니다. 이런 점에서 보면 부활 예수님과 만난 시간의 차이일 뿐 당시 예수님을 따르던 모든 사람이 믿지 못했던 것은 마찬가지였습니다. 도마가 예수님께서 부활하셨다는 소식을 듣고 의심한 것은 예수님의 부활 곧 많은 피를 흘리시고 죽으셨다가 사흘 만에 부활하신 예수님을 만나 인격적으로 체험하기 전에는 어느 누구도 믿지 못했다는 당시의 상황을 반영합니다.

현대의 신앙생활도 마찬가지라고 생각합니다. 예수를 그리스도로 고백하고 성경을 읽고 깨닫는 과정에서 많은 사람이 그렇다고 믿고 따를지라도 내가 직접 하나님의 말씀을 읽고 듣고 깨달으며 생활 속에서 체험하고 있지 않고서는 예수를 그리스도라 믿고 고백할 수 없을 것입니다. 더 나아가 성경을 읽으며 배우며 하나님께서 여자의 후손을 통한 구원 계획을 말씀하셨던 것처럼 처녀의 몸에서 태어나신 예수님, 공생애를 지내시며 이적을 행하시는 예수님, 죽었다가 사흘 만에 부활하신 예수님, 다시 오시겠다고 약속하신 예수님을 깨닫고 믿는다는 것은 쉽지 않은 일입니다. 기억해야 할 것은 부활하신 예수 그리스도를 인격적으로 만난 후의 삶을 어떻게 살 것인가가 중요하다는 것입니다.

사도 요한의 기록에 의하면 사람이 죽었다가 사흘 만에 살아난 것을 믿지 못한 도마에 초점을 맞춘 것이 아니라 예수님께서 하나님의 아들 그리스도이심을 깨닫지 못했던 도마에 초점을 맞추고 있습니다. 도마는 죽었던 사람을 예수님께서 다시 살리시는 것을 여러 번 목격했습니다. 그리고 유대인이었기에 구약시대 선지자들이 죽은 사람을 살렸던 것을 들었고 믿었을 것입니다. 그렇다면 죽었던 사람이 다시 살았다는 것을 믿지 못했다기보다는 자신과 함께하셨던 '예수님께서 진실로 하나님의 아들 그리스도였는가?'에 대한 질문을 하고 있는지도 모릅니다. 그런데 이 모든 문제는 도마뿐 아니라 모든 제자에게도 해당하는 것이었습니다.

❷ 부활하신 예수님을 만난 사도들의 행적

부활하신 예수님을 만나 대화하고 체험하기까지 8일 지각생이었던 도마의 다음 행적은 갈릴리로 돌아와 고기 잡는 모습으로 나타납니다. 그런데 도마뿐 아니라 다른 모든 제자의 상황도 비슷했을 것입니다. 무교절 절기가 끝난 후 예루살렘에서 갈릴리로 돌아온 제자들은 아마도 할 일이 없었을 것입니다. 부활하신 예수님을 만났지만 제자들 스스로 무엇을 결정해 할 수 없었을 것입니다. 무엇을 해야 할지도 알 수 없었기에 이전의 삶이었던 고기 잡는 어부의 생활로 돌아갔습니다. 이때 예수님께서는 제자들에게 세 번째로 나타나셨습니다(요 21:14). 이 세 번째는 요한복음을 기준으로 한 세 번째로 예루살렘에서 두 번 나타나신 후 세 번째라는 의미입니다.

> 그 후에 예수께서 디베랴 호수에서 또 제자들에게 자기를 나타내셨으니 나타내신 일은 이러하니라(요 21:1) 시몬 베드로와 디두모라 하는 도마와 갈릴리 가나 사람 나다나엘과 세베대의 아들들과 또 다른 제자 둘이 함께 있더니(요 21:2)

도마는 갈릴리에서 고기를 잡고 있는 일곱 명의 제자들에게 세 번째 나타나신 현장에도 있었습니다(요 21:1-14). 그런데 중요한 것은 예수님의 말씀에 순종하여 153마리의 고기를 잡은 후 예수님께서 "와서 조반을 먹으라"고 말씀하셨을 때 제자들은 주님이신 줄 아는 고로 "당신이 누구냐?"고 감히 묻는 자가 없었다(요 21:12)고 기록하고 있습니다. 고기 잡던 제자들이 예수님을 다시 만나 "당신이 누구냐?"고 감히 물을 수 없었던 것은 이미 부활하신 예수님을 이미 한 번 이상 만났었기 때문입니다. 베드로는 개인적인 만남을 포함해 세 번이나 만났고 한 번 만난 도마를 제외한 다른 제자들은 두 번씩은 만났었습니다. 그런데 부활하신 예수님을 목격하고 만났던 제자들은 현재 무엇을 하고 있습니까? 그들은 고향 갈릴리로 돌아와 부활하신 예수 그리스도를 전파하지 못 하고 원래의 일이었던 어부의 생활을 하고 있습니다.

> 예수께서 이르시되 와서 조반을 먹으라 하시니 제자들이 주님이신 줄 아는 고로 당신이 누구냐 감히 묻는 자가 없더라(요 21:12) 예수께서 가셔서 떡을 가져다가 그들에게 주시고 생선도 그와 같이 하시니라(요 21:13) 이것은 예수께서 죽은 자 가운데서 살아나신 후에 세 번째로 제자들에게 나타나신 것이라(요 21:14)

❸ 밤새도록 고기를 잡지 못한 사도들에게 나타나신 예수님

예수님께서는 밤새 고기를 잡으며 지쳐있는 사도들에게 아침을 먹게 하셨습니다. 빵(떡)을 가져다주셨고 생선도 주셨습니다(요 21:13). 예수님께서 제자들에게 빵과 생선을 나누어 주신 것은 아마도 1년 전 이 장소에서 있었던 오병이어의 이적을 기억하게 하시기 위함이요 이후 가버나움에서 말씀하셨던 것을(요 6:) 기억하게 하기 위한 것이었을 것입니다. 조반을 먹은 제자들에게 사명을 주셨는데 대표성을 지닌 베드로와의 대화를 통해 말씀하시며 남기신 양들을 잘 지도할 것을 말씀하셨습니다.

첫 번째, 요한의 아들 시몬아 네가 이 사람들보다 나를 더 사랑하느냐?

베드로 주여 그러하외다 내가 주를 사랑하는 줄 주께서 아시나이다

예수님 내 어린 양을 먹이라 하시고

두 번째, 요한의 아들 시몬아 네가 나를 사랑하느냐?

베드로 주여 그러하외다 내가 주를 사랑하는 줄 주께서 아시나이다

예수님 내 양을 치라 하시고

세 번째, 요한의 아들 시몬아 네가 나를 사랑하느냐?

베드로 베드로가 근심하여 가로되 주여 모든 것을 아시오매 내가 주를 사랑하는 줄을 주께서 아시나이다

예수님 내 양을 먹이라

예루살렘에서 두 번씩이나 '열한 제자'가 모여 있을 때 나타나시어 부활하신 것을 믿기를 바라셨던 예수님께서는 부활하신 것을 믿기만 하는 것이 아니라 여인들에게 말씀하셨던 대로 갈릴리로 먼저 가시니 갈릴리에서 만나기를 원하셨습니다. 아마도 제자들과 갈릴리에서 전도하셨던 것을 상기시키시고 이후의 사명을 주시기 위함이었을 것입니다. 그러나 예루살렘을 떠난 제자들은 흩어졌고 그나마 7명의 제자가(도마가 언급됨) 갈릴리호수에서 고기를 잡다 예수님을 만났습니다. 제자들은 예수님께서 만나겠다고 하셨던 약속을 귀담아듣지도 않았으며 생각에 미치지도 못했던 것입니다.

갈릴리호수에서 예수님을 만났던 7명의 제자들은 다시 모든 제자를 불

러 모았을 것이고 이들을 예수님께서는 갈릴리 한 산에서 만나셨습니다. 예수님을 갈릴리에서 다시 만난 '열한 제자'는 뵈옵고 경배하였으나 오히려 의심하는 자도 있었습니다. 예수님께서는 이들에게 **"하늘과 땅의 모든 권세를 내게 주셨으니 그러므로 너희는 가서 모든 족속으로 제자를 삼아 아버지와 아들과 성령의 이름으로 세례를 주고 내가 너희에게 분부한 모든 것을 가르쳐 지키게 하라 볼지어다 내가 세상 끝날까지 너희와 항상 함께 있으리라"** 하시며 사명을 주셨습니다. 하나님의 구속사를 전파했던 현장인 갈릴리에서 제자들을 만나신 예수님께서는 부활하신 예수님을 직접 체험했지만 자신들의 할 일을 찾지 못해 제 갈 길을 갔던 제자들에게 다시 나타나셔서 진정으로 사람을 낚는 어부가 될 수 있는 목표와 사명을 주셨습니다.

성도 여러분!

부활하신 예수님을 만났지만 제자들은 무슨 일을 해야 할지 알지 못해 갈릴리로 돌아가 원래의 생활로 돌아갔습니다. 부활하신 예수님에 대한 체험은 있었지만 앞으로 어떻게 해야 하는가? 에 대한 목표가 없었기에 다시 옛 습성, 예전에 하던 일로 돌아가게 되었을 것입니다. 현재 예수를 그리스도라 고백하며 부활 신앙과 더 나아가 변화의 신앙을 가진 나의 목표는 무엇입니까? 구체적인 목표가 없다면 그저 예전의 삶에 만족하게 될지도 모릅니다. 오늘도 이 글을 접하시는 모든 분이 하나님의 구속사가 이 땅에 이루어지기 위해 성경을 읽고 기도하며 하나님께서 내게 주신 삶의 목표가 무엇인지 묻고 응답받아, 삶의 현장에서 예수를 그리스도라 전파하는 삶을 하는 하루가 되시길 기도합니다.

23일

부활하신 후 40일 동안 11번 나타나신 예수님의 행적 ①

오늘 날짜가 언급된 성경 사건은 없습니다. 오늘 날짜가 포함된 사건은 다음과 같습니다.

사건 1 제2월 10일부터 방주에 들어가 하나님의 명령을 감당하는 74일째로(노아시대 월력 체계는 한 달을 30일로 계산함) 하나님께서 말씀하신 대로 40일 동안 비가 내린 67일째

사건 2 라암셋을 떠난 지 98일째(제1월을 30일, 제2월을 29일로 계산함)로 시내산 밑 시내광야에 도착하여(제3월 1일) 거한지 53일째(출 19:1-2)

사건 3 모세가 백성들의 잘못을 위해 40일 회개 기도를 시작한 지 6일째

사건 4 시내광야에 11개월 20일 머물던 이스라엘 백성이 하나님의 명령에 따라 약속의 땅을 향해 떠난 지 63일째

사건 5 에스겔 선지자가 그발 강가에서 꼼짝도 못 하고 두려워 떨며 포로된 백성과 함께 지내는 19일째이고(겔 1:1-2, 3:14-15) 두 번째 계시 받은지 12일째

사건 6 시드기야 11년 제4월 9일 예루살렘 성이 바벨론에 의해 함락 후 15일째

사건 7 모르드개가 조서를 써 전국 127도에 보낸 후 31일째(더 8:1-17)

사건 8 주전 458년 2차 포로 귀환 시 제1월 1일 바벨론을 떠난 후 112일째로 아하와 강을 떠난 지 101일째(스 7:6-9, 8:15-36)

사건 9 2018년 예수님께서 부활하신 후 23일째

부활하신 예수님께서는 40일 동안 이 땅에 머무시며 따르던 사람들에게

나타나셔서 마음을 위로하고 신앙을 회복 시키셨습니다(마 27:57-64, 막 15:43-47, 눅 24:50-56, 요 19:38-42). 성경에는 부활하신 예수님의 행적이 11번 언급됩니다. 그중 안식 후 첫날 부활하신 예수님께서 예루살렘에 모여 있는 제자들에게 보이시며 마음을 위로하시고 신앙을 회복시키신 5번의 사건은 살펴보았습니다. 그리고 부활하신 후 8일 만에 도마가 함께 있던 자리에 나타나셨던 것도(제4월 8일 도마에게도 나타나신 여수님 참조) 살펴보았습니다. 오늘은 갈릴리에서 도마가 포함된 일곱 사도에게 나타나셨던 사건에 대해 살펴보겠습니다.

⊙ 부활하신 후 나타나신 11번의 행적에 대한 기록

❶ 부활하신 첫날 주일 예루살렘에서

① 부활하신 후 처음으로 막달라 마리아에게(막 16:9, 요 20:11-18)
② 빈 무덤을 확인하고 돌아가는 여인들에게(마 28:8-10)
③ 엠마오로 가는 두 제자(글로바와 ?)에게(눅 24:13-15)
④ 시몬 베드로에게(눅 24:34, 고전 15:15)
⑤ 도마를 제외한 열 명의 사도와 사람들에게(눅 24:36-43, 요 20:19-23)

❷ 부활하신 후 8일 지나 예루살렘에서

⑥ 도마를 포함한 열한 사도들과 사람들에게(요 20:24-29)

❸ 시기를 알 수 없는 때 갈릴리에서

⑦ 갈릴리 바다에서 일곱 사도에게(요 21:1-14)
시몬 베드로, 도마(디두므), 바돌로매(나다나엘), 세베대의 아들들(야고보 요한), 또 다른 두 사도
⑧ 갈릴리의 한 산에서 열한 사도에게(마 28:16-20)

❹ 시기와 장소를 알 수 없음

⑨ 오백 여 형제에게 일시에(고전 15:6)

⑩ 주님의 친형제 야고보에게(고전 15:17)

❺ 부활하신 후 40일째 되는 날 예루살렘 올리브(감람) 산에서

⑪ 예루살렘 근처 감람산에서 열 한 제자와 많은 사람들에게(눅 24:50, 행 1:4-11)

예수님께서는 십자가를 지시기 전 제자들과 따르던 자들에게 십자가를 지심으로 죽으셨다가 부활하신 후 **"내가 먼저 갈릴리로 가서 기다리겠다."**고 말씀하셨습니다. 그리고 갈릴리 호수에서 고기를 잡던 7명의 제자를 만나셨습니다(제4월 22일 의심했던 도마(제자들)의 이후 행적 참조). 이후 예수님께서는 이미 말씀하셨던 갈릴리의 한 산에서 고기 잡던 7명의 제자 외 4명의 제자를 더하여 가룟 유다를 제외한 열한 제자를 모두 만나셨습니다(마 28:16-20).

예루살렘에서 열한 제자가 모여 있을 때 나타나시어 예수님께서 부활하신 것을 믿기를 바라셨던 예수님께서는 부활하신 것을 믿기만 하는 것이 아니라 여인들에게 말씀하셨던 대로 갈릴리로 먼저 가시니 갈릴리에서 만나기를 원하셨습니다. 아마도 제자들과의 갈릴리에서 전도하셨던 것을 상기시키시고 이후의 사명을 주시기 위함이었을 것입니다. 그러나 예루살렘을 떠난 제자들은 흩어졌고 그나마 7명의 제자가 갈릴리호수에서 고기를 잡다 예수님을 만났습니다. 제자들은 예수님께서 만나겠다고 하셨던 약속을 귀담아듣지도 않았으며 생각도 하지 못했던 것입니다.

갈릴리호수에서 예수님을 만났던 7명의 제자들은 다시 모든 제자를 불러 모았을 것입니다. 예수님께서는 가룟 유다를 제외한 11명의 제자를 갈릴리 한 산에서 만나셨습니다. 예수님을 만난 열 한 제자는 뵈옵고 경배하였으나 오히려 의심하는 자도 있었습니다. 예수님께서는 이들에게 **"하늘과 땅의 모든**

권세를 내게 주셨으니 그러므로 너희는 가서 모든 족속으로 제자를 삼아 아버지와 아들과 성령의 이름으로 세례를 주고 내가 너희에게 분부한 모든 것을 가르쳐 지키게 하라. 볼지어다 내가 세상 끝날까지 너희와 항상 함께 있으리라." 하시며 사명을 주셨습니다. 부활하심을 목격했지만 자신들의 할 일을 찾지 못해 제 갈 길을 갔던 제자들에게 다시 나타나셔서 진정으로 사람을 낚는 어부가 될 수 있는 목표와 사명을 주셨습니다.

부활하신 예수님께서는 40일 동안 땅에 계시며 여러 사람에게 보이셨고 표적도 보여주셨습니다. 사도 바울은 고린도 교회에 편지하면서 일시에 오백여 형제가 함께 보았다고 기록합니다(고전 15:6). 그리고 당시 20여 년이 지난 시기에 그중 대다수가 살아있다고 증거 합니다. 예수님께서는 부활하신 후 40일을 이 땅에 계시다가 승천하시며 모인 사람들에게 **"예루살렘을 떠나지 말고 내가 너희에게 보낼 성령, 곧 보혜사를 기다리라."**는 말씀을 하셨습니다. 이 말씀을 듣고 예루살렘을 떠나지 않고 모여 기도하던 중 오순절에 성령을 받은 사람은 120명이었습니다(행 1:15).

> **그 후에 오백여 형제에게 일시에 보이셨나니 그중에 지금까지 대다수는 살아 있고 어떤 사람은 잠들었으며**(고전 15:6)
> **모인 무리의 수가 약 백이십 명이나 되더라 그때에 베드로가 그 형제들 가운데 일어서서 이르되**(행 1:15)

사도 바울은 예수님께서 주님의 형제 야고보에게 나타나셨다고 기록하고 있습니다(고전 15:7, 행 1:14).

> **그 후에 야고보에게 보이셨으며 그 후에 모든 사도에게와**(고전 15:7)
> **여자들과 예수의 어머니 마리아와 예수의 아우들과 더불어 마음을 같이하여 오로지 기도에 힘쓰더라**(행 1:14)

이 야고보는 예수님의 바로 밑 동생이었으며(마 13:55, 막 6:3) 예수님 생전에는 예수님을 믿지 못한 유대주의자였습니다(요 7:3-4). 그러나 부활하신 예수님을 만난 후 개종하여 제자들의 그룹에 들어가게 되었고(행 1:14) 마침내 예루살렘교회의 지도자가 되어(행 12:17) 베드로와 함께 기둥 같은 인물이 됩니다(갈 2:9). 예수님의 동생 야고보는 후에 회심한 사도 바울을 만났고(갈 1:19) 예루살렘종교회의에서 사도 바울의 보고를 듣고 중요한 결정을 내리는 데 역할을 했으며(행 15:12-21), 3차 전도 여행을 한 바울은 그에게 보고를 했습니다(행 21:18-19). 야고보는 개종 이후에도 엄격하고 열성적인 유대인으로서 율법에 충실한 생활을 하였는데 이것은 그의 저서 야고보서에서 행함 있는 믿음으로 나타납니다(약 1:1).

> **주의 형제 야고보 외에 다른 사도들을 보지 못하였노라**(갈 1:19)
> **그 이튿날 바울이 우리와 함께 야고보에게로 들어가니 장로들도 다 있더라**(행 21:18) **바울이 문안하고 하나님이 자기의 사역으로 말미암아 이방 가운데서 하신 일을 낱낱이 말하니**(행 21:19)
> **하나님과 주 예수 그리스도의 종 야고보는 흩어져 있는 열두 지파에게 문안하노라**(약 1:1)

성도 여러분!

사도 바울은 고린도 교회에게 편지하며 부활 신앙 뿐 아니라 변화의 신앙까지 자라야 할 것을 당부합니다(고전 15:51-54). 예수 그리스도의 부활을 믿고 체험한 우리들은 사도 바울이 증거한 변화의 신앙까지 소유하고 믿고 체험한 것을 증거하는 믿음의 용사 되시기 바랍니다. 오늘도 부활하신 예수님을 체험한 성도로서 변화의 신앙까지도 소유하여 하나님의 구속사를 이루는 일에 한 부분을 담당하는 한 날 되시길 기도합니다.

> **보라 내가 너희에게 비밀을 말하노니 우리가 다 잠잘 것이 아니요 마지막 나팔에 순식간에 홀연히 다 변화되리니**(고전 15:51) **나팔 소리가 나매 죽은 자들이 썩지 아니할 것으로 다시 살아나고 우리도 변화되리라**(고전 15:52) **이 썩을 것이 반드시 썩지 아니할 것을 입겠고 이 죽을 것이 죽지 아니함을 입으리로다**(고전 15:53) **이 썩을 것이 썩지 아니함을 입고 이 죽을 것이 죽지 아니함을 입을 때에는 사망을 삼키고 이기리라고 기록된 말씀이 이루어지리라**(고전 15:54)

24일

부활하신 후 40일 동안 11번 나타나신 예수님의 행적 ②

오늘 날짜가 언급된 성경 사건은 없습니다. 오늘 날짜가 포함된 사건은 다음과 같습니다.

사건 1 제2월 10일부터 방주에 들어가 하나님의 명령을 감당하는 75일째로(노아시대 월력 체계는 한 달을 30일로 계산함) 하나님께서 말씀하신 대로 40일 동안 비가 내린 68일째

사건 2 라암셋을 떠난 지 99일째(제1월을 30일, 제2월을 29일로 계산함)로 시내산 밑 시내광야에 도착하여(제3월 1일) 가한지 54일째(출 19:1-2)

사건 3 모세가 백성들의 잘못을 위해 40일 회개 기도를 시작한 지 7일째

사건 4 시내광야에 11개월 20일 머물던 이스라엘 백성이 하나님의 명령에 따라 약속의 땅을 향해 떠난 지 64일째

사건 5 에스겔 선지자가 그발 강가에서 꼼짝도 못 하고 두려워 떨며 포로된 백성과 함께 지내는 20일째이고(겔 1:1-2, 3:14-15) 두 번째 계시 받은지 13일째

사건 6 시드기야 11년 제4월 9일 예루살렘 성이 바벨론에 의해 함락 후 16일째

사건 7 모르드개가 조서를 써 전국 127도에 보낸 후 32일째(더 8:1-17)

사건 8 주전 458년 2차 포로 귀환 시 제1월 1일 바벨론을 떠난 후 113일째로 아하와 강을 떠난 지 102일째(스 7:6-9, 8:15-36)

사건 9 2018년 예수님께서 부활하신 후 24일째

예수님께서는 십자가를 지시기 전 제자들과 따르던 자들에게 십자가를

지심으로 죽으셨다가 부활하신 후 "내가 먼저 갈릴리로 가서 기다리겠다."고 말씀하셨습니다. 그리고 갈릴리 호수에서 고기를 잡던 7명의 제자를 만나셨습니다. 이후 예수님께서는 이미 말씀하셨던 갈릴리의 한 산에서 고기 잡던 7명의 제자 외 4명의 제자를 더하여 가룟 유다를 제외한 열한 사도를 모두 만나셨습니다(마 28:16-20).

❶ 갈릴리의 한 산에서 열한 사도에게 나타나심(마 28:16-20)

예루살렘에서 열한 사도가 모여 있을 때 나타나시어 예수님께서 부활하신 것을 믿기를 바라셨던 예수님께서는 부활하신 것을 믿기만 하는 것이 아니라 여인들에게 말씀하셨던 대로 갈릴리로 먼저 가시니 갈릴리에서 만나기를 원하셨습니다. 아마도 제자들과의 갈릴리에서 전도하셨던 것을 상기시키시고 이후의 사명을 주시기 위함이었을 것입니다. 그러나 예루살렘을 떠난 제자들은 흩어졌고 그나마 7명의 제자가 갈릴리호수에서 고기를 잡다 예수님을 만났습니다. 제자들은 예수님께서 만나겠다고 하셨던 약속을 귀담아듣지도 않았으며 생각도 하지 못했던 것입니다.

갈릴리호수에서 예수님을 만났던 7명의 제자들은 다시 모든 제자를 불러 모았을 것입니다. 예수님께서는 가룟 유다를 제외한 11명의 제자를 갈릴리 한 산에서 만나셨습니다. 예수님을 만난 열 한 제자는 뵈옵고 경배하였으나 오히려 의심하는 자도 있었습니다(마 28:16). 예수님께서는 이들에게 "하늘과 땅의 모든 권세를 내게 주셨으니 그러므로 너희는 가서 모든 족속으로 제자를 삼아 아버지와 아들과 성령의 이름으로 세례를 주고 내가 너희에게 분부한 모든 것을 가르쳐 지키게 하라 볼지어다. 내가 세상 끝날까지 너희와 항상 함께 있으리라."(마 28:18-20)하시며 사명을 주셨습니다. 부활하심을 목격했지만 자신들의 할 일을 찾지 못해 제 갈 길을 갔던 제자들에게 다시 나타나셔서 진정으로 사람을 낚는 어부가 될 수 있는 목표와 사명을 주셨습니다.

❷ 일시에 500명에게 나타나심(고전 15:6)

예수님께서는 이 땅에 40일 동안 머무시며 따르던 자들에게 나타나셔서 믿음을 갖도록 해 주셨습니다. 그러나 주님의 부활을 목격한 사람이 최소한 500명인데 예수님의 지상에서의 마지막 사역이고 최고의 순간인 승천하시는 장소에 함께하여 체험하고 예루살렘을 떠나지 않고 모여 기도한 사람이 120명이었습니다. 눈앞에서 하늘로 올라가시는 장면을 목격(체험)하고도 떠났다면 예수님의 말씀을 믿고 끝까지 순종하며 남는다는 것이 얼마나 어려운지 알 수 있습니다. 예수님의 마지막 부탁을 듣고 성령을 받기 위해 예루살렘을 떠나지 않고 10일 동안 기도했던 사람이 120명이었던 것입니다. 예수님의 부활을 체험하고 가르침을 받은 더 많은 사람일 수 있지만 500명에서 120명을 뺀 최소한의 인원 380명은 어디로 갔습니까? 어디에서 무엇을 하고 있을까요?

부활하신 예수님을 만나고도 승천하시는 자리인 예루살렘 올리브(감람)산에 함께 하지 못한 것은 그 시기가 보리를 추수한 후 밀을 추수하는 바쁜 때이기도 했고, 칠칠절(오순절)에 성전에 올라가긴 할 것이지만 3~4일 먼저 올라가기에는 처리해야 할(농사와 목축, 집안일 등) 문제로 시간적 문제가 있었을 수 있습니다. 부활하신 예수님을 만났고, 이전에 경험하지 못했던 부활 신앙을 체험했지만 예수님의 말씀을 따르기에는 현실적 문제를 해결해야 할 것이 많이 있었을 것입니다.

이것은 당시 하나님의 구속사가 이루어진 후 처음으로 체험하는 부활 신앙이 아직 확고하게 정립되지 않았음을 보여줍니다. 또한 현대를 사는 성도들에게도 예수님께서 죽으셨다가 사흘 만에 부활하셨다는 것을 성경을 통해 배웠지만 부활 신앙으로 사는 것이 얼마나 힘든 것인지 도전을 줍니다. 좀 더 열심을 내어 예수님께서 승천하실 때 올리브(감람)산에 모였던 사람들도 마찬가지였는데 이들은 오순절에 성령을 받은 후 완전히 달라진 삶을 살게 됩니다.

❸ 주의 형제 야고보에게 나타나심(고전 15:7, 행 1:14)

사도 바울은 계속하여 예수님께서 주님의 형제 야고보에게 나타나셨다고 기록하고 있습니다(고전 15:7, 행 1:14).

> **그 후에 야고보에게 보이셨으며 그 후에 모든 사도에게와**(고전 15:7)
> **여자들과 예수의 어머니 마리아와 예수의 아우들과 더불어 마음을 같이하여 오로지 기도에 힘쓰더라**(행 1:14)

이 야고보는 예수님의 바로 밑 동생이었으며(마 13:55, 막 6:3) 예수님 생전에는 예수님을 믿지 못한 유대주의자였습니다(요 7:3-4). 그러나 부활하신 예수님을 만난 후 개종하여 제자들의 그룹에 들어가게 되었고(행 1:14) 마침내 예루살렘교회의 지도자가 되어(행 12:17) 베드로와 함께 기둥 같은 인물이 됩니다(갈 2:9).

> **이는 그 목수의 아들이 아니냐 그 어머니는 마리아, 그 형제들은 야고보, 요셉, 시몬, 유다라 하지 않느냐**(마 13:55)
> **이 사람이 마리아의 아들 목수가 아니냐 야고보와 요셉과 유다와 시몬의 형제가 아니냐 그 누이들이 우리와 함께 여기 있지 아니하냐 하고 예수를 배척한지라**(막 6:3)
> **그 형제들이 예수께 이르되 당신이 행하는 일을 제자들도 보게 여기를 떠나 유대로 가소서**(요 7:3) **스스로 나타나기를 구하면서 묻혀서 일하는 사람이 없나니 이 일을 행하려 하거든 자신을 세상에 나타내소서 하니**(요 7:4)
> **베드로가 그들에게 손짓하여 조용하게 하고 주께서 자기를 이끌어 옥에서 나오게 하던 일을 말하고 또 야고보와 형제들에게 이 말을 전하라 하고 떠나 다른 곳으로 가니라**(행 12:17)
> **또 기둥같이 여기는 야고보와 게바와 요한도 내게 주신 은혜를 알므로 나와 바나바에게 친교의 악수를 하였으니 우리는 이방인에게로, 그들은 할례자에게로 가게 하려 함이라**(갈 2:9)

예수님의 동생 야고보는 회심한 사도 바울을 만났고(갈 1:19) 예루살렘종교회의에서 사도 바울의 보고를 듣고 중요한 결정을 내리는 데 역할을 했으며(행 15:12-21), 3차 전도 여행을 한 바울이 그에게 보고를 합니다(행 21:18-19). 야고보는 개종 이후에도 엄격하고 열성적인 유대인으로서 율법에 충실한 생활을 하였는데 이것은 그의 저서 야고보서에서 행함 있는 믿음으로 나타납니다(약 1:1).

주의 형제 야고보 외에 다른 사도들을 보지 못하였노라(갈 1:19)
그 이튿날 바울이 우리와 함께 야고보에게로 들어가니 장로들도 다 있더라(행 21:18) **바울이 문안하고 하나님이 자기의 사역으로 말미암아 이방 가운데서 하신 일을 낱낱이 말하니**(행 21:19)
하나님과 주 예수 그리스도의 종 야고보는 흩어져 있는 열두 지파에게 문안하노라(약 1:1)

성도 여러분!
사도 바울은 고린도 교회에게 편지하며 부활 신앙 뿐 아니라 변화의 신앙까지 자라야 할 것을 당부합니다(고전 15:51-54). 예수 그리스도의 부활을 믿고 체험한 우리들은 사도 바울이 증거한 변화의 신앙까지 소유하고 믿고 체험한 것을 증거하는 믿음의 용사 되시기 바랍니다. 오늘도 부활하신 예수님을 체험한 성도로서 변화의 신앙까지도 소유하여 하나님의 구속사를 이루는 일에 한 부분을 담당하는 하루가 되시길 기도합니다.

보라 내가 너희에게 비밀을 말하노니 우리가 다 잠잘 것이 아니요 마지막 나팔에 순식간에 홀연히 다 변화되리니(고전 15:51) **나팔 소리가 나매 죽은 자들이 썩지 아니할 것으로 다시 살아나고 우리도 변화되리라**(고전 15:52) **이 썩을 것이 반드시 썩지 아니할 것을 입겠고 이 죽을 것이 죽지 아니함을 입으리로다**(고전 15:53) **이 썩을 것이 썩지 아니함을 입고 이 죽을 것이 죽지 아니함을 입을 때에는 사망을 삼키고 이기리라고 기록된 말씀이 이루어지리라**(고전 15:54)

25일

부활하신 예수님을 만난 목격자들이 해야 할 일

오늘 날짜가 언급된 성경 사건은 없습니다. 오늘 날짜가 포함된 사건은 다음과 같습니다.

사건 1 제2월 10일부터 방주에 들어가 하나님의 명령을 감당하는 76일째로(노아시대 월력 체계는 한 달을 30일로 계산함) 하나님께서 말씀하신 대로 40일 동안 비가 내린 69일째

사건 2 라암셋을 떠난 지 100일째(제1월을 30일, 제2월을 29일로 계산함)로 시내산 밑 시내광야에 도착하여(제3월 1일) 거한지 55일째(출 19:1-2)

사건 3 모세가 백성들의 잘못을 위해 40일 회개 기도를 시작한 지 8일째

사건 4 시내광야에 11개월 20일 머물던 이스라엘 백성이 하나님의 명령에 따라 약속의 땅을 향해 떠난 지 65일째

사건 5 에스겔 선지자가 그발 강가에서 꼼짝도 못 하고 두려워 떨며 포로된 백성과 함께 지내는 21일째이고(겔 1:1-2, 3:14-15) 두 번째 계시 받은지 14일째

사건 6 시드기야 11년 제4월 9일 예루살렘 성이 바벨론에 의해 함락 후 17일째

사건 7 모르드개가 조서를 써 전국 127도에 보낸 후 33일째(더 8:1-17)

사건 8 주전 458년 2차 포로 귀환 시 제1월 1일 바벨론을 떠난 후 114일째로 아하와 강을 떠난 지 103일째(스 7:6-9, 8:15-36)

사건 9 2018년 예수님께서 부활하신 후 25일째

부활하신 예수님께서 40일 동안 땅에 계시며 많은 사람에게 나타나셨는

데 성경에는 11번의 기록이 있음을 살펴보았습니다. 예수님의 부활을 목격한 사람들은 어떻게 되었습니까? 예수님의 부활을 목격한 것이 믿음이 되고 구원을 전파하는 외침으로 나타나며 예수 그리스도에 대한 모든 것에 증인이 되려면 어떻게 해야 하는지 살펴보겠습니다.

❶ 막달라 마리아

막달라 마리아를 만나신 부활 하신 예수님

부활하신 예수님을 제일 처음 본 사람은 예수님께서 일곱 귀신을 내어 쫓아 주신 막달라 마리아였습니다. 여인들과 함께 왔던 막달라 마리아는 함께 제자들에게 돌아가지 않고 무덤 밖에 남아 울고 있었습니다. 울면서 무덤 안을 들여다본 막달라 마리아는 두 천사를 보았고 천사는 **"여자여 어찌하여 우느냐"**고 물었고 막달라 마리아는 **"사람들이 내 주님을 옮겨다가 어디 두었는지 내가 알지 못함이니이다"**(요 20:13)고 말합니다. 두 천사와 대화를 나눈 후 뒤를 돌아다보았을 때 예수님께서 서 계셨습니다. 그러나 마리아는 예수님이신 줄 알지 못합니다. 이때 예수님께서는 **"여자여 어찌하여 울며 누구를 찾느냐"**고 물으셨습니다. 마리아는 예수님께서 '동산지기'인 줄로 알고 예수님의 시신을 돌려 달라고 말합니다. 예수님께서 다시 **"마리아야"** 부르셨고 그제야 마리아는 예수님이신 줄 알고 **"랍오니"**(선생님)라고 부르며 예수님께 다가간 것으로 보입니다. 예수님께서는 **"나를 만지지 말라 내가 아직 아버지께로 올라가지 못하였노라 너는 내 형제들에게 가서 이르되 내가 내 아버지 곧 너희 아버지, 내 하나님 곧 너희 하나님께로 올라간다 하라"** 하셨습니다. 부활하신 예수님을 목격하고 확실하게 믿은 막달라 마리아는 제자들에게 가서 **"내가 주를 보았다"** 하며 예수님께서 하신 말씀을 전했습니다. 그러나 제자들은 여인들의 말이 허탄한 듯이 들려 믿지 않았습니다(눅 24:11).

❷ 무덤에 갔던 여인들

여인들이 무덤에 도착했을 때 무덤을 막았던 돌이 굴려 무덤이 열려 있었고 무덤 안을 들여다본즉 무덤 안에는 예수님의 시체가 보이지 않았습니다. 예수님의 무덤에 들어가 본 여인들은 빈 무덤을 경험했습니다. 이 여인들에게 천사가 나타나 **"너희는 무서워하지 말라 십자가에 못 박히신 예수님을 너희가 찾는 줄을 내가 아노라. 그가 여기 계시지 않고 그가 말씀하시던 대로 살아나셨느니라. 와서 그가 누우셨던 곳을 보라! 또 빨리 가서 그의 제자들에게 이르되 '그가 죽은 자 가운데서 살아나셨고 너희보다 먼저 갈릴리로 가시나니 거기서 너희가 뵈오리라' 하라. 보라! 내가 너희에게 일렀느니라."**(마 28:5-7)고 전합니다. 마가는 **"놀라지 말라! 너희가 십자가에 못 박히신 나사렛 예수님을 찾는구나. 그가 살아나셨고 여기 계시지 아니하니라. 보라! 그를 두었던 곳이니라."**(막 16:6)라고 기록하고, 누가는 **"어찌하여 살아 있는 자를 죽은 자 가운데서 찾느냐? 여기 계시지 않고 살아나셨느니라. 갈릴리에 계실 때에 너희에게 어떻게 말씀하셨는지를 기억하라. 이르시기를 '인자가 죄인의 손에 넘겨져 십자가에 못 박히고 제삼 일에 다시 살아나야 하리라' 하셨느니라."**(눅 24:5-7)고 기록합니다. 마태는 여자들이 무서움과 큰 기쁨으로 빨리 무덤을 떠나 제자들에게 알리려고 달려갔다고 기록하고(마 28:8), 마가는 여인들은 몹시 놀라 떨며 도망하고 무서워하며 아무에게도 말을 하지 못했다(막 16:8)고 기록하고 누가는 여인들이 무덤에서 돌아가 이 모든 것을 열한 사도와 다른 모든 이에게 알렸다(눅 24:9)라고 기록합니다. 하지만 여인들은 **"사람들이 주님을 무덤에서 가져다가 어디 두었는지 우리가 알지 못하겠다."**고 말했습니다. 여인들은 천사로부터 예수님께서 부활하셨다는 소식을 들었으나 예수님께서 부활하신 것이 아니라 사람들이 다른 곳으로 가져갔다고 생각합니다.

❸ 베드로와 요한

여인들에게 **"사람들이 주님을 무덤에서 가져다가 어디 두었는지 우리가 알지 못하겠다."**라는 말을 들은 베드로와 요한은 무덤으로 달려갑니다. 그리고 두 제자는 예

제
4
月

수님의 빈 무덤에 들어가 예수님의 시체를 쌓던 세마포를 보고 머리에 쌌던 수건은 딴 곳에 쌌던 대로 놓여 있음을 보고 여인들이 말이 사실임을 깨닫습니다. 그러나 그들은 사실만 확인하고 부활하셨음을 생각하지 못 하고 집으로 돌아갔습니다. 누가는 베드로가 이 일을 기이히 여기며 집으로 돌아갔다고 기록하고(눅 24:12), 요한은 **'성경에 그가 죽은 자 가운데서 다시 살아나야 하리라 하신 말씀을 아직 알지 못하더라'** (요 20:9)*고 기록하고 있습니다. 요한은 자신이 빈 무덤을 보고도 예수님의 말씀을 아직 기억하지 못했고 알지 못했음을 고백하고 있습니다.

베드로는 일어나 무덤에 달려가서 구부려 들여다보니 세마포만 보이는지라 그 된 일을 놀랍게 여기며 집으로 돌아가니라(눅 24:12)
(그들은 성경에 그가 죽은 자 가운데서 다시 살아나야 하리라 하신 말씀을 아직 알지 못하더라)(요 20:9)

❹ 다른 제자들

베드로와 요한은 예루살렘으로 돌아가 남은 제자들에게 소식을 알렸으나 남은 제자들도 믿지 않았습니다. 이들은 저녁에 예수님께서 나타나셔서 가르침을 주시고 나서야 믿기 시작합니다(막 16:13-14).

두 사람이 가서 남은 제자들에게 알리었으되 역시 믿지 아니하니라(막 16:13) **그 후에 열한 제자가 음식 먹을 때에 예수께서 그들에게 나타나사 그들의 믿음 없는 것과 마음이 완악한 것을 꾸짖으시니 이는 자기가 살아난 것을 본 자들의 말을 믿지 아니함일러라** (막 16:14)

부활하신 소식을 들었어도 믿지 못하는 제자들에게 직접 나타나신 예수님께서 무슨 말씀을 하셨는지 살펴보겠습니다. 누가복음 24:36-48은 부

* 다윗의 고백 시 16:10, 누가의 기록 눅 24:16, 행 2:25-31, 13:34-35, 17:3, 바울의 증거 고전 15:4

활하신 첫날 저녁 예루살렘에 모인 제자들에게 예수님께서 하신 말씀입니다. 부활하신 예수님을 만나 예수님의 말씀을 듣고 깨닫고 믿는 사람들이 (막달라 마리아, 여인들, 베드로, 엠마오로 갔다 돌아온 두 제자) 예수님께서 이미 세 번이나 말씀하신 대로 부활하셨다고 외치고 있지만 부활하신 예수님을 보지 못한 사람들은 아직 믿지 못했습니다. 예수님께서는 이들에게 부활하신 첫날 주일 저녁 친히 그들 가운데 나타나셨습니다. 예수님께서는 **"너희에게 평강이 있을지어다."**라고 말씀하셨지만 이때 처음으로 부활하신 예수님을 본 사람들은 놀라고 무서워하며 자신이 목격하고 있는 예수님을 영으로 생각했습니다 (눅 24:36-37).

> **이 말을 할 때에 예수께서 친히 그들 가운데 서서 이르시되 너희에게 평강이 있을지어다 하시니**(눅 24:36) **그들이 놀라고 무서워하여 그 보는 것을 영으로 생각하는지라**(눅 24:37)

⑤ 목격자들이 해야 할 일

예수님께서는 모인 제자들에게 **"어찌하여 두려워하며**('타랏소', 함께 뒤흔들다, 분기시키다, 선동하다, 어지럽히다, 불안하게 하다) **어찌하여 마음에 의심이**('디알로기스모스', 생각, 의견, 추론, 숙고, 논의) **일어나느냐?"**(눅 24:38)고 말씀하셨습니다. '두려워했다'는 것은 예수님의 부활을 목격한 사람들로부터의 증언을 듣고도 믿을 수 없었고 자신들의 눈앞에 나타나신 예수님을 인정하는 것이 힘들었기 때문일 것입니다. 그들은 자신들의 머리를 흔들며 생각했고 서로 쳐다보고 무슨 일이 일어났는가 생각하고 의견을 나누고 의심했던 것입니다.

예수님께서는 **"내 손과 발을 보고**('에이도', 보다, 알다, 경험하다) **나인 줄 알라. 또 나를 만져**('프셀라파오', 손대다, 만지다) **보라**('에이도'). **영은 살과 뼈가 없으되 너희 보는**('데오레오', 응시하다, 지켜보다) **바와 같이 나는 있느니라."**(눅 24:39)고 말씀하시며 손과 발을 보여주셨습니다(눅 24:40).

이 말씀을 하시고 손과 발을 보이시나(눅 24:40)

예수님께서는 십자가에 달리실 때 생긴 손과 발의 못 자국을 '보라'고 반복해서 말씀하셨습니다. 예수님의 말씀에는 '보다'는 의미로 쓰이는 두 개의 단어가 세 번 쓰였습니다. '에이도'(εἴδω)는 경험으로 아는 것으로 당신이 말씀하신 대로 분명히 부활하셨다는 것을 경험(체험)으로 체험하고 깨닫고 믿으라는 것인데 명령형 '이데테'(ἴδετε)이 쓰였습니다. 또한 너희들이 '응시하고 지켜보는 것처럼'('데오레이테', θεωρεῖτε) 나는 살과 뼈가 있다고 말씀하셨습니다. 예수님께서는 더 나아가 아침에 막달라 마리아에게는 **"만지지 말라"**고 하셨지만 예수님께서는 **"만져보라"**고 말씀하셨습니다. 아마도 막달라 마리아는 부활하신 예수님을 목격하고 대화한 후 믿었기에 만지지 말라고 하셨는데 이곳에 모인 사람들은 아직 믿지 못 하고 보면서도 의심하고 있기에 만져보라고 말씀하신 것으로 생각됩니다(요 20:16-17).

세 개의 못과 가시 면류관

예수께서 마리아야 하시거늘 마리아가 돌이켜 히브리 말로 랍오니 하니 (이는 선생님이라는 말이라)(요 20:16) **예수께서 이르시되 나를 붙들지**('하프토마이': 만지다, 대다, 잡다) **말라 내가 아직 아버지께로 올라가지 아니하였노라 너는 내 형제들에게 가서 이르되 내가 내 아버지 곧 너희 아버지, 내 하나님 곧 너희 하나님께로 올라간다 하라 하시니**(요 20:17)

누가는 예수님께서 손과 발을 보여주실 때 '보여주다'는 단어를 '데이크뉘미'의 과거형 '에데익센'(ἔδειξεν)을 썼습니다(눅 24:40). 이 단어는 '보여주다, 설명하다, 증명하다'는 뜻으로 사용되는 단어로 부활하신 예수님께서 영이 아니고 살과 뼈를 가지신 몸으로 부활하셨다는 것을 증명하시며 제자들로 하여금 믿게 하시려고 애쓰셨음을 표현하고 있습니다. 예수님께서는 제자들이 육신의 눈으로 보고 확인하고 경험하여 예수님께서 부활하신 것을 믿기를 원하고 계심을 알 수 있습니다.

이러한 예수님의 적극적인 말씀과 행동을 접하고 모인 사람들은 기뻤지만 아직 믿지 못하며 기이히 여겼습니다. 예수님께서는 다시 **"여기 무슨 먹을 것이 있느냐?"**라고 물으셨습니다. 이에 구운 생선 한 토막을 드렸고 예수님께서는 그것을 받으셔서 그들 앞에서 잡수셨습니다. 예수님께서는 영으로 존재하시는 것이 아니라 육체도 가지셨음을 보여주시기 위해 그들 앞에서 생선을 드셨습니다. 이것은 보고 있는 사람들 앞에서 일부러 생선을 드시며 보고 믿기를 원하시는 예수님의 사랑임을 느낄 수 있습니다.

> **그들이 너무 기쁘므로 아직도 믿지 못 하고**('아피스테오': 불신하다, 믿지 않다) **놀랍게 여길 때에**('다우마조': 기이히 여기다) **이르시되 여기 무슨 먹을 것이 있느냐 하시니**(눅 24:41) **이에 구운 생선 한 토막을 드리니**(눅 24:42) **받으사 그 앞에서**('에노피온': 목전에, 앞에) **잡수시더라**(눅 24:43)

생선을 드신 후 십자가를 지시기 전 가르치셨던 것을 기억할 수 있도록 다시 가르치셨습니다. 예수님께서는 **"내가 너희와 함께 있을 때에 너희에게 말한바 곧 '모세의 율법과 선지자의 글과 시편에 나를 가리켜 기록된 모든 것이 이루어져야**(플레로오:채우다, 충만하다) **하리라' 한 말이 이것이라."**고(눅 24:44) 말씀하셨습니다. 예수님께서는 그들의 마음을 열어 성경을 깨닫게 하셨습니다(눅 24:45). 예수님께서는 당신이 구약시대 선지자들에 의해 예언된 대로 십자가에서 돌아가셨고 사흘 만에 부활하셔서 하나님의 구속사를 이루셨음을 가르치셨습니다. '이루어지다'로 번역된 '플레로오'는 '채우다, 충만하다'는 뜻으로 '하나님의 구속사를 완전히 이루셨다'는 것을 보여주셨습니다.

누가는 예수님께서 **'이에 그들의 마음을 열어**('디아노이고': 열다, 설명하다) **성경을 깨닫게 하셨다**('쉬니에미', 이해하다, 깨닫다).**'**(눅 24:45)라고 기록합니다. 제자들이 자신들의 눈 앞에 부활하신 몸으로 나타나신 예수님을 두려워하고 믿지 못할 때 예수님께서는 먼저 손과 발을 보이시고 생선을 드심으로 마음을 안정시키셨습니다. 그리고 예수님께서는 그들의 마음을 여시고 말씀을 가르치셨던 것입니다. 예수님께서는 **"이같이 그리스도가 고난을 받고**('파스코': 고난을 당하다, 견디다) **제삼 일에 죽은 자 가운데서 살아날 것과**(46) **또 그의 이름으로 죄 사함을**('아페시스': 석방, 면제, 용서) **받게 하는 회개가**('메타노이아': 마음의 변화, 회개, 회심) **예루살렘에서 시작하여 모든 족속에게 전파될 것이**(고지하다, 알리다, 선포하다) **기록되었다"**(눅 24:47)는 것을 말씀하시며 당신을 통해 그대로 이루어진 것을 깨닫게 하셨습니다. 마침내 부활을 목격하고 체험한 제자들에게 예수님께서는 **"너희는 이 모든 일의 증인이라**('마르튀스': 증인)**."**(눅 24:48)고 선언하셨습니다.

예수를 그리스도라 고백하며 부활을 확신하고 체험한 성도라도 예수 그리스도의 모든 일에 증인이 되기 위해서는 구약에 예언된 하나님의 말씀이 있었고 말씀하신 대로 예수님을 통해 그대로 이루어졌음을 확신하는 과정이 필요함을 알 수 있습니다. 이것은 성경을 읽고 가르침을 받아 깨닫고 확신하는 것이 얼마나 중요한 것인지 알게 합니다.

성도 여러분!

예수 그리스도의 부활을 먼저 경험했던 사람들은 아마도 힘쓰고 애쓰며 공동체에 간절하게 자신의 체험을 나누었을 것입니다. 그런데 함께 지냈던 믿음의 공동체가 믿지 못합니다. 체험을 고백했던 사람들이 얼마나 답답했을까요? 막달라 마리아, 여인들, 베드로, 엠마오에서 돌아와 증거하는 두 제자의 4번의 체험이 계속 이야기되었지만 예수 그리스도의 부활을 믿으려 하지 않았습니다. 예수를 그리스도라 전하다가 하나님의 말씀을 전하다가 모두 거짓말이라고 말하는 사람들에 대해 이러한 답답함을 경험한 적이 있습니까? 또한 나의 신앙이 체험으로 반응하지 못 하고 체험한 다른 사람들의 증언을 믿지 못해 상대방을 답답하게 만들고 있지 않은지 생각해보고 예수 그리스도에 대한 모든 일에 '증인'이 되기를 다짐하는 하루가 되시길 기도합니다.

26일

부활에 대한 사도 바울의 증언 ①
부활은 역사적 사실이다

오늘 날짜가 언급된 성경 사건은 없습니다. 오늘 날짜가 포함된 사건은 다음과 같습니다.

사건 1 제2월 10일부터 방주에 들어가 하나님의 명령을 감당하는 77일째로(노아시대 월력 체계는 한 달을 30일로 계산함) 하나님께서 말씀하신 대로 40일 동안 비가 내린 70일째

사건 2 라암셋을 떠난 지 101일째(제1월을 30일, 제2월을 29일로 계산함)로 시내산 밑 시내광야에 도착하여(제3월 1일) 거한지 56일째(출 19:1-2)

사건 3 모세가 백성들의 잘못을 위해 40일 회개 기도를 시작한 지 9일째

사건 4 시내광야에 11개월 20일 머물던 이스라엘 백성이 하나님의 명령에 따라 약속의 땅을 향해 떠난 지 66일째

사건 5 에스겔 선지자가 그발 강가에서 꼼짝도 못 하고 두려워 떨며 포로된 백성과 함께 지내는 22일째이고(겔 1:1-2, 3:14-15) 두 번째 계시 받은지 15일째

사건 6 시드기야 11년 제4월 9일 예루살렘 성이 바벨론에 의해 함락 후 18일째

사건 7 모르드개가 조서를 써 전국 127도에 보낸 후 34일째(더 8:1-17)

사건 8 주전 458년 2차 포로 귀환 시 제1월 1일 바벨론을 떠난 후 115일째로 아하와 강을 떠난 지 104일째(스 7:6-9, 8:15-36)

사건 9 2018년 예수님께서 부활하신 후 26일째

사도 바울은 예수님의 공생애 기간 중 가르침을 받았던 적도 없고(받지 않

았다는 기록도 없지만), 부활하셔서 40일 동안 이 땅에 계시며 가르치셨던 예수님을 만난 적이 없습니다. 오히려 예수를 그리스도라 고백하는 성도를 핍박하던 바리새인 중의 바리새인이었습니다. 그러나 그는 다메섹으로 가는 길에서 자신에게 나타나신 예수님을 직접 만난 후 예수께서 그리스도이심을 고백하고 전파했습니다. 오늘은 사도 바울이 고린도 교회에게 보내는 편지 속에서 예수님께서 부활하셨던 것이 역사적 사실이었음을 고백하는 것을 살펴보겠습니다.

❶ 부활은 역사적 사실이다

고린도전서 15:1-58에서 예수님의 부활에 대해 밝히고 있습니다. 사도 바울은 **'고린도 교회에 부활이 없다고 주장하는 사람들이 있다'**(고전 15:12)고 밝히며 또한 **'죽은 자들이 어떻게 다시 살며 어떤 몸으로 오느냐?'**(고전 15:35)는 질문 때문에 부활에 대해 길게 설명하고 있습니다. 그는 고린도전서 15:1-34에서는 부활이 역사적 사실이었음을 확실하게 밝혔고, 고린도전서 15:35-58까지는 부활의 성격에 대해 설명했습니다.

> **그리스도께서 죽은 자 가운데서 다시 살아나셨다 전파되었거늘 너희 중에서 어떤 사람들은 어찌하여 죽은 자 가운데서 부활이 없다 하느냐**(고전 15:12)
> **누가 묻기를 죽은 자들이 어떻게 다시 살아나며 어떠한 몸으로 오느냐 하리니**(고전 15:35)

바울은 예수님께서 부활하신 것이 역사적 사실이기에 믿는 자의 부활 또한 확실하다고 주장합니다. 바울은 자신이 받은 것을 먼저 너희에게(고린도 교회 성도들) 전했는데 그 내용이 **"성경대로 그리스도께서 우리 죄를 위해 죽으시고 장사 지낸 바 되었다가 성경대로 사흘 만에 다시 살아나셨다."**는 세 가지였음을 말합니다(고전 15:3-4).

① 그리스도께서 우리를 위해 죽으셨다

"성경대로 그리스도께서 우리를 위해 죽으셨다"는 것은 "구약성경에서 예언된 대로"라는 뜻입니다. 구약 성경에 그리스도의 죽음은 여러 곳에서 언급됩니다(레 4:27-35, 시 22:15, 사 53:5-6, 단 9:26). 예수님께서는 여자의 후손으로 태어나셔서 구약 선지자들의 예언대로 죽으셨습니다. 그 이유는 아담이 범죄한 이후 세상에 죄가 들어오고 그의 자손들인 우리들(모든 사람)의 죄를 사하시기 위함이었습니다(롬 5:19, 6:23, 약 1:15).

> 내 힘이 말라 질그릇 조각 같고 내 혀가 입천장에 붙었나이다 주께서 또 나를 죽음의 진토 속에 두셨나이다(시 22:15)
> 그가 찔림은 우리의 허물 때문이요 그가 상함은 우리의 죄악 때문이라 그가 징계를 받으므로 우리는 평화를 누리고 그가 채찍에 맞으므로 우리는 나음을 받았도다(사 53:5) 우리는 다 양 같아서 그릇 행하여 각기 제 길로 갔거늘 여호와께서는 우리 모두의 죄악을 그에게 담당시키셨도다(사 53:6)
> 예순두 이레 후에 기름 부음을 받은 자가 끊어져 없어질 것이며 장차 한 왕의 백성이 와서 그 성읍과 성소를 무너뜨리려니와 그의 마지막은 홍수에 휩쓸림 같을 것이며 또 끝까지 전쟁이 있으리니 황폐할 것이 작정 되었느니라(단 9:26)
> 한 사람이 순종하지 아니함으로 많은 사람이 죄인 된 것같이 한 사람이 순종하심으로 많은 사람이 의인이 되리라(롬 5:19)
> 죄의 삯은 사망이요 하나님의 은사는 그리스도 예수 우리 주 안에 있는 영생이니라(롬 6:23)
> 욕심이 잉태한즉 죄를 낳고 죄가 장성한즉 사망을 낳느니라(약 1:15)

② 무덤에 장사 지낸 바 되었다

"장사 지낸 바 되었다"는 것은 역사적으로 십자가에서 돌아가신 날 실존 인물인 아리마대 요셉에 의해 그의 무덤에 장사 되셨다는 것입니다. 당시 유대인들의 무덤은 조상 대대로 사용되었던 무덤에 함께 장사하는 것이 특징이었습니다. 그러나 예수님께서 장사 되신 무덤은 아리마대 요셉이 자신

제4月

을 위해 준비했던 것으로 아무도 장사된 적이 없는 '새 무덤'이었습니다. 아리마대 요셉은 빌라도에게 예수님의 시신을 달라고 한 후 자신의 무덤에 장사했습니다. 예수님께서 십자가에 달려 돌아가시도록 작전을 세웠던 종교지도자들은 이미 예수님께서 하신 "삼 일 만에 다시 살아나리라."는 말씀을 걱정해 무덤을 지키는 병사까지 배치했습니다. 이것은 예수님의 죽음이 역사적으로 사실이었음을 말하는데 바울은 예수님께서 분명히 장사 되셨다는 것을 밝히고 있습니다. 레온 모리스는 "시체의 장사는 빈 무덤이 있기 위한 필수적인 서곡이다"라고 말했는데 예수님의 죽으심과 장사가 없으면 부활도 없다는 것입니다.

③ 예수 그리스도께서 사흘 만에 다시 살아나셨다

"성경대로 사흘 만에 다시 살아나셨다"는 것은 죽으셨고 장사 되셨지만 하나님의 권능으로 다시 살아나셨다는 것입니다. 여기서 구약성경에 '사흘 만에' 부활하실 것이라는 언급이 없기에 '성경대로'라는 말은 '다시 살아나셨다'를 꾸미는 말입니다. 첫 번째 '성경대로 죽으시고'가 '구약성경에 예언된 대로'였기에 세 번째의 '성경대로'는 '다시 살아나셨다'와 연결되는 것을 알 수 있습니다. 그런데 '다시 살아나셨다'('에게게르타이', ἐγήγερται)는 '현재완료 수동태'가 쓰였는데 바울이 편지하는 시점을 기준으로 예수님께서 과거에 살아나셨고 지금까지(편지를 쓰고 읽는 때까지) 살아계신다는 뜻입니다. '에게이로'(ἐγείρω, 일어나다, 일어서다, 죽은자를 일으키다)는 고린도전서 15장에서 4절 이후 12, 13, 14, 15(3번), 16, 17, 20절에서 9번 그리스도의 부활을 언급할 때 계속해서 쓰입니다.

> **그리스도께서 죽은 자 가운데서 <u>다시 살아나셨다</u> 전파되었거늘 너희 중에서 어떤 사람들은 어찌하여 죽은 자 가운데서 부활이 없다 하느냐**(고전 15:12)
> **만일 죽은 자의 부활이 없으면 그리스도도 <u>다시 살아나지</u> 못하셨으리라**(고전 15:13)
> **그리스도께서 만일 <u>다시 살아나지</u> 못하셨으면 우리가 전파하는 것도 헛것이요 또 너희**

믿음도 헛것이며(고전 15:14)

또 우리가 하나님의 거짓 증인으로 발견되리니 우리가 하나님이 그리스도를 다시 살리셨다고 증언하였음이라 만일 죽은 자가 다시 살아나는 일이 없으면 하나님이 그리스도를 다시 살리지 아니하셨으리라(고전 15:15)

만일 죽은 자가 다시 살아나는 일이 없으면 그리스도도 다시 살아나신 일이 없었을 터이요(고전 15:16)

그리스도께서 다시 살아나신 일이 없으면 너희의 믿음도 헛되고 너희가 여전히 죄 가운데 있을 것이요(고전 15:17)

예수 그리스도의 부활은 하나님 아버지의 능력으로 이루신 것이며 그리스도 자신의 권세로 이루신 것이고(요 10:18) 또 성령께서 함께하신 삼위일체의 역사였습니다(롬 8:11).

이를 내게서 빼앗는 자가 있는 것이 아니라 내가 스스로 버리노라 나는 버릴 권세도 있고 다시 얻을 권세도 있으니 이 계명은 내 아버지에게서 받았노라 하시니라(요 10:18)

예수를 죽은 자 가운데서 살리신 이의 영이 너희 안에 거하시면 그리스도 예수를 죽은 자 가운데서 살리신 이가 너희 안에 거하시는 그의 영으로 말미암아 너희 죽을 몸도 살리시리라(롬 8:11)

바울은 성경대로 죽으시고 장사 지낸 바 된 후 사흘 만에 성경대로 다시 살아나신 예수 그리스도께서 베드로와 후에 열두 제자에게 보이셨고, 그 후 500여 형제에게 일시에 보이셨고 예수님의 형제 야고보와 모든 사도에게 보이셨다고 증언합니다(고전 15:5-7). 이렇게 부활하신 예수님의 나타나심에 대해 실제적으로 여러 번을 언급하는 것은 예수님의 죽으심과 장사됨 그리고 부활하심이 역사적 사실이요 그것을 경험한 사람들이 많고 아직 살아 있는 사람도 있다는 것을 말하는 것입니다. 결국 고린도 교회 성도 중에 부활이 없다 하는 자들을 깨닫게 하기 위한 강조입니다.

게바에게 보이시고 후에 열두 제자에게와(고전 15:5) 그 후에 오백여 형제에게 일시에 보

이셨나니 그중에 지금까지 대다수는 살아 있고 어떤 사람은 잠들었으며(고전 15:6) **그 후에 야고보에게 보이셨으며 그 후에 모든 사도에게와**(고전 15:7)

바울은 마지막으로 "맨 나중에 만삭되지 못하여 난 자 같은 내게도 보이셨느니라."고 말하는데 부활하신 후 이 땅에 계셨던 40일 동안 예수님께서 앞에 언급된 사람들을 만났던 만남과는 다릅니다. 바울은 승천하셔서 하늘에 오르셨던 예수 그리스도를 다메섹 도상에서 만났지만 이 또한 부활하신 예수님을 만난 것이며 자기 삶의 체험을 통해 증거하는 것으로 예수 그리스도의 부활은 역사적으로 사실이었다는 것을 말하고 있습니다.

맨 나중에 만삭되지 못하여 난 자 같은 내게도 보이셨느니라(고전 15:8)

성도 여러분!

예수 그리스도의 죽으심과 장사 되심, 그리고 부활을 역사적 사실로 확신하십니까? 더 나아가 부활하신 예수 그리스도를 만나셨음을 확신하십니까? 이 시대를 사는 성도들은 부활하신 몸으로 40일을 계시는 동안의 예수 그리스도를 만나지 못했고, 사도 바울처럼 영으로 임하신 예수 그리스도를 체험하며 벙어리가 되었다 예수를 그리스도라 전할 수 있는 자로 변하게 하신 바울과 같은 체험은 없지만 고회의 목회자들을 통해 선포되는 말씀으로 깨닫고 체험한 것임을 잊지 맙시다.

오늘도 예수 그리스도의 부활을 체험하고 믿은 자에게 요구되는 것은 증인으로서의 삶고 나의 삶의 현장에서 믿지 않는 자들에게 예수 그리스도의 부활을 증언하는 것임을 잊지 않는 하루가 되시길 기도합니다.

27일

부활에 대한 사도 바울의 증언 ②
죽은 자의 부활이 없다면?

오늘 날짜가 언급된 성경 사건은 없습니다. 오늘 날짜가 포함된 사건은 다음과 같습니다.

사건 1 제2월 10일부터 방주에 들어가 하나님의 명령을 감당하는 78일째로(노아시대 월력 체계는 한 달을 30일로 계산함) 하나님께서 말씀하신 대로 40일 동안 비가 내린 71일째

사건 2 라암셋을 떠난 지 102일째(제1월을 30일, 제2월을 29일로 계산함)로 시내산 밑 시내광야에 도착하여(제3월 1일) 거한지 57일째(출 19:1-2)

사건 3 모세가 백성들의 잘못을 위해 40일 회개 기도를 시작한 지 10일째

사건 4 시내광야에 11개월 20일 머물던 이스라엘 백성이 하나님의 명령에 따라 약속의 땅을 향해 떠난 지 67일째

사건 5 에스겔 선지자가 그발 강가에서 꼼짝도 못 하고 두려워 떨며 포로된 백성과 함께 지내는 23일째이고(겔 1:1-2, 3:14-15) 두 번째 계시 받은지 16일째

사건 6 시드기야 11년 제4월 9일 예루살렘 성이 바벨론에 의해 함락 후 19일째

사건 7 모르드개가 조서를 써 전국 127도에 보낸 후 35일째(더 8:1-17)

사건 8 주전 458년 2차 포로 귀환 시 제1월 1일 바벨론을 떠난 후 116일째로 아하와 강을 떠난 지 105일째(스 7:6-9, 8:15-36)

사건 9 2018년 예수님께서 부활하신 후 27일째

고린도전서 15:1-58에서 예수님의 부활에 대해 밝히고 있습니다. 어제

는 '부활의 역사적 사실'에 대해 가르치는 것을 살펴보았습니다. 오늘은 '죽은자의 부활이 없다면?'(고전 15:12-19) 어떻게 되는가에 대해 어떻게 가르쳤는지 살펴보겠습니다.

❷ 죽은 자의 부활이 없다면?

바울은 고린도전서 15:1-11까지 그리스도께서 부활하신 것은 역사적 사실이라는 것을 여러 사람의 목격과 증언이 있었음을 가르쳤습니다. 이제 확실한 증언이 있었기에 믿느냐? 믿지 않느냐? 는 듣는 사람의 몫입니다. 바울은 계속해서 **"그리스도께서 죽은 자 가운데서 다시 살아나셨다 전파되었거늘**('케뤼쎄타이', , 현재 수동태) **너희 중에서 어떤 사람들은 어찌하여 죽은 자 가운데서 부활이 없다 하느냐"**(고전 15:12) 고 말합니다. 바울은 '전파되다'는 단어를 '케뤼세타이'(κηρύσσεται)로 '케뤼소'(κηρύσσω, 고지하다, 알리다, (크게 소리로) 선포하다)의 '현재 수동태'를 썼습니다. 이것은 그리스도의 브활하심이 '지금도 전파되고 있다'는 것이고, 그렇기에 너희(고린도 교회 공동체)도 이미 들어 알았고 깨닫고 있다는 것입니다. 그런데 공동체 중에 몇몇 사람들이 '죽은 자 가운데서 부활이 없다'고 하는 말이 바울에게 전해졌기에 바울은 '죽은 자의 부활이 없다면 어떻게 되는가?'에 대해 일곱 가지를 말합니다.

① 그리스도도 다시 살아나지 못하셨으리라

사도 바울은 **"만일 죽은 자의 부활이 없다면 그리스도도 다시 살아나지 못하셨으리라."**(고전 15:13)고 말합니다. '죽은 자의 부활이 없다면'에 대한 첫 번째 대답은 '그리스도도 다시 살아나지 못하셨으리라'입니다. 무엇보다도 먼저 그리스도의 부활을 언급하는 것은 앞에서 그리스도 부활의 역사적 사실을 말했었고 자신에게도 나타나셔서 자신의 삶을 바꾼 바울에게 가장 중요한 진리였기 때문입니다. 바울은 본 장에서 부활에 대해 가르치며 그리스도 안에 거하는 자들은 신령한 몸으로 다시 산다고 말합니다(고전 15:44).

육의 몸으로 심고 신령한 몸으로 다시 살아나나니 육의 몸이 있은즉 또 영의 몸도 있느니라(고전 15:44)

바울은 '에이 데 아나스타시스 네크론 우크 에스틴'(εἰ δὲ ἀνάστασις νεκρῶν οὐκ ἔστιν, 만일 죽은 자의 부활이 없다면)이라는 말로 시작했는데 이와 비슷한 문구, 곧 '죽은 자의 부활이 없다면'이란 의미의 문구를 여러 번 반복하며 강조합니다. 16절에서 "만일 죽은 자가 다시 살아나는 일이 없으면 그리스도도 다시 살아나신 일이 없었을 터이요"라고 말하며 13절의 내용이 반복되는데 조건절에서 '부활'이란 뜻의 '아나스타시스'(ἀνάστασις) 대신 '에게이로'(일어나다, 일어서다, 죽은 자를 일으키다)의 현재 수동 형태인 '에게이론타이'(ἐγείρονται, 다시 살아나다)가 쓰였습니다. 본 절에 쓰인 '죽은 자 가운데서 부활'('아나스타시스 네크론', ajnavstasi" nekrw'n)이란 언급에 관사가 없는 것에 대해 레온 모리스는 그리스도의 부활이 아니라 일반적인 부활을 뜻하는 말로 '죽은 자들 가운데서의 부활'이라고 생각합니다.

② 우리의 전파하는 것이 헛것이다

사도 바울은 **"그리스도께서 만일 다시 살아나지 못하였으면 우리의 전파하는 것이 헛것이다."**(고전 15:14)라고 말합니다. 자신을 포함한 사도들과 많은 믿는 자들이 예수 그리스도의 부활을 전파했는데 헛소리에 불과하다는 것입니다. 바울은 술어 '헛것이다'로 쓰인 '케노스'(κενός, 공허한, 허무맹랑한, 성과 없는, 유익이 없는)를 문장의 맨 앞에 써서 '만일 그리스도께서 살아나지 못하셨다면' 전파하는 자들의 외침이 허무한 것임을 강조합니다(κενὸν ἄρα καὶ τὸ κήρυγμα ἡμῶν).

바울은 2차 전도 여행 중 고린도에 1년 6개월을 머물며 고린도 교회 공동체를 가르쳤습니다. 그런데 고린도로 가기 전 3주 동안 가르쳐서 세운 데살로니가가 교회 공동체에 편지할 때 예수님의 죽으심과 다시 사심을 가르쳤고 예수 안에서 자는(죽은) 자들도 하나님이 그와 함께 데리고 오시리라고 가르쳤습니다.

우리가 예수께서 죽으셨다가 다시 살아나심을 믿을진대 이와 같이 예수 안에서 자는 자들도 하나님이 그와 함께 데리고 오시리라(살전 4:14)

③ 너희 믿음도 헛것이다

사도 바울은 죽은 자의 부활이 없다면 **"너희 믿음도 헛것이다."**(고전 15:14)라고 말합니다. 이 문장 또한 '헛것이다'('케노스')를 문장의 앞에 써서 강조합니다(κενὴ καὶ ἡ πίστις ὑμῶν·). 바울은 전파하는 자들의 외침도 헛것이지만 '만일 그리스도께서 살아나지 못하셨다면' 그 외침을 듣고 믿었던 고린도 교회 공동체의 믿음도 헛것이 된다고 말합니다. 바울은 고린도전서 15:17에서 **"그리스도께서 다시 살아나신 일이 없으면 너희의 믿음도 헛되고 너희가 여전히 죄 가운데 있을 것이요."**라고 반복합니다. 덧붙인 것은 **"너희가 여전히 죄 가운데 있을 것이요."**인데 예수님께서는 범죄한 우리를 위해 죽으셨고 우리를 의롭다 하시기 위해 살아나셨기 때문입니다 그리스도의 부활이 없으면 믿음도 헛되고 믿음을 통해 얻어지는 구원, 죽 속죄도 없어집니다. 바울은 1차, 2차 전도 여행을 다니며 예수 그리스도의 부활을 전파하며 많은 죽을 고비를 넘겼는데(고후 11:23-27) 그것이 모두 헛것이 되는 것입니다.

그들이 그리스도의 일꾼이냐 정신없는 말을 하거니와 나는 더욱 그러하도다 내가 수고를 넘치도록 하고 옥에 갇히기도 더 많이 하고 매도 수없이 맞고 여러 번 죽을 뻔하였으니(고후 11:23) **유대인들에게 사십에서 하나 감한 매를 다섯 번 맞았으며**(고후 11:24) **세 번 태장으로 맞고 한 번 돌로 맞고 세 번 파선하고 일 주야를 깊은 바다에서 지냈으며**(고후 11:25) **여러 번 여행하면서 강의 위험과 강도의 위험과 동족의 위험과 이방인의 위험과 시내의 위험과 광야의 위험과 바다의 위험과 거짓 형제 중의 위험을 당하고**(고후 11:26) **또 수고하며 애쓰고 여러 번 자지 못 하고 주리며 목마르고 여러 번 굶고 춥고 헐벗었노라**(고후 11:27)

④ 우리가 하나님의 거짓 증인으로 발견된 것이다

사도 바울은 '만일 그리스도께서 살아나지 못하셨다면' 우리가(부활을 전파하는 전도자들) 하나님의 거짓 증인으로 발견된다고 말합니다. 여기서 '거짓 증인'('프슈도마르튀레스', ψευδομάρτυρες)은 신약성경에 두 번 쓰였는데 본문과 예수님을 십자가에 못 박기 위해 거짓으로 증인을 세웠을 때 쓰였습니다. 예수님께서 '거짓 증인'에 의해 정죄 받고 죽으셨고 부활하셨는데 '만일 그리스도께서 살아나지 못하셨다면' 이 부활을 전하는 것이 오히려 '거짓 증인'이 된다는 것입니다. 바울은 거짓 증인이 되는 이유를 '하나님이 그리스도를 다시 살리셨다'고 증언했기 때문이라고 말합니다.

거짓 증인이 많이 왔으나 얻지 못하더니 후에 두 사람이 와서(마 26:60)

⑤ 하나님이 그리스도를 다시 살리지 아니하셨으리라

사도 바울은 13절에서 **"만일 죽은 자의 부활이 없으면 그리스도도 다시 살아나지 못하셨으리라."**고 말했습니다. 그런데 다시 한번 반복해서 **"만일 죽은 자의 다시 살아나는 일이 없으면 그가**(하나님이) **그리스도를 다시 살리지 아니하셨으리라."**고 반복합니다. 다른 점은 '그가(하나님)' 그리스도를 살리셨다는 것입니다. 직접 '하나님'을 언급하지 않고 '동사 직설법 능동 3인칭 남성 단수'(ἤγειρεν, 그가 살리셨다) 형태인 '그가'로 표현했지만 '죽은 자의 부활이 없다면' 하나님께서 그리스도를 다시 살리지 않으셨을 것이고 범죄한 사람들을 살리기 위한 하나님의 구속사도 없었을 것이라는 표현입니다.

⑥ 그리스도 안에서 잠자는 자도 망하였으리라

사도 바울은 죽은자의 부활이 없다면 **"그리스도 안에서 잠자는 자도 망하였으리라."**(고전 15:18)고 말합니다. 여기서 '망했다'('아폴론토', ἀπώλοντο)는 부정과거 시제가 사용되어 '아주 완벽히 망했다, 완전히 없어졌다'는 뜻입니다. 이것은 그리스도께서 다시 살아나신 일이 없으면 그리스도를 믿다가 죽은 사람은 아주 완벽히 망해버린 것이라는 뜻입니다. 하지만 그리스도께서 다시 사셨기에 반어법을 쓴 강조로 생각됩니다.

⑦ 모든 사람 가운데 우리가 더욱 불쌍한 자이다

사도 바울은 죽은 자에게는 부활이 있다는 것을 강조하며 **"그리스도 안에서 우리의 바라는 것이 다만 이 세상의 삶뿐이면 모든 사람 가운데 우리가 더욱 불쌍한 자이리라."**(고전 15:19)고 말합니다. 이것은 당시 그리스도를 믿는 성도가 세상에서 힘들고 어려운 삶을 살았을 뿐 아니라 더 나아가 박해를 받았기에 그리스도의 다시 살아나심이 없다면 그것을 믿었던 사람들은 세상의 불신자들보다 더 불행한 가장 불쌍한 사람이라는 것입니다. 하지만 이 또한 그리스도께서 다시 사셨기에 반어법을 통해 깨닫기를 바랐던 것으로 생각됩니다. 레온 모리스는 이 구절을 **"바울은 그리스도인들이 금생에서 받게 되는 마음의 평안 등과 같은 보상을 결코 축소하고 있지 않다. 그렇지만 만일 금생이 전부라면 누구라도 그리스도인이 세상에서 사는 것보다 더 낫게 살 수 있으리라는 사실은 상식적으로 쉽게 생각할 수 있을 것이라."**고 말합니다.

이제 내용을 정리해 보면 고린도 교회 공동체에는 바울과 아볼로의 가르침을 받아 그리스도의 부활을 믿고 전파하는 성도들이 있었습니다. 그런데 그들 가운데 죽은 자의 다시 살아남이 없다고 말하며 이전에 가르침을 받아 믿었던 것이 거짓이며 부활 신앙을 포기하려는 고린도 교회 공동체의 '어떤 사람'들도 있었습니다. 바울은 이들을 그리스도의 부활이 확실한 역사적 사실이었고, 현재(바울 당시)에도 체험한 사람들에 의해 전파되고 있다고 편지를 써 증거 했습니다. 이후 바울은 부활의 결과에 대해 말하며 **'그러나 이제 그리스도께서 죽은 자 가운데서 다시 살아나사 잠자는 자들의 첫 열매가 되셨도다'**(고전 15:20)라고 썼습니다.

성도 여러분!

"나는 예수가 그리스도이심을 확신합니다. 그리고 그리스도의 부활을 믿습니다."라고 고백하며 그것을 증언하는 삶을 살고 있는지 생각해 봅시다. 이 시대에는 성도로 산다고 해도 그리 피해를 보거나 핍박을 받고 살지는 않습니다. 이것이 오히려 당시 핍박을 받으며 신앙을 다짐했던 환경보다 더 못한 믿음이 되게 하는지도 모릅니다. 오늘이 고난과 핍박이 있는 날일지라도 아니면 평화와 기쁨의 날일지라도 어떠한 날이 주어진다고 해도 부활 신앙을 견지하며 증언하는 삶을 사는 그리스도인의 하루가 되시길 기도합니다.

초실절부터 칠칠절 사이의 기간 ①
'오늘은 밀 베는 때가 아니냐?'라고 외치며 백성들의 잘못을 깨닫게 하는 사무엘(삼상 12:12-25)

오늘 날짜가 언급된 성경 사건은 없습니다. 오늘 날짜가 포함된 사건은 다음과 같습니다.

사건 1 제2월 10일부터 방주에 들어가 하나님의 명령을 감당하는 79일째로(노아시대 월력 체계는 한 달을 30일로 계산함) 하나님께서 말씀하신 대로 40일 동안 비가 내린 72일째

사건 2 라암셋을 떠난 지 103일째(제1월을 30일, 제2월을 29일로 계산함)로 시내산 밑 시내광야에 도착하여(제3월 1일) 거한지 58일째(출 19:1-2)

사건 3 모세가 백성들의 잘못을 위해 40일 회개 기도를 시작한 지 11일째

사건 4 시내광야에 11개월 20일 머물던 이스라엘 백성이 하나님의 명령에 따라 약속의 땅을 향해 떠난 지 68일째

사건 5 에스겔 선지자가 그발 강가에서 꼼짝도 못 하고 두려워 떨며 포로된 백성과 함께 지내는 24일째이고(겔 1:1-2, 3:14-15) 두 번째 계시 받은지 17일째

사건 6 시드기야 11년 제4월 9일 예루살렘 성이 바벨론에 의해 함락 후 20일째

사건 7 모르드개가 조서를 써 전국 127도에 보낸 후 36일째(더 8:1-17)

사건 8 주전 458년 2차 포로 귀환 시 제1월 1일 바벨론을 떠난 후 117일째로 아하와 강을 떠난 지 106일째(스 7:6-9, 8:15-36)

사건 9 2018년 예수님께서 부활하신 후 28일째

현대력 기준으로 오늘은(2018년) 부활절 이후 28일째 날입니다. 이맘때쯤

추수하는 여인

성경의 땅은 초실절(부활절) 이후 무교절이 끝난 때부터 시작된 보리 추수를 마치고 밀을 한창 추수할 때입니다. 유월절, 무교절, 초실절의 시기는 우기가 끝나고 건기가 시작되어 동풍이 불어 곡식이 바짝 말라 추수를 하는 때입니다. 예루살렘에서 무교절을 보낸 백성들은 고향으로 돌아가 7주 동안 보리와 밀을 추수합니다. 그리고 추수한 곡식 중 하나님께 바칠 것을 예루살렘 성전으로 가져옵니다. 성경의 땅 전체의 추수 시기가 약간씩 다르기 때문에 칠칠절은 한 주간 백성 전체가 모여 절기를 지키지는 않습니다. 자신이 추수한 후 적당한 때 예루살렘에 올라가 칠칠절을 지키게 됩니다. 요즈음은 초실절과 칠칠절 중간의 때인데 3일 동안 보리와 밀 추수, 그리고 건기 때 일어난 사건들을 중심으로 성경 사건을 살펴보겠습니다.

❶ 본문 시간적 공간적 배경 이해

먼저 본문에 해당하는 사무엘상 12:12-25을 읽어보시기 바랍니다. 그리고 다음에 주어지는 '본문 배경 이해'를 읽고 다시 한번 더 본문을 읽어 보시기 바랍니다.

1) 시기와 시간 계절의 이해

① 사무엘이 나이 많아 늙었을 때(삼상 8:1)

② 사울이 암몬을 물리치고 길르앗 야베스를 구한 후(삼상 11:1-11)

③ 백성이 왕을 구하여 길갈에서 사울을 선택한 후(삼상 11:12-15)

④ 사울을 왕으로 삼고 사무엘이 설교할 때(삼상 12:1-25)

⑤ 밀 베는 때(삼상 12:17)

성경의 땅은(팔레스타인) 북반구의 아열대성 사막지대에 속하는 지형으로 건기와 우기가 뚜렷하게 나타납니다. 우기(10월-3월경) 때인 겨울은 비가 내리는데 보통 10월 중순에 이른 비가 내리고 2월 중순이 지나면서 큰비가 우레를 동반한 눈이나 우박으로 내리기도 합니다. 4월 초가 되어 유월절(부활절) 기간이 되면 건기가 시작됩니다. 건기가 시작되면 남쪽과 동쪽에서 불어오는 바람으로 땅은 메말라 버립니다. 이후 6개월은 비가 전혀 내리지 않는 건기(4월-9월경)가 됩니다.

2) 본문의 장소 이해

① 길갈에서 사울을 왕으로 삼음(삼상 11:12-15)

이 사건이 사울을 왕으로 세운 길갈에서 일어나고 있다면 계절을 떠나 비와 우레는 더욱더 일어날 수 없는 사건이었습니다. 길갈과 여리고가 속한 요단계곡지대는 우기 때에도 일 년에 150mm도 되지 않는 비가 올 뿐이며, 비가 오더라도 유대산지 서쪽에 비를 뿌린 구름이 유대광야를 지나며 아주 적은 비를 내립니다. 우레를 동반하려면 많은 구름과 부딪힘이 필요한데 요단계곡지대에서는 거의 있을 수 없는 일입니다.

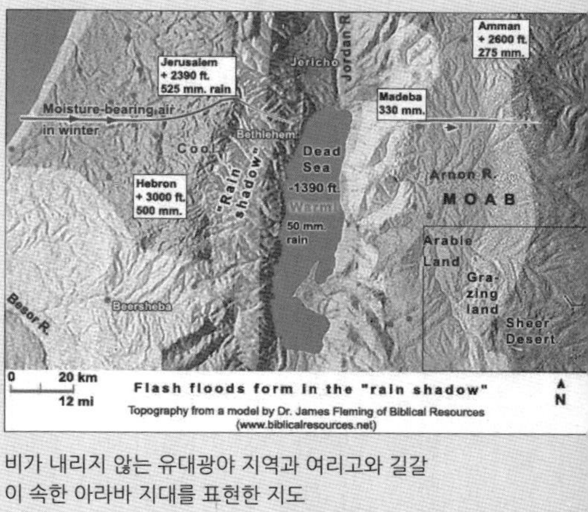

비가 내리지 않는 유대광야 지역과 여리고와 길갈이 속한 아라바 지대를 표현한 지도

❷ 본문 속 백성들의 상태 이해

'이스라엘에 왕이 없으므로 사람마다 자기 소견에 옳은 대로 행하던'(삿 17:6, 21:25) 사사 시대를 마감하는 이때 이스라엘 백성들은 보이지 않는 왕으로서 행하시는 여호와 하나님보다는 주변 국가들처럼 자신들을 다스릴 왕을 구했습니다. 사무엘은 왕을 구하는 백성을 기뻐하지 않았고 여호와께 기도하는 중에 응답 받았습니다(삼상 8:7-9). 사무엘은 왕을 구한 백성에게 여호와의 모든 말씀을 전달했고 사울을 왕으로 삼아 기름을 붓고 본문을 설교하고 있습니다(삼상 12:12-15). 설교를 마친 사무엘은 백성들이 왕을 구한 것이 잘못된 것임을 깨우치는데 하나님께 징조를 구합니다(삼상 12:16-17). 하나님께서는 사무엘이 구한 '우레와 비'를 보내셨고 모든 백성은 여호와와 사무엘을 크게 두려워하며 자신들의 죄를 고백합니다(삼상 12:18).

> **너희는 이제 가만히 서서 여호와께서 너희 목전에서 행하시는 이 큰일을 보라**(삼상 12:16) **<u>오늘은 밀 베는 때가 아니냐</u> 내가 여호와께 아뢰리니 여호와께서 우레와 비를 보내사 너희가 왕을 구한 일 곧 여호와의 목전에서 범한 죄악이 큼을 너희에게 밝히 알게 하시리라**(삼상 12:17) **이에 사무엘이 여호와께 아뢰매 여호와께서 그 날에 우레와 비를 보내시니 모든 백성이 여호와와 사무엘을 크게 두려워 하니라**(삼상 12:18) **모든 백성이 사무엘에게 이르되 당신의 종들을 위하여 당신의 하나님 여호와께 기도하여 우리가 죽지 않게 하소서 우리가 우리의 모든 죄에 왕을 구하는 악을 더하였나이다**(삼상 12:19)

본문에서 사무엘은 '오늘은 밀 베는 때가 아니냐?'라고 말합니다. 이스라엘 백성들은 유월절이 속한 무교절 기간 중 안식 후 첫날을 초실절로 지켰습니다. 초실절에는 처음 익은 보리 이삭 한 단을 가져다가 하나님께 제사를 드리는데 이 초실절을 기준으로 전국의 보리 추수가 이어집니다. 초실절부터 7주간을 보리와 밀을 추수하는데 생장 기간이 보리보다 늦은 밀은 보리를 추수한 후에 이루어지는데 밀 베는 시기는 지역마다 다릅니다. 하지만 '밀 베는 시기'는 우기가 지나고 이미 건기에 들어선 때이므로 비가 온다거나 우레가 내린다는 것은 거의 있을 수 없는 일입니다. 이럴 때 사무엘은 백성들이 잘못한 징표로 비를 구한 것입니다. 거의 일어날 수 없는 일을 구한 사무엘의 기도에 대한 하나님의 응답에 백성들을 두려워할 수밖에 없었고 자신들의 죄를 고백할 수밖에 없었습니다. 또한 길갈에 모인 백성들이 두려워하는 것은 마른하늘에 내린 날벼락과 비가 사무엘의 요구를 들으신 하나님의 응답임을 알기 때문이기도 하지만 우레를 동반한 비가 내릴 수 있는 지역이 아닌 길갈에서 사건이 일어나고 있기 때문입니다. 시기(밀 베는 대)와 장소(아라바<요단 계곡> 지대)를 이해하면 본문을 더 정확하게 이해할 수 있습니다.

결국 백성들은 자신들이 왕을 구한 것이 잘못된 것임을 인정합니다. 그들이 죄를 인정한 것은 사무엘이 구한대로 하나님께서 행하신 우렛소리와 하늘에서 내린 비 때문이었습니다. 이들은 왜 우렛소리와 비로 인해 두려워 떨게 되었습니까? 사무엘이 구한 후 바로 그대로 일이 이루어졌기 때문이기도 하지만 비가 내리지 않을 때인 건기의 한중간에 우레를 동반한 비가 내렸기 때문입니다. 백성들은 건기의 한중간에 비와 우레로 인해 자신들의 죄를 고백하고 죄로 인해 하나님께서 죽이지 않기를 사무엘에게 요청하고 있습니다.

❸ 하나님의 허용과 징계

성경 역사를 보면 여호와 하나님께서 백성들의 믿음 없음을 탓하지 않으시고 그들이 원하고, 구하는 것을 인정하시고 들어 주시는 것을 볼 수 있습니다. 이것은 하나님의 백성으로서 자신들의 위치를 깨닫기 원하시며 어느 한계까지는 허용하시는 것인데, 허용된 범위 내에서 새로운 약속과 경고가 주어지고 그대로 순종하면 됩니다. 그러나 조상들에게 약속하셨던 땅에 들어와 하나님의 명령대로 다 정복하지 못 하고 가나안 원주민들과 섞여 살던 이스라엘 백성들은 점차로 신앙이 변질되었고, 하나님과의 약속을 지키지 않게 됩니다. 그때마다 선지자들을 통해 회개케 하시는 말씀을 주셨지만 그들을 돌이키지 않았습니다. 본문에서 사울을 왕으로 세우게 된 사건도 이미 하나님께서 모세를 통해 그들을 다스리시는 왕은 여호와 하나님이심을 밝혔지만(신 17:14), 주변 나라의 왕들을 보게 된 후 이스라엘 백성들이 자신들도 보이는 왕을 구할 것이라는 모세를 통한 예언을 듣고도 행했던 일입니다.

성도 여러분!

하나님께서는 약속의 자손들이 잘못했을 때 잘못에 대해 어느 정도 허용하십니다. 하지만 하나님의 허용은 끝이 없는 것이 아닙니다. 이스라엘의 역사를 볼 때 많이 허용하신 하나님께서는 결국 앗수르와 바벨론을 통해 배역한 이스라엘과 패역한 유다를 징계하시는 것을 볼 수 있습니다. 현대를 사는 우리들도 경고하시는 하나님의 음성을 듣고 하나님께서 허용하시며 돌아오시기를 기다리시는 범위 내에서 회개하고 바른 신앙생활로 돌아오는 모습이 되어야 할 것입니다. 오늘도 내가 잘못할 때 징계를 내리심으로 깨닫게 하시는 하나님께 감사하고 성도로서 내 마음에 주시는 하나님의 작정대로 순종하는 하루가 되시길 기도합니다.

29일

초실절부터 칠칠절 사이의 기간 ② 사울의 첩 리스바의 간절함

오늘 날짜가 언급된 성경 사건은 없습니다. 오늘 날짜가 포함된 사건은 다음과 같습니다.

사건 1 제2월 10일부터 방주에 들어가 하나님의 명령을 감당하는 80일째로(노아시대 월력 체계는 한 달을 30일로 계산함) 하나님께서 말씀하신 대로 40일 동안 비가 내린 73일째

사건 2 라암셋을 떠난 지 104일째(제1월을 30일, 제2월을 29일로 계산함)로 시내산 밑 시내광야에 도착하여(제3월 1일) 거한지 59일째(출 19:1-2)

사건 3 모세가 백성들의 잘못을 위해 40일 회개 기도를 시작한 지 12일째

사건 4 시내광야에 11개월 20일 머물던 이스라엘 백성이 하나님의 명령에 따라 약속의 땅을 향해 떠난 지 69일째

사건 5 에스겔 선지자가 그발 강가에서 꼼짝도 못 하고 두려워 떨며 포로된 백성과 함께 지내는 25일째이고(겔 1:1-2, 3:14-15) 두 번째 계시 받은지 18일째

사건 6 시드기야 11년 제4월 9일 예루살렘 성이 바벨론에 의해 함락 후 21일째

사건 7 모르드개가 조서를 써 전국 127도에 보낸 후 37일째(더 8:1-17)

사건 8 주전 458년 2차 포로 귀환 시 제1월 1일 바벨론을 떠난 후 118일째로 아하와 강을 떠난 지 107일째(스 7:6-9, 8:15-36)

사건 9 2018년 예수님께서 부활하신 후 29일째

사무엘하 21:1-14에 보면 다윗의 시대에 3년 동안 기근이 있고 그것을

해결하는 과정에 사울의 첩 리스바의 간절함으로 전쟁터에서 죽어 다른 곳에 장사 되었던 사울 왕과 그의 아들들이 조상의 무덤에 장사 되는 사건이 있습니다. 오늘은 '보리 베기 시작하는 첫날'과 '열조의 무덤에 장사' 했던 풍습을 통해 본문에 나타난 '리스바의 간절함'을 이해해 보겠습니다.

❶ 다윗 왕 시대 3년 동안의 기근

다윗 왕이 통치하던 때 3년 동안 기근이 발생할 때가 있었습니다. 다윗 왕은 하나님께 기도했고 하나님께서는 **"사울과 그의 집안이 기브온 족속을 죽였기 때문"**이라고 말씀하셨습니다.

> **다윗의 시대에 해를 거듭하여 삼 년 기근이 있으므로 다윗이 여호와 앞에 간구하매 여호와께서 이르시되 이는 사울과 피를 흘린 그의 집으로 말미암음이니 그가 기브온 사람을 죽였음이니라 하시니라**(삼하 21:1)

기브온 족속은 여호수아가 가나안 정복 전쟁을 하던 때 여리고가 정복된 후 길갈에 머무는 여호수아를 찾아왔습니다. 그들은 하룻길 거리에 살았지만 변장을 했고 상한 음식을 준비하고 와서 여호수아를 속였습니다. 여호수아는 그들과 화친하기로 약속했고 3일 후에 가까운 곳에 산다는 것을 알았지만 그들을 죽일 수 없었습니다. 왜냐하면 하나님 앞에서 약속했기 때문입니다. 이때 기브온 족속이 살아남아 온 회중을 위하여 나무를 패며 물 긷는 자들이 되었습니다(수 9:3-21). 이들이 거하던 성읍이 기브온, 그비라, 브에롯, 기럇여아림입니다(수 9:17).

여호수아 시대 이후 기브온 족속이 살아왔던 이 네 성읍은 베냐민 고원 지대의 요지였고 사울 왕이 살면서 다스리던 기브아와 가까운 곳이었습니다. 남북으로 이어지는 족장의 도로와 여리고에서 올라와 서쪽으로 내려가 비아 마리스(해변 길)과 만나는 곳으로 교통의 요지이고 활용도가 높은 도시였습니다. 아마도 사울 왕의 입장에서는 베냐민 지파의 노른자위에 있는 이 네 성읍이 탐이 나고 차지할 수 없는 상황이 늘 아쉬웠을 것입니다. 사울 왕은 여호수아가 하나님 앞에서 기브온 족속과 약속한 것이 있었음을 알았기에 주저했겠지만 결국 종교적인 약속보다 경제나 정치적인 논리를 우선하여 네 성읍에 머무는 기브온 족속을 치고 차지했던 것으로 생각됩니다. 성경은 '이스라엘 족속들이 전에(여호수아 시대) 그들에게(기브온 족속들) 맹세하였거늘 사울이 이스라엘과 유다 족속을 위하여 열심이 있으므로 그들을 죽이고자 했다'고 기록합니다(삼하 21:2)

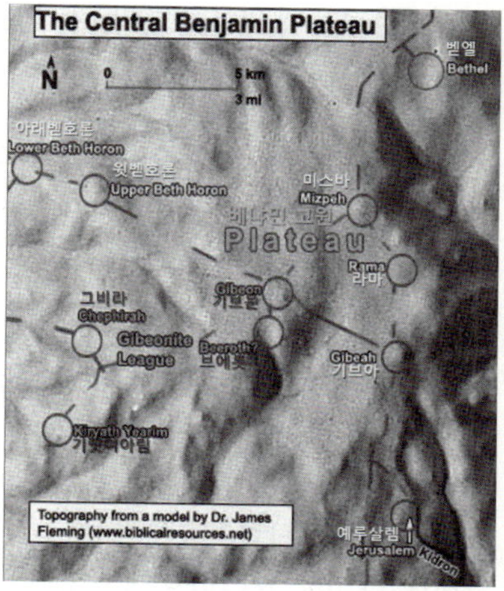

베냐민 고원지대 기브온 족속의 도시는 베냐민 지파에게 분배된 땅에 속해 있고 사울 왕이 다스리던 기브아와 근거리에 있다.

이러한 사울 왕과 그의 집이 행한 처사에 대해 살아남은 기브온 족속은 기도했고 하나님께서는 그 일로 인해 3년 동안 기근을 주셨는데 잘못을 범한 사울 왕 때가 아닌 다윗 왕 때 행하셨다는 것이 특이합니다. 다윗 왕은 기브온 족속이 기도한 것이 원인이라는 것을 안 후 그들을 불러 대화를 했습니다. 다윗은 **"내가 너희를 위하여 어떻게 하랴 내가 어떻게 속죄하여야 너희가 여호와의 기업을 위하여 복을 빌겠느냐?"**고 물었습니다. 자신이 잘못해서 발생한 일은 아니지만 여호와의 기업을 맡은 자로서 먼저 속죄하는 모습을 보였습니다(삼하 21:3).

다윗이 그들에게 묻되 내가 너희를 위하여 어떻게 하랴 내가 어떻게 속죄하여야 너희가 여호와의 기업을 위하여 복을 빌겠느냐 하니(삼하 21:3)

❷ 기브온 족속의 원한을 풀어주는 다윗과 장사 되지 못하는 사울의 자손들

기브온 사람들은 다윗에게 **"사울과 그의 집과 우리 사이의 문제는 은금에 있지 아니하오며 이스라엘 가운데에서 사람을 죽이는 문제도 우리에게 있지 아니 하니이다."**라고 말했고 다윗은 **"너희가 말하는 대로 시행하리라."**고 대답했습니다(삼하 21:4). 기브온 족속은 **"우리를 학살하였고 또 우리를 멸하여 이스라엘 영토 내에 머물지 못하게 하려고 모해한 사람의 자손 일곱 사람을 우리에게 내주소서. 여호와께서 택하신 사울의 고을 기브아에서 우리가 그들을 여호와 앞에서 목 매어 달겠나이다."**고 말했고 다윗 왕은 **"내가 내주리라."**고 약속했습니다(삼하 21:5-6).

다윗 왕은 기브온 족속과 약속한 후 사울 집안의 사람 7명을 찾았습니다. 그런데 다윗은 요나단과의 약속을 기억하여 사울 왕의 손자 요나단의 아들 므비보셋을 아껴 보내지 않고 아야의 딸 리스바에게서 난 사울의 두 아들 알모니와 므비보셋 그리고 사울의 딸 메랍에게서 난 외손자 다섯을 내주었습니다(삼하 21:7-8). 이것은 다윗이 약속을 얼마나 중요하게 생각하는지 보여줍니다. 사건 발생 자체가 여호수아가 기브온 족속과 맺은 약속을 사울 왕이 어긴 것에서 일어났기에 당시 약속이 얼마나 중요한 것이었는지 알 수 있습니다. 당시에는 신 앞에서 맺는 약속이기에 글이나 표식으로 남기지 않고 말로 약속을 하더라도 정확히 지키는 때였습니다. 기브온 족속은 다윗이 넘긴 7명을 산 위에서 여호와 앞에 목매달아 죽였습니다(삼하 21:9). 사건을 매듭짓든 과정에서 기브온 족속이 7명을 죽일 때 '여호와 앞에서'라고 언급한 것은 이방인들과의 약속도 여호와 하나님 앞에서 한 것이라면 그 또한 지켜야 한다는 것을 생각하게 합니다.

> **그들을 기브온 사람의 손에 넘기니 기브온 사람이 그들을 산 위에서 여호와 앞에 목 매어 달매 그들 일곱 사람이 동시에 죽으니 죽은 때는 곡식 베는 첫날 곧 보리를 베기 시작하는 때더라**(삼하 21:9)

한편 7명 처지에서 보면 억울한 죽음입니다. 자신들이 저지른 죄로 인해 죽은 것이 아니라 조상들이 범죄한 것으로 인해 죽게 된 것도 억울한데 죽어서도 장사 되지 못 하고 나무에 달려 있었습니다. 이것은 기브온 족속의 화가 풀어져야 하기에 다윗 왕도 어찌하지 못 하고 내버려 둔 상태로 있었습니다. 하나님께서는 악인이라도 죽은 당일에 장사하라고 말씀하셨는데 이 7명은 장사 되지 못한 상태로 매달려 있었습니다. 이들은 얼마나 후에 장사 되었을까요?

먼저 이스라엘 백성들의 장례에 대한 생각을 살펴보겠습니다.

하나님께서는 아브람에게 약속하실 때 장수하다가 죽어 조상에게로 돌아가 장사 될 것이라 약속하셨습니다(창 15:15). 그리고 야곱은 애굽에서 죽었지만 할아버지 아브라함과 아버지 이삭이 장사 된 헤브론 막벨라 굴의 무덤에 장사 되기를 바랬고 당시 애굽의 총리였던 요셉은 아버지 야곱의 유언을 따라 야곱을 장사했습니다(창 49:29-31). 이후부터인지는 몰라도 이스라엘 민족의 역사 나타난 장례의 풍습은 열조의 무덤에 함께 장사 되거나 하나님의 사람들과 함께 장사 되는 것을(왕상 13:31) 영광으로 생각했던 것으로 보입니다.

이스라엘 왕들이 죽은 후 어떻게 장사 되었는가를 말하는 기록을 보면 많은 왕이 조상의 묘실에 장사 되었지만(왕상 2:10, 11:43, 14:31, 15:8, 24등), 하나님 앞에 악을 행했던 왕들은 열조의 묘실에 장사 되지 못 하고 개인 무덤에 장사 되거나 죽은 시신을 내버려 두기도 했습니다(왕상 14:11, 대하 28:27). 악한 여로보암 왕의 아들이었지만 이스라엘의 하나님 여호와를 향하여 선한 듯을 품었던 아들은 열조의 묘실데 장사 되기도 했습니다(왕상 14:13). 반면 하나님께서 왕으로 세우셨지만 하나님 말씀에 순종하지 않음으로 폐하셨던 사울왕은 아주 비참하게 죽어 벧산 성벽에 걸렸고, 야베스 거민들에 의해 내려져 장사 되었지만 불살라진 후 장사 되어 이스라엘 민족의 풍습대로 장사되지도 못했습니다(삼상 31:12, 대상 10:12).

모든 장사들이 일어나 밤새도록 달려가서 사울의 시체와 그의 아들들의 시체를 벧산 성벽에서 내려 가지고 야베스에 돌아가서 거기서 불사르고(삼상 31:12)
용사들이 다 일어나서 사울의 시체와 그의 아들들의 시체를 거두어 야베스로 가져다가 그 곳 상수리나무 아래에 그 해골을 장사하고 칠 일간 금식하였더라(대상 10:12)

본문으로 돌아가서 사울의 후손 7명의 죽음과 장사에 대해 다시 생각해 봅시다. 이들은 나무에 목매달아 죽은 상태로 두었습니다. 어느 누구도 그들을 내려 장사치를 수 없었을 것입니다. 왜냐하면 기브온 족속의 화가 풀려야 했기 때문입니다. 하나님께서 악인도 장사를 치러 주어야 한다고 말씀하셨지만 현재 3년 동안 가뭄의 징계를 하나님께 받은 상태에서 기브온 족속의 마음이 돌아서지 않아 가뭄이 계속된다면 아무 소용이 없었기에 그저 그대로 둘 수밖에 없었습니다. 사울의 자손 7명은 죽은 후에도 장사 되지 못하고 나무에 달린 처지가 되었습니다.

❸ 리브가의 열심과 사울과 그의 자손들의 장례

기브온 족속과의 약속을 파기한 사울 왕 때의 일로 발생한 사건은 다윗 왕에 의해 해결되었지만 이제는 사울 자손들의 억울함과 죽어서도 장례를 치르지 못하는 지경에 처했습니다. 다윗 왕도 기브온 족속의 눈치를 보느라 죽은 사람들 나무에 매단 상태로 여러 날이 지나도 어찌할 수 없는 상태였습니다. 이때 사울의 첩 리스바의 열심으로 문제가 해결되는데 이 과정을 살펴보겠습니다.

두 아들을 잃은 리스바는 굵은 베를 가져다가 바위에 편 후 곡식 베기 시작할 때부터 하늘에서 비가 시체에 쏟아지기까지 그 시체에 낮에는 공중의 새가 앉지 못하게 하고 밤에는 들짐승이 범하지 못하게 했습니다(삼하 21:10).

아야의 딸 리스바가 굵은 베를 가져다가 자기를 위하여 바위 위에 펴고 곡식 베기 시작할

때부터 하늘에서 비가 시체에 쏟아지기까지 그 시체에 낮에는 공중의 새가 앉지 못하게 하고 밤에는 들짐승이 범하지 못하게 한지라(삼하 21:10)

리스바는 얼마 동안 시신을 보살폈을까요? 억울하게 죽은 7명은 얼마 동안 나무에 매달려 있었을까요? 본문은 7명이 죽은 때가 곡식 베는 첫날 곧 보리를 베기 시작하는 때였습니다. 보리 베는 첫날이 '초실절'이었다면 무교절을 지키는 기간에 발생한 일이지만 무교절이 지난 후 백성들이 고향으로 돌아가 보리 추수하기 시작하는 첫날일 수도 있습니다. 둘 중 어느 시기라고 하더라도 건기가 시작되는 때입니다. 그렇다면 건기가 마치고 우기가 되어 하나님께서 정상적으로 비를 주시기까지 5개월 이상 리스바의 열심히 있었음을 알 수 있습니다. 이 리스바의 열심은 다윗에게까지 알려졌습니다(삼하 21:11)

다윗은 리스바가 행한 일을 듣고 무엇인가를 깨닫게 되었고 사울과 그의 요나단의 뼈를 길르앗 야베스 사람에게서 가져다 베냐민 땅 셀라에 사울의 아버지 기스의 묘에 장사했습니다. 다윗은 하나님께서 세우셨던 초대 왕 사울이 하나님의 떠나 잘못을 범했지만 그를 사랑하셨고, 그의 아들 요나단은 하나님의 뜻을 알았고 하나님의 뜻을 따르다 죽게 되었는데 그들이 죽은 후 명예롭지 못한 상태로 있었음을 회복시켜 주었습니다. 이러한 왕의 결정과 명령을 백성들이 다 이해하고 순종한 후 하나님께서는 그 땅을 위한 기도를 들어주셨고 비를 내려 주셨습니다(삼하 21:12-14). 사울의 첩 리스바의 열심은 7명이 장사 되지 못한 억울함도 풀었지만 다윗을 깨닫게 했고 남편 사울과 그의 아들들이 조상들과 함께 장사될 수 있는 길을 열어 주었으며 이스라엘의 문제도 해결하게 했습니다.

성도 여러분!

세상 사람들과의 약속도 잘 지켜야 한다는 것을 명심합시다. 그리고 하나님의 징계는 분명한 이유가 있다는 것도 명심합시다. 나의 잘못된 결정이 내 시대 나에게 징계로 주어지지 않고 다음 세대에게, 내가 속한 공동체에게 징계로 주어질 수 있다는 것을 명심하고 하나님 앞에 약속한 무엇이든지 지킬 수 있도록 다짐합시다. 또한 리스바의 열심을 통해 많은 문제가 해결된 것처럼 나 한 사람의 열심으로 공동체의 문제가 해결될 수 있다는 것을 깨닫고 오늘 하루도 하나님의 거룩한 성도로서 주어진 소임을 다하는 하루가 되시길 소망합니다.

30일

초실절부터 칠칠절 사이의 기간 ③ 추수의 시기 & 결단의 시기

오늘 날짜가 언급된 성경 사건은 없습니다. 오늘 날짜가 포함된 사건은 다음과 같습니다.

사건 1 제2월 10일부터 방주에 들어가 하나님의 명령을 감당하는 81일째로(노아시대 월력 체계는 한 달을 30일로 계산함) 하나님께서 말씀하신 대로 40일 동안 비가 내린 74일째

사건 2 2018년 예수님께서 부활하신 후 30일째

※ 성경력(유대력)에는 4월 30일이 없습니다.

※ 올해의 초실절은 부활절이었던 4월 1일이고 칠칠절(오순절)은 5월 20일입니다. 성경의 땅에서는 초실절이 속한 무교절을 지나 보리를 추수하고 이어 밀을 추수한 후 칠칠절을 지킵니다.

고향 유대 땅 베들레헴을 떠났다 남편과 두 아들을 잃고 돌아온 나오미와 룻이 겪는 사건이 시작되는 시간적 배경은 보리를 추수하는 때입니다. 오늘은 초실절과 칠칠절 사이의 추수 기간을 배경으로 일어난 룻기 1, 2장 사건에 대해 살펴보겠습니다.

❶ 베들레헴에서 모압으로 이주한 엘리멜렉과 나오미 부부

사사 시대 말기 약속의 땅 베들레헴에 거하던 유다 자손인 엘리멜렉과 나오미는 그 땅에 흉년이 들자 고향을 떠나 건너편 모압으로 이주했습니다.

베들레헴 주변에서 동쪽으로 보이는 모압산지 베들레헴 동쪽 유대 광야에서 동쪽으로 보면 염해 너머 모압산지가 보인다. 모압산지는 염해에서 증발된 습기가 머물기 때문에 푸른 풀들이 있어 목축하기 좋은 곳으로 '모압 왕 메사는 양을 치는 자라. 새끼 양 십만의 털과 숫양 십만의 털을 이스라엘 왕에게 바치더니'(왕하 3:4)라는 성경 말씀을 이해할 수 있다.

모압으로 이주할 때는 '한 사람'(엘리멜렉)이 중심으로 기록되었지만(룻 1:1-2) 룻기 저자는 바로 **'나오미의 남편 엘리멜렉은 죽었고 나오미와 그 여자의 두 아들이 남게 되었다'**(룻 1:3)고 말하며 나오미를 중심으로 사건을 전개합니다. 사건의 발단에서 엘리멜렉이 언급되지만 바로 나오미를 중심으로 사건이 전개되는 것은 아브라함, 이삭, 야곱에게 약속하셨고, 약속대로 430년 만에 애굽에서 돌아온 후 차지했고, 갈렙이 요구하여 분배받았던 땅을 떠나는 결정을 한 엘리멜렉의 결정은 잘못된 것임을 알 수 있습니다. 결과적으로 엘리멜렉의 결정으로 그의 가족이 이주했던 모압 땅은 새로운 삶의 시작이 되는 땅은 아니었습니다. 이것은 하나님의 징계(흉년)에 대해 약속의 땅을 떠난 엘리멜렉의 결정은 잘못된 것이었음을 알 수 있습니다. 하나님의 징계는(흉년) 분명한 이유가 있기에 그 이유가 무엇인지를 깨달아야 하고 깨달은 후에는 회개해야 하며 또한 주어진 징계는 징계가 끝나기까지 주어진 곳에서 겪고 이겨내어야 합니다.

사사들이 치리하던 때에 그 땅에 흉년이 드니라 유다 베들레헴에 한 사람이 그의 아내와 두 아들을 데리고 모압 지방에 가서 거류하였는데(룻 1:1) **그 사람의 이름은 엘리멜렉이요 그의 아내의 이름은 나오미요 그의 두 아들의 이름은 말론과 기룐이니 유다 베들레헴 에**

브랏 사람들이더라 그들이 모압 지방에 들어가서 거기 살더니(룻 1:2)
나오미의 남편 엘리멜렉이 죽고 나오미와 그의 두 아들이 남았으며(룻 1:3)

❷ 유대 땅으로 돌아오는 나오미와 며느리 룻

나오미는 남편을 잃었고 두 아들을 이방(모압) 여인과 결혼시켰지만 10년이 지나는 때에 두 아들도 죽게 되었습니다(룻 1:4-5). 이때 나오미는 '여호와께서 자기 백성을 돌보시사 그들에게 양식을 주셨다'는 소식을 들었습니다. 언제 하나님의 징계(흉년)가 끝났는지 정확하게 기록되지 않았지만 아마도 10년의 징계가 끝나고 다시 비를 주셔서 먹을 양식을 얻도록 했으며 나오미는 모압 땅에서 이 소식을 듣고 두 며느리와 함께 돌아오려고 했습니다(룻 1:6).

염해를 사이에 둔 모압과 유대

그들은 모압 여자 중에서 그들의 아내를 맞이하였는데 하나의 이름은 오르바요 하나의 이름은 룻이더라 그들이 거기에 거주한 지 십 년쯤에(룻 1:4) 말론과 기론 두 사람이 다 죽고 그 여인은 두 아들과 남편의 뒤에 남았더라(룻 1:5)
그 여인이 모압 지방에서 여호와께서 자기 백성을 돌보시사 그들에게 양식을 주셨다 함을 듣고 이에 두 며느리와 함께 일어나 모압 지방에서 돌아오려 하여(룻 1:6)

룻기 저자는 나오미와 두 며느리가 돌아오려고 하는 곳이 '유다 땅'이었음을 분명하게 밝힙니다. 10여 년 전에 하나님께서는 약속의 땅을 흉년으로 징계하셨고 많은 사람이 약속의 땅을 떠났을 수 있습니다. 그런데 그중에 유다 지파 베들레헴 사람 엘리멜렉의 모압 이주 사건에 주목했고 성경에 기록된 이유는 무엇입니까? 그것은 룻기 4장의 결론으로 기록된 아브라함과 이삭과 야곱의 자손인 베레스의 10대손으로 다윗이 연결되는 과정에 모압 여인이었던 나오미의 며느리 룻과 보아스의 만남과 오벳이 태어나는 사건이 있었기 때문입니다(룻 4:16-22).

나오미가 아기를 받아 품에 품고 그의 양육자가 되니(룻 4:16) 그의 이웃 여인들이 그에게 이름을 지어 주되 나오미에게 아들이 태어났다 하여 그의 이름을 오벳이라 하였는데 그는 다윗의 아버지인 이새의 아버지였더라(룻 4:17) 베레스의 계보는 이러하니라 베레스는 헤스론을 낳고(룻 4:18) 헤스론은 람을 낳았고 람은 암미나답을 낳았고(룻 4:19) 암미나답은 나손을 낳았고 나손은 살몬을 낳았고(룻 4:20) 살몬은 보아스를 낳았고 보아스는 오벳을 낳았고(룻 4:21) 오벳은 이새를 낳고 이새는 다윗을 낳았더라(룻 4:22)

룻기에 기록된 사건들의 시간적 배경은 보리와 밀을 추수하는 시기였음을 알 수 있습니다. 엘리멜렉의 가족이 유대 당 베들레헴을 떠나는 때는 정확히 나타나지 않지만 아마도 추수하는 때 추수할 것이 없으므로 떠났을 것입니다. 또한 모압 땅에 10년을 머물던 나오미가 하나님께서 양식을 주셨다는 소식을 들었던 시기도 추수하는 시기입니다. 또한 약속의 땅으로 돌아오기 위해 세 여인이 떠났고 두 며느리 중 여호와 하나님을 섬기겠다고 끝까지 따르겠다고 룻이 결심하고 유대 당 베들레헴에 이른 때도 추수 때였습니다(룻 1:22).

나오미가 모압 지방에서 그의 며느리 모압 여인 룻과 함께 돌아왔는데 그들이 보리 추수 시작할 때에 베들레헴에 이르렀더라(룻 1:22)

하나님께서 양식을 주셨다는 소식을 듣고 결심하여 고향으로 돌아왔지만 나오미와 룻에게는 당장 먹을 양식이 없었을 것입니다. 모압 여인 룻은 시어머니 나오미에게 "내가 밭으로 가서 내가 누구에게 은혜를 입으면 그를 따라서 이삭을 줍겠나이다."라고 말한 후 보리 이삭을 줍기 위해 베들레헴 들판으로 나가 한 밭에서 이삭을 주웠습니다. 이때 룻이 갔던 밭이 룻의 시아버지인 엘리멜렉의 친족 보아스에게 속한 밭이었습니다. 룻이 '우연히'('미크레', מִקְרֶה) 에릴멜렉의 친족 보아스에게 속한 밭에 이르렀다고 기록되었지만 우연이 아닌 하나님께서 정하신 섭리였습니다.

모압 여인 룻이 나오미에게 이르되 원하건대 내가 밭으로 가서 내가 누구에게 은혜를 입으면 그를 따라서 이삭을 줍겠나이다 하니 나오미가 그에게 이르되 내 딸아 갈지어다 하매(룻 2:2) 룻이 가서 베는 자를 따라 밭에서 이삭을 줍는데 우연히 엘리멜렉의 친족 보아스에게 속한 밭에 이르렀더라(룻 2:3)

시어머니가 믿는 신을 섬기겠다고 따라온 이방 모압 여인 룻은 베들레헴에 사는 유대 사람들과 비교할 때 눈에 띄었을 것입니다. 보아스는 자신의 밭에서 이삭을 줍는 룻을 쉽게 발견할 수 있었고 그녀와 나오미에 대한 이야기를 들었으며 친족으로서의 선을 베풀었습니다. 룻은 보아스의 배려로 그의 밭에서 이삭을 주워 보리 추수와 밀 추수를 마치기까지 이삭을 주우며 시어머니와 함께 거주했습니다(룻 2:21-22).

모압 여인 룻이 이르되 그가 내게 또 이르기를 내 추수를 다 마치기까지 너는 내 소년들에게 가까이 있으라 하더이다 하니(룻 2:21) 이에 룻이 보아스의 소녀들에게 가까이 있어서 보리 추수와 밀 추수를 마치기까지 이삭을 주우며 그의 시어머니와 함께 거주하니

라(룻 2:23)

❸ 초실절부터 칠칠절 사이의 배경인 룻기 1, 2장

룻기 1, 2장의 시간적 배경은 초실절부터 칠칠절 사이의 보리와 밀을 추수하는 때임을 알 수 있습니다. 성경의 땅은 보리와 밀 추수가 끝나면 여름이 시작되는 때였고 한 해의 끝인 때로 결산하는 때였습니다. 사사 시대 말기를 배경으로 한 룻기의 사건은 추수시기를 배경으로 한 결산에 대해 이야기하고 있습니다. 이스라엘 백성들은 사사 시대 동안이 여호와를 떠나 자신들의 소견에 옳은 대로 행했으며 하나님을 떠났습니다. 모세는 모압 평지에 머물 때 약속의 땅에 들어가서 살 이스라엘 자손들에게 그 땅에서는 각자의 소견대로 하지 말고 하나님께서 말씀하신 규례와 법도를 지키라고 전했습니다(신12:1-8). 그러나 300여 년이 지나는 동안 이스라엘 백성은 사람마다 자기 소견에 옳은 대로 행했고 이에 하나님께서는 징계를(흉년) 내리셨던 것입니다.

> 네 조상의 하나님 여호와께서 네게 주셔서 차지하게 하신 땅에서 너희가 평생에 지켜 행할 규례와 법도는 이러하니라(신 12:1)
> 우리가 오늘 여기에서는 각기 소견대로 하였거니와 너희가 거기에서는 그렇게 하지 말지니라(신 12:8)
> 그때에는 이스라엘에 왕이 없었으므로 사람마다 자기 소견에 옳은 대로 행하였더라(삿 17:6, 21:25)

룻기의 시작은 하나님이 행하신 징계(흉년)에 대해 자기의 소견에 옳은 대로 결정한 유다 지파 베들레헴 사람 엘리멜렉의 모압 이주로 시작했습니다. 엘리멜렉은 '나의 하나님은 왕이시다'라는 뜻으로 그의 아버지나 할아버지가 하나님을 믿는 믿음으로 지었을 것입니다. 그러나 엘리멜렉은 그의 이름처럼 살지 못 하고 자신의 소견에 옳은 대로 결정한 삶을 살았습니다. 만약 그가 그의 이름대로 신실한 믿음을 소유했더라면 하나님의 징계를 달게 받고 회개하며 흉년이 지나가기를 기다렸을 것입니다. 엘리멜렉이 내린 결정은 잘못된 것으로 자신과 두 아들 말론과 기룐이 죽는 것으로 드러났습니다. 하지만 계속해서 룻기를 읽으며 잘못을 깨달은 때가 여호와 하나님 앞에 회개하고 새로운 시작을 해야 하는 때임을 발견하게 됩니다. 하나님께서 백성들 다시 돌아보셨다는 소식을 들은 나오미와 룻의 결심은 자신들은 몰랐지만 이때부터 하나님께서 그녀들을 통해 일하기 시작하게 했습니다. 아무것도 없이 아무것도 없는 베들레헴으로 돌아오는 결심은 하나님의 백성으로 살겠다는 결심이며 다른 무엇보다도 신앙으로 살겠다는 결심으로 생각됩니다. 특히 룻의 결심은 자신이 섬기던 신을 버리고 종교개혁을 한 신앙이었습니다.

성도 여러분!

성경 속 신앙의 선배들은 보리가 익을 때가 되면 하나님께서 구원하신 유월절을 생각했고, 예루살렘으로 올라가 하나님을 경배했습니다. 또한 무교절을 지나 보리와 밀을 추수하는 동안은 하나님께서 양식에 대한 감사로 추수하며 하나님께 영광을 돌렸고, 그들의 조상들이 추수 기간에 잘못했던 때를 돌아보며 신앙의 경주에 최선을 다했을 것입니다. 그런데 현대 도시에 사는 성도들은 삶의 형태나 문화, 역사적 배경이 다르기에 성경을 읽고 배워도 삶에 적용하기가 쉽지 않습니다.

'리더 바이블 스터디'는 성경 시대의 언어, 역사, 지리, 문화 등 모든 배경을 통해 성경 본문을 연구하고 그 내용을 나누고 있습니다. '매일 성경 읽기'를 통해 성경 시대 신앙 선배들의 삶을 통해 주어지는 하나님의 의도를 깨닫고 이 시대 하나님께서 원하시는 구속사를 생활 속에서 잘 감당하는 믿음의 사람이 되시길 소망합니다. 오늘도 나의 소견에 옳은 대로가 아니라 하나님께서 원하시는 방법대로 사시는 하루가 되기를 기도합니다.